Gestaltungsspielräume
Frauen in Museum und Kulturforschung

D1665713

Studien & Materialien
des Ludwig-Uhland-Instituts der Universität Tübingen

im Auftrag der Tübinger Vereinigung für Volkskunde
herausgegeben von Hermann Bausinger, Ute Bechdolf,
Utz Jeggle, Michi Knecht, Christel Köhle-Hezinger, Konrad Köstlin,
Gottfried Korff, Bernd Jürgen Warneken und Gisela Welz

Band 10

ISBN 3-925340-78-5

1992

TÜBINGER VEREINIGUNG FÜR VOLKSKUNDE E.V.
SCHLOSS, TÜBINGEN

Gestaltungsspielräume

Frauen in Museum und Kulturforschung

4. Tagung der Kommission Frauenforschung
in der Deutschen Gesellschaft für Volkskunde

Herausgeberinnen:

Bettina Heinrich, Christel Köhle-Hezinger, Gaby Mentges,
Claudine Pachnicke, Sigrid M. Philipps, Sabine Rumpel,
Heidi Staib, Sabine Trosse

1992

TÜBINGER VEREINIGUNG FÜR VOLKSKUNDE E.V.
SCHLOSS, TÜBINGEN

ISBN 3-925340-78-5

Satz: Uli Eder
Umschlaggestaltung: Judith Schaible, Katharina Trauthwein
Druck: Gulde-Druck GmbH, Tübingen

Inhalt

Körper und Kleidung

Selbstbilder - Fremdbilder

SIGRID PHILIPPS

Einleitung

Neue Ansätze der Frauen- und Geschlechterforschung in der Museumsarbeit und in der universitären Auseinandersetzung mit Fragen der Sachkultur wurden auf der 4. Tagung der *Kommission Frauenforschung in der Deutschen Gesellschaft für Volkskunde* vorgestellt. Gefragt wurde, ob und wie diese Ansätze in der Ausstellungspraxis umgesetzt werden und welche Gestaltungsspielräume Frauen im Fach selbst und im Kulturbetrieb haben. Diskutiert wurden inhaltliche, gestalterische und berufspolitische Perspektiven. Die meisten Referate und die Diskussion über Ausstellungsgestaltung sind in diesem Band dokumentiert. Andere Tagungsergebnisse sollen hier auf dem aktuellen Hintergrund resümiert werden.

Die Gestaltungsspielräume für Frauen im Fach sind seit der Gründung der Kommission Frauenforschung im Jahr 1982[1] sicher größer geworden. Kategorien der Geschlechterforschung haben sich in vielen Forschungs- und Arbeitsfeldern etabliert. Frauen, die einst als Rebellinnen eigene, frauenzentrierte Forschungsarbeit noch neben den Anforderungen des Studienplans leisteten, arbeiten nun an Universitäten oder Museen. Dieser Zugewinn von Gestaltungsspielraum ist ein Grund zu weiterem Optimismus.

Von den derzeitigen politischen und wirtschaftlichen Instabilitäten bleibt auch die kulturhistorische Museumsarbeit nicht verschont. Tendenziell sinkende Besuchszahlen und Kürzungen in den Kuletats stimmen auch die ohnehin vom Prinzip "hire and fire" immer als erste betroffenen Kulturarbeiterinnen[2] pessimistisch. Dennoch, es gibt für Frauen wenig Gründe, sogleich mit in den derzeitigen Abgesang aufklärerischer Kulturarbeit einzustimmen. Die noch immer von Männern dominierte Szene befindet sich offenbar in einer Sinnkrise. Neuorientierungen und Auswege werden in der Ausstellungspraxis immer deutlicher in einer Reintellektualisierung der Präsentationkonzepte[3] einerseits und der Schaffung von Erlebniswelten[4] andererseits gesucht. Letzteren ist die Absicht, differenzierendes historisches Wissen zu vermitteln, kaum noch anzusehen. Die Zielsetzung, Geschichte als Erlebnisraum mit authentischen Objekten nachzubauen, führte unter dem Etikett "Dokumentation von Ganzheitlichkeit" schon in vielen Freilichtmuseen zum Transport nostalgischer Bilder und ins folkloristische Abseits. In den meisten wird deshalb allmählich der didaktischen Aufbereitung viel Aufmerksamkeit gewidmet. Das neue inszenatorische Konzept baut hingegen ganz auf die assoziative Kraft neugeschaffener Bilder. Die Konstruktion von Erlebniswelten führt die Funktionen des Museums, Dinge zu sammeln, zu erforschen und zu zeigen, so letztendlich ad absurdum. In groß dimensionierten Szenarios, in Licht- und Toninstallationen versinken die historischen Sachzeugnisse und mit ihnen die Einsicht, daß Bilder interpretationsbedürftig sind: Sehschule ade, Aufklärung passé.

Die wachsende gesellschaftliche Segregation und die Entpolitisierung der bildungsbürgerlichen Eliten spiegeln sich in den Kulturwissenschaften wieder. An die Stelle des politischen Programms, die ungleiche Verteilung von Ressourcen zu überwinden, treten die Akzeptanz der Verhältnisse und die Versicherung der eigenen Zugehörigkeit zu Eliten. Diese Tendenz, die schon in der Verlagerung der Forschungsinteressen von der Unterschichten- und Arbeiterkultur zur Bürgerkultur sichtbar wurde, wirkt sich mit zeitlicher Verzögerung nun auch im Museumsbetrieb aus. Mit den hohen Anforderungen an die Aufnahmefähigkeit des Publikums werden mit der Intellektualisierung der Ausstellungskonzepte die Ansprüche aufgegeben, Ausstellungen partizipationsfördernd zu nutzen. Die Konzepte erinnern an alte Traditionen. In den 1970er und 1980er Jahren kamen die kulturhistorischen Museen mit der Erweiterung des Sammlungskanons und der Betonung der musealen Bildungsfunktionen für breite Publikumsschichten in das Blickfeld der Öffentlichkeit und damit zu mehr Personal und großzügigeren Ausstellungsetats. Soll jetzt mit der Distanz zu diesen Zielen der gewachsene Besitzstand gewahrt werden?

Ausstellungsdesign ist ein wichtiges Thema; zu fragen bleibt: wer was für wen mit welchen Inhalten gestaltet. Die Referate der Tagung machen deutlich, daß die Frauen- und Geschlechterforschung den modischen Trend zur Negierung der Objekte nicht mitvollzieht. Sie gewinnt vielmehr aus dem von eigenen Erkenntnisinteressen geleiteten genauen Blick auf die Dinge und den Umgang mit ihnen andere Innovationen für die Museumsarbeit. Sicherlich liegt das auch daran, daß wir wenig Besitzstand zu verteidigen, aber noch viele Gestaltungsspielräume zu entdecken und schief geratene Leitbilder der historischen Forschung geradezurücken haben.

Die Absicht, das oft problematische Verhältnis von Wissenschaft und *Gestaltung im Museums- und Ausstellungsbereich* zu verbessern und Wege zu finden, welche die frauenzentrierte Forschungsarbeit in eine ebensolche Ausstellungsgestaltung münden lassen können, bestimmte auf der Waldenbucher Tagung 1992 verschiedene Veranstaltungen. Neue und auch sehr unterschiedliche Zugangswege in der praktischen Umsetzung wurden abschließend noch einmal in einer *Podiumsdiskussion* unter der Leitung von *Karen Ellwanger* kritisch hinterfragt. Deutlich wurde dabei, daß Frauen

8

auch an Gestaltungsprobleme anders herangehen als männliche Kollegen. Die Ergebnisse und Perspektiven dieser Diskussion stellte *Claudine Pachnicke* für diesen Band zusammen.

In den Sektionen *"Umgang mit Räumen und Möbeln"*, *"Körper und Kleidung"* sowie *"Selbstbilder - Fremdbilder"* wurden Ergebnisse der dingorientierten Forschung vorgestellt. Der geschlechtsspezifische Ansatz wirkt auch hier innovativ: Frauen geben Anstöße in der Bekleidungsforschung, erweitern mit ethno-methodologischen Ansätzen die Forschungen zur Wohnkultur, ergänzen die klassische Hausforschung mit historisch-biographischen Zugangsweisen und analysieren die gesellschaftlichen Funktionen der neuen Medien; sie untersuchen die neuen Mittelschichten, hinterfragen kulturelle Muster der Mobilität und des Umgangs mit Fremden.

Forscherinnen erkunden indes nicht nur die Entwicklung weiblicher Bewegungsspielräume. Museumsfrauen und Ausstellungsgestalterinnen wagen auch in der alltäglichen Ausstellungsarbeit Schritte im Freien. Sie praktizieren, wenn auch vielfach außerhalb der Institutionen, zielgruppenzentrierte Ausstellungsgestaltung und erobern in interdisziplinären Projekten neue Gestaltungsspielräume auf Straßen, Wänden und Plätzen. Die Museen wären schlecht beraten, wenn sie sich diese kreativen Potentiale nicht besser zunutze machen würden, zum Beispiel mit der von den Frauen im Hamburger Museum der Arbeit formulierten "Quotierung der Quadratmeter".

Vielleicht ist diese Bilanz ein Anlaß, ein Jubelfest zum 10jährigen Bestehen der Kommission Frauenforschung zu feiern? Die Antwort fällt, je nach Perspektive, verschieden aus.

Mit dem Blick auf die Geschichte der Frauen innerhalb des Faches, die *Christel Köhle-Hezinger* in ihrem Referat nachzeichnete, ließe sich die Frage nach den Jubelanlässen schnell eindeutig bejahen. Der Blick auf die Bedingungen der Arbeit, trübt indessen die Freude. Frauenkarrieren starten auf Umwegen, der Aufstieg ist mit Hindernissen gepflastert, ihr Standort innerhalb der Institutionen ist von Paradoxien, Marginalisierung und Vereinzelung gekennzeichnet, wie *Edit E. Kirsch-Auwärter* in ihrem Beitrag *"Gestaltungsspielräume forschender Frauen"* nachweist.

Zorn statt Jubel ist angebracht angesichts der Entwicklungen in den neuen Bundesländern. Im Anschluß an das Referat von *Marina Moritz* bei der Tagung in Waldenbuch, in welchem sie die Rolle der Frauen in der ehemaligen DDR und die Auswirkungen der Umstrukturierungen in den neuen Bundesländern problematisierte, verabschiedete das Plenum eine Resolution gegen die gegenwärtige Praxis der "Stellenabwicklung", in der sich einmal mehr zeigt, daß Frauen nicht gleichberechtigt behandelt werden.

Die von Kirsch-Auwärter beschriebene Desintegration und die Chancen, durch Beharrung auf den eigenen Wertmaßstäben die daraus entstehenden Ausgrenzungs- und Verleugnungserfahrungen zu bewältigen und so ein ausbalanciertes Modell der "kulturellen Zwischenwelten" zu installieren, waren Thema einer Podiumsdiskussion. Frauen in leitenden Funktionen in Verbänden, Kulturämtern, Museen und Universitäten berichteten von ihren individuellen Erfahrungen, von Möglichkeiten und Grenzen einer feministisch orientierten Amtsführung, von Lust und Anstrengung im individuellen Umgang mit Macht. Spürbar wurde in der zum Teil sehr heftig geführten Debatte, daß sich die Frauenbewegung nicht nur auf die Forschungsansätze und durch eine veränderte Sicht auf die Dinge befruchtend ausgewirkt hat, sondern daß dies auch neue Probleme entstehen ließ.

Die Tatsache, daß sich mit Arbeitsergebnissen aus der Geschlechterforschung oder durch öffentlichkeitswirksame Organisationsarbeit einzelne auch persönlich profilieren und ihre Karrieren damit aufbauen, schafft durchaus neue Konfliktpotentiale im Umgang der Frauen miteinander. Generationenkonflikte und das Überangebot von Arbeitskräften auf dem Markt der Geisteswissenschaften verschärfen die Schwierigkeiten, die "nichtetablierte" Frauen mit "etablierten" haben. Emotionale Auseinandersetzungen zu führen, individuelle Befindlichkeiten zu thematisieren, Selbsteinschätzungen und Fremdbilder zu hinterfragen und in einen gesamtgesellschaftlichen Kontext zu stellen, ist eine Qualität feministischer Praxis. Gleichwohl ist es schmerzlich, wenn Konfliktlinien innerhalb der selbstgeschaffenen Schutzräume verlaufen und zu spüren ist, daß Frauen sich trotz gemeinsamer Erfahrungen und Ziele auch als Fremde und rivalisierende Individuen begegnen. Das Thema "Konkurrenz unter Frauen" wird inzwischen zwar nicht mehr tabuisiert, aber die Formen des produktiven Umgangs damit müssen, so scheint es, erst noch entwickelt werden. Betroffen sind von diesem Verlust an lange beschworener "Schwesterlichkeit" beide Seiten.[5] Da Lernbereitschaft zum wichtigsten Handwerkszeug kreativer Wissenschaftlerinnen gehört, sind Veränderungen jedoch zu erwarten.

Trotz aller gegenteiligen Absichten der Organisatorinnen war das Tagungsprogramm dicht gedrängt. Und dies, obwohl mit der *Projektbörse* eine Entlastung des Gesamtprogramms versucht wurde. Präsentiert wurden in kleinen Ausstellungseinheiten von und für Frauen bearbeitete Projekte aus den Arbeitsbereichen Kunst/Kunstgeschichte, Dokumentationen/Archive, Frauenstadtgeschichte, Frauenleben und Geschlechterrepräsentation. Dieser Tagungsteil, aufgrund der neuen Form zunächst beargwöhnt, erwies sich in der Tagungskritik der Teilnehmerinnen als wichtige Neuerung für künftige Veranstaltungen.

Die Auswertung der in der Tagungsvorbereitung durchgeführten Befragung von Frauenprojekten untermauerte noch einmal die Probleme der Geschlechterforschung und der Arbeit von Frauen in der kulturellen Öffentlichkeit: gefragt ist noch immer ein hohes Maß an unentgeltlichem Engagement, das bewährte Prinzip weiblicher Arbeit im Ehrenamt. "Frauenprojekte" werden zwar immer häufiger initiiert und vor allem von kommunaler Seite gewünscht, sie finden jedoch nur selten die personelle und finanzielle Basis, die einem Vergleich mit etablierten Ausstellungs- und Forschungsprojekten standhalten könnte. Auch hier müssen Improvisationstalente von Frauen den Zugang zu Ressourcen ergänzen und nicht selten auch substituieren.

Zum Schluß noch einmal zurück zu der Frage nach den Jubelanlässen: Die Erfolge von zehn Jahren Kommissionsarbeit sind deutlich, das noch nicht erreichte ebenfalls. Dies gibt Anlaß zu feiern und die begonnene Arbeit optimistisch fortzusetzen.

Anmerkungen

1   Die Referate der Tagungen in Freiburg und Marburg wurden dokumentiert in: Frauenalltag - Frauenforschung. Beiträge zur Tagung der Kommission Frauenforschung in der deutschen Gesellschaft für Volkskunde, Freiburg, 22.-25. Mai 1986. Hrsg. von der Arbeitsgruppe Volkskundliche Frauenforschung, Freiburg. Frankfurt am Main, Bern, New York, Paris 1988.
Rund um die Uhr. Frauenalltag in Stadt und Land zwischen Erwerbsarbeit, Erwerbslosigkeit und Hausarbeit. 3. Tagung der Kommission Frauenforschung in der Deutschen Gesellschaft für Volkskunde vom 2. bis 5. Juni 1988 am Institut für Europäische Ethnologie Marburg. Hg. von der AG Frauenforschung in der Volkskunde Marburg. Marburg 1988.
2   Vgl.: F. Fuchs/G. Lixfeld: Zur Beschäftigungssituation von Wissenschaftlerinnen und Wissenschaftlern im Museumswesen Baden-Württembergs; in: Museumsblatt, Mitt. aus dem Museumswesen Baden-Württembergs 7, 1992; S. 15-20.
3   Ein aktuelles Beispiel: "13 Dinge Form Funktion Bedeutung." Ausstellung des Museums für Volkskultur in Württemberg, Außenstelle des Württembergischen Landesmuseums Stuttgart vom 3.10.1992 bis 28.2.1992. (Katalog: Stuttgart 1992.)
4   Vgl. z.B. die Konzeption des "Zeitzuges" im Landesmuseum für Technik und Arbeit in Mannheim, dessen oft große räumliche Distanz zur restlichen Präsentation die zur Kennzeichnung von Epochen gedachten Bilder nicht mehr als Interpretationshilfen für die gezeigten Originale nutzt, sondern sie selbst schon wieder zu erklärungsbedürftigen, eigenständigen Ausstellungseinheiten macht.
Vollends problematisch geriet: 1944-1952: Schau-Platz Südwest. 1.5.-19.7.1992 eine Ausstellung vom Haus der Geschichte Baden-Württemberg.
5   Vgl. auch Valerie Miner/Helen Longino (Hg.): Konkurrenz. Ein Tabu unter Frauen. München 1990.

Dank

Die Tagung wurde gefördert von:

Bundesministerium für Frauen und Jugend,
Ministerium für Arbeit, Gesundheit, Familie und Frauen, Baden-Württemberg,
Museum für Volkskultur in Württemberg, Schloß Waldenbuch, Zweigmuseum des Württembergischen Landesmuseums Stuttgart,
Waldenbucher Bank,
Freizeit- und Bildungsstätte Bernhäuser Forst.

Den Druck des Tagungsbandes ermöglichte

die Landeszentrale für politische Bildung, Baden-Württemberg.

Stationen und Perspektiven

CHRISTEL KÖHLE-HEZINGER

Auf Spurensuche: Frauen in der Volkskunde[*]

Die Universität ist - wie andere traditionale, hierarchische Institutionen - ein vorzügliches Feld der Feldforschung. Genauer: ein wünschenswertes Feld für Kulturwissenschaft und Frauenforschung. Hier ließe sich, den Regeln der teilnehmenden Beobachtung, der Partizipation folgend, eine genetisch und strukturell mittelalterliche Kulturform in ihren letzten Zügen, in ihren Nischen verfolgen: in ihren Ritualen der Macht- und Herrschaftssicherung wie der Ausgrenzung, in den Riten der Beharrung eher als in den Riten des Wandels.[1] Es sind, so meine ich, starre Hülsen scheinbarer Objektivität und Statussicherung, eher taugend zur Veränderung oder Abgewöhnung als zur Nachahmung. Vieles in dieser Institution würde ich mir - als Frau, als Volkskundlerin - anders wünschen. Etwa die Prozedur "Einführung in einen Vortrag" oder die "Eröffnung einer Tagung". Das sind für mich Beispiele von Wissenschafts-Ritualen männlicher Provenienz, die es zu ändern gälte. Sie sind selbstreferentiell-bestätigend - und langweilig. Komprimiert, komplex, esoterisch, im besten Fall ein Feuerwerk an Zitaten entzündend, das Bewunderung und Ehrfurcht (vor dem Eröffnenden mehr als vor dem Tagungsthema) erwecken soll.

Eine Eröffnung solcher Art? Mitnichten. Die Referentinnen, so hoffe ich, *sind* das Feuerwerk. Dennoch einige Seitenblicke, Rückblicke, Gedanken.

Die Entstehungsgeschichte dieser Tagung ist schnell skizziert. Auf der Fachkonferenz der Kommission Frauenforschung in der Deutschen

---

[*] Referat zur Eröffnung der Tagung
1 Vgl. dazu etwa - als moderne sozialgeschichtliche Studie - Peter Moraw: Vom Lebensweg des deutschen Professors (= Vortrag, gehalten auf einer DFG-Klausurtagung in Bad Neuenahr 1988). SDR, o.O. und O. J. - Als 'klassische' Studie sei - stellvertretend - zitiert Emil Reicke: Der Gelehrte in der deutschen Vergangenheit. Köln 1924.

Gesellschaft für Volkskunde im Juni 1990 in Hofgeismar war zutage getreten, welch großes Interesse und Defizit besteht hinsichtlich des Themas Museum: im Fachzusammenhang, als weiblicher Arbeits- und Lebenskontext und als Forschungsfeld. Thematisiert werden sollte daher auf der nächsten - dieser - Tagung die Frage nach den "Frauen im Museum", ihre Spurensuche im Fach und die Frage nach möglichen eigenen, anderen Formen einer "weiblichen Ästhetik" - gleichsam als Wirkungsgeschichte und Perspektive jener Spurensuche.

Christine Burckhardt-Seebass hatte bereits im Februar zugesagt, hier in Waldenbuch den Eröffnungsvortrag zu halten - mit (wie sie schrieb) "der Einschränkung auf Schweizerische Spuren ... auf frühe Sammlerinnen und Museumsfrauen im Kontext der Fachgeschichte." Sie hat leider zu Beginn des Wintersemesters vor zwei Monaten abgesagt - ebenso wie Ute Mohrmann, die versprochen hatte, dies Thema zeit- und DDR-geschichtlich zu modulieren und reflektieren. Beide Kolleginnen hatten abgesagt aus demselben Grund: beide vertreten gemeinsam, d.h. in Semesterhalbierung, den zur Zeit vakanten Lehrstuhl in Marburg. Beide pendeln zwischen zwei Orten ihrer Tätigkeit, und beide kapitulierten vor der Mehrfachbelastung. Ute Mohrmann warb daraufhin selbst eine Vertreterin, Marina Moritz, und Christine Burckhardt-Seebass versah mich mit dem Manuskript ihrer am 1. Februar 1991 gehaltenen Basler Antrittsvorlesung.[2]

"Spuren weiblicher Volkskunde", so ihr Titel: Wo und wann lassen sie sich erkennen, welche Konturen tragen sie? Nun - die Merkmale, die Christine Burckhardt-Seebass hier fand[3], sind eindrücklich. Frauen in

---

2   Christine Burckhardt-Seebass: Spuren weiblicher Volkskunde. Ein Beitrag zur schweizerischen Fachgeschichte des frühen 20. Jahrhunderts; in: Schweizerisches Archiv für Volkskunde, 87. Jg., Heft 3-4. Basel 1991, S. 209-224.

3   Vergleichend zu nennen wären andere Spurensuchen - so etwa Adelheid Schrutka-Rechtenstamm: Frauen in der volkskundlichen Forschung; in: Rhein. Vierteljahrsblätter, Jg. 55/1991, S. 315-330. Oder Christel Köhle-Hezinger: Nachwort zu Maria Bidlingmaier, Die Bäuerin in zwei Gemeinden Württembergs, Neuedition der Diss. Tübingen 1915 (Stuttgart 1918). Kirchheim 1990, S. 275-305 (dort auch weitere Literaturangaben und eine Bibliographie). Ein weiterer Vortrag d.Vf., gehalten in Bayreuth 1991, ersch. demn. im Rhein. Jahrbuch für Volkskunde, 1992 ("Frühe Frauenforschungen"). - Das beeindruckende Protokoll einer Spurensuche aus dem Feld der Geschichtswissenschaft - der "Annales" - legte jüngst Peter Schöttler vor; es verblüfft in seiner strukturellen Ähnlichkeit (vgl. dazu im folgenden den Beitrag von Edit Kirsch-Auwärter): Lucie Varga, Zeitenwende. Mentalitätshistorische Studien 1936-1939. Hg. v. P. Schöttler. Frankfurt

der frühen Volkskunde, so ließe sich zusammenfassen und durch andere, auch eigene Befunde bestätigen, waren fast ausnahmslos in drei Rubriken zu gliedern. Zunächst waren es privilegierte Frauen - höhere Töchter, "Gattinnen", alleinstehende Damen; dann waren es die typischen "Sammlerinnen", und schließlich - fast alle - Autodidaktinnen. Sie promovierten meist mit Summa cum laude - die erste Doktorandin in Basel war Adele Stöcklin, die im Jahre 1908 bei John Meier promovierte über das Verhältnis von Volkslied und Minnesang.

In der Folge wurden aus den privilegierten Sammlerinnen und Autodidaktinnen - weil Berufswege ihnen versperrt waren - Dichterinnen, Privatgelehrte und Feldforscherinnen, "Schriftstellerinnen", Spezialistinnen für Volkstracht. Die Frauen sammelten, dokumentierten, schrieben, während Männer ihre Materialien nutzten, edierten und kommentierten.[4]

In der französischen Schweiz suchte Christine Burckhardt-Sebass solche Spuren vergebens; m.E. zu Recht weist sie jedoch das eindimensionale konfessionelle Deutungsmuster zurück, das Wolfgang Brückner für diesen Befund vorgeschlagen hat. Er verwies auf die zwei frühen deutschen Volkskundlerinnen Mathilde Hain und Martha Bringemeier, beides katholische Bauerntöchter.[5] Mit Christine Burckhardt-Seebass meine ich, daß dies Sample zu klein, ja ungeeignet sei für solche Thesen; daß schicht-, geschlechts- und regionalspezifische, d.h. historische Gründe hier vielmehr zu differenzieren wären.

Welche Spezifik regionaler Kultur und Mentalität, aber auch welche strukturellen Gemeinsamkeiten sich hier bei genauer Analyse ausmachen lassen, zeigte sich mir eindrucksvoll am Beispiel von Maria Bidlingmaier, der Staatswissenschaftlerin (und *evangelischen* Lehrerstochter vom Land!), die 1915 in Tübingen ihre Dissertation über Bäuerinnen in Württemberg einreichte. Sie hatte *nicht* das Ziel, es den "Männern gleich zu tun".[6] Ihre Dissertation, der Suche nach dem Weberschen Idealtypus, nach Realität und deren Sinn verpflichtet, strebt nach der Ganzheit des Alltäglichen - aus der Sicht von Frauen im doppelten

1991.
4 Schöttler (Hg.): Lucie Varga, darin: Einleitung: Lucie Varga - eine österr. Historikerin im Umkreis der "Annales" (1904-1941), S. 13-110.
5 Wolfgang Brückner: Die Wissenschaftsgeschichte der Volkskunde und die Institutionen-Erforschung in den Geisteswissenschaften. Wien 1983, S. 21, zit.n. Burckhardt-Seebass: Spuren, S. 223.
6 Köhle-Hezinger: Bidlingmaier, S. 275 f.

Sinne: dem von Objekt *und* Subjekt, im Blick auf Praxisbezug und Praxisinteresse. Ihre Empathie, ihre wissenschaftliche Detailgenauigkeit der Beobachtung suchen, so meine ich, bis heute ihresgleichen. Maria Bidlingmaier war Staatswissenschaftlerin, d.h. nach heutiger Definition wohl am ehesten "Soziologin". Volkskundliche Gemeindestudien dieser Qualität *und* Objektivität, volkskundliche Mikroanalysen dieser Dichte und Nähe, trotz der wissenschaftlichen Distanz: sie suchte ich in meinem Fach, der Volkskunde, vergebens (- und, so wäre hinzuzufügen, ich lernte in meinem Volkskundestudium Maria Bidlingmaier nicht kennen).

Wo begegneten mir, in meinem "volkskundlichen Werdegang", Frauen? Wo gab es qualifizierte, professionelle weibliche Vorbilder? In Tübingen wie in Zürich wie in Bonn - keine, weit und breit nicht. Allenfalls peripher, temporär, Bereichen des Feldforschens und Sammelns, Dokumentierens und Zuarbeitens zugeordnet ... Und die Frauen, die als Alt-Doktorandinnen im Tübinger Haspelturm ihre festen Plätze hatten, waren klug und fleißig, aber transitorisch. Sie figurierten als Freundinnen, Abbrecherinnen, als letztlich Heiratende - und als Mütter, als "Freiberufliche" danach ... Allein zwei weibliche Lehrende begegneten mir in meinem literaturwissenschaftlichen Grundstudium. Auf ewiggleiche Pflichtseminare abgeschoben, wirkten sie jedoch vergrämt eher als belebend.

Außeruniversitär, während meiner studienbegleitenden Praktika ein ähnliches Bild. Frauen allenfalls als die Hiwis, als die Zuträgerinnen, während Männer die Chefs, die Abteilungsleiter waren. Während meines Praktikums im Schweizerischen Landesmuseum tippte die promovierte Fachfrau am Schreibtisch neben mir ebenso Karteikarten wie ich - "Er", der Chef war draußen, auf Forschungsreise, auf Akquisition. Im Rundfunk-Praktikum hörte ich, daß es vor allem an qualifizierten Sekretärinnen mangele; hier (wie im Bereich des Zeitungs-Journalismus) hatte mir der alltäglich-atmosphärische und reale Sexismus sowieso den Appetit verdorben. Was aber blieb dann - außer dem sicheren Wissen dessen, was ich *nicht* wollte?

Edit Kirsch wird die Seiten- und Auswege, die "blieben", die Sackgassen und die scheinbar freigewählten weiblichen Alternativen analysieren - als Soziologin wie Maria Bidlingmaier, als Frauenforscherin, als Weggefährtin. Ich freue mich darauf, und ich danke ihr, daß sie sich noch so spät, *nach* der Absage aus Basel, auf unsere Tagung eingelassen hat. Ihr Thema, so denke ich, ist unabdingbar Bestandteil unseres Tagungsthemas, wollen wir - zum einen - den erweiterten Kulturbegriff,

Kulturwissenschaft als Teil der Gesellschaftswissenschaften ernstnehmen, und wollen wir, zum zweiten, nicht bestehen auf ein eigenes, fachspezifisches Leiden, auf "die Frauenproblematik in der Volkskunde". Die Diskussion über die gemeinsame Struktur unserer Probleme tut ebenso not wie die Öffnung, der Dialog mit den Nachbarwissenschaften. Der interdisziplinäre Dialog, so mein Eindruck, wird im universitären Raum ständig proklamiert, aber kaum realisiert - es sei denn verbal, im Rahmen etwa von Ringvorlesungen und anderen hierarchisch-komparatistischen Schaugefechten.

Praktiziert aber anstelle von verbalisiert, offenbart solcher Dialog freilich meist gravierende Defizite. Es sind Defizite in der Kommunikation, in der Wahrnehmung und im Ernstnehmen. Und sie schmerzen oft, was ihren Umfang und ihre Reichweite betrifft. Volkskundliche Defizite im Bereich unseres Tagungsthemas liegen, darüber war sich die Vorbereitungsgruppe klar, im Bereich der Ästhetik, der Kunstgeschichte, der Geschichtswissenschaft und der Ethnologie ebenso wie im Bereich von Architektur, von Medien. An diesen Defiziten zu arbeiten, sie bewußt zu machen und sie - in Ansätzen freilich nur - themen- und institutionenorientiert zu problematisieren, sie umzusetzen und in die Wissenschaftskommunikation einzubringen: dazu will diese Tagung einen Beitrag leisten.

Ein zweiter Blick zurück, nicht ins Fach, sondern in unsere kurze Frauenkommissionsgeschichte, soll mich am Ende zur Gegenwart hinführen. 1984, dies meine erste Anmerkung zur Retrospektive, schrieb Carola Lipp im Vorfeld der ersten dgv-Frauentagung: "Als wir die Tagung vorbereiteten, waren wir überrascht, wie viele Frauen in Forschung und Lehre über Erschöpfung und Krankheit durch Überlastung berichteten. Zufall?"[7] Diese Frage stellten wir tagungsvorbereitenden Frauen des Jahres 1991 nicht - obwohl wir ihr oft sehr nahe waren angesichts des bedrückenden Crescendos der Absagen. Alle im einzelnen glaubhaft und gut begründet, schienen sie doch auf fatale Weise das gängige Stereotyp der weiblichen Unzuverlässigkeit zu bestätigen. (War nicht auch der bleibendste und tiefste Eindruck am Tübinger Ludwig-Uhland-Institut im vergangenen Wintersemester, beim Institutskolloquium über "Feministische Theorien", das weibliche Absagekarussell der

---

7 Carola Lipp: Frauenforschung in der Volkskunde; in: Tübinger Korrespondenzblatt Nr. 26/1984, S. 7.

Referentinnen gewesen? Ich selbst hatte mich damals ertappt beim Kaschieren, beim Herunterspielen und Erklären - bei Versuchen, zu individualisieren und entkollektivieren, als ob es hier stellvertretend sich zu schämen gelte!)

Mit Genugtuung las ich damals von jener empirischen Untersuchung, die bis in die Tagespresse und Frauenzeitschriften hinein gierige Popularisierung gefunden hatte. Frauen in höheren und in Führungspositionen, so der Befund, klagten ständig über Streß und Überlastung, zeigten psychosomatische Symptome. Dabei wurde - wie selten - die Korrelation zwischen Standort und Wertung deutlich, zwischen Vor-Urteil und wissenschaftlicher Interpretation: Den einen war dies Beweis der mangelnden weiblichen Eignung und Belastbarkeit, den anderen der Kontrapunkt zum männlichen Infarkt: ein Zeichen der Hoffnung auf einen *anderen* möglichen Umgang mit Macht. Jammern, Seufzen anstelle von Verdrängung, von Bluthochdruck?

Meine zweite Anmerkung zur Retrospektive. Carola Lipp schrieb damals, 1984 etwas, das zwar nach wie vor aktuell ist in quantitativer Hinsicht, dem ich aber in qualitativer Hinsicht heute widersprechen möchte. Im Kapitel "Volkskunde - ein Frauenfach" ist die Rede (zu Recht) von "überproportional vielen Frauen" im Fach; studierenden Frauen, wäre damals wie heute hinzufügen, auch im Vergleich mit anderen Fächern im Hinblick auf die Professorinnen. 1984 und erst recht 1991 liegt ihr Anteil im Fach deutlich höher als im universitären Durchschnitt. Freilich, so schrieb Carola Lipp weiter, "ändert dies nichts daran, daß Frauen insgesamt die Durststrecke der wissenschaftlichen Qualifikationen sehr viel seltener durchstehen und sich schließlich aus der 'Konkurrenz' zurückziehen"[8]. Nein - viel schlimmer: sie fangen erst gar nicht an auf der volkskundlichen Karriereleiter, oder (aber damit wäre ich bereits bei Edit Kirschs Thema) sie fangen es *falsch* an. Sie fangen den Weg in die Forschung-Karriere erst gar nicht oder falsch an, weil sie, so wäre meine These, nicht wissen oder nicht sehen, 'wie es geht'. Oder, die andere Möglichkeit: sie sehen es so, daß es ihnen *vergeht* ...

Von Bildern soll auf dieser 4. dgv-Frauenkommission die Rede sein. Von den Bildern der Frauen in durchaus mehrdeutigem Sinne: von unseren Bildern in den Köpfen, von unseren Bildern "der Universität",

8 Lipp: Frauenforschung, S. 5-7.

"des Museums", "unserer Ausstellungen"; von den Bildern, die wir sind, die wir haben und die wir machen, die wir gestalten, rezipieren, kumulieren und popularisieren; von Bildern und ihren Räumen, von Bildern in den Medien, im Alltag.

Samstag abend vor einer Woche, kurz nach 21 Uhr - ich flüchtete mich vom Schreibtisch zum Fernseher. Dort die Samstagabendmoritat, das Unterhaltungsprogramm. Kurt Felix, der ewig-strahlende Showmaster, hatte als Glücksfee für die Auslosung am Ende seiner Show einen siebenjährigen herzigen Krabb engagiert; Andrea, mit Engelshaar, Rüschenkleid und Zahnlücke. Sie ist die richtige Mischung: hübsch, ein bißchen keck - aber dennoch schüchtern, zaghaft; und des männlichen Zuspruchs bedürftig, bevor sie antwortet.

Das Interview, erste Frage: Was wünschst Du Dir zu Weihnachten, Andrea? Antwort: Eine Puppe, die sprechen und essen und die man füttern kann. Zweite Frage: Was spielst Du am liebsten? Antwort: Müetterles. Dritte Frage: Was willst Du werden? Antwort: Krankenschwester. Vierte Frage: Und später, danach? Antwort: (Pause) s'Mami ... Zur Belohnung erhält Andrea, Jahrgang 1984, einen Puppenwagen. Sie strahlt.

Frauenspielräume der Gegenwart? Ich meine: *Handlungs*spielräume, Handlungs*bedarf* - für diese und noch viele Tagungen.

EDIT E. KIRSCH-AUWÄRTER

Gestaltungsspielräume forschender Frauen

Reflexionen über ihre Professionalisierung aus soziologischer Sicht

1. Zur Einleitung

Ziel und Ansatz der Analyse

Vorab will ich mich für die Gelegenheit, meine Überlegungen hier vorzutragen, bei den Veranstalterinnen der Tagung ganz herzlich bedanken. Daß ich mich berufen fühle, meine Reflexionen gewissermaßen aus der Metaperspektive hier vorzustellen, obwohl mein Beitrag höchstens am Rande des volkskundlichen Diskurses anzusiedeln ist, verdankt sich u.a. einer erstaunlichen Parallelität zwischen den Leitbegriffen des Tagungsprogramms einerseits und den axiomatischen Schwerpunkten meiner Analyse der Situation forschender Frauen andererseits.

Von charakteristischen Stationen und Perspektiven im Werdegang der Frauen über ihre spezifischen Standorte und Strategien in den Institutionen bis hin zu differentiellen Stilen und Stilisierungen lassen sich Bestimmungsmomente weiblicher Gestaltungsspielräume auflisten, deren determinierende Kraft wir noch genauer untersuchen müssen und deren produktive Ressourcen wir noch kaum erkannt haben. Diese Begriffe scheinen zugleich als Marksteine der Selbstvergewisserung und als Erkennungssignale in einer widerständigen frauenforscherischen Subkultur zu wirken. Sie werden in eben dieser Abfolge meine weiteren Ausführungen strukturieren.

Wenn ich mich im folgenden auf 'forschende Frauen' beziehe, dann möchte ich darunter nicht nur die wissenschaftlich tätigen unter uns verstehen, schon gar nicht nur diejenigen von uns, die im weitesten Sinn 'Frauenforschung' betreiben, sondern ganz allgemein Frauen, zu deren Lebensperspektive es gehört, Erkenntnisse zu gewinnen und weiterzugeben (seien es wissenschaftlich, künstlerisch oder auch politisch gewonnene Erkenntnisse), sofern sie diese Absicht innerhalb von Institutionen zu verwirklichen versuchen, die unsere Gesellschaft dafür vorsieht, d.h. den Forschungs- und Bildungsinstitutionen im weitesten Sinn, oder noch allgemeiner: sofern sie in Positionen tätig sind, die unter anderem auch einen bildungspolitischen Auftrag erfüllen. Meine Erfahrungen sind dabei stärker von der Institution Universität geprägt, wenn auch nicht auf sie beschränkt. Methodisch unterstelle ich zunächst einmal Gemeinsamkeiten zwischen diesem und anderen Erfahrungsbereichen, nicht weil ich andere darunter subsumieren oder sie vereinnahmen wollte, sondern weil ich zunächst Strukturmerkmale des 'professionellen Handelns' aufspüren möchte. Es wären dann weitere Untersuchungen nötig, um herauszufinden, wieweit sich universitäre Gestaltungsspielräume von solchen unterscheiden, die etwa Museen, Stadtverwaltungen, privatwirtschaftliche Betriebe oder auch die selbständige Berufsausübung ermöglichen.

Schwerpunkt meiner Forschungsarbeit sind die Bedingungen, unter denen Frauen in unserer Gesellschaft dazu kommen, eine solche auf Erkenntnis gerichtete Lebensperspektive zu entwickeln und sie als Praxis aufrechtzuerhalten. Ich interessiere mich vor allem dafür, wie diese Bedingungen sich auf ihre Arbeit und auf ihr Selbstverständnis auswirken und welche Spuren dieser Bedingungen wir noch in ihren Erkenntniszielen und -methoden, in ihrem Umgang mit biographischen Entwürfen und institutionellen Spielregeln wiedererkennen können.

Wenn in dieser Analyse die Perspektive der Frauen dominiert, dann nicht, weil ich die männlichen Gestaltungsspielräume für weniger determiniert hielte. (Das würde schon dem Selbstverständnis einer Soziologin widersprechen). Auch nicht, weil ich dem Handeln der Männer mehr Freiheitsgrade oder ihrer Beteiligung am System größere Freiwilligkeit unterstellen würde. Solche Argumente wären einfach zu widerlegen. Dies ist aber nicht die Zielrichtung meiner Analyse.

Was männliche und weibliche Positionen in dieser Hinsicht voneinander unterscheidet, ist vielmehr die Art der Beziehung zwischen dem allgemeinen, kollektiv geteilten Wertesystem einerseits und den individuellen, subjektiven Einstellungen und Erwartungen andererseits; ein je spezifisches, ein ganz besonderes Verhältnis des kulturellen Deutungsmusters zu den individuellen Selbst- und Fremdeinschätzungen.

Diese Beziehung ist - um es einmal neutral zu formulieren - durch ein für Männer besseres bzw. für Frauen schlechteres Passungsverhältnis von allgemeinen und individuell realisierbaren kulturellen Werten gekennzeichnet und infolge davon durch die besonderen Vor- bzw. Nachteile, die für das Handeln der einzelnen daraus resultieren. In direkter Abhängigkeit davon, wie sehr sie kollektiven Erwartungsmustern entsprechen, werden die Handlungen der einzelnen auf- oder abgewertet, ihre Leistungen ausgezeichnet oder verdrängt, ihre Identitäten gestützt oder infragegestellt.

Wo es nun polarisierte Geschlechtscharaktere gibt, kollektive Imaginationen 'des Weiblichen' und 'des Männlichen', ergeben sich für Männer und Frauen ganz verschiedene Konsequenzen, wenn es darum geht, institutionelle Ziele und persönliche Lebensentwürfe zur Deckung zu bringen. Sie ergeben sich schon aus strukturellen Gründen und deshalb bis zu einem gewissen Grade zwingend.

Dabei ist vermutlich nicht von primärer Bedeutung, ob wir als Ursache dieser Praktiken eher die spezifische Konstruktion des Weiblichen identifizieren, die für unsere Gesellschaft charakteristisch geworden ist; ob wir es stattdessen für ausschlaggebend halten, daß die Institutionen auf der Relegation des weiblichen Arbeitsvermögens gegründet sind (d.h. auf seiner Ausgrenzung bei gleichzeitiger Unsichtbarmachung), oder ob wir meinen, das eigentlich wirksame Prinzip sei die Erzeugung von Öffentlichkeiten, deren kollektiv bindender Charakter durch den Ausschluß der Frauen erst zustandekommt.

Alle diese Faktoren, die von verschiedenen Richtungen in der feministischen Forschung herausgearbeitet wurden, greifen ineinander. Sie sind möglicherweise sogar gleichursprünglich und ganz sicher auch heute noch gleichzeitig wirksam. Als Formen der Organisation individuellen wie kollektiven Handelns, verankert in vorbewußten Interpretationsroutinen, verkörpert in Identitäten und Beziehungen, sind sie vielleicht nur um den Preis psychischer und gesellschaftlicher Desintegration aufzubrechen.

Ich will hier nun versuchen, den Einfluß solcher Faktoren auf die Gestaltungsspielräume forschender Frauen näher auszuleuchten und dabei besonders die Wechselwirkung zwischen den Folgen der ausgrenzenden Praktiken und ihrer Erwartung, d.h. ihrer Legitimation durch Deutungsmuster, im Auge behalten.

Wichtig ist, daß in dieser Perspektive die Frauen primär nicht als Opfer und auch nicht als Mittäterinnen gesehen werden - es sei denn als Opfer gesellschaftlicher Bedingungen und dann nicht in höherem Maße (wenn auch mit ganz anderen Folgen), als das für Männer gilt. In dieser Perspektive sind Frauen auch nicht durch besondere Defizite charakterisiert, weder sozialisatorischer noch anderer Art, und es kann deshalb auch nicht um Förderungsprogramme gehen, die sie zu kompensieren vermöchten.

Wohl aber werden Frauen in dieser Sicht real und nachprüfbar benachteiligt, und zwar durch institutionelle, kollektive und individuelle Praktiken der Typisierung, Abwertung und Ausgrenzung. Es geht also um die Analyse struktureller Gewalt, deren Folgen objektiv meßbar, für Frauen auch subjektiv nachvollziehbar, deren Wirkungszusammenhänge jedoch vermittelt und verschleiert, d.h. nur über eine theoretische Analyse für die Forschung zugänglich sind.

2. Stationen und Perspektiven

2.1 Vorbemerkung: Profession und Professionalisierung

An dieser Stelle muß ich - um naheliegenden Mißverständnissen vorzubeugen - eine knappe Begriffsklärung einfügen: Unter 'Professionalisierung' verstehe ich den Prozeß der historischen Entwicklung *und* des biographischen Erwerbs beruflicher Qualifikationen, hier vor allem in tertiären Bildungsinstitutionen. Prototypisch für Professionen sind bestimmte Laien-Experten-Beziehungen (etwa Arzt-Patient, Anwalt-Klient oder, schon etwas kontroverser, Professor-Student). (Die männlichen Bezeichnungen sind, wie noch verständlich werden wird, hier durchaus beabsichtigt).

Professionelles Handeln reagiert auf die problemorientierte Nachfrage eines Klienten mit einem Angebot an helfenden Strategien, die auf systematischem, kodifiziertem Wissen und besonderen Handlungs-Ethiken fußen. Der professionellen Rolle wird normativ ein hohes Maß an Entschlußkraft und Initiative im Dienste eigener Vorstellungen zugeschrieben, ein aktives und sehr persönliches, d.h. auch sehr individuelles Streben nach gesellschaftlich angesehenen Werten, das sich dann unmittelbar in öffentlich validiertem Status des einzelnen (in hoher Reputation) äußert.

Professionen gelten in der Soziologie als wichtiges Merkmal der Sozialstruktur moderner Gesellschaften. Die Entwicklung von entsprechenden Standesorganisationen und -gerichtsbarkeiten, von reglementierten Ausbildungsgängen und -monopolen, stellt für die soziologische Betrachtung ein Schlüsselphänomen im Prozeß der Modernisierung von Gesellschaften und der Rationalisierung von traditionellen Handlungsorientierungen dar.

Professionelle Fähigkeiten werden in langen Ausbildungsjahren in enger Beziehung zu bereits professionalisierten Vorbildern entwickelt, als eine Mischung theoretischer und praktischer Kenntnisse (Kunstlehre), deren fallgerechte Anwendung in virtuellem und/oder realem Probehandeln eingeübt wird.

Für die Diskussion hier ist besonders wichtig, daß Professionen ihrem Selbstverständnis nach ein besonders hoch entwickeltes berufliches Handeln darstellen, von außeralltäglichen, schöpferischen Leistungen geprägt, etwa in der Rekonstruktion individueller Fallgeschichten, in der Anwendung des komplexen theoretischen Wissensbestandes, in der Wahrung ethischer Prinzipien. Mit einem Schlagwort in Anlehnung an Max Webers Begrifflichkeit beleuchtet: Professionelles Handeln verkörpert einen Rest verweltlichten Charismas in unserer entzauberten Welt.

Was nun die Frauen betrifft, so können wir gegenwärtig zumindest in westlichen Industriegesellschaften eine geradezu paradoxe Entwicklung beobachten: einerseits eine wachsende Beteiligung von Frauen an den Ausbildungsgängen der genannten Art, andererseits eine gleichbleibende öffentliche Bewertung dieser Rolle als einer Ausnahme, als eine ungewöhnliche, problematische, kurz: der Normalisierung bedürftige Erscheinung.

Paradox ist auch, daß Frauen sich Eingang in die akademischen Berufe verschaffen, ohne allerdings volle professionelle Autorität zugestanden zu bekommen, d.h. vor allem ohne einen entsprechenden Anteil an sozialem und politischem Einfluß zu erringen. Dieser Zustand kann als geradezu endemisch bezeichnet werden. Er ist das sichtbare Zeichen für einen bestehenden Normenkonflikt. Und dieser Normenkonflikt markiert die erste distinktive Station in der Professionalisierung von Frauen.

Was ist nun über die adaptiven Leistungen der Frauen in den Professionen bekannt? Was wissen wir von ihren Einstellungs- und Handlungsmustern? Sind dort charakteristische Besonderheiten zu beobachten, und wie stehen sie zu den objektiven Merkmalen ihrer strukturellen Lage? Bei den folgenden Ausführungen kann ich mich auf eine ganze Reihe empirischer Untersuchungen stützen, die in den letzten Jahren zum Verlauf und Ergebnis weiblicher Professionalisierung durchgeführt worden sind.

Hervorheben möchte ich einmal die Freiburger Studie von Angelika Wetterer, über die verschiedene Veröffentlichungen vorliegen, in der 60 extensive Interviews mit Wissenschaftlerinnen qualitativ ausgewertet wurden; und zum anderen eine sehr ausführliche US-amerikanische Studie von Nadya Aisenberg und Mona Harrington. Auf der Basis von 62 biographischen Interviews mit Wissenschaftlerinnen innerhalb und außerhalb der Hochschulen wurden in dieser Untersuchung zunächst die zentralen Motive, Einstellungs- und Handlungsmuster von 37 der Befragten, aus den Institutionen verdrängten Wissenschaftlerinnen, fein-analytisch rekonstruiert. Anschließend wurden die Ergebnisse an den Interviews einer Vergleichsgruppe von 25 langjährig in Institutionen erfolgreichen Wissenschaftlerinnen validiert.

Diese Quellen arbeiten triftige und vor allem sich oft wechselseitig stützende Interpretationsschlüssel für die uns bekannten Fakten heraus. Es ist dabei wichtig, im Auge zu behalten, daß es bei den folgenden Aussagen jeweils um empirische Generalisierungen auf der Basis von Selbsteinschätzungen der befragten Frauen geht (und nicht etwa um ihnen willkürlich zugeschriebene Einstellungen).

2.2 Erbe und Verwandlung der Frauen: Ein Start auf Umwegen

Frauen, die sich ihren Weg durch akademische Karrieren bahnen, werden früher oder später von der verbleibenden Wirksamkeit über-lieferter Normen eingeholt und aufgehalten; von Normen, die den Frauen ganz allgemein ein öffentliches Leben vorenthalten.

Ein Normenwandel findet zwar statt, mit allen regionalen und anderen Ungleichzeitigkeiten, die zu erwarten sind. Die neuen Normen ersetzen die alten jedoch nicht: Der Konflikt wird in die einzelne Handelnde selbst hineinverlagert, d.h. in diesem Fall in die Frauen, die sich aus den althergebrachten Rollen lösen. Daß dieses Erbe allgegen-wärtig ist, können wir gar nicht leugnen. Nicht zuletzt in den Inhalten der Wissenschaft selbst, sei es in der philosophischen oder pädagogi-schen Tradition, sei es in literarischen Vorbildern oder soziologischen Theorien, überall fristet es eine zumeist unbenannte, aber nicht weniger wirkungsvolle Existenz.

Der Kern der überlieferten Normen, die Frauen noch heute behindern, lautet: Die Stärke der Frauen liegt im privaten und häuslichen Bereich, in 'über'moralischen Tugenden der entsagungsvollen Unterstützung, der Pflege von (familiären) Beziehungen, der Vermittlung und Verwaltung (kontrollierter) Gefühlswelten. Was aber eine berufliche Entwicklung zugleich voraussetzt und ermöglicht, nämlich das Streben nach persönli-cher Autonomie durch intellektuelle Leistung und öffentliche Verant-wortung, ist mit diesen weiblichen Tugenden nicht nur unvereinbar, ja es gefährdet sie sogar.

In der Praxis werden wir mit vielen Folgen dieses Normenkonflikts konfrontiert. Dort treffen wir auf mehr oder weniger geglückte Ver-suche, die konfligierenden Erwartungsmuster in Übereinstimmung zu bringen. Der Preis, der dabei entrichtet wird, heißt oft Stillstand und Verzicht der Frauen auf höhere Ämter und Würden, wenn nicht sogar Verlust gesicherter Positionen - etwa in der institutionalisierten Wissenschaft.

Professionalisierung umfaßt deshalb für Frauen eigentlich immer eine doppelte Agenda: einerseits den Wandel vom Laien zum Experten und andererseits den Wandel vom Sekundanten zum Prinzipal. Hier sind Vorgänge von ganz anderer Art wirksam, die weniger als Lernprozeß und eher als Persönlichkeitswandel beschrieben werden können: ein intellektueller und emotionaler Prozeß, in dem Frauen zuallererst eine neue 'öffentliche' Identität ausbilden müssen, die nicht länger von den alten Normen restringiert wird.

Beide Vorgänge stellen unterschiedliche und nicht selten sogar widersprüchliche Anforderungen an die Frauen im institutionellen Sozialisationsprozeß. Damit Professionalisierung überhaupt beginnen kann, haben Frauen bereits außergewöhnliche Hindernisse zu überwinden, äußere und innere Widerstände, die große Energie und Zeitressourcen verschlingen, Umwege erzwingen und damit zugleich auch bestehende Zweifel an der Ernsthaftigkeit ihrer Absichten in der Wissenschaft ungewollt bestätigen. Denn ein Mangel an Zielgerichtetheit und an strategischer Planung ist nach gängigen - männlich definierten - Professionalitätskriterien bereits ein Makel.

Als Folge dieser Anfangshürden entwickeln Frauen häufig eine gesteigerte Identifikation mit ihrer Disziplin und - wichtiger noch - sie erfahren das Lernen nicht nur als intellektuelle Entwicklung und Erwerb beruflicher Fähigkeiten, sondern als einen umfassenden Vorgang von persönlichem Wachstum und gewonnener Reife. Belange der Disziplin werden zu einem Wert an sich, der Umgang mit ihnen Anlaß für komplizierte moralische Bewertungen.

So vital und bedeutend der Verwandlungsprozeß auch sein mag, aus der Sicht der Institution birgt er die Gefahr der Unterschätzung der 'äußerlichen' Anforderungen einer Karriere in sich: Formale Auszeichnungen, Stipendien, öffentliche Auftritte, Jobs, Kontakte und Empfehlungsschreiben, kurz, die für die Institution ganz zentrale öffentliche Dokumentation des Lernvorgangs und -erfolges treten zu den Bedürfnissen der inneren Motivation in einen oft unüberwindbaren Gegensatz.

So kommt es dazu, daß Frauen gerade in den Anfangsstadien ihrer beruflichen Laufbahn Anzeichen erkennen lassen, die als Signale mangelnder Professionalisierungsbereitschaft gedeutet werden. Ein weiteres Risiko liegt in der Wahl von Arbeitsgebieten nach Kriterien der inneren Motivation oder wissenschaftsimmanenter Bedeutung: Längere Forschungs- und Vorbereitungszeiten, weniger Veröffentlichungen und Vorträge, schwer publizierbare Ergebnisse und Themen am Rande der öffentlichkeitswirksamen Entwicklung sind häufig die Folge. Verachtung und Mißachtung von Fragen der Machbarkeit und des 'payoff' stehen der weiteren Karriere im Wege.

Die Identifikation mit den Inhalten verhindert schließlich die Distanz, die nötig wäre, um die Beziehung der Profession zur Wirklichkeit und die der akademischen Institution als Ganzer zur Gesamtgesellschaft im Auge zu behalten; Beziehungen, die ebenfalls ein wichtiger Teil des Professionalisierungsvorganges sind. Das kann so weit gehen, daß finanzielle Erfolge als beunruhigend und bedrohlich empfunden werden - so, als ob sie intrinsische Motivation vernichten oder zumindest in Abrede stellen könnten.

Paradoxerweise hindert also gerade der Erfolg, mit dem Frauen in das Gebiet der Wissenschaft hineingezogen werden, ihr weiteres Vorankommen in einer traditionellen Berufsrolle. Die intensive, gefühlsmäßige Verpflichtung den Belangen ihrer Disziplin gegenüber verleiht ihrer Beschäftigung zugleich etwas amateurhaftes und macht sie extrem anfällig für Rückschläge und Kritik, die in das Zentrum einer zugleich mit der Wissenschaft expandierenden Identität treffen.

2.3 Lebensplan und Karriere von Frauen: Ein Aufstieg mit Hindernissen

Mit dem Abschluß der akademischen Ausbildung wird die Situation der Frauen schwieriger, das Zusammenwirken objektiver und subjektiver Benachteiligungsfaktoren eher komplexer. Eine erfolgreiche wissenschaftliche Karriere ist durch ein Labyrinth von Gesetzen, Regeln und Gepflogenheiten zu steuern, das sich von Institution zu Institution unterscheidet.

Dabei schlägt versagte Unterstützung bei Frauen doppelt zu Buch, nicht etwa weil sie besonders anfällig oder abhängig wären, sondern weil sie mit den größeren Nachteilen antreten: Ihre Beschäftigung mit Wissenschaft muß immer noch zuallererst die Frage nach dem Warum überhaupt bestehen, um dann erst einmal den Verdacht auszuräumen, sie seien vielleicht nicht in der Lage oder auch nur ernsthaft gewillt, sich durchzusetzen.

Die Diskrepanz zwischen Lebensplan und Karriere wächst noch im Laufe der Jahre: Der Mangel an finanzieller Unterstützung - vor allem das Ausklammern von Kinderbetreuungszwängen - und der Mangel an kompensierender Beratung und Betreuung durch Vorgesetzte fußen immer noch weitgehend auf traditionellen normativen Vorstellungen. Schulden, Überarbeitung und die Bereitschaft, das eigene Fortkommen dem der Familie unterzuordnen, tragen das ihre zu dem Eindruck von Plan- und Ziellosigkeit in der Karriereentwicklung bei, den auch Angelika Wetterer in ihrer Untersuchung so anschaulich dokumentiert hat.

Zur Unkenntnis der meist ungeschriebenen Spielregeln in der Institution und zur fehlenden Praxis im Umgang mit ihnen kommt oft genug die kritische Distanz hinzu, das Nicht-Wissen- oder Nicht-Können-Wollen. Um es mit einem Zitat Angelika Wetterers zu verdeutlichen: Der 'Traum, daß Leistung auch Anerkennung finden würde', die 'unbescheidenen Wünsche' markieren den schmalen Grat, auf dem Frauen den Absturz aus der institutionalisierten Wissenschaft riskieren.

Offen ist bis heute, wie weit diese Haltung der realistischen Erkenntnis entspringt, daß weibliche Beteiligung nur unter dem Vorzeichen der Ausnahme, nur als marginale möglich ist. Dagegen scheint vordergründig zu sprechen, daß Anzeichen dieses Anti-Institutionalismus selbst noch in den Interviews erfolgreicher und langjährig den Umgang mit den Institutionen gewöhnter Akademikerinnen zu finden sind. Selbst diejenigen, die Autoritätspositionen innehaben, geben in den Interviews ihre Ambivalenz offen zum Ausdruck und beschreiben die subjektiven Schwierigkeiten, die sie daran hindern, Autorität im Dienste eigener Interessen - und damit letztlich auch zum Wohl der Institution als ganzer - einzusetzen.

Auch hier kommen subjektive Bedingungen deutlich zum tragen: Frauen - erfolgreiche wie Außenseiterinnen in der institutionalisierten Wissenschaft - bekennen häufig Hemmungen, wenn es darum geht, öffentlich eigene Meinungen zu vertreten, und erst recht, wenn es erforderlich ist, der Meinung anderer öffentlich zu widersprechen. Erinnern wir uns ihres Erbes: Dies ist genau die Rolle, die die alten Normen am nachhaltigsten tabuieren. Frauen fürchten - zurecht - verstärkten Widerstand gegen sich zu mobilisieren, wenn sie öffentlich Autorität beanspruchen.

Weiblicher Diskurs wird bekanntermaßen häufig mit Unsicherheiten und Entschuldigungen, mit reduzierten Legitimitäts-Ansprüchen und unter Vermeidung von Selbsterhöhung vorgetragen. Auf diese Weise muß er jedoch geradezu vorhandene Selbstzweifel der Sprecherin verstärken und ihre konditionale Rolle festschreiben. Aber auch hier treffen wir bewußte Verweigerungshaltungen in den Interviews an, kritische Distanz zur üblichen akademischen Rhetorik, deren teils mystifizierende und teils ausgrenzende Praxis von den Frauen durchschaut und abgelehnt wird.

Soweit zur kumulativen Wirkung von Hindernissen im Verlauf der weiblichen Professionalisierung, zur wachsenden Diskrepanz zwischen den institutionellen Zielen und den Perspektiven der Frauen in ihnen. Was die beschriebenen Wechselwirkungen so zwingend macht, läßt sich jedoch nicht länger allein in Begriffen subjektiver Einstellungen und objektiver Bedingungen beschreiben.

Dazu müssen wir auf einer darunterliegenden Beschreibungsebene den spezifischen Standort der Frauen und den Spielraum für ihre Bewältigungsstrategien rekonstruieren.

3. Standort und Strategien

3.1 Probleme oder Paradoxien: Eine strukturtheoretische Perspektive

In der heute dominanten Perspektive handelt es sich bei den oben beschriebenen Phänomenen um Probleme vornehmlich der Frauen, zuweilen auch der Institutionen, deren Lösung mittelfristig durch Förderungsmaßnahmen und Gleichstellungspolitik angestrebt werden müsse und könne. Ich möchte dagegen die These aufstellen, daß einige dieser Probleme in Wirklichkeit handfeste Paradoxien verdecken, die sowohl Durchsetzungschancen wie Wirksamkeit von Förderungsmaßnahmen auf längere Sicht zu vereiteln drohen.

Belege für diese These könnten wir vordergründig aus dem relativen Scheitern der bisherigen Förderungsmaßnahmen ableiten. Einen schlüssigeren Nachweis können wir von einer strukturtheoretischen Analyse der besonderen Bedingungen weiblicher Professionalisierung erwarten. Insofern ist die Frage nach dem Ort der Frauen im Wissenschaftssystem auch für die Professions-Soziologie theoretisch brisant.

Eine berufliche Sozialisation, die unter den beschriebenen Auspizien abläuft, denen der Ausgrenzung, der Abwertung und der Diskriminierung, muß - und zwar notwendigerweise - andere Partizipationsformen erzeugen, andere Handlungsressourcen mobilisieren und andere Wertmaßstäbe zur Folge haben. Ich bezeichne diesen Vorgang als eine 'Professionalisierung unter paradoxen Bedingungen', da sie zwar eine Integration der Frauen betreibt, aber sie zugleich in der Rolle der Außenseiterinnen fixiert; da sie zwar eine Qualifikation der Frauen anstrebt, ihnen jedoch die Autonomie nicht zuschreibt, die dazu als essentielle Voraussetzung gilt; da sie schließlich eine Teilhabe der

Frauen verspricht, während sie ihnen zugleich die dafür konstitutive Autorität aberkennt.

Eine solche Professionalisierung muß - schon aus strukturellen Gründen - ganz besondere Ausprägungen in der beruflichen Praxis ebenso wie im professionellen Ethos verursachen. Sind diese nun ihrerseits ein Grund für die wachsende Entfremdung, wenn nicht sogar für die Entsagung der Frauen von der Profession, dann wird dadurch auch das Selbstverständnis der Profession erschüttert.

3.2 Marginalisierung und Vereinzelung: Die Gefahren der Integration

Der Standort der Frauen in den Institutionen ist auch heute noch als Marginalisierung, in vielen Kontexten sogar als Vereinzelung zu beschreiben. Damit sind ganz spezifische Gefahren verbunden. Wir alle kennen die seit den frühen Frauenforschungstagen immer wieder geäußerten Befürchtungen der Vereinnahmung der (politischen) Ziele der Bewegung durch die Institutionen. Wie sieht nun das soziologische Instrumentarium für die Beschreibung solcher Gefahren aus?

Die Analyse von Marginalisierungsprozessen hat in der Soziologie eine respektable Tradition. Von Norbert Elias u.a. liegt z.b. eine aufschlußreiche Studie über Alteingesessene und Zuzügler in einer englischen Kleinstadt vor, die für unsere Intentionen unmittelbar relevant ist. Wir könnten ihre Ergebnisse auf die Institution Hochschule übertragen und untersuchen, inwieweit auch deren soziales Gefüge von der Spannung zwischen den Gruppen der Etablierten und Außenseiter bestimmt ist.

Auch hier wären zunächst keine ökonomischen Gründe für die Schichtung erkennbar, aber wir könnten verstehen, wie sie durch den größeren sozialen Zusammenhalt der ersten Gruppe immer neu induziert wird. Deren Zusammengehörigkeitsgefühl würde ebenfalls auf einem gemeinsamen Normenkanon (in diesem Fall so etwas wie ein 'Wissenschaftlichkeitsstandard') beruhen, den die Mitglieder der etablierten Mehrheit als Zentrum ihrer kollektiven Identität erfahren und der ihnen in ihren Augen eine Art 'Gruppencharisma' verleiht, zum Ausgleich für die Selbsteinschränkungen, die er ihnen auferlegt.

Die Assoziation mit den Außenseitern bedroht das Selbstwertgefühl der Etablierten, so Elias. Dank ihrer stärkeren Kohäsion haben sie die Macht, Schlüsselpositionen für sich zu reservieren. Die Außenseiter können auf Grund ihrer Unterlegenheit nicht umhin, das Stigma einer 'Gruppenschande' auf sich zu nehmen. Dabei vermögen sie als Ausgegrenzte diese Unterstellung nicht zurückzuweisen, selbst wenn sie persönlich über einzelne Anschuldigungen erhaben sein sollten, da sie nicht einmal bei sich selbst die Identifizierung mit der stigmatisierten Minderheit abweisen können.

Ich will diese Analogie nicht unreflektiert weitertreiben. Aber es wird deutlich, wie wichtig Überlegungen zur Verschränkung von Gruppenstatus und persönlichen Selbstwertgefühlen für unsere Analyse sind. Charakteristisches Element dieser scharf umrissenen 'sozialen Figuration' ist dabei für Elias folgendes: Das Bild der Etablierten von der Außenseitergruppe wird durch eine 'Minorität der Schlechtesten' geprägt, das Bild der Etablierten von ihrer eigenen Gruppe durch eine 'Minorität der Besten'. Dieses Kernelement in der Analyse von Gruppenbeziehungen kehrt im Begriff des 'tokenism' (hier: 'Vereinzelung') wieder, der in der Perspektive der Frauenforschung mit den richtungsweisenden Untersuchungen von Rosabeth Moss Kanter verbunden ist.

'Vereinzelung', zuweilen auch mit dem Begriff der 'Alibifrauen' gleichgesetzt, bezeichnet den Minoritätenstatus einer Gruppe in einem gegebenen sozialen Kontext. In Abhängigkeit von der zahlenmäßigen Größe der Minderheit treten charakteristische Verzerrungen in der Wahrnehmung und Bewertung ihrer Mitglieder durch die Mitglieder der Mehrheit auf. Diese Verzerrungseffekte lassen sich bereits nachweisen, wenn die 'Minorität' weniger als 40 Prozent der Gesamtgruppe ausmacht, und sie können einen für die Identität der einzelnen bedrohlichen Charakter annehmen, sobald dieser Wert unter 15 Prozent sinkt.

Moss Kanter identifiziert dabei vornehmlich drei Wahrnehmungsprozesse, die spezifische Gefahren beinhalten und typische Bewältigungsstrategien der Betroffenen bestimmen: erstens die erhöhte Aufmerksamkeit, die das Auftreten eines 'tokens' erfährt, und sie/ihn unter großen Erfolgs- und Konformitätsdruck stellt; zweitens die Polarisierung, nach der die Unterschiede zwischen den Gruppen durch das Auftreten eines 'tokens' automatisch überbetont werden, was die dominante Gruppe dazu veranlaßt, ihre Grenzen noch zu erhöhen; und drittens die Assimilierung, die die Eigenschaften eines 'tokens' in Richtung auf vorexistente Generalisierungen über ihren/seinen sozialen Typus verzerrt, wodurch die Mitglieder der Minderheit bis zur Karikatur ihrer selbst in stereotype Rollenerwartungen verstrickt werden.

Die Anwesenheit der Außenseiterin läßt der Mehrheit ihre 'Andersartigkeit' bewußt werden. Eine verstärkte (Stereo-)Typisierung des Urteils setzt ein; sie wird unabhängig von den Intentionen einzelner handlungsrelevant. Zugleich befreit jedoch die Anwesenheit einiger weniger Außenseiterinnen die Institution von dem Verdacht, auf männerbündnerische Beziehungen gegründet zu sein. Dagmar Schultz spricht in diesem Zusammenhang von 'Alibi-Frauen' mit einer schon strukturell vorgegebenen 'Türhüter'-Funktion. Ihre Teilhabe am System kann verstärkte Abgrenzungsbestrebungen der dominanten Gruppe mobilisieren, die Ausgrenzung weiterer Frauen fördern und langfristig den Wandel der Institution behindern.

Die subjektive Seite dieser hier so abstrakt gefaßten Effekte ist uns allen, glaube ich, wohl bekannt. Und was das männerbündnerische Element betrifft, so möchte ich hier nur auf Gisela Völgers und Karin von Welcks treffende Illustration desselben verweisen. Wie aber, wenn sich aus einer Professionalisierung unter diesen besonderen Bedingungen für die heute allenthalben beklagten Erscheinungen der 'Deprofessionalisierung' auch ein Reservoir an korrektiven Mechanismen entwickeln ließe? Aus dieser Perspektive sind die Handlungsressourcen der im Umgang mit segregierenden und diskriminierenden Praktiken so geübten Frauen noch kaum betrachtet worden.

Als theoretisches Konzept bietet die Soziologie hier das der 'kulturellen Zwischenwelten' an. Zwischenkulturen entstehen, wenn die Mitglieder einer Minorität ihre eigenen Wertmaßstäbe nicht durch Assimilation an die Majorität aufgeben. Sofern sie in der Lage sind, die Widersprüchlichkeit dieser Deutungsmuster präsent zu haben und auszuhalten, könnte sogar ein ausbalanciertes neues Ganzes entstehen, das nicht länger durch Ausgrenzungs- und Verleugnungspraktiken gesichert werden müßte. Ansätze dazu lassen sich in einigen Bewältigungsstrategien erkennen, die ich abschließend als besondere Stilmerkmale der widerständigen frauenforscherischen Subkultur thematisieren möchte.

4. Stile und Stilisierungen

4.1 Autorität und Macht: Die Entfremdung der Frauen

Auch hier offenbaren die Interviews wiederkehrende Muster bei ungleichen Arbeitsgebieten der Befragten. Um zu explorieren, ob diese Gemeinsamkeiten sich auf der Basis gleicher Erfahrungen im Prozeß der Professionalisierung in den Institutionen entwickeln, werden noch aufwendige Analysen notwendig sein. Einige dieser Zusammenhänge verdienen dabei genauere Beachtung, so etwa die Ambivalenz und Zurückhaltung der Frauen im Umgang mit Autorität und Macht, von der im Vortext schon die Rede war.

In meiner Interpretation handelt es sich dabei um Merkmale, die von den Interagierenden im Handlungszusammenhang durchaus methodisch verwendet und auch so interpretiert werden. In dem Maße, in dem es sich um formale Muster handelt, die zwar auf Typisierung und Konventionalisierung von Merkmalen rekurieren, aber immer auch situativ neu konstitutiert und relevant gemacht werden, lassen sie sich durchaus als Stilmerkmale bezeichnen.

Autorität und Macht scheinen nach heutiger Erkenntnis die zentralen Paradoxien für die Professionalisierung von Frauen zu bezeichnen. Vordergründig wirkt sich allein schon die doppelte Polarisierung der heute gängigen Ausbildungskontexte für Frauen nach Autorität *und* Geschlecht erschwerend auf ihre professionelle Autonomie aus. 'Gemischte Gefühle' diagnostiziert Helga Nowotny als Reaktion der Frauen in vielen Bereichen der Institution Wissenschaft.

Aber auch darüber hinaus scheinen Autoritätsbeziehungen auf komplexe Weise mit Geschlechtsbildern verknüpft, wenn nicht in ihnen verwurzelt zu sein, so etwa die Analyse von Sharon Mayes. Die von ihr beschriebenen Strategien der Frauen im Umgang mit Autorität und Macht reflektieren einerseits die realistische Befürchtung, Identitäten ihrer GegenspielerInnen zu verletzen, andererseits die ebenfalls realistische Befürchtung, daß ihnen Abstinenz als Inkompetenz ausgelegt werden könne. Weibliche Lösungen dieses immanenten Widerspruchs zwischen (intellektueller) Autorität und Sexualität müssen, wie Marianne Schuller nachweist, radikal ausfallen, an die Wurzel der Machtkonstitution selbst rühren.

Eine erstaunliche Parallelität mit diesen Ergebnissen zeigt Bärbel Schöler-Machers Analyse von professionalisierten Politikerinnen und deren Einstellung zu Autorität und Macht. Ihr verdanke ich auch den Hinweis auf die für uns einschlägigen Vorarbeiten von Alfred Schütz in der kleinen Untersuchung über 'den Fremden'. Was ent'fremdet' die Frauen den Institutionen? Selbst wenn sie heute bereits integriert und die Gefahren ihrer Integration bereits gebannt, konterkariert oder begrenzt wären, so würden sie doch nicht die Geschichte der Institution, d.h. die Geschichte derjenigen Kontexte, in denen deren heute noch gültigen Normen entstanden sind, mit den Männern teilen.

Nach Schütz ist dies eine essentielle Bedingung für die in Wahrnehmung und Beurteilung so wirksamen Fremdheitszuschreibungen. Solange das Geschichtsbewußtsein die Beteiligung der Frauen an der Institution transzendiert - und wir brauchen nur die gängigen Normen und Inhalte der Wissenschaften zu betrachten, um das Ausmaß dieser

Kluft abzuschätzen - werden sie dort wie Fremde empfunden und beurteilt werden. Wichtig ist, daß die mit dieser Ambivalenz der weiblichen Position verbundene theoretische wie politische Sprengkraft nur in der präsent gehaltenen Ambivalenz wirksam wird, während sie in einseitigen 'Lösungen', seien sie negatorischer oder affirmatorischer Natur, verloren geht.

Um so größer ist die symbolische Bedeutung (um so größer aber auch die Risiken), die mit gezielten Stilisierungen in der widerständigen frauenforscherischen Subkultur verbunden bleiben. Von Stilisierungen will ich hier dann sprechen, wenn im Handlungszusammenhang ein bewußtes Gestalten erkennbar wird, eine Reduktion auf interpretative Kernmerkmale, die in ihrer symbolischen Kraft geeignet sind, neue Bedeutungen zu kommunizieren, etwa Mitgliedschaftszuweisungen zu ermöglichen. Ein vertrautes Beispiel könnten etwa die schon fast berüchtigten Harmonisierungstendenzen abgeben, die das erste Stadium der feministischen Gesprächskultur charakterisiert und karikiert haben.

Genauer eingehen möchte ich in diesem Zusammenhang nur noch auf die Spuren der besonderen Professionalisierungsbedingungen in den Erkenntniszielen und -methoden der Frauen selbst. Ich möchte meine Ausführungen zugleich als Hinweise darauf verstanden wissen, welche Chancen in einem bewußt praktizierten weiblichen Gegendiskurs enthalten sind.

4.2 Erkenntnisziel und -methode: Die Chancen des Gegendiskurses

Schon in der Wahl der Arbeitsgebiete, aber auch in den bevorzugten Methoden lassen die Interviews spezifische Präferenzen der Frauen erkennen, die mit ihrem Status als marginalisiert Beteiligte zusammenzuhängen scheinen. Unter dem gemeinsam befürworteten Nenner der 'Betonung menschlicher Werte und Entwicklungspotentiale' forschen Frauen häufig aus der Position der informierten Außenseiterin. Mit der doppelten Perspektive der intimen Kenntnis bei gleichzeitiger psychologischer Distanz verfolgen sie 'abweichende' (risikoreiche) Fragestellungen und stellen überlieferte Maßstäbe infrage.

Dies gilt in den Interviews auch und vor allem in den Bereichen, die der Frauenforschung traditionell nicht nahestehen. Methodisch ist allenthalben der Widerstand der Frauen gegen die Standards (vermeintlicher) Objektivität beachtlich: Sie fühlen sich dem rigorosen linearen Denken weit weniger verpflichtet, lassen subjektive und sinnliche Erfahrung als Erkenntnisbasis zu, tolerieren Ambiguitäten und Ungewißheiten in den

Ergebnissen und weigern sich, diese Erfahrungen einer 'rigorosen' formalen Analyse zu opfern.

Aisenbergs und Harringtons Rekonstruktion gelingt es, gleich zwei gängige Deutungsmuster als diskriminierende Mythen zu enttarnen: So ist die weibliche Fächer- und Themenwahl keine Frage des romantischen Rückzuges, des Ausweichens in 'weichere' Methoden. Frauen suchen vielmehr Studiengebiete, die einen inneren Wandel der mit ihnen befaßten ermöglichen (der einzige vielleicht, der für sie erreichbar ist). Und die verbindende, kontextualisierende Sichtweise, mit der sie auf Neuland forschen, verdankt sich nicht etwa einer Abstinenz von großer Theorie, wie vielfach unterstellt wird, sondern ihrem immer wieder dokumentierten Bedürfnis, den Bezug zur analysierten Wirklichkeit nicht aufzugeben.

Die Auswirkung der wissenschaftlichen Profession auf die Gesellschaft und insbesondere auf die schwächsten Gruppen in ihr stellen Frauen immer wieder als den dringendsten Imperativ ihrer Arbeit dar. Über zwei Drittel aller Interviewten ignorierten dabei in ihrem Forschungsengagement die klassischen disziplinären Grenzen. Allerdings zeigen sie sich zunehmend auch ihrer Stärken als Grenzgängerinnen bewußt, beginnen sie, das theoriekritische Programm der Frauenforschung zu entfalten und die Zusammenhänge zwischen Wahrheit und Macht, zwischen Gesellschaft und Erkenntnis direkt zu explorieren.

In der Lehre bevorzugen sie einen Arbeitsstil, der exzessive Hierarchiebildung und Zentrierung auf Autorität vermeidet und kooperative, dezentrale Entscheidungsprozesse fördert. Auch hier ist ihr Widerstand gegen hierarchische Praktiken erkennbar, eine Form der Loyalität mit den kritischen Erfahrungen des Andersseins, die sie geprägt haben. 'Inklusionstechniken' nennen Aisenberg und Harrington das Gemeinsame an den weiblichen Erkenntniszielen und -praktiken, unter ihnen vielleicht die folgenreichste der Anspruch auf Integration der Wissenschaft in Lebenszusammenhänge. Können Inklusionsbestrebungen als Reaktion auf Segregationserfahrungen rekonstruiert werden?

Auffällig an dieser Beschreibung ist, daß die Strategien der Frauen von Widerständen, Brüchen im Selbstverständnis und offenen Ambivalenzen bestimmt bleiben. Ihre Analyse ist ein dekonstruktives Projekt, bleibt aber als solches auf die Rekonstruktion subjektiver Deutungen und objektiver Machtindikatoren angewiesen. Die Bewältigungsstrategien selbst entziehen sich einer positiven Charakterisierung. Sie entfalten ihr machtkritisches Potential schon durch die simultane Präsenz konträrer Bestimmungsmomente. Wie weit wir diese Stärken über die

Gefahren der Integration hinweg retten können, wie weit es uns gelingt, sie zum Inhalt einer frauenforscherischen Tradition zu machen, das muß sich erst noch zeigen.

Diese Tagung, so hoffe ich, wird das Unternehmen ein Stück weit vorantreiben.

5. Literaturhinweise

AISENBERG, Nadya, und Mona HARRINGTON, 1988, Women of Academe: Outsiders in the Sacred Grove. Amherst, MA: University of Massachusetts Press.

ELIAS, Norbert, und John L. SCOTSON, 1990 ([1]1960), Etablierte und Außenseiter. Frankfurt am Main: Suhrkamp.

KANTER, Rosabeth Moss, 1977, Some effects of proportions on group life: Skewed sex relations and responses to token women. American Journal of Sociology 82, 4, 966-990.

MAYES, Sharon, 1979, Women in positions of authority: A case study of changing sex roles. Signs 4, 3, 556-568.

NOWOTNY, Helga, 1986, Gemischte Gefühle: Über die Schwierigkeit des Umgangs von Frauen mit der Institution Wissenschaft. In: Karin Hausen und Helga Nowotny (Hginnen), Wie männlich ist die Wissenschaft?, 17-30. Frankfurt am Main: Suhrkamp.

SCHÖLER-MACHER, Bärbel, 1991, Fremd(körper) in der Politik. Frauenforschung 1/2, 98-116.

SCHÜTZ, Alfred, 1972 ([1]1944), Der Fremde. Gesammelte Aufsätze Bd.2, 53-69. Den Haag: Nijhoff.

SCHULLER, Marianne, 1984, Vergabe des Wissens: Notizen zum Verhältnis von 'weiblicher Intellektualität' und Macht. Konkursbuch 12, 13-21. Tübingen: Gehrke.

SCHULTZ, Dagmar, und Carol HAGEMANN-WHITE, 1991, Das Geschlecht läuft immer mit: Die Arbeitswelt von Professorinnen und Professoren. Pfaffenweiler: Centaurus.

VÖLGER, Gisela, und Karin v. WELCK (Hginnen), 1990, Männerbande - Männerbünde. Köln: Rautenstrauch-Joest-Museum.

WEBER, Max, 1988 ([1]1922). Wissenschaft als Beruf. Gesammelte Aufsätze zur Wissenschaftslehre, 582-613. Tübingen: Mohr.

WETTERER, Angelika, 1988, "Man marschiert als Frau auf Neuland" - Über den schwierigen Weg der Frauen in die Wissenschaft. In: Ute Gerhard und Yvonne Schütze (Hginnen), Frauensituation, 273-291. Frankfurt am Main: Suhrkamp.

WETTERER, Angelika, 1989, "Es hat sich alles so ergeben, meinen Wünschen entsprechend!" - Über die Plan-Losigkeit weiblicher Karrieren in der Wissenschaft. In: Silvia Bathe et al. (Hginnen), Frauen in der Hochschule, 142-157. Weinheim: Deutscher Studienverlag.

MARINA MORITZ

Objekt und Subjekt - Frau und Wissenschaft in der DDR

Mein Referat besteht aus zwei Teilen: zunächst will ich über Frauenforschung in der DDR sprechen und dann über die Situation von Wissenschaftlerinnen in dieser Gesellschaft, insbesondere in den gesellschaftswissenschaftlichen (also in den geistes- und sozialwissenschaftlichen) Disziplinen. Ich gehe damit bewußt über die Volkskunde hinaus, weil ich meine, daß die Befunde dort nur in diesem Kontext zu interpretieren sind.

Nach offizieller Lesart war die DDR geradezu ein Eldorado der Frauenforschung. Jedwede Untersuchung, die direkt oder auch nur indirekt in Beziehung zum Thema "Frau" stand, lief unter diesem Etikett. Dementsprechend groß war die Liste der Veröffentlichungen, die immer wieder stolz, punktuell Nachholbedarf eingestehend, im In- und Ausland als Indiz für besondere Aufgeschlossenheit gegenüber Frauenforschung präsentiert wurde.[1]

In der Tat gab es beispielsweise in den Bereichen Soziologie, Jugendforschung, Pädagogik, Arbeitswissenschaft und Medizin eine recht umfangreiche, vielfach durch Staat bzw. Partei geförderte Forschung, die sich explizit mit der Lage von Frauen in der DDR beschäftigte. Zu den Arbeitsfeldern zählten die Vereinbarkeit von Beruf und Mutterschaft, Kinderwunsch und Gründe für Abtreibung, die Lebensbedingungen alleinerziehender Mütter, das Vorhandensein geschlechtstypischer Unterschiede in der Sozialisation, weibliche Berufsmotivation und Berufsqualifikation, berufliche Laufbahn, Frauen in leitenden Positionen, weibliche Lebensorientierung und Lebenskonflikte. Die meisten dieser

---

1 Siehe u.a. Hans-Jürgen Arendt, Historische Frauenforschung in der DDR, in: Informationen des Wissenschaftlichen Rates "Die Frau in der sozialistischen Gesellschaft" 3(1989), S. 53-69. Herta Kuhrig, Frau und Gesellschaft. Festvortrag anläßlich der Verleihung der Ehrenpromotion, 29. September 1989, in: Informationen 5 (1989), S. 3-21.

Untersuchungen ordneten sich, was die Forschungsziele und die wissenschaftliche Darstellung betraf, der herrschenden politischen Doktrin unter. Forschungsansätze und Forschungsergebnisse waren nicht selten vorgegeben. Von einer bereits realisierten Gleichberechtigung der Geschlechter in der sozialistischen Gesellschaft - ich komme auf diesen Punkt noch zurück - war auszugehen. Dies bedeutete, daß die Frauenfrage, hier folge ich einer Einschätzung der Berliner Kulturwissenschaftlerin Irene Dölling, lediglich als ein Nebenaspekt der im wesentlichem als gelöst angesehenen "sozialen Frage" angesehen wurde. Die in den Geschlechtsverhältnissen strukturell "eingeschriebene" Hierarchie von Mann und Frau, so Dölling weiter, war kein Aspekt, der in den theoretischen Konzepten einen wichtigen und eigenständigen Platz gehabt hätte. Die Frage, ob die - durchaus konstatierte - Benachteiligung von Frauen möglicherweise auch in den gegebenen gesellschaftlichen Strukturen verwurzelt ist, blieb ausgeklammert. Die Dimension von Geschlechterverhältnissen als konkrete, alltägliche Erscheinungsformen von Herrschafts- und Machtverhältnissen verschiedener Art fehlte völlig. Demgemäß erschien die Situation von Frauen zwar als "verbesserungs-", nicht aber als grundlegend kritik- und veränderungsbedürftig. Frauen wurden nicht als Subjekte, sondern primär unter funktionalem Gesichtspunkt betrachtet: als Arbeitskräfte, als stabilisierende Faktoren für Ehe und Familie unter bevölkerungspolitischen Gesichtspunkten. Die Tatsache einer ausgeprägten geschlechtsspezifischen Arbeitsteilung in Beruf und Familie und die nahezu ungeteilte Verantwortung der Frauen für die unbezahlte Reproduktionsarbeit aus sogenannten objektiven ökonomischen Erfordernissen erschienen dementgegen als zweit- oder auch letztrangig. Die reale Gewalt gegen Frauen blieb in diesen Untersuchungen ebenso ausgeblendet wie die alltäglichen praktizierten Formen von Frauendiskriminierung. Solche Erscheinungen wurden als "im Sozialismus nicht existierend" oder bestenfalls als "Überreste" abgetan.[2]

Insgesamt kann eingeschätzt werden, daß sich diese Forschungen in der Regel weder von den spezifischen, eigenständigen Interessen von Frauen leiten ließen noch im Interesse von Frauen durchgeführt wurden. Daran ändert auch der Umstand nichts, daß einem Teil der beteiligten Forscher und Forscherinnen schon lautere Motive unterstellt werden

---

2 Irene Dölling, Frauenforschung mit Fragezeichen? Perspektiven feministischer Wissenschaft, in: Gislinde Schwarz/Christine Zenner (Hg.), Wir wollen mehr als ein "Vaterland". DDR-Frauen im Aufbruch, Reinbek b. Hamburg 1990, S. 36f.

dürften. Einige gingen bis an die Grenzen der bestehenden politischen Zwänge und der marxistischen Ideologie, bemühten sich um eine problemorientierte Betrachtungsweise, sofern sie nicht ganz blind waren für die zunehmend spürbar werdende Kluft von verordnetem Ideal und realsozialistischer Wirklichkeit. Hinzu kamen, was auf gar keinen Fall zu unterschätzen ist, die extrem schwierigen, mitunter frustierenden Arbeitsbedingungen gerade für Soziologen und Soziologinnen. Jedwede soziologische Untersuchung bedurfte einer umständlichen staatlichen Genehmigungsprozedur, und jede wissenschaftliche Arbeit mußte vor ihrer Publikation inkompetenten Funktionären vorgelegt werden. Empirisches Material, welches die Lebensrealität von Frauen ungeschönt wiedergab und damit an dem von der Staatsideologie produzierten Bild von Frau im Sozialismus auch nur kratzte, verschwand in den Panzerschränken. Ungeliebte Wahrheiten überhaupt ansprechen zu dürfen, blieb fast bis zuletzt das zweifelhafte Privileg der Literaten.

Ähnlich Grundsätzliches ist zu den konzeptionellen Defiziten der historisch angelegten Forschungen zu sagen, die, sich in der Tradition der Theoretiker der deutschen Arbeiterbewegung wähnend, sich vornehmlich mit der "Frauenfrage als Teil der sozialen Frage" beschäftigten. Nach diesem Verständnis galt mit der im Sozialismus durchgesetzten Vergesellschaftung der Produktionsmittel und dem Verschwinden von Klassenantagonismen die alles entscheidende Grundlage für die Gleichstellung der Geschlechter gelegt und die Frauenfrage somit als gelöst. Die strukturelle Benachteiligung des weiblichen Geschlechts wurde bestenfalls als "Erscheinung der Diskriminierung des weiblichen Geschlechts" und als direktes Resultat der "Durchsetzung der kapitalistischen Produktionsweise" verstanden, die dann folgerichtig mit der "Überwindung der Klassengesellschaft und dem Sieg der sozialistischen Revolution" verschwinden.[3] Auch daraus leitete der Staatssozialismus seine vermeintlich historische Überlegenheit gegenüber dem Kapitalismus her.

Diesen Diktionen folgend, wurden an verschiedenen Institutionen schwerpunktmäßig die "Geschichte des Kampfes der Arbeiterklasse um die Befreiung der Frau" - so auch die Bezeichnung einer auf Anweisung der SED im Jahre 1966 an der Pädagogischen Hochschule "Clara Zetkin" zu Leipzig installierten und (das ist charakteristisch) von einem Mann geleiteten Forschungsgruppe, die zugleich als Kontroll- und Koor-

---

3 Arendt, Historische Frauenforschung, S. 56.

dinationsinstanz fungierte - abgehandelt, der Weg der proletarischen Frauenbewegung und die Lebensbilder ihrer Protagonistinnen nachgezeichnet, die Frauenpolitik der KPD und der sich als rechtmäßige Nachfolgerin fühlenden SED untersucht, Formen von Frauenerwerbsarbeit als die Grundvoraussetzung jeglicher Frauenemanzipation erörtert und über die angeblich auf allen gesellschaftlichen Ebenen erfolgreich praktizierte Gleichberechtigung der Frau in der DDR und im Rest der sozialistischen Welt sinniert.

Letzterem nahm sich insbesondere eine Forschungsgruppe des durch Beschluß des Ministerrates 1964 an der damaligen Deutschen Akademie der Wissenschaften gebildeten wissenschaftlichen Beirats "Die Frau in der sozialistischen Gesellschaft" an. 1978 wurde diese dann in das neugebildete Institut für Soziologie und Sozialpolitik an der inzwischen in "Akademie der Wissenschaften der DDR" umbenannten Akademie integriert. Die Forschungsgruppe wie später der Beirat wurden von Herta Kuhrig geleitet, die verschiedene hohe politische Ämter innehatte (u.a. war sie Mitglied der Frauenkommission beim Politbüro des Zentralkomitees der SED, dem obersten Machtgremium), und zu der Fachinstanz für Frauenforschung schlechthin hochstilisiert. Sie betätigte sich seit 1965 auch als Herausgeberin eines gleichlautenden Informationsblattes. Frauenforschung dieser Art, in der die Suche nach Erkenntnis sich dem Diktat der Ideologie unterordnete und mit der sich in erster Linie die Aufforderung verband, "blinde Flecken", Lücken in der Geschichtsschreibung auszufüllen und zugleich die "Ideologie des Neofeminismus" entschieden abzuwehren,[4] war in hohem Maße Legitimationswissenschaft. Allerdings sind auch hier Differenzierungen nötig. So hinterläßt die Lektüre der in diesem Kontext entstandenen Publikationen einen zwiespältigen Eindruck: die platte Propagandaschrift steht neben einer, die in subtiler Form Herrschaftsansprüche bedient, und die wiederum neben einer durchaus ernstzunehmenden Untersuchung, und nicht immer verlaufen die Grenzen eindeutig.

Abgehoben von dieser doch sehr offiziellen Art von (historischer) Frauenforschung entwickelten sich vor allem in den 80er Jahren, wenn schon nicht im Verborgenen, so doch eher im Abseits, alternative Herangehensweisen. Dem vorangegangen war zu Beginn der 70er Jahre eine Neuorientierung in der Beurteilung der deutschen Geschichte: Die DDR galt nunmehr als Repräsentantin einer sozialistischen deutschen

---

4 Arendt, Historische Frauenforschung, S. 65.

Nation, die das "Erbe" der gesamten deutschen Geschichte antrat.[5] Die Historiker hatten von jetzt an nicht mehr zwischen "progressiven" und "reaktionären" Traditionen und Personen zu unterscheiden, sondern sich stattdessen einer differenzierteren Sichtweise zu befleißigen. Beispielsweise avancierte das Bürgertum zum Forschungsgegenstand mit Blickfeld auch auf die Lebensumstände bürgerlicher Frauen. "Sozialgeschichte" und "Soziologie", lange Zeit selbst als Begriffe tabu und, weil angeblich der Historische Materialismus die historische Entwicklung erschöpfend erkläre, als schlichtweg überflüssig angesehen, wurden endlich gesellschaftsfähig, wenn auch mehr geduldet als wirklich akzeptiert. Der gewissermaßen von oben verordnete Kurswechsel eröffnete der historischen Forschung insgesamt neue Perspektiven, die individuell jedoch höchst unterschiedlich erfahren und genutzt wurden. Empirische Forschungen zu Gesellschaft und Kultur wurden möglich, vorausgesetzt, sie bewegten sich innerhalb der Generallinien marxistischer Doktrin.

Von dieser Entwicklung profitierte auch die sozial-, alltags- und mentalitätsgeschichtlich angelegte historische Frauenforschung, die an Breite gewann, obgleich sie sich innerhalb der von Männern bestimmten Geschichtswissenschaft der DDR bis zuletzt nicht als eigenständige Disziplin zu etablieren vermochte: sie führte mehr oder weniger eine Randexistenz. Historische Frauenforschung wurde bezeichnenderweise erst in dem Moment von den arrivierten Historikern überhaupt richtig zur Kenntnis genommen und für förderungswürdig befunden, als ihnen in Vorbereitung auf den zuletzt abgehaltenen Weltkongreß ihrer Zunft (Madrid 1990), wo es eine Sektion "Frauenforschung" geben sollte, das Defizit im eigenen Land schlagartig bewußt wurde und sie plötzlich um ihr internationales Renomée fürchten mußten. Eilends bildete sich daraufhin im September 1988 beim Nationalkomitee der Historiker der DDR eine Kommission "Zur Geschichte der Frauen und der Frauenbewegung", die die Aufgabe zugewiesen bekam, "Mitarbeiter und Mitarbeiterinnen verschiedener geschichtswissenschaftlicher Einrichtungen der DDR, die auf diesem Gebiet forschen, im Interesse einer effekti-

---

5 Dazu u.a. Rolf Badstübner, Zu "Erbe und Tradition" in der Geschichte der DDR, in: Zeitschrift für Geschichtswissenschaft (ZfG) 31, 1983, S. 427-431. Manfred Bensing, Erbe und Tradition in der Geschichte der DDR, in: ZfG 32, 1984, S. 883-893; Horst Haase u.a., Die SED und das kulturelle Erbe. Orientierungen, Errungenschaften, Probleme, Berlin/O. 1986.

veren internationalen Zusammenarbeit zusammenzuführen".[6] Zu überprüfen, wie ernst die Maßnahme tatsächlich gemeint war (so sollte beispielsweise, was als direkte Reaktion zu werten ist, am Berliner Akademieinstitut für Geschichte "historische Frauenforschung künftig integraler Bestandteil der laufenden Arbeit [sein]"[7]), läßt sich nicht mehr einschätzen. Die Ereignisse des Herbstes 1989 brachen diese Entwicklung ab. Der Verdacht einer Alibifunktion liegt jedoch nahe.

Im Grunde genommen blieb es, zumindestens war das am akademischen Geschichtsinstitut so, jeder Wissenschaftlerin zum Großteil selbst überlassen, ob und inwieweit sie sich diesem Gegenstand zuwenden wollte. Vieles trug den Charakter von Zufälligkeit. Das gilt auch für die DDR-Volkskunde, in der Frauenforschung zu keiner Zeit zu den favorisierten Forschungsfeldern gehörte. Doch wurde vornehmlich in den letzten zehn Jahren, beeinflußt nicht zuletzt durch die internationale Wissenschaftsentwicklung (wenn auch der Zugang dazu beschränkt blieb) und durch neue Methoden, Frauenleben in Geschichte und Gegenwart zunehmend thematisiert. Eine (jedoch mehr formale) Ebene bildete die Einbindung in die komplexen volkskundlich-historischen Untersuchungen vor allem zur Geschichte von Kultur und Lebensweise,[8] zum Wandel der Dorfbevölkerung in der Magdeburger Börde[9] sowie zur Alltagsgeschichte des deutschen Volkes von 1610 bis 1945[10] und zum Nachkriegsalltag.[11] Ausgewiesen hat sich inzwischen Frauenforschung

6 Vorbemerkung; in: Informationen 6 (1989), S. 4.
7 Vorbemerkung; in: Informationen 6 (1989), S. 3.
8 Bernhard Weißel/Hermann Strobach/Wolfgang Jacobeit (Hg.), Zur Geschichte der Kultur und Lebensweise der werktätigen Klassen und Schichten des deutschen Volkes vom 11. Jahrhundert bis 1945. Ein Abriß, Berlin/O. 1972.
9 Hans-Jürgen Rach/Bernhard Weißel (Hg.), Bauer und Landarbeiter im Kapitalismus in der Magdeburger Börde. Teil II, Berlin 1982. Dies./Hainer Plaul, Das Leben der Werktätigen in der Magdeburger Börde. Studien zum dörflichen Alltag vom Beginn des 20. Jahrhunderts bis zum Anfang der 60er Jahre, Berlin/O. 1987.
10 Sigrid und Wolfgang Jacobeit, Illustrierte Alltagsgeschichte des deutschen Volkes, Bde. 1 u. 2, Leipzig/Jena/Berlin 1985 und 1987.
11 Evemarie Badstübner-Peters, Zur Sozial- und Kulturgeschichte der Arbeiterklasse in der antifaschistisch-demokratischen Umwälzung (1945-1949). Ausgewählte historische Entwicklungslinien - Nachkriegsspezifische Probleme - Alltagsgeschichtliche Aspekte, Habilitationsschrift, Berlin/O. 1990 (MS).

als Bestandteil historischer und gegenwärtiger Familienforschung[12] sowie der kulturgeschichtlich-volkskundlichen Proletariatsforschung.[13] Andere Untersuchungen beschäftigten sich mit den alltäglichen Erfahrungen und Lebensbedingungen von Frauen in der Zeit des Faschismus[14] und im DDR-Alltag[15] oder gingen individuellen Lebensgeschichten nach.[16] Frauen spielten auch bei der Erörterung von Reproduktionszusammenhängen[17] und in der Erzählforschung[18] eine Rolle.

12 Siegmund Musiat, Ethnographische Studien zur Familien-Lebensweise der sorbischen und deutschen Werktätigen in der Oberlausitz. Sozialökonomische, rechtliche und ethno-kulturelle Aspekte der Eheschließung und Familiengründung vom Beginn des 16. bis zum Anfang des 20. Jahrhunderts, Habilitationsschrift, Berlin/O. 1977 (MS). Hainer Plaul, Die Struktur der bäuerlichen Familiengemeinschaft im Gebiet der Magdeburger Börde unter den Bedingungen des agrarischen Fortschritts in der zweiten Hälfte des 18. Jahrhunderts, in: Josef Ehmer/Michael Mitterauer (Hg.), Familienstruktur und Arbeitsorganisation in ländlichen Gesellschaften, Wien/Köln/Graz 1986, S. 417ff. Marina Moritz, Dörfliches Gemeinschaftsleben und Familie, in: Jahrbuch für Volkskunde und Kulturgeschichte (JbfVkKg) 31 (1988), S. 65ff.; dies., Dorfgemeinde, Kirche und Familie. Zwei Kirchspiele im Meininger Oberland um 1800 (im Druck). Gisela Griepentrog, Zur Struktur und Funktion der Familie im Leben der werktätigen Dorfbevölkerung in der Magdeburger Börde zwischen 1900 und 1961, in: Rach/ Weißel/Plaul, Studien, S. 7ff. Irene Runge, Ganz in Familie. Gedanken zu einem vieldiskutierten Thema, Berlin/O. 1985.

13 Ernst Hofmann, Volkskundliche Betrachtungen zur proletarischen Familie in Chemnitz um 1900, in: Ethnographische Studien zur Lebensweise. Ausgewählte Beiträge zur marxistischen Volkskunde. Hg. von Wolfgang Jacobeit/Ute Mohrmann/Waltraud Woeller, Berlin/O. 1971, S. 65ff. Katharina Kreschel, Ist die Arbeiterehe eine Liebesehe? Bemerkungen zur proletarischen Eheschließung in Brandenburg, in: Brandenburger Kulturspiegel, Brandenburg 1977, S. 7ff. Anneliese Neef, Mühsal ein Leben lang. Zur Situation von Arbeiterfrauen um 1900, Berlin/O. 1988.

14 Sigrid Jacobeit, Methodisches zur Erforschung von Lebensweisen im faschistischen Deutschland 1933-1939, vornehmlich dargestellt am Beispiel der werktätigen Bäuerin, in: Kolloquium der Forschungsgemeinschaft "Geschichte des kampfes der Arbeiterklasse um die Befreiung der Frau", Leipzig 1983, S. 50ff.

15 Petra Clemens, Frauen helfen sich selbst. Betriebsfrauenausschüsse der fünfziger Jahre in kulturhistorischer Sicht, in: JbfVkKg 30 (1987), S. 107ff. Dies., Die Kehrseite der Clara-Zetkin-Medaille. Die Betriebsfrauenausschüsse der 50er Jahre in lebensgeschichtlicher Sicht, in: Feministische Studien 1 (1990), S. 20ff.

16 Sigrid Jacobeit u.a., Kreuzweg Ravensbrück. Lebensbilder antifaschistischer Widerstandskämpferinnen, Berlin/O. 1987.

17 Dagmar Neuland, Kleidung und Kleidungsverhalten werktätiger Klassen und Schichten in der Großstadt Berlin zwischen 1918 und 1932/33 - eine empirische

Im musealen Bereich gab es, soweit ich weiß, nur eine einzige Ausstellung, die die Frauen explizit zum Thema erhob, und zwar die 1974 vom Leipziger Völkerkundemuseum gestaltete Exposition "Die Frau in Afrika", über deren Wert ich nicht zu befinden vermag. Bemerkenswerte volkskundliche Ausstellungen der letzten Jahre - erinnert sei hier an die 1974-1975 im Chemnitzer Geschichtsmuseum gezeigte und von Ernst Hoffmann konzipierte Ausstellung "Das proletarische Kind", an die von Katharina Kreschel im Museum Brandeburg betreuten Ausstellungen "Der Brennabor-Prolet. Arbeiteralltag in Brandeburg" (1977) und "Stromauf & Stromab. Zur Geschichte der Havelschiffahrt" (1982) sowie an die am Berliner Volkskundemuseum unter Leitung von Erika Karasek dargebotenen Expositionen "Großstadtproletariat. Zur Lebensweise einer Klasse" (1983) und "Kleidung zwischen Tracht und Mode" (1989) - tangierten auf unterschiedliche Weise weiblichen Lebensalltag, ohne sich jedoch vom theoretischen und methodischen Konzept her dem Anliegen von Frauenforschung ausdrücklich verpflichtet zu fühlen.

Die hier nur in Umrissen skizzierten volkskundlichen Frauenforschungen blieben (und das trifft uneingeschränkt auch für die anderen historischen Disziplinen zu) in ihren Grundannahmen marxistisch, auch wenn der Aufbruch zu neuen Ufern vielfach gewagt wurde und teilweise sogar gelang. Primär ging es um Frauen in der Geschichte und weniger oder gar nicht, wie Gisela Bock es ausdrückt, um die Geschichte von Frauen, um die Erfahrungen der Frauen in der und von der Geschichte, um eine Geschichte also, die zwar nicht unabhängig ist von derjenigen der Männer, aber doch eine Geschichte eigener Art ist, eine Geschichte von Frauen als Frauen.[19] Eine so definierte Frauenforschung, die die bisherige Geschichte der Menschheit als Geschlechtergeschichte begreift und demzufolge Geschlecht als grundlegende Kategorie sozialer, kultureller, historischer Realität, Wahrnehmung und Forschung benutzt, war in der DDR bestenfalls in ersten Ansätzen vorhanden.

Studie, Dissertationsschrift, Berlin/O. 1988 (MS). Sigrid Jacobeit, Zur Kleidungsgeschichte im faschistischen Deutschland, in: Hessische Blätter für Volks- und Kulturforschung 25 (1989).

18 Gisela Griepentrog, Der ewige Faden. Frauen in den Sagen um Harz und Kyffhäuser, Leipzig 1988; dies., Die goldenen Flachsknoten. Frauen in den Sagen um Rhön und Thüringer Wald, Leipzig 1989.

19 Gisela Bock, Geschichte, Frauengeschichte, Geschlechtergeschichte, in: Geschichte und Gesellschaft 14 (1988), S. 367.

Frauenforschung mit feministischem Ausspruch kristallisierte sich in nennenswerter Weise erst nach der sogenannten Wende heraus.[20] Die Initiative hierzu entwickelten Soziologinnen vom Akademieinstitut für Soziologie und Sozialpolitik sowie Kulturwissenschaftlerinnen der Humboldt-Universität. Sie waren auch die geistigen Mütter des am 3. Dezember 1989 gegründeten Unabhängigen Frauenverbands, der zum Synonym für Frauenaufbruch in der DDR wurde. Dem Engagement dieses (recht kleinen) Kreises von Wissenschaftlerinnen ist es vor allem zuzuschreiben, daß, obwohl die Blütenträume sehr schnell welkten und inzwischen die unendlichen Mühen der Ebene zu bewältigen sind, es trotzdem gelang, Tatsachen zu schaffen. Zwei davon möchte ich nennen: die Einrichtung eines Zentrums für interdisziplinäre Frauenforschung (ZiF) an der Humboldt-Universität und die unmittelbar bevorstehende Gründung eines Instituts für Geschlechter und Sexualforschung ebenfalls an dieser Universität. Grund zu besonderem Optimismus besteht, wo im Osten Deutschlands Wissenschaft und Abwicklung schon fast als ein Wortpaar gelten, dennoch nicht. Die Mitarbeiterinnen des interdisziplinären Zentrums, die mehrheitlich auf ABM-Basis arbeiten, beklagen schon jetzt die mangelnde Unterstützung von Senat und Universität[21], und die für die Reorganisation des Fachbereiches Geschichte an der Humboldt-Universität verantwortliche Strukturkommission, der fast nur Männer angehören, ist ungeachtet massiver Frauenproteste bislang nicht bereit, einen Lehrstuhl für Frauen- und Geschlechtergeschichte einzurichten.[22] An anderen Universitäten in den neuen Bundesländern wird eine solche Forderung nicht einmal öffentlich erhoben.

Das große Defizit an feministischer Wissenschaft in der früheren DDR erklärt sich m.E. auch, und damit komme ich zum zweiten Teil meiner Ausführungen, aus der Lebens- und Erfahrungssituation der Wissenschaftlerinnen. Sie ordnet sich zunächst in das ein, was Frauenexistenz in diesem Land ganz allgemein ausmachte: Aus amtlicher Sicht war die DDR-Frau verheiratet, voll berufstätig, gut gebildet, gesell-

20 Eine Übersicht hierzu vermittelt das Sonder-Bulletin 1990, hg. v. Zentrum f. interdisziplinäre Frauenforschung (ZiF).
21 Frauenforschung Nebensache? Zur Situation im ZiF, in: Bulletin 3 (1991), S. 3ff.
22 Geschichte als "Männerfach"? Offener Brief zur Stellenpolitik am Fachbereich Geschichtswissenschaft der Humboldt-Universität zu Berlin v. 15.11.1991, verfaßt v.d. Koordinationsstelle "Arbeitskreis historische Frauenforschung"/Region Berlin.

schaftlich aktiv und versorgte ihren Mann und (mindestens) zwei Kinder. Damit galt sie als gleichberechtigt. Ein Leitbild, das zwar längst nicht mehr stimmte, aber dennoch von vielen angenommen und tief verinnerlicht wurde. Von Männern und Frauen. Die statistischen Erhebungen aus den 80er Jahre bestätigen dies.

91 Prozent aller Frauen im erwerbsfähigen Alter waren berufstätig. Lediglich 12 Prozent davon besaßen keinen Berufsabschluß. Über 90 Prozent aller Frauen hatten mindestens ein Kind geboren (das statistische Mittel lag zuletzt bei 1,7 Kindern), wobei die Mehrzahl der Geburten zwischen dem 20. und 25. Lebensjahr der Frau erfolgte.[23] In dieser Verbindung einer fast hundertprozentigen Berufstätigkeits- und Mütterrate bestand die DDR-Spezifik der Frauenerwerbsarbeit. Für die große Mehrheit der Frauen war die Vereinbarung von Berufstätigkeit und einem Leben mit Kindern das vorherrschende und kaum noch hinterfragte Lebenskonzept, welches sich über mehrere Generationen hinweg stabilisiert hatte. Das hing nicht zuletzt damit zusammen, daß, wenngleich natürlich die weibliche Arbeitskraft für das Funktionieren der Wirtschaft unverzichtbar war und Frauenarbeit deshalb unentwegt propagiert wurde, Berufstätigkeit für DDR-Frauen einen Wert an sich darstellte. Obschon dabei das Verdienstmotiv eine ungebrochen große Rolle spielte - zum einen war der "Zuverdienst" der Frau unverzichtbar für die Sicherung eines durchschnittlichen Lebensniveaus der Familie; zum anderen bedeutete eigenes Einkommen finanzielle Selbständigkeit - reduzierte sich das bei Frauen fast aller Altergruppen vorhandene Bedürfnis nach Berufstätigkeit keineswegs allein darauf. Viele Frauen in der DDR bezogen Achtung und Selbstachtung, Autorität und Prestige aus der Berufssphäre. Ebenso wichtig waren ihnen die sozialen Kontakte, die sich im Berufsleben ergaben und die für Frauen generell einen noch höheren Stellwert besaßen als für ihre männlichen Kollegen. Eine Existenz als "Nur"-Hausfrau stand für die allermeisten Frauen nicht zur Debatte, zumal auch im veröffentlichten Frauenbild der Typus Hausfrau überhaupt nicht vorkam. Für Lebensentwürfe und Lebensverläufe für Frauen in der DDR war vielmehr kennzeichnend, daß sie beide Lebensansprüche - Beruf und Familie - in gleichem Maß und tagtäglich reali-

---

23 Vgl. Frauenreport '90, hg. von Gunnar Winkler im Auftrag der Beauftragten des Ministerrates für die Gleichstellung von Frauen und Männern, Dr. Marina Beyer, Berlin/O. 1990.

sierten. Beruf und Familie in Einklang bringen zu wollen war eine tragende Säule in der weiblichen Identitätsfindung.[24]

Verschiedene, mehrheitlich nach 1971 erlassene sozialpolitische Maßnahmen schufen, flankiert von Arbeits- und Familiengesetzen und einer Fülle von Förderungsmaßnahmen in Ausbildung und Beruf, dafür wichtige Voraussetzungen: die 40-Stunden-Arbeitswoche bei vollem Lohnausgleich für alle Mütter mit zwei und mehr Kindern unter 16 Jahren; ein bezahlter Haushaltstag pro Monat für alle verheirateten Frauen, für Mütter mit Kindern unter 16 Jahren und für Frauen über 40 Jahre; 26 Wochen Schwangerschafts- bzw. Mutterschaftsurlaub seit 1976; bezahlte Freistellung bis zum ersten Geburtstag des ersten und zweiten Kindes' bzw. achtzehn Monate für jedes weitere Kind, wobei ein Unterhalt in Höhe von 70 und 90 Prozent des Durchschnittsverdienstes gezahlt und der Arbeitsplatz garantiert wurde (seit 1986 konnte das Babyjahr unter bestimmten Voraussetzungen auch vom Vater oder der Großmutter ganz oder teilweise genommen werden); staatliche Geburtenbeihilfe von 1000 Mark, was in etwa einem durchschnittlichen Monatsgehalt entsprach; eine finanzielle Unterstützung für unverheiratete Mütter in Höhe des üblichen Krankengeldes bis zum dritten Lebensjahr des Kindes, wenn eine Krippenunterbringung nicht möglich war; bei Krankheit der Kinder erhielten alleinstehende Mütter beim ersten, verheiratete ab dem zweiten Kind jährlich eine bezahlte Freistellung von vier bis sechs und maximal 13 Wochen (bei fünf und mehr Kinder); für jedes Kind gab es monatlich ein staatliches Kindergeld (50 bis 150 Mark), Schüler der elften und zwölften Klassen bekamen ebenso wie Lehrlinge eine finanzielle Beihilfe. Weiterhin gab es eine staatliche garantierte Kinderbetreuung, die den vorhandenen Bedarf nahezu vollständig abdeckte. Subventioniert waren auch Kinderkleidung, Ferienlager, Schulessen und Kulturveranstaltungen. Es gab die kostenlose Schwangerschaftsverhütung und den kostenlosen Schwangerschaftsabbruch, Wohnungen zu Spottpreisen, Grundnahrungsmittel für sehr wenig Geld.

Diese Regelungen, die das "Vereinbarkeits-Dilemma" lindern sollten, scheinen auf den ersten Blick hin nur Gutes im Sinn gehabt zu haben. Indem sie aber fast ausschließlich an Frauen adressiert waren, zementierten sie deren traditionelle Rolle in der Familie und damit die geschlechtsspezifische Arbeitsteilung. Sie stellten dadurch, wie es die

---

24 Ausführlich dazu u.a. Jutta Gysi, Familienleben in der DDR. Zum Alltag von Familien mit Kindern, Berlin/O. 1989.

Berliner Soziologin Uta Röth treffend formuliert, eine Form "positiver" Diskriminierung dar,[25] und sie kultivierten die soziale Ungleichheit von Frauen und Männern. So waren es zumeist die Frauen, die obwohl im Niveau ihrer beruflichen Qualifikation den Männer annähernd gleichgestellt (das trifft für die Altersgruppe bis 40 Jahre zu), zugunsten der Familie und der Kinder auf fachliche Weiterbildung, auf Aufstiegsmöglichkeiten in gutbezahlte (Macht-)Positionen verzichteten. Ebenso zeigte hier das traditionell patriarchalische Sozialisationskonzept - Mensch weiblichen Geschlechts = potentielle biologische Mutter, Hausfrau und Dienerin - Wirkung, das sich auch in der DDR erfolgreich durch alle staatlichen Bildungsträger zog und durch ein zunehmend rein feminines soziales Bezugssystem in- und außerhalb der Kleinfamilie verstärkt wurde. Somit blieben gerade die Bereiche der Gesellschaft, die ein hohes Maß an Eigeninitiative, persönlichem Engagement, Flexibilität und Disponibilität, Entscheidungsfähigkeit und Kreativität erforderten, für das Gros der Frauen, so sie nicht gänzlich auf Kinder und Partner verzichten wollten, verschlossen. Das trifft für die Politik genauso zu wie für die Wirtschaft oder die Wissenschaft.[26]

Obwohl unter Frauen gerade in den 80er Jahren die Unzufriedenheit mit ihren konkreten Lebensumständen wuchs, ihnen die Bewältigung des Alltags in dem in Agonie liegenden Staat immer mehr Kraft abverlangte, sich Frust und Resignation breitmachten und (manchmal verzweifelt) nach Ausstiegsmöglichkeiten gesucht wurde - die Zunahme der von Frauen eingereichten Scheidungen und der Geburtenrückgang müssen hier als Stichworte genügen -, fühlten sich die meisten durchaus gleichberechtigt und waren sich ihrer realen Benachteiligung überhaupt nicht bewußt. Demzufolge konnte die Mehrzahl der Frauen mit feministischen und emanzipatorischen Ideen nicht viel anfangen und lehnte diese vielfach sogar ab.

Damit war kein Boden vorhanden, auf dem sich feministische Frauenforschung auch von unten her entwickeln und hätte durchsetzen können. Selbst bei Wissenschaftlerinnen, die sich als Frauenforscherinnen verstanden, war die Einsicht in die Notwendigkeit und den Nutzen eines solchen Forschungsansatzes nicht automatisch gegeben. Auch

25 Schwarz/Zenner, Nachbetrachtung: Ausreichend sanft? Ausreichend zornig? Frauen zwischen Mut und Verzweiflung, in: dies., "Vaterland", S. 150.
26 Dazu Gisela Ehrhardt, Frauen und Karriere. Ein Rückblick auf die vermeintliche Chancengleichheit im Staatssozialismus, ebendort, S. 120ff.

ihnen versperrte oftmals die eigene Lebenssituation, die sich nicht grundsätzlich von der anderer Frauen unterschied, den Blick. Hinzu kam, daß Wissenschaft auch in der DDR patriarchalisch strukturiert war. Männer bestimmten über Inhalte und Methoden. Sie dominierten in den obersten Führungsgremien von Politik und Wissenschaft, wo die entscheidenden Weichen gestellt wurden. Frauen besaßen somit nicht einmal theoretisch die Möglichkeit einer Einflußnahme. Daß sich unter solchen Bedingungen eine Lobby für feministische Frauenforschung hätte formieren können, wäre wohl einem Wunder gleichgekommen. Der Männerzentrismus offenbarte sich auch im hierarischen Aufbau von Wissenschaft. Obwohl fast die Hälfte des wissenschaftlichen Fachpersonals Frauen waren, lag in keiner wissenschaftlichen Einrichtung der Frauenanteil bei den Dozenten-, Professoren- und Fachbereichsleiterstellen wesentlich über 15 Prozent. So brachten es an der Leipziger Universität in den Gesellschaftswissenschaften nur 9, 5 Prozent der Frauen zu Professorinnen.[27] Ähnliche Verhältnisse herrschten an der Akademie. Im relativ großen Geschichtsinstitut gab es lediglich drei Professorinnen, obgleich pro Jahr mindestens eine Neuberufung erfolgte. Unter den 148 Ordentlichen Mitgliedern der Akademie der Wissenschaften waren 4, unter den 93 Korrespondierenden Mitgliedern ebenfalls 4 und unter den 148 Auswärtigen Mitgliedern 3 Frauen[28], für die der Ausdruck "Alibifrauen" sicherlich zutrifft. Frauen dominierten hingegen allerorten im wissenschaftlichen Mittelbau.

Staatlicherseits wurden Versuche zur Gegensteuerung unternommen, als der Mißstand immer eklatanter zutage trat und sich auch nach außen hin nicht mehr verbergen ließ. Vor allem sollten mehr Frauen zur Habilitation, die die unabdingbare Voraussetzung für eine Professur und damit für den Weg nach oben bildete, geführt und das Habilitationsalter, das in der Mehrzahl der Fälle jenseits des 45. Lebensjahr lag, zu senken. (Männer, die sich weit mehr nur ihren Forschungen widmen konnten, kamen im übrigen oftmals auch nicht eher zu Stuhle. Ich erwähne diesen Fakt auch, um auf andere Zeitdimensionen in östlichen Wissenschaftskarrieren hinzuweisen.) Und um den Frauenanteil in Leitungsfunktionen zu erhöhen, wurde an der Akademie im Frühjahr

27 Birgit Gabriel, Transformation der patriarchalischen Wissenschaft, in: Bulletin 3, S. 18.
28 Liane Zeil, Frauen in der Berliner Akademie der Wissenschaften (1700-1945), in: Informationen 6 (1989), S. 72, Anm. 18.

1989 sogar über Quotierung laut nachgedacht.[29] Durchschlagende Erfolge stellten sich, weil derartige Bemühungen gleich den anderen Frauenförderungsmaßnahmen halbherzig und die herrschenden Strukturen unangetastet blieben, indes nicht ein. Hatte sich jedoch eine Frau erst einmal zur Habilitation entschlossen, konnte sie in der Regel nichts daran hindern, es auch zu tun. Die entsprechenden Rahmenbedingungen waren notfalls einklagbar, und die Möglichkeit zur Habilitation hing ganz sicher nicht in dem Maße von männlicher Gunst ab wie im westlichen Wissenschaftsbetrieb.

Das eben Gesagte trifft weitgehend auch auf die Volkskunde zu. Seit ihrer Institutionalisierung Anfang der 50er Jahre ist eine ausgesprochene Fachdominanz männlicher Wissenschaftler bis weit in die 80er Jahre hinein zu verzeichnen, was sich auch in der Besetzung der Führungspositionen niederschlug. Inzwischen werden der universitäre (Ute Mohrmann seit 1986) und der akademische Bereich (Evemarie Badstübner seit März 1990) von Frauen geleitet, was weniger das Resultat frauenbewußter Personalpolitik ist, sondern neben glücklichen Fügungen eher an der Tatsache liegt, daß nach Emeritierung der Amtsvorgänger bei der Neubesetzung in dem ohnehin personell dünn besetzten Fach keine Männer mit der für diese Funktion notwendigen Voraussetzung (Habilitation) zur Verfügung standen. An den Musęen, die sich entweder ausschließlich mit Volkskunde befassen oder zumindest in ihren Ausstellungen fachrelevante Themen aufbereiten - davon gab es in der DDR etwa 50 - bekleideten nur 11 Frauen den Posten einer Direktorin, wobei es sich dabei zumeist um kleinere Einrichtungen handelt. Erika Karasek war und ist die einzige Frau, die einem bekannten und traditionsreichen Haus vorsteht.

Die Leipziger Soziologin Birgit Gabriel hat in einer 1990/91 an der Leipziger Universität durchgeführten Untersuchung versucht, die geschlechtsspezifischen Gründe für die Benachteiligung von Frauen in der Wissenschaft aufzudecken. Ich zitiere ihre Ergebnisse, obwohl mir manches davon noch undurchdacht scheint, hier deswegen so ausführlich, weil sie allgemeine Tatbestände beschreiben:

---

29 Hansgünther Meyer, Frauen in der Wissenschaft, in: spectrum 20 (1989), S. 12ff. Wer will schon eine "Quotilde" sein? Interview mit Prof. Dr. phil. Herta Kuhrig, ebenda, S. 14ff.

- Frauen stolpern spätestens vor bzw. ab der Habilitation,
- Frauen betreiben mehr Lehre und weniger Forschung, fühlen sich auch in der Lehre wohler als am Schreibtisch und auf Konferenzen,
- Frauen wollen weniger in Leitungsgremien mitarbeiten,
- Frauen treten weniger auf wissenschaftlichen Konferenzen in Erscheinung und haben weniger Publikationen,
- Frauen sind eher bereit, gegenüber Qualifizierungsansprüchen ihrer Partner zurückzustecken,
- für Frauen ist das Wohlfühlen im Wissenschaftlerkollektiv wichtiger als persönliche Aufstiegsmöglichkeiten,
- Frauen werden schon im Studium real benachteiligt und haben weniger geschlechtlich positive Identifikationsmöglichkeiten, so daß diese Konstellation auf Dauer reproduziert und zementiert wird,
- Frauen sind weniger in wissenschaftliche Seilschaften integriert: Die Abhängigkeitsverhältnisse in der Wissenschaft haben für Frauen u.a. auch eine sexuelle Dimension, die sie entweder kalkulieren oder meiden.[30]

Daß selbst hohe berufliche Qualitfikation, ausgewiesene Forschungsleistungen und fleißige Kongreßteilnahme auch unter den für DDR-Frauen neuen gesellschaftlichen Verhältnissen nicht vor Diskriminierung schützen, beweist das höchst aktuelle Beispiel der Berufspraxis am Fachbereich Geschichte der Humboldt-Universität: Auf den ersten und zweiten Plätzen der bisher vorliegenden neun Berufungslisten stehen ausschließlich Männer. Lediglich auf den dritten Plätzen finden sich zwei Frauen, zum einen im Fachgebiet Neuere Geschichte, zum anderen im Fachgebiet Alte Geschichte. Deren Chancen sind allerdings äußerst gering, da sieben der neun Bewerber, an die ein Ruf ergangen ist, diesen bereits angenommen haben.[31] Diese Berufungspolitik unterstellt, daß unter den Bewerberinnen keine qualifizierten Frauen zu finden sind, was einfach nicht stimmt. So erhielt die international anerkannte Sozialhistorikerin Helga Schultz nicht einmal den Hauch einer Chance, um nach oben auf die betreffende Liste zu gelangen. Aus dem Osten und noch dazu Frau - die Berufungskommission sah sich mit diesem Sachverhalt offenbar total überfordert. Und bei den Sozialwissenschaften wurde eine habilitierte Wissenschaftlerin mit einem Lehrstuhl an der West-Berliner Freien Universität nicht einmal zum Bewerbungsgespräch

30 Gabriel, Transformation, S. 19.
31 Offener Brief.

eingeladen. Auf dem ersten Platz der Berufungsliste landete dafür ihr Kollege - ohne Habilitation.[32] Beide Vorgehensweisen verstoßen zwar gegen das Berliner Hochschulgesetz und das Landesantidiskriminierungsgesetz, eine Korrektur erfolgte bis jetzt jedoch nicht. Für Frauen scheint sich, so ist zu befürchten, nichts zu ändern.

32 Margret Lünenborg, Kahlschlag an der Humboldt-Uni, in: EMMA 12 (1991), S. 9.

CHRISTINE SPIEGEL

Kleider und Leute
Vorarlberger Landesausstellung 1991

Landesausstellungen gehören in Österreich seit über drei Jahrzehnten zu den Fixpunkten des kulturellen Sommerprogrammes. Mit dem Jahr 1991 haben sich auch die letzten beiden Bundesländer - Kärnten und Vorarlberg - den Landesausstellungsveranstaltern angeschlossen. Diese Landesausstellungen werden von den Kulturämtern der Länder organisiert und finanziert, wobei sich im Laufe der Zeit zwei vorrangige Zielsetzungen herausgebildet haben:

1. Die Sanierung erhaltungswürdiger Bausubstanz, nach Möglichkeit im Hinblick auf eine öffentliche Nutzung nach Abschluß der Ausstellung, und eine damit verbundene Belebung einzelner Regionen.
2. Die Aufarbeitung von Landesgeschichte und landeskundlichen Themen.

Zu diesen durchaus als vernünftig anzusehenden Zielen kam in den letzten Jahren ein drittes, das Bemühen nämlich, den jährlichen Wettstreit um die höchsten Besucherzahlen zu gewinnen. Damit sind diese Zahlen, die lange Zeit vor allem politische Argumentationshilfe waren, auch zu dem Kriterium schlechthin für die Beurteilung solcher Ausstellungen in den Medien und damit in der breiten Öffentlichkeit geworden. Aus diesem Wettkampf um Besucher hat sich aber noch eine zweite Entwicklung ergeben: Die Qualität der Ausstellungskonzepte hat sich verschlechtert, die Ausstellungen selbst sind mancherorts beinahe schon zweitrangig, während man mit umfassenden Rahmenprogrammen, Show und zugkräftigen Attraktionen wie Weinverkostung oder Speckjause - je nach Thema - versucht, selbst den in die Ausstellung zu locken, der diesem Medium ansonsten nicht allzuviel abgewinnen könnte. Im Vordergrund steht ein insgesamt positives Erleben für den Besucher, das aber nicht unbedingt in der Ausstellung begründet liegen muß.

Trotz dieser Entwicklungen folgte man in Vorarlberg, dem westlichsten österreichischen Bundesland, 1987 einem Wunsch, der in hohem Maße auch aus der Öffentlichkeit kam, und beschloß die Durchführung einer Landesausstellung. Der Themenwahl ging eine Analyse der Ausstellungssituation im Land Vorarlberg voran. Bislang hatte das Land eine größere Ausstellung mit einem Gesamtbudget von ca. 1,5 Mio Mark, die rund 25 000 Besucher zu verzeichnen hatte. Ansonsten beschränkte sich die Ausstellungserfahrung auf kleine Sonderausstellungen im Museumsbereich, die sich mit wenigen Ausnahmen an eine Art Stammpublikum richteten, jedoch keine Ambitionen in Richtung Gewinnung neuer Interessenten entwickeln konnten. Dieser eher zurückhaltende Umgang mit dem Medium Ausstellung in der Öffentlichkeit führte zur Entscheidung, ein Thema aus dem Bereich der Alltagskultur zu wählen, um nicht durch eine allzu spezifische Themenstellung große Teile möglicher Besucher von vornherein auszugrenzen. Zudem sollte die geografische Situation des Landes genutzt werden - eine Grenzlage zur Schweiz, nach Deutschland und zum Fürstentum Liechtenstein - was eine Vorarlberg-spezifische Thematik in eher geringerem Maße ermöglicht hätte.

Die Wahl fiel letztlich auf das Thema "Bekleidung"; damaliger Arbeitstitel: "Die Kultur unserer Bekleidungsgewohnheiten oder Aspekte einer Sozialgeschichte des Anziehens".

Für die wissenschaftliche Leitung sah man sich bewußt nicht bei den Kostümforschern, sondern unter Volkskundlern um und beauftragte Prof. Wolfgang Brückner von der Universität Würzburg mit Konzeption und Umsetzung dieses Projektes.

Ausstellungen dieser Größenordnung ohne Rücksprache mit Fachleuten zu beschließen, bringt nicht selten Überraschungen mit sich. Dies galt etwa für die konservatorischen und restauratorischen Auflagen, die mit der Objektgruppe Textil verbunden sein würden. Grund genug, noch im Herbst 1988 eine Tagung zum Thema "Bekleidungsgeschichte und Museum" zu organisieren, die potentielle Leihgeber und deren hauptverantwortliche Restauratoren nach Vorarlberg brachte. Neben Referaten und Berichten zu einschlägigen Ausstellungsprojekten erfolgte auch eine Besichtigung des Veranstaltungsortes, wo sich die Teilnehmer ein Bild von den - damals noch im unrestaurierten Zustand befindlichen - Ausstellungsräumlichkeiten machen konnten.

Der Ausstellungsort

Wenngleich in Vorarlberg ursprünglich keine Sanierungsmaßnahmen in großem Umfang vorgesehen waren, so ließen sich solche durch die Wahl des Hohenemser Palastes als Ausstellungsort nicht verhindern. Der Palast - heute im Privateigentum der Familie Waldburg-Zeil - war in der

2. Hälfte des 16. Jahrhunderts im Auftrag der Grafen von Hohenems von einem italienischen Architekten erbaut worden. Bis ins frühe 19. Jahrhundert blieb er im Besitz der Grafen von Hohenems und kam dann in das Eigentum des Hauses Österreich und später der Familie Waldburg-Zeil.

Die Größe der Anlage und die nur in bescheidenem Maße vorhandenen finanziellen Mittel zu ihrer Erhaltung hatten vor allem das 2. Obergeschoß im Laufe der Jahrhunderte völlig verwahrlosen lassen. Dieser Umstand und erst durch die Bauaufnahme zutage getretene umfassende Schäden an der Dachkonstruktion machten Investitionen in der Höhe von 3 Millionen Mark notwendig, um die Räume in einen Zustand zu bringen, der auch den kritischen Blicken der Leihgeber würde standhalten können. Drei Viertel der Kosten wurden vom Land Vorarlberg, ein Viertel vom österreichischen Staat aufgebracht. Bereits in dieser Phase wurde Kritik an der Sanierung laut, da damit öffentliche Gelder in ein privates Gebäude flossen, das andernfalls jedoch mit Sicherheit dem Verfall preisgegeben gewesen wäre.

Mit insgesamt 14 Räumen und einem großen Eingangsbereich stand der Ausstellung eine Gesamtfläche von rund 1.000 m² zur Verfügung.

Konzept und Umsetzung

Zum Zeitpunkt der Vorbereitungstagung im Oktober 1988 war die Durchführung der Ausstellung für den Zeitraum Mai bis Oktober 1990 geplant. Die Einrichtung einer Koordinationsstelle brachte ein Überdenken des Zeitplanes mit sich. Bald stellte sich heraus, daß sowohl aufgrund der notwendigen Baumaßnahmen als auch aufgrund des damaligen Konzeptstandes eine Aufschiebung unumgänglich sein würde. Als neuer Termin wurde Mai bis Oktober 1991 festgelegt, der Titel der Ausstellung lautete nun definitiv: "Kleider und Leute".

Vor allem durch die räumliche Distanz zwischen der wissenschaftlichen Leitung und dem Veranstalter gestalteten sich die Konzeptionsarbeiten nicht eben einfacher. Es lag zu diesem Zeitpunkt eine sehr umfassende Materialsammlung zum Thema vor, die jedoch von den Verantwortlichen im Land insgesamt als zu umfangreich und zu wenig gegenwartsbezogen beurteilt wurde. Es folgte also eine Überarbeitung der Inhalte durch eine kleine Projektgruppe nach folgenden Gesichtspunkten:
- Der Umfang der Thematik forderte die klare Absteckung eines Zeitrahmens, in welchem das Thema abzuhandeln wäre.

- Die Objektsituation in den Museen war ebenso mitentscheidend, da sehr altes Originalmaterial aus dem textilen Bereich nur in Ausnahmefällen verliehen wird.
- Der Anspruch, sowohl wenig ausstellungsgewohntes und vor allem auch junges Publikum für die Ausstellung zu gewinnen, verlangte nach einem möglichst direkten Bezug der ausgestellten Inhalte zum Betrachter, d.h. also auch einen entsprechend starken Gegenwartsbezug. Gerade diesen wieder mit entsprechenden Objekten zu bestücken, sollte sich übrigens als besonderes Problem herausstellen.

So entstand ein Grundkonzept zu einer Ausstellung mit der inhaltlichen Zielsetzung, die Zeichenhaftigkeit der Kleidung, die Gründe für die Veränderungen im Kleidungsverhalten der Menschen zu entschlüsseln. Ein Konzeptansatz, der Kleidung nicht nur nach formalen, also vor allem modischen Aspekten behandelt, sondern der den Menschen in die Überlegungen einbindet. Der zeitliche Ansatzpunkt ergab sich mit der Französischen Revolution, und zwar vor dem Hintergrund, daß in deren Zuge die Voraussetzungen geschaffen wurden für eine Kleidersprache bürgerlicher Prägung, die Kleidung als Spiegelbild hierarchischer Verhältnisse zwar nicht gänzlich abschaffte, aber neue und differenziertere Sichtweisen zuließ.

In weiterer Folge fand sich dann ein Team von 8 Konzeptautoren aus den Bereichen Volkskunde, Kulturwissenschaft und Kostümkunde zusammen, von denen jeder einen oder mehrere Bereiche des Konzeptes übernahm. In etwa alle zwei Monate stattfindenden Sitzungen wurden die Detailkonzepte diskutiert, Leihgaben ausgewählt und diesbezüglich Informationen ausgetauscht, Katalogbeiträge gegengelesen und überarbeitet. In den gesamten Prozeß waren von Anfang auch die Gestalter der Ausstellung miteinbezogen: zwei junge Vorarlberger Architekten, die zwar Erfahrung im Umgang mit historischer Bausubstanz aufzuweisen hatten, was hinsichtlich des Ausstellungsortes von Bedeutung war, die aber zum ersten Mal ein Ausstellungsprojekt betreuten. Umso wichtiger war ihre Einbindung in die Konzeptgespräche und die Diskussion von inhaltlichen Ideen und ihrer gestalterischen Umsetzung zum frühestmöglichen Zeitpunkt.

Diese ständige Auseinandersetzung zwischen Konzept und Gestaltung führte letztlich zu einer äußerst spannungsreichen Art der Präsentation - sowohl durch die Verwendung von Materialien, die einen starken Gegensatz zur bestehenden alten Substanz und zu den ausgestellten Objektgruppen bildeten, als auch durch zurückhaltende Inszenierungen, durch welche die Objekte in ihrer Aussage zwar unterstützt, aber nicht überinterpretiert oder gar verdeckt wurden.

Kleider und Leute - ein Gang durch die Ausstellung

Die Räume im Palast von Hohenems bilden drei größere Einheiten, die von der Konzeption her mitzuberücksichtigen waren. Der Besucher betrat die Ausstellung über die sogenannte "Galerie", die eine Art Einführungsfunktion in die Thematik übernehmen sollte. Gemälde von ehemaligen Bewohnern des Palastes aus der Zeit der Renaissance markierten den zeitlichen Ansatzpunkt, Gemälde der Moderne standen als zeitlicher Gegenpol. Sämtliche Bilder waren aber vor allem auch nach dem Aspekt ihrer Aussage hinsichtlich des Ausstellungsthemas ausgewählt; viele später in der Ausstellung ausgeleuchtete Themenansätze wurden hier angedeutet und durch Sekundärobjekte - gleichsam aus den Bildern herausseziert Objekte mit besonderer Aussage - lesbar gemacht.

Die auf die Galerie folgenden vier Räume, die einen in sich abgeschlossenen Rundgang ermöglichten, bildeten den Bereich "Grundstrukturen" der Bekleidung mit den Themen Silhouette, Material, Farbe und Mode.

Die Gegenüberstellung von alten, verbrauchten Schaufenster- und Schneideratelierpuppen und

Die Silhouette des Körpers als Abbild von Zeitgeschmack und Idealvorstellung

gestylten Puppenkörpern auf dem Laufsteg war Blickfang zur Andeutung einer sich ständig ändernden Silhouette, im weiblichen wie im männlichen Bereich. Modekupfer und Zeitungsblätter bildeten die Chronologie der Körperform für die letzten 200 Jahre, Karikaturen als Kommentare zu übertriebenem Verhalten ergänzten die Exponate.

Stoffliche und funktionale Eigenschaften diverser Materialien kamen im nächsten Raum zur Sprache. Die über das Material möglichen Differenzierungen, z.b. in sozialer Hinsicht, standen im Mittelpunkt und wurden vor allem am Beispiel eines Kleidungsstücks - des Mantels - aufgezeigt. Hier bot sich auch ein Blick auf die Textilindustrie in Form von Musterbüchern an, denn die textile Produktion ist seit 150 Jahren im Land Vorarlberg einer der industriellen Schwerpunkte. Über eine darüber hinausgehende Einbindung dieses Industriezweiges in das Ausstellungsprojekt wird später noch zu sprechen sein.

Schwierig gestaltete sich das Thema "Farbe", dessen Reduktion auf einen Raum nur schwer eine schlüssige Auswahl aus der Vielfalt des Bereichs "Farbe in der Kleidung" zuließ. An drei Farben - gelb, rot und blau - ließ sich vor allem auch die Wertigkeit von Farben in den Kleiderordnungen vor der Französischen Revolution darstellen. Vorschriften, die heute Empfehlungen geworden sind, also saisonal wechselnde Farben haben überlieferte Ordnungen abgelöst.

In einer Gegenüberstellung von gemachter und getragener Mode - von Haute couture und Prêt à porter - wurde schließlich das Phänomen der Mode auf den Einfluß der großen Couturiers und ihrer Kreationen auf das heutige Modegeschehen hin untersucht. Vorbild und Kopie, Original und Fälschung verdeutlichen dabei die Bedeutung großer Namen in diesem komplizierten System.

Kleidung als Ausdruck des herrschenden Zeitgeistes läßt sich durch alle Bereiche der Ausstellung verfolgen. Schönheitsideale einer Zeit, wie sie anfänglich im Silhouettenraum bereits angedeutet wurden, werden vor allem bei der Betrachtung der Unterkleidung sichtbar. Vor dem Hintergrund diverser "Marterinstrumente" - subsumiert unter dem Begriff der formenden Unterwäsche - wird klar, welche Bedeutung dem "Aussehen" und der "Figur" der Frau für das eigene Selbstverständnis, aber auch in der Beurteilung durch andere beigemessen wurde. Die Geschichte der Unterwäsche ist gleichzeitig eine Geschichte der Befreiung. Nie zuvor war Unterwäsche in dem Maße auch gestalterisches Element nach außen wie heute. Dies unterstreicht auch einmal mehr die Bedeutung der Dessous und das immer breiter werdende Angebot an sportlicher und bequemer Wäsche, die sich in Form und Farbgebung sehr nahe an die Badekleidung heranwagt und damit auch in diesem Bereich die Auflösung strenger Vorschriften bezüglich Badekleidung dokumentiert. Der Moralbegriff in der Gesellschaft hat sich in vielen Gegenden aber nicht in dem Ausmaß gelockert, wie man das in den heutigen Badegewohnheiten ablesen zu können glaubt. Die Einstellung zu Freizügigkeit beim Baden ist mancherorts eher noch in einem verkehrt proportionalen Verhältnis zur Größe heutiger Badekleidung zu werten.

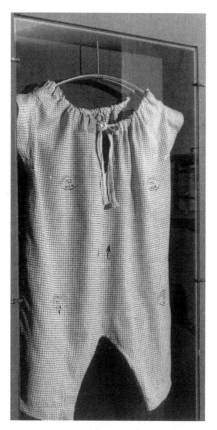

Mehr als das Abbild sich wandelnder Moralvorstellungen - die Badekleidung

Daß die heute scheinbar so selbstverständliche freie Wählbarkeit der Kleidung erst erkämpft werden mußte, sollte am Beispiel der Hosen aufgezeigt werden. Wie kaum ein anderes Kleidungsstück markierten die Hosen lange Zeit Geschlechtergrenzen. Der Zugang für die Frau zu diesem scheinbar männlichsten aller Kleidungsstücke ergab sich lange Zeit nur durch die Hintertüre des Sports und der Freizeit. Tatsächlich liegen die jüngsten Diskussionen um das "Hosen tragen dürfen" noch gar nicht lange zurück, und sie sind bis heute - vor allem im beruflichen Bereich - noch nicht vollkommen verstummt.

Trotz aller freien Wählbarkeit der Kleidung prägen Konventionen nach wie vor in hohem Maße das individuelle Kleidungsverhalten. Anlässe wie Taufe, Erstkommunion, Hochzeit sind mit überlieferten Kleidungsgewohnheiten verbunden, dennoch vermag das individuelle Kleidungsstück biographische Momentaufnahmen und damit Lebensgeschichte zu konservieren. Über das Kleid wird Erinnerung abrufbar, nicht nur im Bereich von Anlässen, sondern auch im Zusammenhang mit ganz persönlichen Erlebnissen.

"Kleidergeschichten", zusammengestellt aus persönlichen Erinnerungen verschiedener Menschen, erweckten - in der Ausstellung hörbar gemacht - die textilen Hüllen zu neuem Leben und verdeutlichten ihre Bedeutung für den Einzelnen.

Damit erfolgte auch die Überleitung in den dritten großen Ausstellungsbereich, der sich der Bedeutung der Kleidung und des Kleidungsverhaltens im öffentlichen Leben widmete. Das Markieren der eigenen Position in der Gesellschaft erfolgt vielfach über die Kleidung, wobei Nuancen und Details in heutiger Zeit weit schwerer zu dechiffrieren sind, als dies noch im letzten Jahrhundert der Fall war. Labels und Markennamen bedeuten heute jene feinen Unterschiede, die das Bürgertum im 19. Jahrhundert etwa in Form von Accessoires entwickelt hatte. Outfit-Studien verschiedener Trendforscher belegen, wie vieldeutig und groß die Kleidungstypen und Verwandlungsmöglichkeiten geworden sind.

Dazu steht als Gegenstück Kleidung als Zeichen von Opposition, die Eindeutigkeit fordert und dort "Uniformen" entwickelt, wo eigentlich Protest gegen die Uniformität in der Gesellschaft entsteht. So wird Kleidung zum Symbol einer Idee und zum Zeichen politischen Protests.

Eigene Ideen und Ideale prägten und prägen auch das Kleidungsverhalten der Naturbewegungen. Einfaches, natürliches Leben über natürliche Kleidungsformen auszudrücken, entspricht und entsprach der Geisteshaltung heutiger Alternativer ebenso wie jener der Reformbewegung in der Zeit der Jahrhundertwende. So gehört auch die Tracht und ihre Neubewertung im 19. und 20. Jahrhundert eingeordnet unter jene romantischen Ideen, die Kleidungsformen und -bilder uminterpretieren. Die Ausstellung schloß - gleichsam als Hommage an die Region - mit einem kritischen Blick auf das Trachtenwesen in Vorarlberg. Ein Blick, der nicht nur korrigierte, sondern damit gleichzeitig Idyllen und Traditionsdenken angekratzt hat.

Probleme ergaben sich bei der Gestaltung des großen Gangbereichs, der sich entlang der Ausstellungsräume zieht. In den Ausstellungsräumen war aus konservatorischen Gründen das gesamte Tageslicht ausgesperrt worden, sodaß wenigstens der Gangbereich einen Blick in den Innenhof des Schlosses ermöglichen sollte, wodurch keine historischen Ausstellungsstücke zur Verwendung kommen konnten. Reizvolles Element waren 2 Dachbodentreppen sowie eine mehr als 20 m lange ununterbrochene Wand, die von vornherein eine friesartige Gestaltung zur Diskussion stehen ließ. Zudem war dieser Raum als Ruhezone und als Standort für den Ausstellungsshop gedacht.

Nach mehrfacher Überlegung wurden schließlich die beiden Dachbodenaufgänge in Zusammenarbeit mit der Hochschule für angewandte Kunst in Wien und der dortigen Modeklasse gestaltet. Mit ihrer Gastprofessorin Vivienne Westwood absolvierten die Studenten ein Seminar, in dessen Verlauf zuerst Originalschnitte vergangener Jahrhunderte aus englischen Modebüchern in weißem ungebleichtem Baumwollstoff nachgenäht wurden. Die historischen Ideen und Schnittdetails wurden sodann in modernen eigenen Kreationen der Studenten verarbeitet, für die Materialien von der Vorarlberger Textil- und Stickereiindustrie gewonnen werden konnten.

Die Verbindung zwischen diesen beiden, einmal historischen, einmal futuristischen Treppen stellte dann eine Fotogalerie dar, die erst kurz vor Ausstellungseröffnung dadurch zustandekam, daß Herr und Frau Vorarlberger auf einen Aufruf in den Medien hin zu einem Fototermin geladen wurden; rund 80 Bilder entstanden in dieser Aktion, 60 wurden für den Fries ausgewählt und ergaben das zeitgemäße Bild von Kleidern und Leuten in Vorarlberg.

Mit Leihgaben aus ingesamt 150 Museen und Sammlungen wurde die Liste der Leihgeber wesentlich umfangreicher als anfänglich geplant. Dies lag mit auch daran, daß Objekte gesucht wurden, die nicht schon in den Bekleidungsausstellungen der letzten Jahre zu sehen waren; dazu kam das Prinzip, nach Möglichkeit mit Originalen zu arbeiten. Und gerade der starke Alltagsansatz des Konzepts ließ erkennen, wie wenig Aufmerksamkeit dem Bereich der Gebrauchs-, der Alltagskleidung in den Museen noch bis vor wenigen Jahren geschenkt worden war. Hier kam wieder die Öffnung der Museumsdepots im Osten zugute, wo Zusagen für wichtige, bisher noch nie ausgestellte Stücke erreicht werden konnten.

Die konservatorischen Auflagen vor allem im Bereich Textil und Grafik machten auch das Engagement eines 6köpfigen Restauratorenteams notwendig, das die ca. 900 Objekte übernahm, Zustandsprotokolle ausfertigte und für eine sachgemäße Präsentation der Objekte sorgte. Die lange Ausstellungsdauer von 5 ½ Monaten und das Fehlen einer Klimatisierung in den Ausstellungsräumen ließ besondere Vorsicht angebracht scheinen.

Reaktionen und Erfahrungen

Insgesamt 55 000 Besucher sahen die Ausstellung "Kleider und Leute". Mehr als die Hälfte waren österreichische Besucher, ca. $^4/_5$ davon aus

Vorarlberg. Den Großteil der verbleibenden 20 000 machten Besucher aus Deutschland aus, die Schweiz war erstaunlich schwach vertreten.

Ca. zwei Drittel der Besucher nahmen an Führungen teil, die von Studenten gemacht wurden. Ihre Ausbildung erfolgte in Form eines Wochenendseminars und einiger Probeführungen. Großes Interesse herrschte auch seitens der Schulen, wobei für Kinder bis ca. 12 Jahren spezielle Programme angeboten wurden, d.h. ein spielerisches Erarbeiten einzelner Themen in kleinen Gruppen durch speziell dafür ausgebildetes Personal.

In der Konzeptgruppe herrschte auch Einigkeit darüber, aufgrund eines sehr ausführlichen Katalogs die Texte in der Ausstellung möglichst kurz zu halten. Jedes Raumthema wurde in Form eines ca. 15zeiligen Raumtextes erklärt und die Objekte zusätzlich direkt beschriftet, wobei dort nach Möglichkeit keine Zusatzinformationen auftraten, die im Katalog aber sehr wohl nachzulesen waren.

Die Erfahrungen bestätigten nachträglich diese Vorgangsweise, denn der Besucher war nur in den wenigsten Fällen bereit, überhaupt zu lesen. Viele konsumierten die Ausstellung lediglich über die Schiene der Identifikation von Dingen, an die noch eigene Erinnerungen vorhanden waren, ohne jedoch auf die durch das Konzept vorgegebenen Zusammenhänge näher einzugehen. Der Umgang mit dem Medium "Ausstellung" erwies sich in unseren Breiten als noch sehr wenig professionell. Dies beweisen auch jene Ausstellungen, die möglichst teure und möglichst augenfällige Objekte nach rein ästhetischen oder zeitlichen Gesichtspunkten zur Schau stellen, ohne damit weitere Zusammenhänge verbinden zu müssen. Gerade diese Ausstellungen verzeichnen meist wesentlich höhere Besucherzahlen als Ausstellungen mit kulturgeschichtlichem Inhalt. Und auch in der Diskussion mit anderen Ausstellungsverantwortlichen wird nicht selten bemerkt, daß der Anspruch an den Besucher auf ein Minimum reduziert werden muß; im Vordergrund zu stehen hat ein gesamtheitlich positives Erlebnis, das jedoch nicht unbedingt auf der Ausstellung basieren muß: Aussagen, die das Medium "Ausstellung" grundsätzlich in Frage stellen.

Die Kommentare zu "Kleider und Leute" waren dennoch überwiegend positiv, negative Reaktionen kamen primär von unerfüllten Erwartungshaltungen, die vor allem spektakuläre Einzelstücke, also die vielzitierten und strapazierten "berühmten Kleider berühmter Leute" vermißten. Das wenige Licht in der Ausstellung - das schriftlich an mehreren Stellen als konservatorisch unbedingt notwendig erklärt worden war - war ein zweiter Kritikpunkt, der interessanterweise nicht einmal dann akzeptiert wurde, wenn die entsprechende Erklärung dazu mündlich wiederholt wurde. Inhaltliche Kritik ist auch in den Pressemeldungen praktisch nicht zu verzeichnen. Besonders lobend hervorgehoben wurde die neuartige Ausstellungsgestaltung, vor allem im Bezug auf die unkonventionellen Materialien und die durchdachte Gestaltung der Vitrinen im Hinblick auf die ausgestellten Objekte.

Fundierte Rezensionen der Ausstellung kamen in den Medien hauptsächlich aus dem Wiener Raum und aus Deutschland, während die Presse im Lande sich vor allem auf die Berichterstattung über Anlässe und Besucherzahlen konzentrierte. Mit der Berichterstattung im deutschen Raum war auch ein nicht zu übersehender Absatz des Ausstellungskataloges verbunden, da die Entfernung zum Ausstellungsort vielen doch zu weit war, das Interesse am Katalog aber dennoch bestand.

Die Presse im eigenen Land - als Meinungsbildner - hatte bereits mit Negativpropaganda im Verlauf der Palastsanierung das ihre dazu getan, das Projekt bei der im großen und ganzen als nicht besonders kulturinteressiert zu bezeichnenden Bevölkerung in Mißkredit zu bringen. Die in der breiten Öffentlichkeit vorhandene Meinung, Kultur sei zu teuer und eigentlich nicht notwendig, hätte durch eine entsprechende Berichterstattung sicher korrigiert werden können. Hingegen wurden auch in Vorarlberg wieder die Zahlen in den Vordergrund geschoben, die mit 55 000 bei objektiver Betrachtung als großer Erfolg gewertet werden können, handelt es sich doch um eine Ausgangsposition, die mit jener der größeren Bundesländer nicht vergleichbar ist.

Sponsoring

Projekte dieser Größenordnung werden vermehrt auch in Österreich mit Sponsoren abgewickelt. Der finanzielle Abgang - im Fall von "Kleider und Leute" belief sich das Gesamtbudget der Ausstellung auf 2,5 Mio Mark, die Einnahmen durch Eintritte und Verkäufe auf nur 400 000 Mark - läßt sich nur durch das Engagement diverser Firmen senken.

Auffallend ist, daß es nur in seltensten Fällen gelingt, themenbezogene Sponsoren zu finden. Banken, Versicherungen, Energiegesellschaften und Sachsponsoren aus dem Klimabereich waren die Hauptansprechpartner.

Die Textilindustrie, die momentan in einer schweren wirtschaftlichen Krise steckt, war zwar bereit, das Projekt mitzutragen, dies jedoch in Form einer eigenen künstlerischen Aktion, die der Ausstellung nicht finanziell, dafür aber PR-mäßig zugute kam.

Im Sinne von "Kunst im öffentlichen Raum" entwarf der Wiener Künstler Mario Terzic "Kleider für den Wind", d.h. Fantasiekleider, die den jeweiligen Produktionsbereich der sponsernden Firmen aufgriffen und - aus leichtestem Segeltuch gefertigt - in 20 m Höhe über dem Schloßplatz flatterten und so Signalwirkung hinsichtlich der Ausstellung hatten.

An Bargeld konnten ca. 250 000 Mark erzielt werden, weitere Einnahmen erhofft sich der Veranstalter nun noch durch den Verkauf von Gestaltungselementen aus der Ausstellungsarchitektur, für die reges Interesse besteht.

Resümee

Diese erste Landesausstellung in Österreichs westlichstem Bundesland hat verschiedenste Diskussionen angeregt.

Einmal jene um den Stellenwert kulturgeschichtlicher Ausstellungen, die scheinbar nie in dem Ausmaß angenommen werden, wie dies etwa bei Personenausstellungen berühmter Künstler oder bei den Kassenschlagern wie Tut-ench-Amun oder dem "Gold aus dem Kreml" der Fall ist.

Weiters wurde auch das Medium "Ausstellung" als Landesausstellung generell in Frage gestellt, das eben unter den eingangs schon erwähnten Drucksituationen leidet. Es scheint, daß in politischen Kreisen nur noch Projekte genehmigt werden, die - sofern keine Denkfehler vorliegen - von vornherein entsprechende Besucherzahlen versprechen. Und das wirft weiter die Frage auf, wohin der Weg führt, wenn Museen und Ausstellungen als Legitimation mit Kosten-Nutzenrechnungen für die Region argumentieren müssen.

Ein weiterer Diskussionspunkt war auch die Situation in den Museen, die unter den dauernden Anfragen der Ausstellungsveranstalter stöhnen und die Vielfalt der Wünsche personell kaum noch abzuwickeln vermögen; ganz zu schweigen von den konservatorischen Bedenken gegenüber der Wanderschaft bedeutender Sammlungsgegenstände, denn es sind immer die sog. "Highlights", die von den Ausstellungsmachern gewünscht werden. Daraus ergibt sich auch ein weiteres Problem, nämlich jenes astronomisch hoher Versicherungssummen, die deshalb in die Höhe schnellen, um den Leihnehmer von seinem Vorhaben und seinem Wunsch abzubringen. Werden derart überhöhte Werte dann aber doch bezahlt, so zerstört dies die Chancen für den Nächsten, dem vielleicht nicht ein Budget in entsprechender Höhe zur Verfügung steht.

Insgesamt ist das Projekt "Kleider und Leute" sicher als Erfolg für das Land und als wichtiger Beitrag zum kulturellen Geschehen in einem Land zu werten, das seinen kulturellen Ruf bisher fast ausschließlich zwei großen Musikfestivals - der Schubertiade und den Bregenzer Festspielen - zu verdanken hatte. So werden auch in den nächsten Jahren größere Ausstellungen stattfinden, allerdings nicht in jährlichen Abständen - wovon übrigens auch die anderen Bundesländer langsam abkommen - sondern in größeren Zeitabständen, um auch eine entsprechende Vorbereitung zu gewährleisten.

Bleibt zu hoffen, daß der Qualitätsanspruch, der mit dem eben zu Ende gegangenen Projekt erfüllt wurde, auch in Zukunft vor allen anderen Kriterien derartiger Großveranstaltungen stehen wird.

Bezugnehmend auf die Themenstellung dieser Tagung mag es generell richtig sein, daß "Kleider und Leute" mehrere geschlechterspezifische Ansätze in sich birgt, die jedoch nach unserer Sicht auf das Ausstellungskonzept keine vorrangige Rolle gespielt haben. Was nicht heißt, daß sie nicht dort herausgearbeitet wurden, wo sie sich ergeben haben, wie etwa beim Thema "Hose" oder "Unterwäsche" und damit verbunden "Schönheitskult" etc. Es war dies jedoch sicher nicht der vorrangige Denkansatz des Konzeptteams.

So haben sich auch in der gesamten Arbeitsphase in dem doch deutlich Frauen-dominierten Konzeptteam keine derartigen Probleme ergeben; die Arbeit verlief in dieser Hinsicht völlig komplikationslos und es hätte geheißen, hier ein Problem zu konstruieren, wo nicht wirklich eines existierte.

Dies läßt jedoch - um auch das zu erwähnen - keine Rückschlüsse auf die generelle Situation im Land Vorarlberg zu. Daß "Kleider und Leute" als Projekt in den Händen einer Frau lag, ist sicher als Ausnahme zu sehen. Nur wenige derartige Unternehmungen, aber auch Stellen im Bereich des Museums- und Ausstellungswesens insgesamt wurden bisher mit Frauen besetzt. Die Gründe hiefür liegen aber sicher nicht nur im geschlechtsspezifischen Denkansatz. Die kommenden Jahre werden mit einer Vielzahl von interessanten Museums- und Ausstellungsprojekten zeigen, wie hier gedacht und im Bezug auf Frauen - die gerade im Bereich museums- und ausstellungsrelevanter Studienrichtungen mehr und mehr auf den Markt drängen - entschieden wird.

ELISABETH BÜTFERING

Die Stadt - ein Museum für Frauen und ihre Geschichte?

Das Fragezeichen im Titel habe ich bewußt gesetzt und setzen müssen, denn die Stadt als Museum für Frauen ist kein Tatbestand, sondern allenfalls ein Wunschtraum, an dessen Realisierung Frauen hart arbeiten.

Über diese Arbeit will ich hier berichten, genauer: Über die Sichtbarmachung dieses noch nicht existenten Frauen-Museums Stadt.

Ich will fragen, was es heißt, die Stadt als ein Museum für Frauen zu betrachten, welche Intentionen damit verbunden sind, wenn Frauen Stadtrundgänge entwickeln und durchführen, und welches Interesse die Teilnehmerinnen haben. Wie sieht dieses Museum aus, was wird wo, wem und wie gezeigt, wo liegen die Schwierigkeiten, was sind die Tendenzen und Perspektiven?

Kurz: Wie kann es gelingen, aus Städten Orte der Anschauung zu machen, in denen Frauen sich und ihre Geschichte wiederfinden?

I.

Meine Stadt
in Besitz nehmen
umarmen
aber die Augen sehen
Gegenstände und Menschen
laß mich in Ruhe
meine
ich wünsche mir

nein, stimmt nicht
das fehlt
wie?
nein, gesehen werden, berührt werden
kommen zu nah

Stadt
die Veränderung der
Eigentumsverhältnisse
nicht erst im Sozialismus

Dieses Gedicht von Dagmar Bielstein ist dem veröffentlichten Frauenge-
schichtsrundgang Göttingen vorangestellt und trägt den Titel: "Die
Heimatlosigkeit ist weiblich"[1].

In "unseren" Städten tragen zwischen zwei und fünf Prozent der
Straßen weibliche Namen, geringer noch ist der Anteil bei Denkmälern,
Erinnerungstafeln, Gedenktagen. Die historische Stadt ist eine Welt
voller Männer, die Geschichte eine "Verneigung von Männern vorein-
ander", so Marie-Luise Janssen-Jurreit.[2] In dieser Erinnerungs-Welt
bewegen sich heute Männer und Frauen - mit dem Unterschied, daß
Männer sich fortwährend damit identifizieren können, wohingegen
Frauen sich zwangsläufig heimatlos fühlen müssen, bestenfalls zu Gast
sind.

Das Bewußtsein von Zugehörigkeit, von Heimat, die individuelle und
kollektive Identität von Frauen ist abhängig vom Wissen über ihren Ort
in der Vergangenheit. Vaporisierung oder Auslöschung nennt Luise
Pusch[3] den Effekt einer Realitätsleugnung, der durch Nicht-Benennung
entsteht. Tag für Tag wird dieser Effekt neu erzeugt, sinnlich wahr-
nehmbar bei jedem Gang durch die Stadt, in jedem Bildband, jeder
Chronik. Kein Wunder, daß Mädchen kaum Interesse am Geschichts-
unterricht haben - Vorbilder zur Identitätsgewinnung sind dort nicht zu
finden.

Was hieße das also, die Stadt als "unser" Museum zu betrachten? Es
hieße, Frauen historisch präsent zu machen. Es hieße, Stadtbilder zu
prägen mit den Bildern und Zeichen von Frauen. Es hieße, das männlich
zentrierte Namen- und Datengerüst mitsamt seinen Wertigkeiten in den
Köpfen umzupolen.

Es hieße vor allem, historische Orte zu besetzen, die Stadt als
Frauen-Raum erkennbar und erlebbar zu machen. Es hieße schließlich,
die Selbstdarstellung und das kollektive Geschichtsbild von Städten und
Regionen zu feminisieren, ein weibliches Traditionsbewußtsein zu ent-
wickeln. Ansätze dazu gibt es, so vielfältig wie die Geschichte von
Frauen.

1 Marianne Koerner: Auf die Spur gekommen. Frauengeschichte in Göttingen.
  Neustadt/Rbge. 1989, S. 7.
2 Marie-Louise Janssen-Jurreit: Sexismus. Über die Abtreibung der Frauenfrage.
  München/Wien 1978, S. 56.
3 Luise F. Pusch: Alle Menschen werden Schwestern. Feministische Sprachkritik.
  Frankfurt/M. 1990, S. 86.

II.

Seitdem Frauen ihre Geschichte als Geschlecht erforschen und öffentlich machen, haben sich Themen, Perspektiven und Methoden immer weiter ausdifferenziert. Die Übertragbarkeit allgemeiner Beobachtungen und Schemata auf die konkrete historische Situation vor Ort erwies sich als begrenzt. So förderte das Bedürfnis nach genaueren, weniger diffusen Spiegelungen in der eigenen Geschichte die Konzentrierung auf ein engeres räumliches Umfeld. Als Medium der Aneignung und Vermittlung wurden sehr bald Stadtrundgänge entdeckt - zuerst meist zu speziellen Anlässen und noch ohne begleitende Literatur.

Es waren und sind Historikerinnen der Universitäten, Frauen in Geschichtswerkstätten, Feministinnen in autonomen Projekten, Gewerkschafterinnen, Frauenbeauftragte, die sich und anderen "ein Bild machen" wollen. Wieder-Entdeckung, konkrete Anschauung, sinnliche Wahrnehmung und Rückaneignung der örtlichen Spuren von Frauengeschichte, so lauten die Begründungen.

Immer auch ist das Motiv, Parallelen zu ziehen, die eigene Realität zu vergleichen mit dem Gefundenen. Spuren sichern, Zeichen setzen, Orte benennen, Zusammenhänge "sehen" und diese Sicht vermitteln - nicht in erster Linie durch Literatur oder Vorträge, sondern "erfahrbar" gemacht durch Hinweis und Erzählung. Solches Zurückgeben eigener Geschichte motiviert vor allem ältere Frauen zu Erinnerung und Mitteilung, macht sie zu Mit-Expertinnen.

Frauen fragen anders nach anderen Dingen: nach Arbeitsalltag und Freizeitvergnügen von Dienstmädchen und Fabrikarbeiterinnen, nach Entbindungshäusern und Mädchenschulen, nach Wäscherinnenstreiks und Wahlrechtskundgebungen. Welchen Platz in der Öffentlichkeit hatten Frauen, wo gab es eigene Frauen-Öffentlichkeiten, was ist heute davon bekannt und mitteilbar? Daß Verbannung in den privaten Raum kein ahistorisches Schicksal war, führt zu der Frage nach den heutigen Bedingungen und Grenzen öffentlichen Wirkens. Diese zu verändern und zu überwinden ist eine der wichtigsten politischen Intentionen von "Frauengeschichte vor Ort".

III.

Angebote zur Entdeckung dieser Frauengeschichte gibt es inzwischen in zahlreichen Städten und Stadtteilen.[4] Das Wissen wird präsentiert in Gruppenführungen oder als Broschüre zum individuellen Rundgang, als Plakat und Kalender, in Ausstellungen, Vorträgen, Gesprächsgruppen, Theaterstücken, in Zeitungsartikeln, Stadt- und Lesebüchern, Bildbänden, Postkarten, Stadtplänen, auf Dias und per Video.

Nur an wenigen Orten ist es bisher gelungen, durch Erinnerungstafeln, Denkmäler und Straßenbenennungen das Stadtbild tatsächlich dauerhaft zu verändern - so in Köln, wo das Seidmacherinnengäßchen an die Frauenzünfte erinnert, aber auch in Maintal bei Frankfurt, wo die Frauenbeauftragte ein symbolisches Frauendenkmal initiierte. Ihre einleuchtende Begründung: Frauen müßten, um sich heimisch zu fühlen, eigene Traditionen vorfinden - gerade in der noch fast dörflichen Umgebung.

Ich will hier nur einige wenige Tendenzen und Beispiele aufzeigen. Die Expertinnen aus der praktischen Arbeit könnten sicher manches ergänzen. Eine Kategorisierung ist ohnehin nur schwer möglich. So haben die Großstädte Berlin, Hamburg und Köln ganz unterschiedliche Angebote und Vermittlungsformen.

In Berlin[5] sind die Rundfahrten stark nach Themen und Stadtteilen differenziert - thematisiert werden Arbeiterinnen, bürgerliche und proletarische Frauenbewegung, Frauensozialarbeit, Lesben, "berühmte" Frauen; stadtteilbezogen gibt es Angebote u.a. in Charlottenburg, Wilmersdorf und jetzt auch im Osten der Stadt. Angemessener Aufenthaltsort für die historisch interessierte Touristin ist übrigens das Frauenhotel Artemisia, dessen Zimmer mit Erinnerungen an berühmte Berlinerinnen geschmückt sind ...

---

4 Die Angaben beruhen, soweit nicht anders vermerkt, auf Auskünften der Veranstalterinnen.

5 Fraueninfothek (Hg.): Berlin. Stadt der Frauen. Berlin 1990; Frauenforschungs-, -bildungs- und -informationszentrum FFBIZ (Hg.): "O Charlottenburg, du frauenfreundlichste unter den Städten ..."? Wege zur Frauengeschichte Charlottenburgs 1850-1930. Berlin 1989.

In Hamburg[6] gibt es zusätzlich zu Rundgängen, vor allem durch die Speicherstadt im Freihafen, die Visualisierung durch spezielle Ausstellungen, z.B. "Speichern & spenden 1789". Bekannt wurde auch das Wandbild zum Hafengeburtstag, das die Geschichte der Hafenarbeiterinnen darstellt und das die "Macherinnen" als eine Strategie der weiblichen Ortsbesetzung verstehen.

In Köln[7] hat der Frauengeschichtsverein die Arbeit am weitesten vorangetrieben. 1985 wurde der Verein gegründet und die erste Stadtrundfahrt veranstaltet; sie wird regelmäßig angeboten mit nach wie vor großer Resonanz. Inzwischen gibt es auch Kirchenführungen und spezielle Rundgänge für Mädchen. Illustrierte "Wanderungen" in Buchform sind inzwischen veröffentlicht. Unabhängig davon gibt es in Köln sogenannte Sonntagsspaziergänge durch einzelne Stadtteile nach dem Motto "Frauen gestalten ihre Stadt". Dabei geht es vorrangig um die heutige Situation, die analysiert, kritisiert und verändert werden soll.

Andere Großstädte sind noch lange nicht soweit. In München[8] gibt es zwar seit 1987 eine Frauen-Stadtrundfahrt, inzwischen als Broschüre veröffentlicht. Sie wird regelmäßig vom DGB angeboten, es fehlt aber die Weiterentwicklung durch Anbindung an Frauenforschungsinitiativen.

In Frankfurt[9] gibt es mehrere hoffnungsvolle Ansätze, aber keine Kontinuität: 1988 wurde einmalig eine Lesben-Stadtrundfahrt veranstaltet, das jetzt im Aufbau befindliche Lesbenarchiv wird die Idee vielleicht wieder aufgreifen. SPD-Frauen habe seit 1986 eine Rundfahrt entwickelt, die die Geschichte der Frauenbewegung allerdings stark aus Parteisicht thematisiert und gelegentlich wiederholt wird.

Einen neuen Versuch machen z.Zt. die Herausgeberinnen des Frankfurter Frauenblatts mit der Erarbeitung eines FrauenStadtbuchs. Es wird die Stationen eines individuell nachzuvollziehenden Rundgangs literarisch verbinden durch die Figur einer umherflanierenden Frau - ein

6   Frauen-Geschichtsgruppe des Stadtteilarchivs Ottensen e.V.: Aufgeweckt. Frauenalltag in vier Jahrhunderten. Hamburg 1988. Rita Bake u.a.: Frauen im Hamburger Hafen. Hamburg 1989. Frauenarbeitskreis "Wandbild" - Frauenarbeit im Hamburger Hafen, Museum der Arbeit (Hg.): "... nicht nur Gallionsfigur". Frauen berichten von ihrer Arbeit im Hamburger Hafen. Hamburg 1989.

7   Irene Franken / Christiane Kling-Mathey: Stadtführer und Lesebuch zur Frauengeschichte. Köln 1992.

8   Eva Maria Volland: DGB-Stadtrundfahrt Frauenleben und Frauenbewegung in München. München 1988.

9   WEIBH e.V.: FrauenStadtbuch Frankfurt (erscheint Herbst 1992).

Gegenbild zum männlichen Flaneur, der lässig und unbehelligt die Stadt durchstreifen kann. Ob ein solcher Rundgang dauerhaft als Veranstaltung angeboten werden kann, ist offen. Parallel zu dem Buch haben wir in Frankfurt die Vortragsreihe "FrauenZeiten" begründet, deren Ergebnisse zum Teil direkt in das FrauenStadtbuch einfließen.

In mittleren Städten gibt es - vielleicht begünstigt durch die räumliche Überschaubarkeit und "Fußläufigkeit" - zum Teil weit fortgeschrittene und kontinuierliche Aktivitäten. Hier sind z.b. zu nennen:

Göttingen[10], wo Marianne Koerner von der dortigen Geschichtswerkstatt seit Jahren Rundgänge veranstaltet; oder Münster[11], wo die Frauenforschungsstelle "Schwarze Witwe" das Zentrum ist. Marion Böker bietet dort inzwischen sogar Radtouren bis ins Münsterland als Bildungsurlaub an. Sie beschreibt in verschiedenen Rundgängen über 60 Stationen als Frauen-Orte. In Arbeit ist außerdem ein historisch-künstlerischer Leitfaden zur geplanten Aufstellung von Skulpturen verschiedener Künstlerinnen im Stadtraum - eine bemerkenswerte Variante des Frauen-Museums Stadt.

In Bonn[12] gibt es - neben einem allgemeinen Leitfaden - als Besonderheit Führungen zu Frauengräbern auf dem Alten Friedhof. In Freiburg[13] und Essen[14] ist bis jetzt vor allem mittelalterliche Frauengeschichte zu entdecken; Freiburg bietet dazu einen zeitgenössischen Stadtplan mit den Spuren von "Margaretha Jedefrau". Die Osnabrücker[15] Frauengeschichte wird rückwärts aufgerollt mit dem Ziel, die herkömmlich-männliche Chronologie zu durchbrechen und frauenspezifisch zu verändern. Allerdings reagiert das Publikum offenbar zunächst mit Verwirrung auf diese neue Perspektive.

In Kassel wird erstmals seit Januar 1992 eine Rundfahrt mit 20 Stationen angeboten, die vom Archiv der deutschen Frauenbewegung

10 Vgl. Anm. 1.
11 Arbeitskreis Frauengeschichte (Hg.): Frauenleben in Münster. Ein historisches Lesebuch. Münster 1991.
12 Arbeitsgemeinschaft Frauengeschichte (Hg.): Bonner Frauengeschichte. Ein Stadtrundgang. Bonn o.J.
13 Sully Roecken/Carolina Brauckmann: Margaretha Jedefrau. Freiburg 1989.
14 Volkshochschule der Stadt Essen (Hg.): Birgit Beese/Marion Karla (Redaktion): Kanonisse, Zimmerfrau und Begine. Frauen im mittelalterlichen Essen. Essen 1990.
15 Birgit Panke-Kochinke/Astrid Kilimann: Frauen Stadtrundgang Osnabrück. Osnabrück 1991.

entwickelt wurde. Die Kasselerinnen würden gern mit den "klassischen" Stadtführern und Stadtführerinnen kooperieren - ein entsprechendes Angebot zur Fortbildung wird aber bislang völlig ignoriert. Ähnliche Erfahrungen machte Birgit Panke in Osnabrück; sie bietet jetzt ein Seminar an für Frauen, die langfristig selbst die Frauenrundgänge übernehmen sollen. In Münster gibt es inzwischen ähnliche Überlegungen.

In Nürnberg[16] dagegen gelten die Stadtrundgänge für Frauen geradezu als Renommierangebot für die Stadtverwaltung, was jedoch die Finanzierung des autonomen Projektes trotz der sehr großen Nachfrage nicht langfristig sichert. Das gewünschte differenzierte Angebot ist also personell nicht zu leisten. In Marburg[17] wiederum gab es zunächst keinerlei städtische Unterstützung für Rundgang und Buchveröfflichung - vielleicht wegen der gewerkschaftlichen Orientierung, mit der ganz konkret auch aktuelle, kritische Bezüge hergestellt werden. Inzwischen arbeiten "klassische" Stadtführerinnen mit Gewerkschaftsfrauen zusammen und bieten Frauenführungen über 700 Jahre Marburger Stadtgeschichte an. Der Tübinger[18] Rundgang "Zwischen Waschzuber und Wohltätigkeit" ist hierzulande sicher am ehesten bekannt. Im vorigen Winter habe ich an einem Videoprojekt mitgearbeitet, bei dem einige Stationen filmisch begleitet wurden - meines Wissens ein Pilotunternehmen auf diesem Gebiet.

In der ehemaligen DDR gibt es - zum Teil dank der Arbeitsbeschaffungsmaßnahmen bei örtlichen Frauenbüros - verschiedene Ansätze, Frauengeschichte zu visualisieren. In Chemnitz hat Rosemarie Müller einen Frauenkalender gestaltet, sie plant ein Frauen-Geschichtsbuch mit parallelen Rundgängen. In Weimar habe ich kürzlich an dem ersten - spontan während einer Tagung angebotenen - Frauenstadtrundgang teilgenommen; endlich erfuhr ich, was es mit dem "Frauenplan" auf sich hat, der bekannten Goetheschen Adresse: Es war nicht nur der Ort, dessen Name an eine niedergelegte Marienkirche erinnert, sondern auch

16 Feministisches Informations-, Bildungs- und Dokumentationszentrum FIBIDOZ (Hg.): "Verlaßt Euch nicht auf die Hülfe der deutschen Männer!". Stationen der bürgerlichen und proletarischen Frauenbewegung in Nürnberg. Nürnberg 1990.
17 DGB Kreis Marburg-Biedenkopf (Hg.): Frauen in Marburg. Standpunkte und Spurensuche. Marburg 1990.
18 Edith Glaser/Susanne Stiefel: Zwischen Waschzuber und Wohltätigkeit. Tübinger Frauengeschichte(n) im 19. und frühen 20. Jahrhundert. Tübingen 1991.

der Platz, wo die Frauen wuschen und die Wäsche zum Trocknen aus-
legten. - Auch dieser Rundgang wird derzeit erweitert, institutionalisiert
und verschriftlicht.

Zum Schluß noch zwei kleinere Orte als Beispiele für viele andere:
In Aschaffenburg haben Frauen einen Rundgang durch elf Jahrhunderte
Stadtgeschichte entwickelt - ein Zeithorizont, den viele größere Städte
nicht abdecken und der trotz zwangsläufiger "Oberflächlichkeit" den
Anspruch auf die ganze Stadtgeschichte formuliert. In Offenbach teilten
sich kürzlich eine Historikerin und die Frauenbeauftragte die - erst-
malige - Stadtrundfahrt. Sie diskutierten mit den Teilnehmerinnen über
Stadtgestaltung und Arbeitsplätze, dezidiert gefordert wurden zum
Beispiel mehr weibliche Straßennamen.

IV.

Solche Initiativen ließen sich noch zahlreich nennen. Allerdings scheint
mancherorts die lokale Frauengeschichte via Politik schon aus der Mode
zu kommen. So beklagt Birgit Beese vom Arbeitskreis Historische
Frauenforschung Nordrhein-Westfalen[19], daß mit dem Auslaufen von
ABM-Stellen, die in NRW besonders zahlreich eingerichtet wurden, die
Arbeiten nicht weitergeführt werden können. Zudem stehen die an
städtische Institutionen und Gelder gebundenen Stellen unter enormem
Erfolgsdruck. Andere Projekte leiden unter permanenter Finanznot und
können trotz sichtbar großer Nachfrage diesem Bedarf nicht gerecht
werden.

Mit unbezahlter Arbeit neben anderweitiger Berufstätigkeit ist
ohnehin kein kontinuierliches Angebot möglich. Nicht zuletzt um durch
gegenseitige Unterstützung diese Bedingungen langfristig zu verbessern,
haben sich Lokalhistorikerinnen zum Netzwerk "Miss Marple's Schwestern"[20] zusammengeschlossen, in Assoziation an den detektivischen
Spürsinn der Krimidame.

, Der Mangel an personeller und finanzieller Kapazität fördert die
Tendenz, nur noch Begleitmaterial für individuelle Rundgänge anzubie-
ten. Auch wenn diese Broschüren gut gestaltet sind, gehen doch wesentliche Elemente geführter Rundgänge verloren: persönliche Erzählung

---

19 Arbeitskreis Historische Frauenforschung - NRW, Newsletter 2/1991.
20 Marianne Koerner: Miss Marple's Schwestern. Zur Gründung des Netzwerkes
   zur Frauengeschichte am Ort; in: Geschichtswerkstatt 23/1990, S. 71 f.

und Dialog in der Gruppe, die Möglichkeit zum Nachfragen, der - auch spontane - Beitrag teilnehmender Zeitzeuginnen, die Umsetzung in politische Aktivitäten.

Andererseits kann vor allem die Touristin, ohne auf Termine angewiesen zu sein, anhand von Literatur und Stadtplan selbst auf Entdeckungsreise gehen. Perspektiven der Weiterentwicklung gibt es u.a. durch Angebote für spezielle Gruppen oder Institutionen der Erwachsenenbildung, durch didaktische Aufbereitung des Materials für Schulklassen und durch Information und Fortbildung für Multiplikatorinnen. Die Rundgänge sind gelegentlich auch Initialzündungen für weitere Projekte, etwa eine Erzählerinnenwerkstatt oder Ausstellungsvorhaben. Die Verankerung des Wissens auf allen Ebenen steht allerdings noch am Anfang.

Schwierigkeiten inhaltlich-methodischer Art ergeben sich fast überall bei der Visualisierung von Frauengeschichte vor Ort. Die wenigsten Gebäude, Straßen, Plätze sind noch in ihren früheren Funktionen erkennbar, Häuser sind zerstört, beschädigt, umgebaut. Erzählende Erläuterung muß deshalb die Phantasie anregen. Auch aus diesen Gründen haben viele Rundgänge einen Schwerpunkt bei biographischen Berichten. Manchmal wird vor Ort vergleichendes Bildmaterial mit eingesetzt, auch Quellenauszüge und Tondokumente werden präsentiert.

Die gewählten Routen weichen meist stark von den üblichen und berühmten Plätzen ab, weil Frauen dort "nicht sichtbar sind". Ob sie das tatsächlich nicht oder nur im Hintergrund waren, ist im einzelnen oft noch unbekannt - mir scheint, auch sogenannte "reine" Männer-Orte bedürften eines neuen Blicks aus feministisch-historischer Perspektive.[21]

Was aktuelle Bezüge betrifft, sind die vorgestellten Beispiele eher die positive Ausnahme, jedenfalls ausweislich des schriftlichen Materials. Oft fehlen nämlich solche Bezüge, sei es, daß heutige Zentren von Frauenaktivitäten und Frauenöffentlichkeit unerwähnt bleiben, sei es, daß Vergleiche zum heutigen Alltag nur marginal vorkommen. Umgekehrt könnte aber auch ein Ausstellungsprojekt wie "Alltag in der Stadt aus der Sicht von Frauen", das in Darmstadt entwickelt wurde und zur Zeit durch verschiedene Städte in Hessen reist, aus der Gegenüberstellung mit historischen Alltagsbildern nur gewinnen.

---

21 Elisabeth Bütfering: Frauenheimat Männerwelt. Die Heimatlosigkeit ist weiblich; in: Bundeszentrale für politische Bildung (Hg.): Heimat. Analysen, Themen, Perspektiven. Bonn 1990.

V.

Von neuen Tendenzen in der Vermittlung habe ich schon gesprochen. An Ideen und Wissen fehlt es nicht, vor allem nicht an dem Wissen, wo etwas zu finden wäre, wenn denn das Geld und die Zeit reichte für die oft mühevollen Recherchen im Dschungel patriarchal verformter Geschichte.

Irgendwo "zwischen Tourismus und Sozialarbeit" sei lokale Frauengeschichtsarbeit anzusiedeln, konstatierten letzthin Berliner Forscherinnen, sich des Dilemmas wohl bewußt. In der Tat bewegt sich der Versuch, nach außen ein neues, anderes Stadt-Bild zu entwickeln, und das Bemühen, so etwas wie heimatliches, identitätsstiftendes Bewußtsein zu wecken, zwischen diesen beiden Polen. Wie also könnte aus der Stadt, könnten aus vielen Städten Frauen-Geschichts-Museen werden? Sicher nicht mit ein paar lila Tupfern, bei Nichtgefallen leicht wegzuwischen.

Es ist für Frauen offenbar schon schwierig genug, in gemischten Geschichtswerkstätten gleichberechtigte Teilhabe an Inhalten und Ressourcen zu erkämpfen, zu schweigen von den Institutionen und Publikationen der klassischen Kulturarbeit, wie Irene Franken in ihrem Memorandum für den Deutschen Städtetag dargelegt hat.[22]

Angesichts dieser Sachlage scheint es utopisch, das Stichwort Quotierung einzuwerfen. Eher in einem Anfall von Verzweiflung haben Frauen im Hamburger Museum der Arbeit vor einiger Zeit die Quotierung nach Quadratmetern gefordert. Aber stellen wir uns doch einmal vor, was es tatsächlich bedeuten würde, die Hälfte aller Zeit, aller Stellen, aller Kulturhaushalte, 50 Prozent an Publikationen und Geschichtsstunden zu haben für frauenidentifizierte und also Frauen identifizierende Forschung! Wir hätten keine Probleme, Straßen und Plätze zur Hälfte nach Frauen zu benennen ...[23]

Mit der Zielvorgabe "Quote" vor Augen sollten wir, so mein Plädoyer, die Arbeit in der Gegenwart beginnen, als Geschichtsarbeit für die Zukunft. Die gesamte Zeitgeschichte von Frauen auf lokaler Ebene,

---

22 Irene Franken: Frauen in den Städten - Geschichte von Hexen, Huren und Heiligen? In: Der Städtetag 1/1990, S. 9-13.
23 Elisabeth Bütfering: Geschichte quotiert; in: Frankfurter Frauenblatt, Juli/August 1990.

die Geschichte von Frauenbewegung und Frauenprojekten, von vielleicht kurzlebigen, aber wichtigen Initiativen muß gesammelt, erfragt, bewahrt und bearbeitet werden. Wir als Zeitgenossinnen müssen Symbole und Zeichen setzen, wenn nicht unsere ureigendste historische Identität ebenfalls verlorengehen soll.

DOROTHEE DENNERT

"Anna trifft Yvonne"
Ein Bimsarbeiterkind erzählt

Ein Ausstellungsbereich in den Ständigen Sammlungen des Landesmuseums Koblenz

Mein Referat berichtet über meinen Standort und meine Strategien im Feld der museumspädagogischen Arbeit. Anlaß ist ein Ausstellungsbereich im Landesmuseum Koblenz in der Festung Ehrenbreitstein zur Bimsindustrie. Dieser soll Gegenstand späterer Ausführungen in meinem Referat sein. Seit 1977 arbeite ich im Museum, nach einer Ausbildung als Lehrerin mit anschließender Tätigkeit in Schule und Hochschule. Der Seiteneinstieg in die Museumsarbeit erfolgte langsam über Werk- und Arbeitsverträge mit zwischenzeitlicher Arbeitslosigkeit und führte schließlich nach vier Jahren zur Einrichtung einer halben Planstelle am Landesmuseum Koblenz, die auch mit mir besetzt wurde.

Das Museum ist eine Staatliche Sammlung technischer Kulturdenkmäler, das einzige rheinland-pfälzische Landesmuseum mit technikgeschichtlichem Schwerpunkt. Es ist jeweils von Anfang März bis Ende November eines Jahres geöffnet und wird je nach Ausstellungsthema von etwa 250 000-300 000 Besuchern in diesen neun Monaten angesehen. Seine ständigen Abteilungen haben zwei Schwerpunkte: Handwerk und Industrie der Region wie z.B. Weinbau, Bims- und Tabakindustrie sowie "Konstrukteure aus Rheinland-Pfalz" wie z.B. August Horch, Nikolaus August Otto, Michael Thonet, Georg Michael Pfaff u.a.m.

Ein Schwerpunkt der Arbeit am Landesmuseum Koblenz ist die Produktion hauseigener großer Sonderausstellungen, wobei sich "hauseigen" sowohl auf die konzeptionelle wie auch auf die handwerkliche Produktion bezieht. Am Museum arbeiten zur Zeit außer dem Direktor zwei festangestellte Mitarbeiter und drei Volontäre im wissenschaftlichen Bereich und etwa 15 Mitarbeiter in den Werkstätten und in der Aufsicht. Folgende Bereiche sind mit je einer Frau besetzt: Museumspädagogik, Volontariat, Sekretariat, Bibliothek, Restaurierungswerkstatt, Aufsicht.

Ich glaube, die Kenntnis dieser Strukturen ist notwendig zum Verständnis dessen, was ich nun schildern möchte. Ich war in den 14 Jahren meiner Tätigkeit als Museumspädagogin am Landesmuseum Koblenz immer in die gesamte Museumsarbeit einbezogen. Das bedeutete für mich im Winter - dann, wenn das Museum für das allgemeine Publikum geschlossen war - die intensive Mitarbeit an der Vorbereitung der Sonderausstellung für die kommende Öffnungszeit. Daß dies nicht nur unter museumspädagogischen Gesichtspunkten erfolgen konnte, sondern die Bearbeitung zumindest eines wissenschaftlichen Teilaspektes, gelegentlich auch die gesamte Koordinierung einschloß, liegt bei der geringen Anzahl der wissenschaftlichen Mitarbeiter wohl auf der Hand. Das bedeutete für mich im geöffneten Museum zur Sommerzeit praktische museumspädagogische Arbeit in der Ausstellung, sozusagen "Produktverkauf".

Zu dieser Mitarbeit an den Sonderausstellungen kam die Verantwortung für einen, manchmal zwei ständige Sammlungsbereiche, die ich im Rahmen der Neugestaltung des Museums zu bearbeiten hatte. Hierbei konnte ich Erfahrungen, die ich in der praktischen museumspädagogischen Arbeit gemacht hatte, in die Ausstellungsgestaltung einfließen lassen, eine wie ich finde seltene Chance im Museumswesen.

Das, was ich bisher geschildert habe, ist nicht im "luftleeren" Raum abgelaufen. Es gab im Verlauf der Arbeit zahlreiche Gespräche und Auseinandersetzungen, bis das endgültige Produkt in der Öffentlichkeit ausgestellt werden konnte. Die Diskussionen darüber, wie dann, wenn die didaktischen Entscheidungen bezüglich Inhalt und Methode der Ausstellungsgestaltung gefallen waren, die Vermittlung im engeren Sinne - die pädagogische Arbeit bei besonderen Veranstaltungen, mit speziellen Zielgruppen - ablaufen könnte und sollte, waren gelegentlich durchaus kontrovers.

Anke Martiny hat in ihrem Essay "Kriege führen - Steine sammeln", in der Wochenzeitung DIE ZEIT vom 17.5.91 geschrieben: "Daß der Weg zum Ziel, der Hintergrund, die Schwierigkeiten bei der Annäherung verschiedener Standpunkte ihre eigene Qualität haben, daß diese erst das sind, was wir politische Kultur nennen, interessiert derzeit nicht. Moderato ist für die Politik, so scheint es, kein angemessenes Thema, hier heißt es immer Allegro energico." Was Anke Martiniy für die "große Politik" beschreibt, kann jede hier für die "Hauspolitik" in vielen Beispielen nachvollziehen.

Das Kontroverse in der Zusammenarbeit ist häufig auch bedingt durch die unterschiedliche Form der Annäherung an Probleme. Ich möchte noch zwei weitere Stellen aus dem erwähnten Essay zitieren: "Nach wie vor auch engagieren Frauen sich punktuell und konkret für oder gegen einzelne Projekte ..."; und weiter: "Frauen fühlen sich oft auch aus dem Zustand einer umfassenden moralischen Empörung heraus betroffen, ... weit seltener handeln sie in taktisch-strategischer Absicht, um bestimmte Ziele, noch dazu für die eigene Person, zu erreichen." Für die männliche Art zu handeln gilt wohl eher das folgende Zitat aus dem obigen Zeitungsbeitrag: "Nicht der Prozeß, die Entwicklung zählen wirklich, sondern einzig das Resultat."

Ich möchte nun einige "Resultate" aus meiner museumspädagogischen Arbeit vorstellen, den Entstehungsprozeß dabei aber nicht verschweigen, denn für mich zählt dieser zum spannenden "Blick hinter die Kulissen". Dabei habe ich mich bemüht, Beispiele auszusuchen, die "das Spannungsfeld männlich-weiblich" aus unterschiedlichen Gesichtspunkten betrachtbar machen. Ich muß dazu gestehen, daß ich erst in jüngerer Zeit, z.b. während der Mitarbeit an der Herausgabe der museumspädagogischen Zeitschrift "Standbein Spielbein", und hier besonders der Nr. 29 vom März 1991 zum Thema "FrauenSpuren im Museum" und der Nr. 28 vom Oktober 1990 zum Thema "Mensch und Technik" wie auch während der Arbeit an diesem Referat konkreter darüber nachdenke, wie ich das Thema "Frauen" in die allgemeine Ausstellungsdidaktik einbringen kann.

Beispiel 1: Sonderausstellung "Franz Xaver Wagner - Konstrukteur von Schreibmaschinen", Landesmuseum Koblenz (Frühjahr 1989)

Die Ausstellung stellte die Konstruktion des Typenhebels, eine Erfindung des in der Mitte des 19. Jahrhunderts im Gebiet des heutigen Rheinland-Pfalz geborenen Franz Xaver Wagner in den Mittelpunkt. An zahlreichen Schreibmaschinen unterschiedlichsten Typs konnte der Besucher die Geschichte der technischen Entwicklung der Schreibmaschine nachvollziehen und sich über die Tragweite der Wagnerschen Erfindung, die 100 Jahre lang unverändert als das entscheidende Konstruktionsmerkmal angesehen werden kann, informieren.

Die Technik-Freaks kamen auf ihre Kosten. Die Ästhetik der Ausstellung war ansprechend, die Aneinanderreihung der Schreibmaschinen in gleichartig gestalteten Vitrinen "immer an der Wand lang" etwas langweilig. Eine - technisch unbefriedigende - Großaufnahme aus einem Büro der Jahrhundertwende, die im Vordergrund noch Schreiber an Stehpulten und im Hintergrund erste "Sekretärinnen" an Schreibmaschinenungetümen zeigte, war der einzige Versuch, auf die Entwicklung eines neuen Berufes für Frauen hinzuweisen. Ein Text, der durch Format und Ort, an dem er gezeigt wurde, ein wenig aus dem Rahmen fiel und der vom zuständigen Wissenschaftler als "der pädagogische Text" bezeichnet wurde, enthielt unter anderem einen schlichten Hinweis auf die Umschulung von durch Kriegsverletzung im Ersten Weltkrieg Beinamputierten auf die Bedienung von Schreibmaschinen und eine Erwähnung von Tastaturen mit Blindenschrift.

Der "pädagogische Text" und das Großbild waren uns zu wenig. Wir erreichten, daß wir in direktem Anschluß an die Ausstellung, in einem zwar kleinen, aber durch seine erweiterte Raumform brauchbaren Durchgang als Aktivzone ein bespielbares angedeutetes Büro der dreißiger Jahre mit Originalmobiliar, Schreibmaschinen und Stehpult für einen Bürovorsteher einrichten konnten. Möbel, alte Bürolampen, alte Ordner usw. wurden leicht auf dem Dachboden der Koblenzer Bezirksregierung gefunden, Schreibmaschinen vom Flohmarkt organisiert, Federhalter, Stahlfedern, Tinte und Löschpapierrolle waren kein Problem, ein paar Kleidungsstücke wie Hüte, alte Trenchcoats, Jackets, genähte Ärmelschoner wurden auch noch gefunden. Der äußere Rahmen war somit unter anderem auch durch Einsatz in unserer Freizeit, außerhalb der Dienstzeit, gegeben, denn dem Projekt wurde zunächst nicht viel Erfolg vorausgesagt.

Der Einstieg in die Problematik: Büroarbeit an Schreibmaschinen als neuer Beruf für Frauen seit der Jahrhundertwende, durchgesetzt gegen die Proteste der Schreiber, die immer männlich waren, mit all den Mühen, die der Umgang mit den schwergängigen, mechanischen Schreibmaschinen brachte; diesen Einstieg versuchten wir durch das Vorlesen und Interpretieren von Aussagen, die Sekretärinnen im ersten Viertel des 20. Jahrhunderts machten, zu erreichen. Sie bezogen sich in der Hauptsache auf die Angst vor dem Bürovorsteher, die Schmerzen in Schultern und Armen durch die schwer bedienbaren Maschinen, die Augen- und Kopfschmerzen durch die miserablen Lichtverhältnisse und den Krach der klappernden Schreibmaschinen.

Derart eingestimmt, konnten die Kinder und Jugendlichen ein "Büro-Spiel" entwickeln, bei dem durchaus nicht immer rollenspezifische Spiele stattfanden, sondern Mädchen durchsetzten, Bürovorsteher zu spielen und Jungen sich nicht scheuten, in die Rolle der Sekretärin zu schlüpfen. Vergleiche mit heutiger Bildschirmarbeit waren schon während des Ausstellungsrundganges durch die ausgestellten Schreibcomputer angeregt worden. Sie wurden während des aktiven Umgangs mit dem Thema "Büroarbeit" wieder aufgegriffen und diskutiert. Bei zahlreichen, vor allem weiblichen Erwachsenen aus unterschiedlichen Generationen konnte beobachtet werden, daß das "Büro" Anlaß zu

Erinnerungen und zu Gesprächen über den Wandel der Büroarbeit vor allem in unserer Generation gab.

Beispiel 2: Ständige Ausstellung "Bimsindustrie", Abteilung "Handbetrieb um 1900", Landesmuseum Koblenz (seit Sommer 1990)

Die Abteilung "Bimsindustrie" ist eine der älteren Abteilungen des Landesmuseums Koblenz, das 1956 gegründet wurde. Mit der Einrichtung der Bims-Abteilung Ende der 1960er/Anfang der 70er Jahre begann die deutlich technikgeschichtliche Ausrichtung der Sammel- und Ausstellungstätigkeit des Museums. Seit Beginn zeigte diese Ausstellung, die dem Besucher lückenlos alle Steinformmaschinen zur Herstellung von Bausteinen aus dem Vulkanmaterial Bims präsentierte, sehr gute Funktionsgrafiken und mit Funktionsfarben markierte Maschinenteile. Die Frage nach der Funktion der ausgestellten Maschinen beantwortete die Ausstellung sehr gut.

Nun wollen aber durchaus nicht alle Besucher nur etwas zum technischen Ablauf eines Produktionsprozesses erfahren, sondern - und das vielleicht mehr die Frauen und Kinder, wohl auch, weil ihnen weniger Einblick in solche Vorgänge in der Realität gewährt wird als Männern - Fragen solcher Art beantwortet haben: "Wie haben die Menschen ihre Arbeit an diesen Maschinen erlebt?" oder "Wie wurden die Steine gemacht, bevor es solche Maschinen gab?"

Wir entschlossen uns, die Ausstellung umzugestalten. Das neue Konzept sieht vier Schwerpunkte vor: den sozialen, den technikgeschichtlichen, den wirtschaftlichen und den ökologischen. Diese Schwerpunkte wollen wir zeitlich an den Übergang vom Hand- zum Maschinenbetrieb um 1900, an die Zeit der Mechanisierung in den 30er Jahren, an den wirtschaftlichen Aufschwung in den 50er Jahren und die Probleme von Rohstoffausbeute und Landschaftsschutz in den 80er Jahren anbinden. Vorstellen kann ich nun erst die Abteilung, die den Handbetrieb zeigen und soziale Fragen beantworten will.

In dem Ausstellungsraum befanden sich vor der Umgestaltung außer den Originalgeräten, die im Handbetrieb benötigt wurden und die in den Funktionsfarben gelb (für die Form), grün (für die Schüppe) und rot (für die "Plötsch" zum Verdichten der Rohmasse) gekennzeichnet sind, Fotos aus der Frühzeit der Bimsindustrie und ein Großbild, auf dem realistisch und anschaulich der Produktionsablauf vom Abbau des Rohstoffes bis zur Steinherstellung dargestellt ist.

Der neugestaltete Bereich zum Handbetrieb befindet sich jetzt gegenüber dem kleinen, vorher skizzierten Bereich und ist doppelt so groß. Wir versuchten, angeregt durch zwei Originalfotos, mit den Objekten, die wir besitzen, und durch Nachbauten von Trockengerüsten - einem typischen Merkmal der frühen Bimsindustrie - ein Ensemble zu bauen, das einen "realistischen" Eindruck von den Arbeitsabläufen in der frühen Bimsindustrie vermittelt. Fotofiguren aus den oben erwähnten Fotos verstärken den Effekt, beantworten aber noch nicht die zu Beginn dieses Beispiels angeführte Besucherfrage: "Wie haben die Menschen die Arbeit erlebt?"

Zwei Texttafeln schildern den Produktionsablauf und die soziale Situation der frühen Bimsarbeiter, die vor allem Saison- und häufig Wanderarbeiter waren. Das war uns Frauen aber zu wenig, zumal wir wußten, daß in der Frühzeit der Bimsindustrie in der Regel Mithilfe von Frauen und Kindern notwendig war, ja sogar für die Kinder aus den "Wanderfamilien" eigene "Sommerschulen" eingerichtet wurden.

Auf Fotos sehen wir einen Arbeiter mit Schaufel neben dem Karren stehen, an seiner linken Seite ein Mädchen mit Sonntagsschürze, im linken Hintergrund einen weiteren Arbeiter, der einen Stein "klopft", und ganz hinten, auf einem Treppchen stehend, einen kleinen Jungen, der ein Brettchen in der Hand hält. Auffällig ist das farbige Fotomädchen aus der heutigen Zeit: Der Besucher kann auf Knopfdruck die beiden Mädchen zum Sprechen bringen und sich ihr kurzes Gespräch anhören.

Wie entstand das Gespräch?

Aus Ferienkursen, die zuvor stattgefunden hatten, war ein engerer Kontakt mit Kindern aus der näheren Umgebung entstanden. Thema der Ferienkurse war "Leben und Arbeiten vor 100 Jahren". In der Bimsabteilung lernten die Kinder Produktionsabläufe kennen, befragten einen fast achtzigjährigen ehemaligen Bimsarbeiter über Leben und Arbeiten vor 100 Jahren, machten selbst Bimssteine und bauten ein Kinderhaus.

Im darauffolgenden Winter konnte ich mich intensiver mit den wissenschaftlichen Hintergründen der Bimsabteilung befassen. Ich führte eine Reihe von Befragungen mit ehemaligen Bimsarbeitern und -fabrikanten durch, natürlich auch zu sozialen Fragen wie Kinder- und Frauenarbeit. Dabei fand ich bestätigt und verstärkt, was ich gelesen hatte. Frauen, vor allem junge, noch unverheiratete, haben häufig das Steineklopfen im Bimsbetrieb übernommen, während die Männer die schweren Arbeiten durchführten. Gearbeitet wurde im Partiesytem, d.h. der Partieführer wurde für seine Akkordarbeit entlohnt, er wiederum bezahlte mehr oder weniger schlecht oder gar nicht seine "Hilfskräfte". 1000 Steine am Tag waren die Norm, d.h. alle 42 Sekunden entstand ein Stein, bei 12 Stunden Tagesarbeit. Ich fand bei meinen Recherchen auch neues Fotomaterial, sah manches bereits vorhandene Foto mit anderen Augen an, fand Handwerkszeug aus der Bimsindustrie mit eindeutig schlankeren Griffen, was ich als Werkzeug für Frauen einordnete, und kam zu der Überzeugung, daß diese Ergebnisse anders als bisher in die ständige Abteilung einfließen sollten.

Meine Kolleginnen unterstützten diese Idee. Wir luden einige der Kinder des Ferienkurses in die Bimsabteilung des Museums ein, zeigten ihnen Fotos, auf denen Kinder in den Produktionsstätten zusammen mit Erwachsenen abgebildet waren. Wir fragten unsere Kindergruppe dann, ob sie sich ein Gespräch über "Leben und Arbeiten früher" mit dem etwa gleichaltrigen Mädchen auf dem alten Foto vorstellen könnten. Ich schlug vor, ich würde das Mädchen spielen und sie sollten mich entsprechend befragen. Das Spiel funktionierte, nur konnte ich bei weitem nicht die Fülle der Fragen beantworten, weil ich eben nicht in der Zeit gelebt habe. Ich versprach den Kindern, den Interviewpartner, den sie selbst befragt hatten, im Ferienkurs noch einmal zu besuchen und mit ihm und seiner Frau die anstehenden Fragen zu klären.

Nach diesem Interview versuchte ich, ein Gespräch zu erfinden. Dieses bearbeitete ich wieder zusammen mit der Kindergruppe, dann machten wir die ersten Tonaufnahmen, danach kürzten und bearbeiteten wir erneut, schließlich entstand die jetzige Fassung für die Museumsbesucher und eine zweite, längere Version für Schulklassen, die sich speziell mit dem Thema "Leben und Arbeiten vor 100 Jahren" befassen wollen.

Das Gespräch wird ständig durch Knopfdruck zu Gehör gebracht. Kinder mit Eltern bleiben in der Regel stehen, Erwachsene haben meist keine Geduld, das ganze Gespräch anzuhören. Wir haben den Ton bewußt relativ leise gehalten, sodaß man sich tatsächlich in der unmittelbaren Nähe der Inszenierung aufhalten muß, um alles zu verstehen, andererseits jedoch nicht das gesamte Umfeld mithören muß.

Solche Installationen sind nicht beliebig übertragbar und in einer Ausstellung nur an einer Stelle anwendbar. Es ist ein Versuch, den Besucher unmittelbar anzusprechen, den "Bühneneffekt" einer Inszenierung zu verdichten, die Möglichkeit zu eröffnen, sich selbst mit den "Figuren" zu vergleichen und eigene Denkfolgen anzuschließen. Sie können als Gesprächsanlaß dienen innerhalb einer kleinen Gruppe, die das Museum besucht.

Ich bin der Meinung, das Museum hat - mehr als andere kulturelle Orte - die Chance, generationenübergreifend zu wirken. Das können wir erreichen mit viel Phantasie und profundem Sachwissen, aber wir brauchen auch kritische und fordernde Besucher, die ihre Fragestellungen und ihr persönliches Interesse an bestimmten Themen artikulieren. Und auch darüber müssen wir Museumsleute nachdenken - wie schaffen wir Gesprächsanlässe mit unseren Besuchern? - wohl wissend und hoffend, daß diese aus möglichst vielen Schichten unserer Bevölkerung kommen. Wir haben das Anliegen, unsere Besucher, so wie es der Internationale Museumsrat ICOM definiert, "zu einer Begegnung mit dem kulturellen und natürlichen Erbe" zu führen. Wir müssen durch Themen- und Methodenauswahl die Vielschichtigkeit dieses Erbes deutlich machen. Eine Aneignung der Inhalte ist auf vielen Wegen möglich. Die mehr analytische über den Verstand und die mehr sinnliche über das Gefühl sollten sich aber endlich ebenbürtig ergänzen können.

Umgang mit Räumen und Möbeln

BEATE BINDER

Technikstile

Geschlechtsspezifische Aspekte bei der Nutzung technischer Geräte als Gestaltungsmittel im Wohnbereich

"Ohne Technik geht nichts mehr" untertitelte das Statistische Bundesamt eine Broschüre über "Haushalte heute", in der die Ergebnisse der Ein-kommens- und Verbrauchsstichprobe über den Besitz von technischen Geräten zusammengestellt sind.[1] Danach gehören inzwischen Fernseh-gerät, Telefon, Waschmaschine, Kühlschrank und Geräte der Unterhal-tungselektronik zur Standardausstattung fast aller Haushalte.[2]

Solche Zahlen und Statistiken suggerieren zweierlei: Zum einen ver-mitteln sie den Eindruck der weitgehenden Gleichförmigkeit aller bundesdeutschen Haushalte - schicht- und altersspezifische Unterschiede fallen immer weniger ins Gewicht[3]. Sie leisten damit der in der populä-ren wie wissenschaftlichen Technikkritik verbreiteten These Vorschub, daß Technik als strukturierende und normierende Kraft über kurz oder lang dazu führt, Lebensweisen zu vereinheitlichen und alltägliches Han-deln den rationalistischen Prinzipien industrietechnischer Handlungs-normen zu unterwerfen.[4]

Zum anderen wird in der Broschüre durch die Wahl von "Haushal-ten" als Grundkategorie unterstellt, daß Männer und Frauen sich gleichermaßen technischer Geräte bedienen.

1   Statistisches Bundesamt (Hg.): Haushalte heute. Ohne Technik geht nichts mehr. Ergebnisse der Einkommens- und Verbrauchsstichprobe. Wiesbaden 1989.
2   Stat. Bundesamt (Hg.): Haushalt heute, S. 4. In den alten Bundesländern besaßen 1988 95% der Haushalte ein Fernsehgerät, 93% Telefon, 86% eine Waschmaschine, 78% einen Kühlschrank. Die Daten zur Unterhaltungselektronik sind aufgesplittert: Jeweils über 40% besitzen ein Stereorundfunkgerät oder eine Stereoanlage, 37% ein Tonbandgerät, 28% einen Plattenspieler, allerdings erst 6% einen CD-Player.
3   Stat. Bundesamt (Hg.): Haushalt heute, S. 15 und 17.
4   Diese Rationalisierungshypothese wird in der Techniksoziologie z.B. vertreten von: Bernward Joerges: Technik im Alltag oder: Die Rationalisierung geht weiter; in: B. Lutz (Hg.): Technik und sozialer Wandel. Frankfurt/M., New York 1987, S. 305-309.

Einer solchen Sichtweise soll der Titel "Technikstile" bewußt entgegengesetzt werden. Ohne im einzelnen auf die zahlreichen in den letzten Jahren von der sozialwissenschaftlichen Technikforschung vorgelegten Modelle zur Technisierung der Alltagswelt eingehen zu können[5], möchte ich die "Kulturperspektive" (Hörning) einnehmen und das Augenmerk auf die je eigenen Sinngebungen und Wertsetzungen lenken, mit denen Technik, verstanden hier im engeren Sinne der technischen Geräte und Artefakte, im Alltag konfrontiert und in deren Sinn sie genutzt wird. Technische Geräte werden dann nicht mehr nur gesehen als funktionale Objekte, die (vor-)bestimmte Handlungsoptionen nahelegen. Vielmehr werden sie mit unterschiedlichsten symbolischen oder subsidären Bedeutungen belegt und als Vehikel ästhetischer, expressiver und kultureller Interessen angeeignet und genutzt.[6] Insbesondere Karl H. Hörning forderte wiederholt einen solchen Perspektivwechsel, indem nach den Mustern gemeinsamer Deutungen und Interpretationen gefragt, "technische Artefakte als Medien vielfältiger - nicht ausschließlich technisch-funktionaler - Sinnsetzungen begriffen"[7] und der Bedeutungs- oder symbolische Gehalt technischer Geräte in die Interpretation einbezogen wird. Technik in diesem Sinn ist in erster Linie kulturelle Produktion, die den Alltag im Sinne einer symbolischen Codierung mitstrukturiert. Der Einfluß der Technik auf den Alltag wird - so Hörning - durch spezifische soziale und kulturelle Kontexte, Handlungsorientierungen und Nutzererwartungen derjenigen selektiert, die mit Technik umgehen. In welcher Form dies geschieht, dafür sind nicht zuletzt gruppenspezifische Lebensstile verantwortlich.[8]

5 Vgl. insbesondere Bernward Joerges (Hg.): Technik im Alltag. Frankfurt/M. 1988; Peter Weingart (Hg.): Technik als sozialer Prozeß. Frankfurt/M. 1989 und Burkart Lutz: Technik und sozialer Wandel.

6 Vgl. z.B. Karl H. Hörning: Technik im Alltag und die Widersprüche des Alltäglichen; in: B. Joerges: Technik im Alltag, wie Anm. 5, S. 51-94; Dieter Baacke: Jugendliche Computernutzer: Motive und Psychodynamik; in: Technik und Gesellschaft. Jahrbuch 5/1989, S. 175-189; Sherry Turkle: Die Wunschmaschine. Reinbek 1984.

7 Karl H. Hörning: Technik und Alltag: Plädoyer für eine Kulturperspektive in der Techniksoziologie; in: B. Lutz (Hg.): Technik und sozialer Wandel, wie Anm. 4, S. 310-314, hier S. 311.

8 Karl H. Hörning: Das Subjekt vor der Technik; in: Brock u.a. (Hg.): Subjektivität im gesellschaftlichen Wandel, München 1989, S. 17-35 und ders.: Technik im Alltag, bes. S. 79ff. Vgl. auch Werner Rammert: Technisierung im Alltag. Theoriestücke für eine spezielle soziologische Perspektive; in: B. Joerges (Hg.):

Parallel zu dem Paradigmenwechsel hin zu einer Akteurs- und Kulturperspektive in der Technikforschung wurde auch die Frage des geschlechtsspezifischen Technikum- und -zugangs vor dem Hintergrund gesellschaftlicher Arbeitsteilung thematisiert. Kontrovers diskutiert wird insbesondere die Frage, ob Frauen auf Grund ihrer eigenen Erfahrungen und divergierenden Lebenszusammenhänge eine spezifische Herangehensweise an technische Geräte haben. In empirischen Untersuchungen zum Problemfeld "Neue Technologien" wird der den Frauen eigene pragmatische, am Nutzen orientierte und skeptische Umgang mit Computern betont. Dieses Konzept wird von einigen vor allem deswegen angegriffen, weil es der Vielfalt weiblicher Verhaltensweisen nicht gerecht werde.[9]

Ich möchte mich im folgenden auf die beiden skizzierten Fragestellungen beziehen, indem ich einen Teilaspekt herausgreife und nach den ästhetischen und gestalterischen Wünschen frage, die Männer und Frauen an technische Geräte richten und entsprechend denen sie diese nutzen.[10] Zwei unterschiedliche Gerätetypen - Arbeitsgeräte wie Computer und Nähmaschine auf der einen Seite, Unterhaltungselektronik auf der anderen Seite - sollen dabei verschiedene Kontexte eröffnen, in denen technische Geräte eingesetzt werden.

Technik im Alltag, S. 165-197, bes. S. 187.

9 Vgl. Gudrun-Axeli Knapp: Männliche Technik - weibliche Frau? Zur Analyse einer problematischen Beziehung; in: D. Becker u.a.: Zeitbilder der Technik. Bonn 1989, S. 193-243; Ute Hoffmann: "Frauenspezifische" Zugangsweisen zur (Computer-)Technik. Für und wider ein Konzept der Frauenforschung; in: Technik und Gesellschaft, Jahrbuch 5, 1989, S. 159-174. Beide distanzieren sich eher von dem Konzept der geschlechtsspezifischen Zugangsweisen. Positiv zu dem Konzept vgl. Christiane Schiersmann: Computerkultur und weiblicher Lebenszusammenhang. Bonn 1987, die dort zitierten empirischen Untersuchungen und Cynthia Cockburn: Weibliche Aneignung der Technik; in: Das Argument, 144/1984, S. 199-209. Vgl. auch Doris Janshen: Technik; in: Frauenhandlexikon. München 1983, S. 295-299.

10 Meine Untersuchung steht im Zusammenhang mit dem am Fachbereich Design der Hochschule der Künste Berlin bestehenden Studienprojekt: "Zum Geschmack und Lebensstil neuer sozialer Gruppen", in dem nach den Formen der Vergegenständlichung der Identität neuer sozialer Gruppen in der Sachkultur mit kulturwissenschaftlichen und gestaltanalytischen Methoden gefragt wird. Vgl. Lebens-Formen: Alltagsobjekte als Darstellung von Lebensstilveränderungen am Beispiel der Wohnung und Bekleidung der "Neuen Mittelschichten". Berlin 1991 (HdK-Materialien 91/1).

Angesichts des komplexen Zusammenhangs von Technik und Alltag birgt die Einengung der Fragestellung die Gefahr der Reduktion. Es scheint mir darin aber eine Möglichkeit zu bestehen, mit Hilfe optischer Analysemethoden den Blick für symbolische Bedeutungen technischer Geräte zu schärfen und auch Fragen der geschlechtsspezifischen Aneignung von Technik zu diskutieren.

Als empirische Grundlage für die folgenden Überlegungen dient mir ein Sample von ca. 50 Wohnungen von Designstudierenden, das 1990 an der Hochschule der Künste Berlin zusammengetragen worden ist. Die Studierenden erhielten die Aufgabe, ihre Wohnung und Bekleidung zu dokumentieren und nach vorgegebenen Fragestellungen zu interpretieren.[11] Ergänzt wird dieses Material durch Recherchen im Rahmen eines Seminars zur "Technik im Privatbereich", in dem einige wenige Interviews und spezielle (Foto-)Dokumentationen häuslicher Techniknutzung entstanden sind.[12]

Da mich insbesondere der Aspekt der Geschlechtsspezifik interessierte, mußte ich mich weitgehend auf die Wohnungen von Alleinlebenden konzentrieren. Nur so konnte durch die Betrachtung von Fotos auf männliche und weibliche Prinzipien und Präferenzen geschlossen werden. Damit wird aber der größte Teil der vorhandenen Wohnungsdokumentationen einbezogen, denn über die Hälfte der beteiligten Studierenden wohnt allein.

Zunächst noch einige Stichworte zur Charakteristik von Designstudierenden, die helfen sollen, die Ergebnisse einzuordnen: Designstudierende haben auf Grund ihres Studiums ein sehr feines Gefühl für Stilisierungen. Sie kennen neue Produkte und modische Veränderungen der Produktkultur meist genau, sind technisch und handwerklich oft versiert, können Möbel und Einrichtungsgegenstände auch selbst bauen und sind deshalb nicht ausschließlich auf das bestehende Warenangebot angewiesen. Typisch ist für sie ein großes Interesse an Gestaltungsfragen, das sie auch und gerade in ihren eigenen Wohnungen umzusetzen suchen. Stilistische Innovationen, die im künstlerisch-akademischen Milieu zu

---

11 D.h. jede Fallstudie umfaßt 20-40 Fotos und einen mehr oder minder ausführlichen Bericht. Bei den Fragen zur Wohnungsgestaltung standen Einrichtungsprinzipien und Geschmackspräferenzen der Studierenden im Mittelpunkt des Interesses.

12 Ich habe das Material hier nur insofern einbezogen, als es sich auch um Designstudierende handelt.

beobachten sind, werden von ihnen oft pointiert und experimentell zum Ausdruck gebracht. Geprägt nicht zuletzt durch die großstädtischen Jugendkulturen Berlins, bestimmt ihre Gestaltungen und (Selbst-)Stilisierungen häufig der Wunsch nach Unkonventionalität.

Im Rahmen ihres Studiums sind sie sowohl mit technologischen Veränderungen in der Produktion als auch mit neuen Entwicklungen der Computertechnologie konfrontiert. Sie sind insofern - und dies gilt für Frauen und Männer - eher "techniknah" sowohl in Hinblick auf den praktischen Umgang als auch die theoretische Auseinandersetzung mit Technischem.

In der Ausstattung der Wohnungen spiegelt sich das allgemeine technische Niveau der alten Bundesländer wider. In allen Wohnungen stehen, abgesehen von Haushaltsgeräten, zumindest Teile einer Hifi-Anlage, in vielen ist ein Fernsehgerät und einige der Studierenden besitzen einen eigenen PC.[13]

Mich interessierte nun, wie diese Geräte in die Gestaltung des Wohnraums bzw. der Wohnräume einbezogen werden, um daraus Rückschlüsse auf die Bedeutungen und Wertungen von Technik bei Männern und Frauen zu ziehen. Aus zweierlei Gründen beschränkte ich mich auf Wohnräume: Zum einen ist hier der Spielraum für Stilisierungen am größten, da funktionale Erwägungen, anders als in Badezimmern oder Küchen, nur eine geringe Rolle spielen. Zum anderen bieten Haushaltsgeräte weit weniger als beispielsweise Geräte der Unterhaltungselektronik oder der PC Raum für Bedeutungszuschreibungen, die über fixierte Verwendungskontexte hinausweisen.[14]

Technik als Gestaltungsmittel zu analysieren, kann nur ein erster Schritt sein, wenn nach symbolischen Bedeutungen von Technik für den Lebensstil insgesamt gefragt wird. Hierfür ist es in diesem Fall gerade

---

13 Insgesamt sind es 28 Fernsehgeräte, in 27 Wohnungen der Alleinwohnenden 16. Die erste Angabe ist ungenau, da in den größeren Wohnungen meist nicht alle Zimmer fotografiert wurden. Zu sehen sind 10 PCs. In der Hochschule stehen zwei gut ausgestattete Computerräume zur Verfügung, insofern ist der eigene PC nicht unersetzlich.

14 Karl H. Hörning: Vom Umgang mit den Dingen - eine techniksoziologische Zuspitzung; in: P.Weingart (Hg.): Technik als sozialer Prozeß, wie Anm. 5, S. 90-127, hier S. 106f. Interessanterweise werden auch in den Interviews Haushaltsgeräte zum Teil erst auf genaues Nachfragen genannt. Computer sind - dies zeigt der öffentliche Diskurs - momentan wohl am meisten symbolisch und metaphorisch aufgeladen.

deshalb ein gutes Auskunftsmittel, weil die Studierenden durch die Fotos die Rolle von Technik in ihren Wohnungen selbst interpretierten.

Wird zunächst der Aufbau von Arbeitsbereichen betrachtet, so fällt auf, daß in einigen Männerwohnungen technische Arbeitsgeräte und damit verknüpft Arbeit in elaborierter Form als Stilmittel eingesetzt werden, häufig, um einen Stil der Sachlichkeit zu erzeugen. So wird insbesondere der PC in den Mittelpunkt von Arrangements gestellt, die zum Teil die Anmutung von Altären haben.

Im ersten Beispiel (Abb. oben) ist ein ganzer Raum als Büro eingerichtet: Auf dem aus Metalleitern und Schraubzwingen gebauten Schreibtisch-Regal, das quer zu einem tresenartigen, geschlossenen Regal steht, wurde der Computer aufgestellt. Ein altes, schwarzes Telefon thront auf dem Tresen und gibt dem Arrangement das Ambiente eines Empfangsbüros. Entlang der einen Zimmerwand sind mehrere Küchenstühle aufgereiht, auf einen wurde die Hifi-Anlage plaziert. Das Zimmer ist das größere einer Zwei-Zimmer-Wohnung, das bewußt als Arbeitsraum gestaltet wurde, denn einen Wohnraum im klassischen Sinn brauche er nicht, führt der Student in seinem Bericht aus. Im kleineren Nebenraum befinden sich für Entspannung und Schlaf ein Futon und Tatamis, ein Gitterwagen, der im Heimatort zum Transport von Milch benutzt wurde, dient als Kleiderschrank.

Auch in der folgenden Wohnung (Abb. oben) herrscht ein Stil vor, bei dem Technik und Arbeit ineinandergreifen und Technisches außerdem als Zeichen für Unkonventionalität genutzt wird. Zwar befindet sich hier kein Computer, doch Zeichenmaschine und ein aus einem Gerüstträger gebauter Schreibtisch mit Glasplatte, die auf zwei Räume verteilt sind, dehnen den Arbeitsbereich über die gesamte Wohnung aus, da die Verbindungstüren zwischen den Zimmern offenstehen. Mit der Umnutzung von technischen Geräteteilen aus verschiedenen Arbeitszusammenhängen wird ein spielerischer Umgang mit Technik deutlich, der auf die affektive Besetzung von Technischem verweist: ein aus Waschmaschinentrommeln zusammengebauter Schrank, ein Zahnarztstuhl, ein altes Nähmaschinenunterteil und eine Werkbank mit Schraubstock sind in den Zimmern zu sehen. Als technisches Gerät im engeren Sinn befindet sich ein Kassettenrekorder mit einem auffälligen Verstärker direkt neben der auf dem Boden liegenden Matratze, die Kabel zu den Boxen verlaufen quer durch den Raum.

Ist in diesen beiden Beispielen ein Stil der unkonventionellen Sachlichkeit bestimmend, dominiert in der folgenden Wohnung noch mehr der spielerische bzw. verspielte Umgang mit Technik. In der Ein-Zimmer-Wohnung (Abb. S. 96) steht der PC auf einem Tisch an der Längsseite des Zimmers genau vor einem spitzbogenartig zusammenlaufenden Spiegel, in dem sich der Nutzer bei der Arbeit selbstverliebt

beobachten kann. Dem PC verleiht dieses Arrangement die Aura eines Altars. Ergänzt wird das Technikensemble noch durch ein Flugzeugmodell, das an der Decke aufgehängt ist. Der Aufbau des Computers korrespondiert mit mehreren Kerzenleuchtern und Spiegelscherben, die dem Zimmer etwas Magisches verleihen, was letztendlich den altarartigen Eindruck des Computerarrangements noch verstärkt.

Die vorgestellten Wohnraumgestaltungen verweisen zunächst auf die große Bedeutung, die Arbeit im Lebensentwurf der männlichen Bewohner hat. Katrin Pallowski hat bei ihren Untersuchungen zum Wohnstil der Neuen Mittelschichten darauf aufmerksam gemacht, daß in Hinblick auf die Betonung des Arbeitsbereichs deutliche geschlechtsspezifische Unterschiede auch dann zu beobachten sind, wenn für beide Geschlechter Berufstätigkeit gleich wichtig ist.[15] Während Frauen in der Wohnung zwischen Berufs- und Privatsphäre einen Ausgleich herstellen wollen und in den Wohnräumen auch eine Atmosphäre der Intimität zu schaffen versuchen, setzen

15 Katrin Pallowski: Parität und Polarisierung. Veränderte Wohnstile als Ausdruck veränderter Geschlechterverhältnisse; in: Lebens-Formen, wie Anm. 10, S. 279-304.

Männer häufig allein arbeitsorientierte Gestaltungsprinzipien ein und beziehen sich damit einseitig auf diesen Lebensbereich.

In diese männlichen Einrichtungsprinzipien fügen sich die technischen Geräte ein. Sie erhalten damit eine doppelte Bedeutung. Als Objekte, deren Gestaltung an den ästhetischen Prinzipien des Funktionalismus ausgerichtet ist, unterstützen sie einen Stil, der durch Sachlichkeit, Nüchternheit, klare Formen und weitgehende Leere der Räume gekennzeichnet ist, einen Stil also, der seit der Moderne als "legitimes" Design gilt.

Gleichzeitig wird der mit der Produktgestaltung verknüpfte Symbolgehalt der technischen Geräte übernommen. Untrennbar verbunden mit der Formsprache funktionalen Designs sind Vorstellungen von Modernität und Fortschrittlichkeit, von einem "Auf-der-Höhe-der-Zeit-sein".[16] Mit der affektiv besetzten Aneignung der Geräte wird deren zeichenhafter Charakter in die Privatsphäre hineingetragen und spielerisch die eigene Kompetenz im Umgang mit Technik ausgestellt.

In dem untersuchten Sample gibt es keine Frauenwohnung, in der Technik in der gleichen Weise als Stilmittel eingesetzt wird oder ähnlich dominant die Einrichtung eines Zimmers bestimmt. In den Wohnungen und Zimmern der Studentinnen finden sich weder so ausgeprägte Formen unkonventioneller Techniknutzung[17], noch ein vergleichbarer spielerischer Umgang mit technischen Geräten oder Einzelteilen, noch ein ähnlich kulthafter Aufbau eines Computerarbeitsplatzes. Selbst dort, wo Sachlichkeit bzw. ein am legitimen Design orientierter Stil vorherrschen, wird dies durch andere Gestaltungsmittel erreicht.

Um einen Stil der Sachlichkeit zu erzeugen, nutzt beispielsweise eine Studentin (Abb. S. 98 oben) Futon, Freischwinger, Sofa, blau gestrichene Dielenbretter und vor allem die Leere der Raummitte sowie die klare Gliederung des Ensembles. Das Holzregal an der einen Seite des Zimmers wirkt fast wie ein Überbleibsel aus früheren Zeiten, als die Einrichtung der Wohnung bzw. des eigenen Zimmers noch anderen Kriterien folgte. Hier hinein hat die Studentin ihre Stereoanlage gestellt, die damit aus der Zimmergestaltung verschwindet. Nackte Glühbirnen, frei

---

16 Vgl. hierzu auch Karl H. Hörning: Technik im Alltag, wie Anm. 6, hier S. 86f. Zur Designauffassung des Funktionalismus vgl. Gert Selle: Design-Geschichte in Deutschland. Köln 1987, S. 241ff.

17 Einziges Gegenbeispiel in einer Frauenwohnung ist eine Lampe, die aus einem Wasserrohr besteht, aus dem statt des Wassers eine Glühbirne kommt.

verlaufende Kabel und ähnliches auf Technik Verweisendes fehlen gänzlich, als Dekorationselement wurde vielmehr eine Stoffbahn gewählt, hinter der eine Kleiderstange verborgen ist. Mit diesen Gestaltungsprinzipien steht die Zimmereinrichtung dem in den Männerwohnungen beobachteten Technikstil diametral gegenüber.

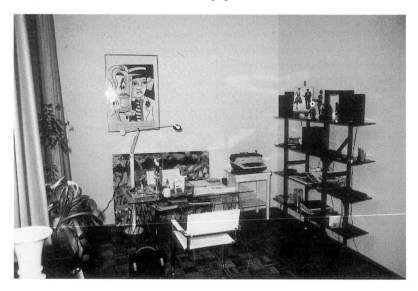

Auch in der folgenden Wohnung (Abb. S. 98 unten) tritt Technisches gegenüber anderen Gestaltungselementen zurück. Der Arbeitsbereich mit einem Glastisch, an den zwei Freischwinger gerückt sind, einem kleinen Schreibmaschinenbeistelltisch und einem schwarzen Regal, in dem die Musikanlage untergebracht ist, bestimmen die eine Seite des Raums. Auf der gegenüberliegenden laden zwei Sessel und ein kleiner Tisch zum Beieinandersitzen ein. Die technischen Geräte werden - trotz der ansonsten sparsam-zurückgenommenen Einrichtung - nicht betont.

Auch wenn Männer und Frauen technische Geräte gleichermaßen nutzen, so gestehen sie ihnen offensichtlich unterschiedlich viel Raum in der Wohnung bzw. im Privatbereich zu. Dies wird auch beim Vergleich von Nähmaschinen- und handwerklichen Arbeitsplätzen in Männer- und Frauenwohnungen deutlich.[18] In Frauenwohnungen steht die Nähmaschine, insofern vorhanden, meistens versteckt in einer Ecke oder abgedeckt auf dem Boden und wird (vgl. Abb. oben) zur Arbeit auf den Schreib- oder Eßtisch geräumt. In immerhin zwei Männerwohnungen ist demgegenüber ein spezieller Nähmaschinenarbeitsplatz eingerichtet.

18 Der Studiengang Design ist unterteilt in Produkt-, Bekleidungs- und Textildesign. Zwar stehen in der Hochschule Nähmaschinen zur Verfügung, doch haben Studierende der Fachrichtung Bekleidungsdesign meistens eine eigene Nähmaschine.

Auch Werkbänke oder die Umgestaltung eines ganzen Zimmers zu einem Werkraum finden sich ausschließlich in Männerwohnungen, während Frauen für handwerkliche Arbeiten entweder einzelne Zimmerecken freiräumen oder ihre Modelle ausschließlich in den Hochschul-Werkstätten anfertigen. Werden handwerkliche Geräte überhaupt angeschafft, so stellen Frauen sie nicht in der gleichen Weise wie Männer aus - sie räumen ihnen nicht den gleichen Platz ein.

Die exponierte Rolle von Technik in einem Stil der unkonventionellen Sachlichkeit in Männerwohnungen und die zurückgenommene, eher untergeordnete Rolle technischer Geräte in einem durchaus auch sachlichen Stil der Wohnlichkeit kennzeichnen zwei sehr unterschiedliche Technikstile, die als Eckpunkte eines Kontinuums in dem untersuchten Sample geschlechtsspezifisch besetzt sind. Während Frauen sich eher distanziert gegenüber Technischem als Möglichkeit zur Wohnraumgestaltung verhalten, sind Männer so identifiziert mit oder fasziniert von technischen Geräten und Artefakten, daß sie sie häufig auch in ihrer Wohnung ausstellen und betonen.

Wie wenig sich Frauen mit den von ihnen genutzten technischen Objekten identifizieren, zeigt sich auch daran, daß in keiner der von ihnen abgelieferten Wohnungsdokumentationen eine Detailaufnahme eines technischen Geräts enthalten ist. Werden von ihnen überhaupt Details aufgenommen, dann handelt es sich entweder um selbstgebaute Möbel oder aber um dekorative Objekte, wie Figuren, Sammlungen von kleinen Gegenständen oder ähnliches. Demgegenüber unterstreichen Männer die besondere Bedeutung ihres technischen Arsenals gelegentlich nochmals, indem sie en detail ablichten.

Dieser Technikumgang fixiert einen Schnittpunkt zwischen Technik und Männlichkeitsbild. Technik, die im gesellschaftlichen Diskurs mit Begriffen wie flexiblem Umgang mit Neuem, rationalem Verständnis und Kompetenz konnotiert ist und die integriert in ein technisch-rationales Weltbild zu den vorherrschenden Deutungsmustern der Moderne gehört[19], ist mit ihren symbolischen Bedeutungen integriert in das Konzept von Männlichkeit, fehlt dagegen im Diskurs um Weib-

19 Vgl. hierzu auch Karl H. Hörning: Technik im Alltag, wie Anm. 8, S. 87; ders: Alltägliches: Wie die Technik in den Alltag kommt und was die Soziologie dazu zu sagen hat; in: Technik und Gesellschaft, Jahrbuch 3, 1985, S. 13-35; Günter Ropohl: Technologische Aufklärung. Frankfurt/M. 1991, insbesondere S. 198ff.

lichkeit[20]. Es sind ja gerade die von Männern benutzten Technikgeräte, die den öffentlichen Diskurs um die gesellschaftliche Bedeutung von Technik bestimmen, während "weibliche" technische Geräte, wie zum Beispiel Nähmaschinen, die inzwischen computergesteuerten Nähzentralen ähneln, kaum beachtet oder sogar abgewertet werden.

Am Beispiel von Fernseher und Musikanlage sollen im folgenden die sich gegenüberstehenden Prinzipien von Ausstellen und Wegstellen näher beleuchtet werden. Mit dem Vergleich der beiden Gerätetypen wird zudem deutlich, daß die einzelnen technischen Geräte nicht alle "gleich-gültig"[21] sind, sondern einen je eigenen Stellenwert im Kontext ihres Gebrauchs erhalten. Beide Gerätetypen werden in der techniksoziologischen Forschungsliteratur zu den "geschlechtsneutralen" Geräten gezählt, weil die Anwendungskompetenz von beiden Geschlechtern gleichermaßen erworben wird.[22]

Der Fernseher führt in fast allen Wohnungen beider Geschlechter, in denen sich ein solches Gerät befindet[23], ein wenig privilegiertes Dasein. Die Ausrichtung des Raums auf den Fernseher, wie etwa in Wohnungen der unteren sozialen Schichten, fehlt ganz, nur selten fungiert ein eigenes Möbel als Unterstellfläche.[24] In den überwiegenden Fällen steht der Fernseher auf dem Fußboden, zum Beispiel in der Verlängerung eines Regals oder in einer Zimmerecke und dient häufig als Ablage- oder -stellfläche für Grünpflanzen, Kleinkram, Zeitungen oder die Hifi-Anlage. Teilweise wird das Gerät ganz eindeutig auf das Bett hin ausgerichtet: Vorrang hat das individuelle und sehr private Fernsehen.

Besonders deutlich wird in einer Männerwohnung getrennt zwischen Sitzgruppe, die dem geselligen Beisammensein dient, und Fernsehen,

---

20 Vgl. insbesondere Gudrun-Axeli Knapp: Männliche Technik - weibliche Frau? wie Anm. 9.

21 So Hermann Bausinger: Technik im Alltag, Etappen der Aneignung; in: Zeitschrift für Volkskunde 77/1981, S. 227-242 als Prognose für die Veralltäglichung von Technik.

22 Wolfgang Glatzer u.a.: Haushaltstechnisierung und sozialer Wandel. Frankfurt/ M., New York 1991, S. 290ff.

23 Im Gesamtsample 27 Wohnungen und in 16 Wohnungen von Alleinwohnenden.

24 Auf die Tendenz in den Wohnungen der Neuen Mittelschichten, den Fernseher aus der Wohnraumgestaltung verschwinden zu lassen, weist auch hin: Hans-Joachim Pfennig: Alltagsstile als Sozialstile; in: Lebens-Formen, wie Anm. 10, S. 247-277, hier S. 252f.

das vom Bett aus geschieht: Der Fernseher steht im Rücken der Sitzgruppe, deren Standort nicht zu variieren ist, da die Kinosessel am
Fußboden festgeschraubt sind. Das Fernsehgerät ist wiederum zu groß,
als daß es bequem umgestellt werden könnte.

Häufiger sind es allerdings Kleingeräte, die mobil eingesetzt oder
eben, wie in mehreren Beispielen zu sehen, bei Nichtgebrauch in eine
Ecke oder unter den Tisch geräumt werden können.

Dies, aber auch das offensichtlich hohe Alter der meisten Geräte
zeugen von dem untergeordneten Rang des Fernsehers und verdeutlichen die insbesondere in intellektuellen und alternativen Kreisen bestehenden Ressentiments gegenüber dem Fernsehen als kultureller Praxis.

Gerade im Vergleich von Fernsehgeräten und Musikanlagen werden
die unterschiedlichen Bewertungen sichtbar: Nicht nur, daß die Musikanlagen meist technisch höherwertig sind, auch in der Art, wie sie im
Raum aufgestellt werden, dominieren sie häufig über das Fernsehgerät.
So zum Beispiel in einer Männerwohnung, in der alle Geräte der Unterhaltungselektronik an der Fensterfront stehen. Während der Fernseher
nur auf einem - niedrigen - Alu-Koffer abgestellt wurde, erhielten die
Anlage und eine der Boxen gelbe säulenartige Kästen als Unterbau, um
die herum Schallplatten und Musikkassetten arrangiert wurden (Abb.
oben).

Die Musikanlage spielt in der Jugendkultur eine große Rolle, trägt doch Musikhören entscheidend zur Identitätsfindung und zur Etablierung von Lebensstilen bei. Auf die eigene "Anlage" sparen viele Jugendliche, um sich ein Stück Unabhängigkeit vom elterlichen Haushalt zu erwerben. In dem hier untersuchten Sample befindet sich in jeder Wohnung eine mehr oder minder große Hifi-Anlage, oft auf sehr hohem technischen Niveau. Die Musikanlage wird meistens neben Bett oder Schreibtisch auf den Boden, in ein Regal oder häufig auf ein eigenes Möbelstück plaziert und damit auch jeweils unterschiedlichen Lebensbereichen zugeordnet.

In der Art und Weise, wie die Anlage aufgestellt wird, lassen sich wieder die Prinzipien von Ausstellen und Wegstellen in ihrer geschlechtsspezifischen Zuordnung beobachten.

Wie sehr die Musikanlage zur Identitätsfindung beiträgt, wird beispielsweise an der Wohnungseinrichtung eines Studenten deutlich, die das Provisorium des Übergangs zwischen Jugendlichkeit und Erwachsensein eindrücklich vermittelt (Abb. oben). Das Kassettendeck, mit einem Verstärker auf einer Box abgestellt, steht zusammen mit bzw. vor einer Bahnhofsuhr, einem angeschlagenen Spiegel und einem alten Progress-Staubsauger in der einen Zimmerecke - alles zusammen bildet ein raumbeherrschendes Technikensemble. Das übrige Zimmer ist mit einem abgewetzten Freischwinger, einer auf dem Boden liegenden Matratze und einem Schreibtisch spärlich möbliert.

Auch im folgenden Beispiel, einer Ein-Zimmer-Wohnung eines Studenten, ist die Musikanlage eines der Haupteinrichtungsgegenstände (Abb. unten): Zwischen den an der Wand angebrachten Boxen liegt der Futon, während die gesamte Habe in aufeinandergestapelten Bäckerkisten untergebracht ist. An der gegenüberliegenden Zimmerseite liegt ein kleiner Flokati als Meditationsteppich, in einer Ecke steht die Musikanlage.

Diesen technikzentrierten Arrangements steht die Einrichtung der folgenden Frauenwohnung gegenüber. Auch für die Studentin ist Musikhören ein wichtiger Bestandteil ihres Alltags - darauf deuten die ausgestellten Platten hin -, doch die Anlage steht versteckt hinter einer Pflanze, der Plattenspieler wurde halb in eine Holzkiste gerückt und die Boxen dienen als Blumenständer (Abb. S. 105).

Selbst wenn in Frauenwohnungen elektronische Geräte nicht in der gleichen Weise versteckt werden, so werden sie auch nicht durch die Gesamtgestaltung des Raums betont oder herausgestrichen. So etwa in dem Beispiel einer Frauenwohnung, in der der Fernseher in der Verlängerung eines Regals an die Wand gestellt wurde, darüber schwebt auf einem an der Wand angebrachten Brett die Anlage. Überragt wird bei-

des durch eine Schaufensterpuppe. Ein darüber hängendes Bild lenkt den Blick ebenfalls von der Anlage ab.

Wenig integriert und eher untergeordnet wirkt die Musikanlage auch in dieser Frauenwohnung (Abb. S. 106): "Die Musik: Ich höre sehr gerne Musik, besonders beim Arbeiten. Boxen und Anlage gehören funktional zusammen und müssen für mich auch formal im Zusammenhang stehen", schreibt die Studentin in ihrem Bericht. Durch den aufgehängten Stoff (ein eigener Entwurf aus dem Studium) und das in der Ecke lehnende Cello wirkt der Raum, der der Anlage zugestanden wird, allerdings eher klein.

Auch in der Art und Weise, wie Musikanlagen in die Wohnräume eingebunden werden, zeigen sich geschlechtsspezifische Unterschiede, die wieder auf den eher faszinierten und identifizierten Blick auf Technik von Seiten der Männer bzw. eine distanziertere Haltung von Frauen verweisen.

Daß sich hinter den beschriebenen ästhetischen Praxen mehr verbirgt als zufällige Attitüden, wurde in den Interviews deutlich. Eine Design-Absolventin erklärte beispielsweise, daß sie Technik als "tot" empfinde, da die technischen Geräte für sie keine Geschichte hätten. Deshalb stünde ihre Hifi-Anlage in einer Wandnische hinter dem Sofa. Dahingegen schätzt ein Student seine technischen Geräte als etwas "Heimisches": "Da ich sehr lange Zeit mit diesen Geräten zugebracht habe,

haben die eine Vertrautheit, und egal, wie häßlich ich sie 'mal gefunden habe, (...) so haben sie alle 'was Schönes an sich. Und wenn es bloß ein paar dämliche Leuchtanzeigen sind, die im Dunkeln schön grün leuchten". Zwar habe ich bisher zu wenig Interviews geführt, um die optische Analyse quantitativ zu bestätigen, doch die Parallelität zwischen erhobenen Aussagen und ästhetischer Praxis ist auffällig.

Die optische Analyse von Wohnraumfotos erlaubt nur die holzschnittartige Benennung von Technikstilen, wobei die geschlechtsspezifischen Unterschiede die Gegenüberstellung von Männer- und Frauenstilen rechtfertigen.[25] Denn das exponierte Ausstellen technischer Geräte wird ausschließlich von Männern praktiziert, die damit ihre Identifikation mit den symbolischen Konnotationen technischer Geräte ausdrücken. Frauen verhalten sich wesentlich distanzierter gegenüber der Metaphorik der Technik, indem sie den Geräten nur wenig Raum zugestehen und sie eher aus der Zimmergestaltung herausnehmen. Gerade die untersuchte Gruppe der Designstudierenden gibt

---

25 In einem zweiten Schritt müßte das Spektrum weiblicher und männlicher Technikhaltungen weiter differenziert und die soziale Reichweite der beobachteten Vorgehensweisen genauer überprüft werden.

einen Hinweis auf die Langlebigkeit dieses Geschlechterstereotyps. Inkorporiert in Geschlechtsbilder bleibt Technik auch dann an Männlichkeit gebunden, wenn die berufliche Auseinandersetzung mit Technik bei beiden Geschlechtern gegeben ist. Technik im Sinne von kultureller Produktion, die den Alltag mitstrukturiert, ist Teil des Geschlechterverhältnisses. Mit den differierenden ästhetischen Praxen wird der Technikdiskurs in die Privatsphäre hinein verlängert. Pointiert formuliert dies eine Studentin, für die eine Komponente erotischer Anziehungskraft von Männern in deren technischen Fertigkeiten liegt, während sie von Frauen vergleichbare Fähigkeiten nicht erwartet. Sie selbst beschäftigt sich überhaupt nicht mit technischen Fragen und hat auch keins der Geräte in ihrer Wohnung selbst gekauft. Solche Haltungen von Frauen - zu prüfen wäre, wie verbreitet sie sind - festigen den Zusammenhalt von Technik und Männlichkeit und stellen den männlichen Technikumgang in keiner Weise in Frage. Hierin liegt auch die Ambivalenz dieser Haltungen. So sehr ein nüchterner Blick auf Technik jenseits lustvoller Identifikation und ein in erster Linie am Gebrauchswert orientierter Umgang mit technischen Geräten verhindert, daß Technik eine zu große Bedeutung zugesprochen wird, so verhindert dies doch auch, daß Frauen sich an der Diskussion um Technik und deren gesellschaftlichen Stellenwert beteiligen. Um aber die jetzige symbolische Codierung von Technik und die Dominanz technischen Handelns zu durchbrechen, müßte das im Wechselspiel von Ausschluß und Selbstausschluß den Männern überlassene Terrain des Technikdiskurses betreten und - ohne männliche Attitüden zu übernehmen - der eigene Weg des Technikumgangs selbstbewußt verteidigt werden.

PROJEKTGRUPPE[1] GÖTTINGEN

Geschlechtsspezifische Muster der Raum- und Dinganeignung

Einleitung[2]

Geschlechtsspezifische Aspekte des Wohnens sind im Fach Volkskunde immer wieder thematisiert worden. Bereits die klassische Studie von Margret Tränkle[3] fragt nach der "Bedeutung der Wohnung für Männer und Frauen". Seit Mitte der 80er Jahre befaßt sich auch die Frauenforschung mit dem Wohnen. Neben Elisabeth Katschnig-Faschs Überlegungen zum Einfluß der Raumstruktur auf das Leben der Frau[4] ist vor allem die detailreiche Studie von Eva Scheid über die "Küche als Fabrik der Hausfrau"[5] zu nennen. Auch in der Architektur gibt es seit längerem ausgedehnte feministische Diskussionen über Frauenräume und frauenfreundliches Bauen[6]; in der Designgeschichte hat sich Kathrin

---

1 Die Projektgruppe umfaßt insgesamt zehn Forscherinnen. Die Überlegungen und Thesen, die hier im Aufsatz vorgestellt werden, basieren nicht nur auf Einzelauswertungen, sondern sind in zahlreichen gemeinsamen Diskussionen und Redaktionssitzungen erarbeitet. Projektmitarbeiterinnen: Anke Helmke, Hannelore Koch, Berit von Mirbach, Telke Reeck, Barbara Schlunk-Wöhler, Marion Tack, Anette Thiele, Erika Wackerbarth, Christiane Wolf. Projektleitung: Carola Lipp.

2 Im Folgenden C. Lipp.

3 Tränkle, Margret: Wohnkultur und Wohnweisen. Tübingen 1972, S. 35-45.

4 Katschnig-Fasch, Elisabeth: Die Macht der Räume. Die Auswirkungen der Raumstruktur der Wohnung auf das Leben der Frau; in: Rund um die Uhr. 3. Tagung der Kommission Frauenforschung in der DGV. Marburg 1988, S. 221-234.

5 Scheid, Eva: Die Küche - Die Fabrik der Hausfrau; in: Frauenalltag - Frauenforschung. 2. Tagung der Kommission Frauenforschung in der DGV in Freiburg. Hg. von d. Arbeitsgruppe Volkskundliche Frauenforschung. Frankfurt, Bern, New York, Paris 1988, S. 124-141. Diese Studie liegt jetzt auch als Dissertation vor.

6 Hillevi, Surmester et al (Hg.): Feministische Ansätze in der Architekturlehre. Berlin 1989. Martwich, Barbara (Hg.): FrauenPläne. Stadtumbau, sozialer Wan-

Pallowski mit "Neuen Wohnstilen als Ausdruck der Geschlechterbezie-hung"[7] beschäftigt. Alle diese Arbeiten fragen nach dem Zusammen-hang von Wohnstruktur und Geschlechterverhältnis und gehen davon aus, daß traditionelle Raumaufteilungen und Lebensstile Ausdruck der Asymmetrie im Verhältnis von Mann und Frau sind bzw. diese ver-stärken. Auch das hier vorgestellte Projekt zu geschlechtsspezifischen Formen der Raumaneignung, das auf einem größeren, am Seminar für Volkskunde in Göttingen durchgeführten Studienprojekt beruht, geht von einer Differenz im Verhalten von Männern und Frauen aus - deutet sie aber in einem anderen Kontext. Im Unterschied zu den herkömm-lichen Studien zur Wohnkultur[8] oder auch der genannten Untersuchung von Pallowski, beschäftigen wir uns nicht mit dem Wohnstil, sondern interessieren uns mehr für symbolische Raumzuordnungen und die konkrete alltägliche Nutzung der Wohnung, also für das, was Tränkle "Wohnweise" nannte. Unter dem geplanten Buch-Titel "Die heimlichen Regeln der deutschen Wohnkultur" betrachten wir Wohnen als soziale Handlung und historisch-biographischen Prozeß. Wir fragen zum Beispiel, welche Tätigkeiten werden in welchen Räumen ausgeübt, wer nutzt diese am meisten und wem werden einzelne Räume und Dinge in der Wohnung zugeschrieben? Was weiß zum Beispiel ein Mann über den Inhalt der Schränke, was die Frau von seinen Fotosachen, die er im Wohnzimmer verwahrt? Wie wird mit Zuordnungen und Haushalts-wissen im Alltag umgegangen, und wie verhalten sich diese wiederum zur realen Struktur der Arbeitsteilung im Haushalt? Unser Ansatz greift so auf drei Ebenen:

del und Fraueninteressen. Darmstadt 1991. Romeiß-Stracke, Felizitas/Pürschel, May-Britt: Kein Platz für ein Frauenzimmer? in: Frauen und Zeitpolitik. Schrif-ten für Landes- und Stadtentwicklung des Landes NRW (ILS). Dortmund 1988. Warhaftig, Myra: Kann die Frau auch durch ihre Wohnung unterdrückt werden? in: Beiträge zur feministischen Theorie und Praxis (1980), Hf. 4, S. 75-90. War-haftig, Myra: Neue Lebensformen - neue Wohnformen; in: Tornieporth, Gerda (Hg.): Arbeitsplatz Haushalt. Zur Theorie und Ökologie der Hausarbeit. Berlin 1988, S. 270-284.

7 Pallowski, Kathrin: Parität und Polarisierung. Veränderte Wohnstile als Ausdruck veränderter Geschlechterverhältnisse; in: Lebens-Formen; Alltagsobjekte als Dar-stellung von Lebensstilveränderungen am Beispiel der Wohnung und Bekleidung der "Neuen Mittelschichten". Berlin 1991 (HdK-Materialien 91/1).

8 Bücker, Helmut P.: Determinanten des Einrichtungsverhaltens privater Haushalte. Bochum 1986.

1. Erstens befassen wir uns mit dem Vorgang des Wohnens selbst, worunter wir einmal den Umgang mit Möbeln und Räumen verstehen, zum andern aber auch die biographische Dimension des Wohnens, wie sie sich in der Geschichte der Einrichtung, aber auch in der Geschichte und Struktur der Beziehung der Bewohner ausdrückt.

Ähnlich wie dies Selle/Boehe in "Leben mit den schönen Dingen"[9] formulieren, sehen wir in der Art der Raum- und Objekterfahrung einen Prozeß der Aneignung, der sowohl Muster der Lebensbewältigung sichtbar macht als auch auf bestimmte Identitäten, Rollenzuschreibungen und Selbstdefinitionen verweist. Die Raum- und Gegenstandsbeziehung ist so mehr nur als Sachkultur, sie verweist auf emotionale Prozesse, auf Muster, die in der Sozialisation und im Laufe eines ganzen Lebens ausgebildet werden. Brüche im Lebenslauf, Neudefinitionen der sozialen Identität lassen sich auch an Dingen und Raumgestaltung festmachen. Beruflicher Aufstieg, persönliche Trennungen und neue Bindungen oder simpel ein Umzug verändern oft das Verhältnis zu Dingen und Räumen, ja leiten manchmal auch einen Stilwechsel ein.

2. Ein zweiter Aspekt unseres Konzepts betrifft die Organisation des Wohnens und des Haushalts. Wir interessieren uns für interne Ordnungssysteme, für die kulturelle Hierarchie bestimmter Gegenstände wie Sonntags- und Alltagsgeschirr; wir fragen nach dem Gliederungsprinzip von Schränken, nach der Organisation der Küche und natürlich nach den chaotischen Gerümpelecken im Abseits der Wohnungen. Aussagereich ist hier, wie sich das Wissen um diese innere Ordnung der Wohnung geschlechtsspezifisch verteilt, wer sich für welche Räume zuständig fühlt. Unser Ansatz ist bewußt ethnomethodologisch ausgerichtet. Wir sehen Wohnen als eine im Alltag durch Handeln erzeugte Erfahrung. Wenn die Ethnomethodologie nach der Logik und Struktur verbaler und nonverbaler Interaktion im Alltag fragt und die Konstituierung von sozialem Sinn im Alltag untersucht[10], fragen wir nach den Regeln des Umgangs mit Räumen und Dingen, nach der Art und Weise wie Wohnalltag gestaltet wird. Wohnen ist dementsprechend strukturiert durch

9 Selle, Gerd/Boehe, Jutta: Leben mit den schönen Dingen. Hamburg 1986, S. 49ff.
10 Patzelt, Werner J.: Grundlagen der Ethnomethodologie. Theorie, Empirie und politikwissenschaftlicher Nutzen einer Soziologie des Alltags. München 1987. Siehe auch die Arbeiten von Goffman, Erving: Die Territorien des Selbst; in: Goffman, Erving: Das Individuum im öffentlichen Austausch. Frankfurt/M. 1982, S. 54-96.

bestimmte Raumaneignungsstrategien[11] und Rituale, die einerseits individuell, andererseits aber spezifischen, einer bestimmten kulturellen Gruppe eigenen Regeln folgen. Zu solchen in festen Mustern codierten Handlungsvollzügen, die die Ethnomethodologie "accounts"[12] nennt, gehört die Belegung von Plätzen durch Dinge und Menschen, aber auch das gemeinsame Essen der Familie am Abend, der Tagesschautermin oder der mittägliche Schlaf im Wohnzimmer. Statt allgemeine Aussagen über die Tätigkeiten in einer Wohnung zu machen, lassen sich mit einer solchen Betrachtungsweise die situative Bedingtheit von Handlungen und Raumnutzung und deren Bedeutung für die Handelnden sehr viel differenzierter klassifizieren. In den Interviews haben wir deshalb immer nach Tagesablauf und Schilderung der einzelnen Vorgänge gefragt. Eine Systematisierung des Konzepts steht bisher allerdings noch aus.

3. Zum Handlungskomplex des Wohnens gehört schließlich unserer Ansicht nach auch die Hausarbeit, das Pflegen, Einrichten und Schmücken der Wohnung. So ist es nur logisch, daß wir als drittes nach der Hausarbeit fragen[13] und natürlich auch nach deren partnerschaftlicher Teilung bzw. deren Bedeutung für die Raum- und Dinganeignung. Um den Zusammenhang von Wohnen, Beziehungsstruktur und Hausarbeit besser fassen zu können, haben wir unser Sample bewußt auf Paare mit Kindern eingeschränkt. Ob ein Paar mit oder ohne Kinder lebt, bildet einen entscheidenden Einschnitt nicht nur im Tagesablauf, sondern auch auf die Gestaltung von Wohnung und Wohnprozeß. Im Hinblick auf die Arbeitsteilung war uns darüber hinaus wichtig, Paare mit Kindern in verschiedenen Familienphasen zu untersuchen. Wir haben so einmal Paare mit Kleinkindern und Kinder mittleren Alters (bis 16 Jahre) interviewt. Zum anderen Elternpaare, deren Kinder bereits das Haus verlassen haben. Die Familien-Phase mit Kleinkindern fanden wir deshalb besonders interessant, weil viele Hausarbeitsstudien zeigen, daß nach der Geburt des ersten Kindes die Väter ihre vorherige Mitarbeit im Haushalt reduzieren[14]. Dies liegt nur teilweise daran, daß die Frauen

11 Daß und wie sich solche Aneignungsprozesse selbst in fremdbestimmten Arbeitsräumen vollziehen, beschreibt sehr schön Gustave Nicolas Fischer: Psychologie des Arbeitsraumes. Frankfurt/New York 1990, S. 66ff.
12 Patzelt: Grundlagen der Ethnomethodologie, S. 92ff.
13 Dies geschah zum Teil durch Fragebogen.
14 Rerrich, Maria S.: Balanceakt Familie: Zwischen alten Leitbildern und neuen Lebensformen. Freiburg 1988, S. 141ff. Metz-Göckel, Sigrid/Müller, Ursula: Der Mann. Die Brigitte-Studie. Weinheim und Basel 1986, S. 53ff.

ihre eigene Erwerbstätigkeit einstellen, dasselbe Phänomen gibt es auch bei berufstätigen Müttern[15]. Eine weitere für das Wohnen wesentliche Familienphase ist die Zeit, in der die Kinder ausziehen bzw. gerade ausgezogen sind, und sich für die Eltern die Frage stellt, wie sie sich in diesem "leeren Nest" - so der Terminus der Familienforschung - einrichten.

1. Methodik und Vorgehen

Zu unserem Vorgehen und zur Methodik: Diesem Projekt über Wohnen voran gingen zwei Theorieseminare zum Thema "Weibliche Raumaneignung" und "Hausarbeit und Haushalt". Wir haben also versucht, von Anfang an mehr als nur Wohnungsgestaltung und Wohn-Inventar in den Blick zu bekommen. Die noch laufende Datenerhebung geschieht auf drei Ebenen: Einmal führen wir themenzentrierte qualitative Interviews zur Raumnutzung und symbolischen Zuordnung von Räumen durch. Neben diesen narrativen Interviews benutzen wir einen standardisierten Fragebogen, der die sozialen Strukturen eines Haushalts, den Wohnungstyp und die Größe, sowie die Anschaffung der Möbel und die genaue Aufteilung der Hausarbeit erfaßt. Des weiteren nehmen wir die Grundrisse der Wohnungen auf und versuchen, die Einrichtung photographisch zu dokumentieren. Die Idee der detaillierten Aufnahme der Wohnungsausstattung haben wir angesichts der Massen von Gegenständen, die heute in einem gewöhnlichen Haushalt zu finden sind, aufgegeben.

Die Interviewphase ist noch nicht ganz abgeschlossen, so daß unsere hier vorgetragenen Ergebnisse als vorläufige Teilauswertung zu betrachten sind. Wir argumentieren auf einer Basis von insgesamt 37 Interviews, die 24 Haushalte repräsentieren, die Hälfte davon sind sog. "Leere Nest-Gespräche". Da das Projekt noch in der Arbeitsphase ist, gehen in die vorliegende statistische Auswertung nur 21 Haushalte ein. Die Interviews sind entweder mit beiden Partnern geführt oder mit einer bzw. einem Angehörigen des Haushalts. Wir hatten zum Teil Schwierigkeiten, die Männer zu einem Interview über Wohnungsnutzung zu bewegen, da sie sich für dieses Thema nicht zuständig fühlten. Die

---

15 Szemkus, Karol: Geburt des ersten Kindes und Übernahme der Elternrollen; in: Braun, Hans/Leitner, Ute (Hg.): Problem Familie - Familienprobleme. Frankfurt/M. 1976, S. 51-61, bes. S. 54f.

Interviewpartner und -partnerinnen haben wir wesentlich über das Schneeballsystem rekrutiert. Ein Feldeinstieg über Organisationen wie z.b. die Gewerkschaften oder den Hausfrauenbund hat gezeigt, daß eine gewisse Scheu besteht, fremden Forscherinnen die Intimsphäre der "Wohnung" detailliert offen zu legen. Unser Sample weist so ein deutliches Übergewicht im Bereich der Mittelschichten auf, darunter auch drei Studierende, zum Teil im zweiten Bildungsweg. Eine andere Gruppe (rund 40%) der Interviewten kommt aus einem eher kleinbürgerlichen, bäuerlich-handwerklichen oder aus dem Facharbeiter-Milieu.

Da wir bei qualitativen Interwiews nur bedingt statistische Repräsentativität und ein entsprechend umfangreiches Sample anvisieren, sehen wir diese Mittelschichtslastigkeit nicht als Problem. Im Gegenteil, sind es diese Gruppen, die bei der Entwicklung neuer Lebensformen oft Leitfunktionen[16] übernehmen.

2. Zum Zusammenhang von Hausarbeit und Raumaneignung

Ein Ziel unseres Projektes ist, Hausarbeit als Teil des Wohnprozesses zu sehen. In der bisherigen Diskussion um Hausarbeit dominiert meist eine Perspektive, die vom gesellschaftlichen Vergleich von Haus- und Erwerbsarbeit ausgeht[17]. Kritisiert wird die soziale Geringschätzung der unbezahlten Hausarbeit, während gleichzeitig deren vielseitiger Charakter hervorgehoben wird[18]. Als Ehefrau ist die Frau für die physische und psychische Regeneration des Mannes verantwortlich, als Mutter schließlich sorgt sie für die generative wie soziale Reproduktion der Familie. Damit übernimmt sie wesentliche gesellschaftliche Fürsorge-

---

16 Ich denke hier an den bürgerlichen Wohnstil, das Entstehen der Stube etc. Vgl. Kanacher, Ursula: Wohnstrukturen als Anzeiger gesellschaftlicher Strukturen. Eine Untersuchung zum Wandel der Wohnungsgrundrisse als Ausdruck gesellschaftlichen Wandels von 1850 bis 1975 aus der Sicht der Elias'schen Zivilisationstheorie. Frankfurt a.M. 1987.

17 Kontos, Silvia/Walser, Karin: "... weil nur zählt, was Geld einbringt." Probleme der Hausarbeit. Belnhausen/Berlin/Stein 1979. Ostner, Ilona: Beruf und Hausarbeit. Die Arbeit der Frau in unserer Gesellschaft. Frankfurt a.M./New York 3. Aufl. 1982.

18 Bock, Gisela/Duden, Barbara: Arbeit aus Liebe - Liebe als Arbeit. Zur Entstehung der Hausarbeit im Kapitalismus; in: Frauen und Wissenschaft. Beiträge zur Sommeruniversität 1976. Berlin 1977, S. 118-199. Oakley, Ann: Soziologie der Hausarbeit (1974). Frankfurt a.M. 1978. Pross, Helge: Die Wirklichkeit der Hausfrau. Reinbek 1975.

und Sozialisationsfunktionen. Hausarbeit läßt sich so als ein einseitiges Herrschafts- und Ausbeutungsverhältnis beschreiben, in dem der Mann und die Kinder von der Arbeit der Frau profitieren. Und ähnlich sieht es ja auch die feministische Diskussion der letzten Jahre[19]. Von der Seite des Wohnens her betrachtet und unter dem Aspekt der symbolischen Raumaneignung sieht die Sache allerdings etwas differenzierter aus.

Hausarbeit als Gestaltung und Pflege der Wohnung ist immer auch eine Form der Aneignung. Dies wird besonders deutlich im ästhetischen Bereich, im Stil der Wohnung, der häufig von den Frauen geprägt ist. Frauen haben oft (vor der gemeinsamen Kaufentscheidung) die Küchen und Möbel vorausgesucht, sie entscheiden über Tapeten oder den Wandschmuck. Indem sie die Wohnung "schön" und "gemütlich" einrichten, bestimmen sie maßgeblich Aussehen und Wohnqualität. Fast überall in den Wohnungen sind Gegenstände präsent, zu denen die Frauen eine besondere Beziehung haben. Vor allem Dinge mit ästhetisch hohem Signalwert, d.h. Bilder oder Nippes sind Eigentum der Frauen oder von ihnen ausgewählt. Eine Frau bemerkt knapp: "..., das Ausschmücken der Räume, das ist so mein Ding" (502-12)[20] oder "für's Dekorative bin ich zuständig" (803-13). Eine andere meint: "Ja das sind Bastelarbeiten von mir, die ich da hängen habe, was eben meine Sachen sind. (Die) Elefanten (hier), dieser Strauch mit den Kugeln dran und die Kränze." Auf die Frage, ob die jemand verrücken darf, reagiert die Interviewpartnerin eigen: "Ne, eigentlich nicht. Da bin ich eigentlich ein bißchen eigen mit, auch mit meinen Sachen. ... Das weiß auch jeder, da darf keiner ran." (201-8f) An einer anderen Stelle sagt dieselbe Frau über

19 Janssen-Jureit, Marielouise: Sexismus. Frankfurt a.M. 1970 (Arbeitsteilung S. 355ff, Heldentat und Hausarbeit, S. 373-388). Beer, Ursula: Theorien geschlechtlicher Arbeitsteilung. Frankfurt a.M./New York 1984. Beer, Ursula: Unentgeltliche Arbeit im Lebenszusammenhang von Frauen und deren Reflexion in den Sozialwissenschaften; in: Sektion Frauenforschung in der DGS (Hg.): Frauenforschung. Beiträge zum 22. Deutschen Soziologentag. Frankfurt a.M./ New York 1985, S. 22-39. Blasche, Margret: Über Formen der Privatarbeit und ihre individuelle und gesellschaftliche Bedeutung; in: Kreckel, Reinhard (Hg.): Soziale Ungleichheiten. Göttingen 1983, S. 255-275. Siehe auch die Titel in den beiden vorhergehenden Anmerkungen.
20 Die Interviewnummern sind jeweils hinter den Zitaten eingefügt, so daß ein Nachweis der Belegstellen möglich ist. Wir hoffen, daß dies das Lesen nicht allzusehr beeinträchtigt.

ihren Mann: "Das akzeptiert er alles so, wie ich das gemacht habe. Das sind alles meine, auch die ganzen Nippfiguren auf dem Schrank."

Im Unterschied dazu fühlen sich Männer nur für die Gestaltung ihres ganz persönlichen Bereiches zuständig: "... für mich ist halt nur wichtig mein Bereich. Also im Prinzip die Sachen, für die ich verantwortlich bin und die mir gehören." (503-11).

Ein anderer Mann, ein Landwirt, überläßt alle Geschmacksfragen seiner Frau. "Ja also von der Einrichtung her, habe ich nicht viel, ja wie soll ich sagen, nicht viel Sinn für die Einrichtung gewisser Räume. Sei es nun der Flur oder das Wohnzimmer. Das liegt also eher an Sabine oder Sabines Zutun. Sie macht eben ihre Bilder dort ran und kümmert sich vorwiegend um Tapeten. Selbstverständlich werde ich auch dazu gefragt, aber vielleicht habe ich nicht den rechten Geschmack." (902M-5)[21].

Nur *ein* Mann in unserem bisherigen Sample dominiert den gemeinsamen Wohnstil. In diesem Fall handelt es sich um einen Akademiker, der 20 Jahre älter ist als seine Frau und sich mit ererbten antiken Möbeln im Haus seiner Mutter eingerichtet hat.

Diese "Zurückhaltung" der Männer bei der Gestaltung der Wohnung läßt sich auch bei der Beteiligung an der Hausarbeit beobachten[22]. Das Ergebnis der standardisierten Befragung zur Arbeitsteilung modifiziert teilweise die Aussagen in den Interviews. Da wir im Fragebogen danach fragen, wer welche Tätigkeiten *überwiegend* übernimmt, wurde bei den meisten Hausarbeiten die Frau angegeben. Das Ergebnis war für uns insofern überraschend, als in den 21 vorläufig ausgewerteten Haushaltsfragebögen z.B. das Kochen der Hauptmahlzeit ausschließlich Sache der Frauen ist. Nur ein Paar gab an, daß sie gemeinsam kochen. Gemeinsame Vorbereitung von Frühstück und Abendbrot scheint dagegen verbreiteter zu sein; von den genannten 21 Haushalten wird in 9 das Abendbrot zusammen und in 8 Haushalten das Frühstück gemeinsam gemacht. In 5 Fällen sorgen die Männer sogar allein für ihre morgendliche Mahlzeit.

---

21 Ähnliches berichtet auch Tränkle. Eine Ausnahme bilden bei ihr nur Männer in Berufen, die mit Wohnungsgestaltung zu tun haben, Architekten, Designer, Ingenieure. Tränkle: Wohnkultur und Wohnweisen, S. 42.

22 Auszählung im Folgenden Erika Wackerbarth und Hannelore Koch. Vgl. auch Thiessen, Victor/Rohlinger, Harald: Die Verteilung von Aufgaben und Pflichten im ehelichen Haushalt; in: KZfSS 40 (1988), Hf. 4, 640-658. Oakley: Soziologie der Hausarbeit. Und Pross, Helge: Die Wirklichkeit der Hausfrau. Reinbek 1975. Metz-Göckel/Müller: Der Mann, S. 49 ff.

Beim Abwaschen, Bügeln, Putzen und Waschen indessen gibt es jeweils nur einen Haushalt, in dem dies überwiegend der Mann macht, ansonsten fällt dies in den Kompetenzbereich der Frauen. Gemeinsam wird nur in fünf Haushalten abgewaschen, dreimal teilen sich die Partner ins Waschen, ebenso oft ins Putzen. Die klassischen Hausarbeiten werden also heute noch "überwiegend" von den Frauen erledigt. Besonders das Bügeln scheint (mit einer Ausnahme (501)) die Domäne der Frau zu sein. Frauen sind deshalb auch diejenigen, die die Wäsche und Kleidung in die Schränke räumen und damit "ihre" Ordnung in der Wohnung etablieren. Welches Konfliktpotential dies birgt, werden wir später noch zeigen.

Dort, wo Geräte eingesetzt werden können, wie beim Staubsaugen oder beim Wäschewaschen, werden diese Tätigkeiten eher einmal von Männern übernommen. Als ausgesprochene Männeraufgaben werden vor allem Reparaturarbeiten genannt und schließlich das Rasenmähen. Gartenarbeit wird dagegen als gemeinsame Aufgabe beschrieben ebenso wie das Einkaufen. In mehr als der Hälfte der Fälle wird gemeinsam eingekauft, und in 5 Haushalten übernehmen dies sogar überwiegend die Männer. Auffällig ist in unserem Sample, daß bei den jüngeren Paaren unter 40 mehr Arbeiten gemeinsam erledigt werden, als dies bei den älteren Ehepaaren in der leeren Nest-Phase der Fall ist. Als Fazit könnte an dieser Stelle gesagt werden, daß jüngere Männer sich tendenziell mehr an der Hausarbeit beteiligen als Angehörige der älteren Generation. Bei Arbeiten, die allerdings einen erheblichen manuellen Aufwand erfordern (der nicht durch Haushaltsgeräte vermindert werden kann), bewahren auch die jüngeren Männer eine gewisse Zurückhaltung. Den Männern kommt es so nicht ungelegen, wenn die Frauen sie von der Küche oder dem Hausarbeitsraum fernhalten, wie dies ein Mann schildert: "Ja, sie sagt auch, das ist mein Bereich, und (sie) wirft mich dann auch manchmal raus" (504). Die Arbeit der Frau legitimiert damit eine spezifische räumliche und symbolische Dominanz in der Wohnung. Auch Fürsorge ist Machtausübung. Dies erscheint uns ein wichtiges Ergebnis zu sein, denn es erklärt, warum sich Frauen trotz der isolierten Situation als Hausfrau und der monotonen, sich ständig wiederholenden Arbeit doch mit ihrer Hausfrauenrolle identifizieren. Prozesse der symbolischen Aneignung von Räumen und Dingen stehen so in einem gewissen Kontrast zum Bild der häuslichen Geschlechterordnung, wie sie sich aus einer Analyse der Arbeitsteilung und der sozioökonomischen Stellung der Frau erschließt. Dies nur als Kompensation oder als

Ersatzfunktion für ein nicht vorhandenes befriedigendes außerhäusliches Leben zu sehen, wie dies Tränkle tut, scheint uns zu kurz zu greifen[23].

3. Die Küche: Immer noch die Domäne der Frau?[24]

Wenn wir nach ausgesprochenen Domänen der Frauen fragen, dann fällt als erstes natürlich die Küche ins Auge. Auch wenn beide Partner darin arbeiten, zeigt sich die Zuordnung zur Frau deutlich im Sprachgebrauch der Interviewpartnerinnen. Immer wieder tauchen Formulierungen auf wie: "... ich habe sie (die Küche) ja auch entsprechend ausgewählt." (501-14) oder "... am Herd habe *ich* ein neues Kochfeld bekommen, ..." (901-1). Teilweise erfolgt die Zueignung durch ein schlichtes Possessivpronomen, die Frauen sprechen von : "... meiner Küche ... meiner Spüle ..." (201-1). Andere differenzieren zwar sehr genau zwischen Arbeitsplatz und Besitz, dennoch machen sie deutlich, daß die Küche eigentlich doch ihr Gebiet ist: "Also es ist mein, *ein* Arbeitsraum von mir. Aber es ist jetzt nicht meine Küche." Dieselbe Frau sagte vorher: "Also ich teile den Raum gerne mit anderen, aber es ist wohl eher mein Raum" (504-17). In der Regel sind die Zuordnungen aber eindeutig: "Also die Küche ist schon mehr mein Bereich. Also wo ich mehr zu sagen hab'" (201-4).

Diese Aussagen werden noch unterstützt von der Tatsache, daß das Kochen, die zentrale Tätigkeit in der Küche, fast ausschließlich den Frauen obliegt. Wie bereits gesagt, wechselt sich in den bisher statistisch ausgewerteten 21 Haushalten nur ein Paar regelmäßig beim Kochen ab; 20 mal ist dies die Aufgabe der Frau. Lediglich das Frühstück wird häufiger von Männern gemacht, einige wenige kochen hin und wieder am Wochenende[25].

Überhaupt zeigten die männlichen Interviewpartner durch unpersönliche Ausdrücke wie z.B.: "... die Küche ... in einer Küche ..." (502-10) ein eher distanzierteres Verhältnis zu diesem Raum. Dieses Bild

23 Tränkle argumentiert hier noch auf der Basis der frühen feministischen Diskussion (u.a. Betty Friedan: Der Weiblichkeitswahn oder Die Mystifizierung der Frau. Hamburg 1970; Siebenschön, Leona: Ehe zwischen Trieb und Trott: Eine frivole Soziologie. Frankfurt und Hamburg 1970). Vgl. Tränkle: Wohnkultur und Wohnweisen, S. 44.
24 Hannelore Koch, Erika Wackerbarth
25 Interviews 702-2, 501 und 503.

bestätigt sich auch in den verschiedenen Raumaneignungs-Strategien der beiden Geschlechter. So nehmen die männlichen Befragten vor allem über technische Geräte Einfluß auf die Ausstattung der Küche. Es hat sich beispielsweise gezeigt, daß Maschinen gerade dann gekauft werden, wenn der Mann sich davon eine Arbeitserleichterung versprach: "Wir haben die also schon seit 1984 auf Wunsch meines Ehemannes. Der hat die damals angeschafft. Weil meine Examensarbeit ... anstand. Er hatte keinen Bock damals, sieben Wochen abzuwaschen. ..., da war das 'ne Entscheidung von drei Minuten, die Spülmaschine anzuschaffen" (702-8)[26].

In diesem Zusammenhang kann außerdem festgestellt werden, daß verstärkt Männer daran interessiert sind, ein Radio in der Küche zu haben und dieses dann auch gerne nutzen.

Bei den weiblichen Befragten vollzieht sich die Raumaneignung dagegen vorwiegend durch die Erstellung der inneren Organisation: "Ja, also es ist auch meine Ordnung hier. Ich hab' den Dingen irgendwie auch den Platz gegeben" (504-17). Darüber hinaus sind Frauen daran interessiert, der Küche durch dekorative Elemente, die sie zum Teil selbst fertigen, einen wohnlichen Charakter zu geben: "... ich habe den Lampenschirm selber gehäkelt" (901-4), sagt eine Interviewpartnerin stolz. Das Bedürfnis nach einer wohnlichen Küche findet seinen Grund in der multifunktionalen Nutzung dieses Raumes. Die Küche ist für viele der befragten Familien tagsüber der Haupt-Aufenthaltsraum in der Wohnung. Hier findet ein Großteil der Hausarbeit und der Kinder-erziehung statt. Beim Arbeiten betreut die Mutter gleichzeitig die Kinder beim Spielen oder bei den Hausaufgaben (901F-5).

Wenn die Größe der Küche es erlaubt, essen die meisten Familien mit kleinen Kindern auch wegen des Schmutzes lieber in der Küche. In unserem Sample nimmt mehr als die Hälfte der Interviewten die ge-meinsamen Mahlzeiten in der Küche ein[27]. Dieses Verhalten wie über-haupt die Nutzung bestimmter Räume ist relativ unabhängig von der Raumgröße, dagegen stark bestimmt von der sozialen Funktion. Selbst

---

26 An dieser Stelle sollte angemerkt werden, daß Anfang 1991 58% aller Arbeit-nehmer-Haushalte (in den alten Bundesländern) mit einer Geschirrspülmaschine ausgestattet waren. 100% verfügten über einen Staubsauger, 98% über eine eigene Waschmaschine, 79% über einen Kühlschrank bzw. 73% über Tiefkühl-gerät. Quelle: Globusgrafik nach den Angaben des Statistischen Bundesamtes. Bonn 1991.

27 Interviews 201/501/503/701/702/901-13.

in kleine, von den Architekten sicher monofunktional konzipierte Küchen quetschen die Familien oft noch einen Tisch oder eine Sitzecke[28]. Ein gesondertes Eßzimmer haben nur wenige der Haushalte[29]; häufig ist im Wohnzimmer ein Teil als Eßbereich definiert und durch entsprechende Möblierung vom übrigen Raum abgegrenzt.

In der Küche gibt es bei fast allen Familien eine feste Sitzordnung[30]: "Die wird auch immer eingehalten, da darf nicht dran gerüttelt werden", sagt eine der Gewährsfrauen. Zwei Gesichtspunkte spielen bei der Sitzverteilung eine Rolle, einmal die Beaufsichtigung der Kinder, zum andern die Position gegenüber Herd, Kühlschrank und Spüle. Frauen nehmen strategisch ganz gezielt entweder den Platz ein, von dem aus sie am leichtesten aufstehen können. "Und mein Platz ist eben immer da, weil ich dann eben schnell zum Waschbecken springen kann und was holen, oder irgendwas wegstellen". Eine jüngere, selbstbewußte Frau setzt sich beim Abendbrot gezielt so, daß ihr tagsüber anwesender Mann näher bei den Kindern sitzt und, wie die Frau sagt, "eben das Brot mal schmiert und ... eben stärker (solche Arbeiten) übernimmt" (503-13). Familien, die in der Küche essen, empfangen dort auch meistens engere Bekannte und Freunde. "Ich sitze leidenschaftlich gern in der Küche", sagt eine Interviewpartnerin (503); eine andere bezeichnet die Küche gar "als den Mittelpunkt der Wohnung" (1002-6).

---

28 Dieses Bedürfnis nach einer "Wohnküche" steht im Gegensatz zu den Rationalisierungsbestrebungen im Wohnungsbau seit den 20er Jahren. Noch bis in die jüngste Vergangenheit wurde für eine reine Koch- und Arbeitsküche plädiert, was aber auf massive Widerstände bei vielen Frauen stieß (und auch heute noch stößt), da sich mit der Entfernung des Eßtisches aus der Küche und der Verkleinerung der Küche die Kommunikationsmöglichkeiten für die Frauen reduzierten und diese während ihrer Arbeit von den anderen Familienmitgliedern isoliert waren. Gegenwärtig geht der Trend deshalb wieder zur größeren (Wohn-)Küche bzw. zu einer zum restlichen Wohnbereich hin geöffneten Küche. In den Entwürfen feministischer Architektinnen steht die offen konzipierte Küche deshalb bewußt im Zentrum der Wohnung. Vgl. Warhaftig: Neue Lebensformen - neue Wohnformen, S. 270-284. Zur Geschichte der Küche siehe Scheid: Die Küche - Die Fabrik der Hausfrau, S. 124-141, S. 128 und 137.

29 Das Vorhandensein von Eßzimmern hat nicht nur etwas mit der Haus- oder Wohnungsgröße zu tun, sondern auch mit dem Grad der Etablierung eines Haushalts und dem Familienzyklus. Anteilig haben so die leeren Nest-Haushalte am häufigsten ein gesondertes Eßzimmer.

30 Detailliert geschildert in den Interviews 201-2, 501f-8/14/15, 503f-13, 701-1, 702-3, 702-7, 802, 901f-2.

Das Wohnzimmer dagegen wird meist am Nachmittag und abends benutzt und vormittags höchstens geputzt. Im Wohnzimmer ist die Sitzordnung nicht ganz so festgelegt wie in der Küche. Hier teilt sich der Vater manchmal mit den Kindern den Fernsehsessel. Diese nutzen ihn, um Sesamstraße zu sehen, er für die Nachrichten. Im Wohnzimmer wird außer Fernsehen je nach Bedürfnis geschlafen oder gelesen und Musik gehört. Letzteres übrigens trotz CD-Anlagen in vielen Familien relativ selten. Während die Männer im Wohnzimmer ausspannen, ist das Wohnzimmer für die Frauen auch Arbeitsraum. Die meisten nähen oder bügeln beim Fernsehen.[31]

4. Wieviel Platz hat der Mann in der Wohnung?[32]

Angesichts der wenigen Handlungsbereiche, in denen wir Männer in der Wohnung verorten konnten, hat sich uns die Frage gestellt, wieviel Platz Männer eigentlich in der Wohnung zukommt. Sie haben wie bereits gesagt ihren festen Platz am Eßtisch; häufig wird ihnen auch die Garage zugeordnet und der Hobby- und Bastelkeller. Dennoch wirken einige der Männer wie "Gäste" in der Wohnung. Ihnen steht vor allem jenes Zimmer offen, in das auch Gäste geladen werden, nämlich das Wohnzimmer. Hier findet überwiegend ihre physische Regeneration statt. Mit wenigen Ausnahmen haben die Männer im Wohnzimmer einen festen Fernsehplatz. Auch ihren Mittags- oder Nachmittagsschlaf halten sie hier auf der Couch oder im Fernsehsessel. Im Schlafzimmer schließlich haben die Männer ihr Bett und jeweils eine Schrankhälfte mit ihren Kleidungsstücken. Meist gibt es noch einen kleinen Schrank im Wohnzimmer oder in einem anderen Raum, in dem männertypische Dinge wie Fotoapparate oder Pfeifen aufbewahrt werden. Teilweise ist dieser Schrank identisch mit dem Nachttisch, in dem bei einigen Männern unten die Socken und oben private Papiere, Fotos, Erinnerungsgegenstände etc. liegen.

Wie wir festgestellt haben, ist die räumliche Präsenz des Mannes in einer Wohnung von zwei Faktoren bestimmt, vom Beruf und noch mehr von der sozialen Herkunft. In Arbeiter-, Handwerker- oder Bauernhaus-

---

31 Ausführlich zum Wohnzimmer äußert sich die Projektgruppe in dem Artikel "Die innere Ordnung der Wohnung"; in: Rheinische Zeitschrift für Volkskunde, 1992 (im Druck).
32 Carola Lipp

halten reduzieren sich die Orte des Mannes auf die genannten Plätze. In diesen Schichten werden auch die Einrichtung der Wohnung und Geschmacksfragen am häufigsten an Frauen delegiert. Mit dem Bildungsniveau und mehr noch mit akademischen Berufen steigt die Zahl der Räume und Dinge, die von Männern symbolisch besetzt werden.

5. Räume von Männern und Frauen: das Problem der Arbeitszimmer[33]

Unsere Ergebnisse, die auf der Erhebung von Nutzungs- und Handlungsstrategien in der Wohnung beruhen, unterscheiden sich hier wesentlich von anderen Studien, die wie Pallowski bei Mittelschichts- und Akademikerpaaren nach der Verfügung über Raum fragen und dann das Vorhandensein eines Arbeitszimmers des Mannes als Ausdruck der männlichen Raumdominanz interpretieren. Für Pallowski ist die "räumliche Parität" ein Indikator für die "Egalität der Beziehungen"[34]. In ihrem Sample haben die Männer alle ein Arbeitszimmer, während die Frauen entweder nur über einen Arbeitsplatz in einem Durchgangsraum bzw. integriert in andere Räume verfügen, oder das Schlafzimmer als Rückzugsraum nutzen können. Inwieweit dies mit Bescheidenheit zu tun hat oder eher für offene Grenzen bzw. Kommunikationsstrukturen und damit aber auch für eine Kontrolle des Wohnraumes steht, bliebe zu diskutieren.

In der gängigen Literatur zur Wohnkultur wird der eigene Raum bzw. das Arbeitszimmer wenig thematisiert. Die großen Wohnuntersuchungen von Tränkle[35] und Silbermann[36] gehen nicht auf das Arbeitszimmer ein. Silbermann erwähnt es lediglich unter dem Stichwort "Spezialraum", als Raum, der ausschließlich einer Person zugeschrieben ist. Die Einrichtung dieser Spezialräume (neben dem Arbeitszimmer nennt er Haushalts-, Hobby- und Freizeitraum, Gymnastik- und Musikzimmer und Fotolabor) interpretiert Silbermann als "Befriedigung des anwachsenden Bedürfnisses nach Individualräumen und/oder funktionsseparierten Räumen"[37], wie sie vor allem in Mehr-Personen-Haushalten artikuliert werden.

33 Barbara Schlunk-Wöhler, Marion Tack
34 Pallowski: Parität oder Polarisierung, S. 284.
35 Tränkle: Wohnkultur und Wohnweisen.
36 Silbermann, Alphons: Neues vom Wohnen der Deutschen (West). Köln 1991.
37 Silbermann: Neues vom Wohnen, S. 133.

In unseren eigenen Untersuchungen haben wir festgestellt, daß die Frage, ob Männer und Frauen einen eigenen Raum haben, häufig abhängig ist von ihrer beruflichen Situation: Wer ein Büro oder einen Schreibtisch an seinem Arbeitsplatz hat, braucht zu Hause nur dann ein Arbeitszimmer, wenn er sich auch Akten oder Unterlagen mit nach Hause nimmt. Dies ist häufig bei Akademikern der Fall. Von den befragten Männern haben denn auch vor allem Uni-Angehörige (Studenten, Doktoranden und Lehrende), aber auch ein Arzt und ein Journalist zu Hause ein Arbeitszimmer. Eine andere Variante, die wir vorgefunden haben, sind kombinierte Büro- und Hauswirtschaftsräume, die vor allem für landwirtschaftliche Betriebe und für Handwerkerhaushalte typisch sind.

Bei Frauen differenziert sich dieses Bild etwas: Ähnlich wie bei den Männern haben Frauen in der Ausbildung, im Studium oder aus beruflichen Gründen einen eigenen Raum. In unserem Sample sind dies 6 Frauen. Zudem gibt es Hausfrauen, die ihr eigenes Zimmer haben.

Wie sehen nun die Räume von Männern und Frauen aus? Männer halten sich hauptsächlich zum Arbeiten in ihren Zimmern auf. Die Räume, die sie fast alle selbst eingerichtet haben, sind alle mit Schreibtisch und Regalen ausgestattet, was den Arbeitsplatzcharakter des Raumes hervorhebt. Die meisten Männer bewahren Bücher, Akten mit Unterlagen und Dokumenten[38] in ihrem Zimmer auf. In einigen Arbeitszimmern stehen Computer (503, 701).

Dieser funktionale Einrichtungsstil wirkt auf den ersten Blick eher unpersönlich und erinnert an Büroräume. Bei genauerem Hinsehen finden sich dann doch persönliche Dinge. Fast jeder Mann hat Fotos, Plakate oder ein geliebtes Möbelstück in seinem Zimmer. Im Arbeitszimmer eines erst gerade promovierten Journalisten hängen Karten und Fotos der Ehefrau an den Wänden. Dazu bemerkt die Frau: "Das Zimmer wurde ... von K.E. eingerichtet, weil er sich dort aufgehalten hat. Also ich habe nichts aufgehängt; da habe ich nur die Bücher mit einsortiert. Und das sind halt so Sachen, die ihm was bedeuten, seien es die Plakate oder die Bilder. Und es sind mehrere Bilder von mir dort zu finden, ... am Computer oder über dem Schreibtisch...." (701-31).

Auch Sammelobjekte, z.B. Steine (503), werden im Arbeitszimmer aufbewahrt, ebenso Erinnerungsgegenstände wie die Gitarren eines Studenten (503), der früher in einer Band gespielt hat. Solche Memorial-

38 Interviews 503, 504, 701, 905, 907.

objekte stehen für wichtige Lebensphasen und Zäsuren. Ein Student, der gelernter Tischler ist, besitzt noch immer eine Truhe, die er in seiner Lehrzeit als Gesellenstück angefertigt hat. Dieses Möbel verkörpert für ihn eine Phase seiner individuellen Entwicklung, aber auch zugleich seine Beziehungsgeschichte, denn in dieser Zeit hatte er seine Familie vernachlässigt, und es gab entsprechende Konflikte (503).

Im Hinblick auf die Gestaltung der Räume läßt sich nur bei wenigen Männern ein bewußter Stilwille, ein gezieltes Dekorieren feststellen. In einigen Fällen gehören ihnen nicht einmal die Möbel ihres Zimmers bzw. stehen lediglich Sportgeräte in den Räumen. Frauen durchbrechen mitunter den sachlich-funktionalen Einrichtungsstil der Männer, indem sie Pflanzen in deren Zimmer stellen mit der Folge, daß diese eingehen, weil der Mann vergessen hat (701), sie zu gießen.

Generell kann festgestellt werden, daß das Arbeitszimmer des Mannes ein heiliges Refugium darstellt; selten hat es multifunktionale Bedeutung. Dem Hobby wird im Keller nachgegangen (905, 504, 502). Männer haben offenbar keine Schwierigkeiten, sich von der Familie abzugrenzen; sie praktizieren dies ja bereits durch die berufsbedingte Abwesenheit. Kindern wird deshalb schon früh beigebracht, sich vom Zimmer des Vaters fernzuhalten: "Sie sind halt angewiesen worden, also von beiden Seiten, nicht nur von mir, sondern auch von Heidi. (...) Und ich (habe) auch Wert (darauf) gelegt ..., daß ich meine Sachen hier auch mal eben verteilen kann. (...), daß sie sich nur hier aufhalten, wenn ich das eigentlich auch erlaubt habe, und daß sie sich anders verhalten sollen als zum Beispiel im Kinderzimmer" (503).

Frauen haben viel größere Abgrenzungsprobleme. Sie tun sich schwer, ihre Forderungen nach einem eigenen Raum gegenüber der Familie oder gegenüber den Kindern durchzusetzen oder sich zu den eigenen Bedürfnissen zu bekennen. Eine Interviewpartnerin hatte z.B. "Schwierigkeiten", sich selbst "zuzugestehen, daß ... (sie) diesen Rückzugsbedarf einfach habe." (503) Sie fragte sich so: "Was bin ich für eine Mutter, die sich zurückzieht?" (503F-24), und lagert in ihrem Zimmer immer noch die Kinderspiele (503F-22) sowie die Tisch- und Bettwäsche der Familie (503F-10).

Auch wenn Frauen aus beruflichen oder Studiengründen einen eigenen Raum zur Verfügung haben, wird dieser oft mehrfunktional genutzt. Im Arbeitszimmer der oben erwähnten Studentin steht das gemeinsame Bett, in dem nicht nur das Ehepaar, sondern häufig auch die Kinder schlafen, die sich dort auch zum Spielen aufhalten (503).

In einem anderen Fall nutzt eine Auszubildende einen als Abstell-
zimmer gedachten Raum, der nicht beheizt werden kann, um dort zu
lernen und zu bügeln (702). In beiden Fällen läßt die räumliche Situation es nicht zu, daß die Frau einen Raum ausschließlich für sich alleine
hat. Die Räume der Frauen haben schon aufgrund ihrer Mehrfunktionali-
tät nicht die Atmosphäre eines sachlich gestalteten Arbeitszimmers, sie
sind eher gemütlich eingerichtet und werden ganz stark als emotionaler
Rückzugsraum genutzt. Eine Finanzwirtin beschreibt ihr Zimmer als
Arbeits- und Ruheraum, in den sie sich zurückziehen kann, um Papiere
zu sortieren, ihre Gewerkschaftsarbeit zu machen, zu lesen oder sich
einfach nur zu entspannen und das Alleinsein zu genießen. Eingerichtet
ist das Zimmer mit einem Schreibtisch, einem älteren Sofa, einem
"Omasessel" und einer alten Nußbaumkommode. "Da finde ich mich
irgendwie wieder und das gibt mir sehr viel." (501) Insgesamt fällt auf,
daß Frauen mehr und häufiger als Männer geliebte Gegenstände benennen und Dinge in der Wohnung besitzen, an denen ihr Herz hängt.

6. Konflikte und Wohnarrangements als Ausdruck von Beziehungs-
   strukturen[39]

Unterschiede in der Bewertung und im Umgang mit Dingen sind ein
häufiger Anlaß für Beziehungskonflikte im Alltag. Ein solcher tagtägli-
cher Kleinkampf entwickelt sich bei einem jüngeren Paar zum Beispiel
beim Tischdecken. Die Frau hat eine Vorliebe für ein besonderes, von
ihr gesammeltes Geschirr, an das sich viele Erinnerungen aus ihrer
Familie knüpfen. Obwohl der Mann weiß, daß seine Frau gerne von
diesem Geschirr ißt und auch eine bestimmte Tasse bevorzugt, deckt er
für sie am Abend regelmäßig ein Brett wie für alle anderen Familienmitglieder. Jedes Mal ersetzt sie das Brett dann stillschweigend, aber
konsequent durch einen der geliebten Teller. Der Mann hat keine
besondere Beziehung zu diesem Geschirr: "Also es ist nichts, was ich
vermissen würde, wenn es nicht da wäre" (503M-8).
   Konflikte im Umgang mit Dingen drücken meist auch Beziehungs-
und Rollenkonflikte aus. In unseren Interviews zeigen sich drei Formen
der Konfliktlösung im Wohnbereich: Das beschriebene tägliche, diffizile
Austragen von Konflikten, der Streit um Dinge oder gelungene Kom-
promisse.

39 Berit von Mirbach

Hier ein Beispiel für einen Streit: Eine Frau merkte, als sie gerade mit ihrem Freund zusammengezogen war, daß er die Handtücher beim Zusammenlegen viertelte. Sie war damals der Ansicht, daß gedrittelte Handtücher praktischer zu verstauen seien; außerdem hatte sie es so bei ihrer Mutter gelernt. Da der Mann den funktionalen Sinn des Drittelns nicht verstand, entwickelte sich aus dieser Differenz ein Streit. Im Nachhinein befragt, meint sie heute, es sei ihr damals nicht so sehr um die Platzersparnis gegangen, sondern um ihre "Hausfrauenehre" (503F-9), um die Anerkennung ihrer Kompetenz. Sie habe sich damals mit ihrer Methode zwar durchgesetzt, doch inzwischen sei die Strenge beim Zusammenlegen etwas aufgeweicht und beide viertelten nun "auch schon mal". Als Grund für die größere Toleranz gab die Frau an, daß sie jetzt nicht mehr so stark auf ihrer Hausfrauenehre bestehen müsse, weil sie inzwischen wie ihr Mann studiere.

Ein Beispiel für einen kongenialen Beziehungskompromiß ist der im folgenden geschilderte Kauf eines "Stubentisches" (502F-9). Die Frau hatte sich einen kleinen runden Tisch gewünscht, den man bei Bedarf ausziehen konnte. Der Mann wollte einen größeren, höhenverstellbaren, rechteckigen Tisch zur "praktischen" Allzwecknutzung (502M-3). Der gefundene Kompromiß sieht blattförmig aus, ist halb rund und halb eckig, eine Lösung, die offensichtlich beide Partner zufriedenstellt (502F-9, 502M-3).

Obwohl es in den genannten drei Fällen um unterschiedliche Konflikte um ein nicht akzeptiertes Bedürfnis des Partners, um einen Rollenkonflikt und drittens um eine Geschmacksdifferenz geht, drücken sich diese jeweils als Wohnkonflikte aus und werden über Dinge ausagiert. Umgekehrt können Wohnarrangements Beziehungsstrukturen ausdrücken. Das Bedürfnis nach Nähe schlägt sich z.B. auch in einer bestimmten Form der Raumnutzung nieder, wie das folgende Beispiel zeigt, wo eine Raumveränderung erst den Verlust bzw. den emotionalen Sinn des vorherigen Wohnverhaltens deutlich werden läßt.

Nachdem ein Ehepaar seinen gemeinsamen Arbeitsraum für das Kinderzimmer aufgeben mußte, entdecken beide, daß ihnen die neue Raumstruktur Möglichkeiten des Zusammenseins genommen hat. "Jeder macht seinen Kram und ist trotzdem irgendwie da", beschreibt der Ehemann die frühere Raumnutzung. "Das war eigentlich immer schön ..., wo wir gemeinsam etwas machen können, (und) jeder doch irgendwas für sich macht" (502M-16,17). Inzwischen hat sich dieses Zusammensein auf das Schlafzimmer verlagert, wo der Mann seinen Arbeitsplatz eingerichtet hat. Die Frau beschreibt das so: "Ich lese hier ab und zu, wenn N.

abends am Computer sitzt, weil (wir) beide immer nicht so gerne alleine in einem Zimmer sein mögen" (502F-10). Diese Lösung findet der Mann nicht befriedigend: "Früher haben wir jeder so unsere Tätigkeit machen können, und trotzdem nicht irgendwie getrennt voneinander. Jetzt ist es so, wenn sie was näht, dann sitzt sie im Wohnzimmer" (502M-17).

Neben der Wohnraumnutzung gibt der Umgang mit bestimmten Dingen Aufschluß über die Beziehung der Bewohner. Im folgenden sollen "Beziehungssymbole" beschrieben werden, die mehr oder weniger bewußt die Lebensgeschichte und persönliche Beziehung repräsentieren. Ein solches Schlüsselobjekt ist z.b. ein von der Gesprächspartnerin als "Hochzeitsbild" (502F-6) bezeichnetes Ölgemälde. Dieses Bild mit einem ländlichen Motiv hatten sich beide Partner gemeinsam zur Heirat ausgesucht (502F-4). Das Gemälde ist nach Aussage der Frau "unheimlich teuer" und eines der wenigen Sachen in der Wohnung, an die der kleine Sohn nicht ran darf (502F-6). Die Wertschätzung wird durch den besonderen Platz im Wohnzimmer, über dem Sofa, unterstrichen.

In einer anderen Familie wird der zentrale Platz an der Wand von einer Maskensammlung eingenommen. Die Ehefrau erklärt dazu: "Ja, die Masken, die (haben) wir uns in Venedig angeschafft. Mit denen (sind) auch schöne Urlaubserinnerungen verbunden. 'Nen paar Masken hat Emil auch schon mit in die Ehe eingebracht, ..., wir haben sie dann einfach zusammengeworfen und jetzt hängen sie da" (504F-4). Bemerkenswert ist hier die Formulierung "die Sachen zusammenzuwerfen". In beiden Fällen sind es die Frauen, die auf die Beziehungsbedeutung und auf die Zusammengehörigkeit hinweisen. Die jeweiligen Männer erwähnen interessanterweise diese Objekte nicht oder stellen sie in einen anderen Zusammenhang:

Auf die Masken hin befragt, erzählt auch der Ehemann von Venedig. Er jedoch klassifiziert die Stücke nach ihrer künstlerischen Qualität. Seine Masken nämlich sind originale alte Masken der Commedia dell' arte, während die seiner Frau lediglich Phantasiemasken sind (504M-7). Der Mann formuliert also bewußt die Differenz. Es ist nicht zufällig jener Mann, dessen Familienmöbel und Stilbewußtsein den ganzen Haushalt prägen. Für ihn sind die Masken nicht Ausdruck der gemeinsamen Beziehung, sondern repräsentieren sein Leben vor der Ehe.

7. Muster geschlechtsspezifischer Raumaneignung im "leeren Nest" [40]

Bisher haben wir nur über Haushalte mit Kindern gesprochen. Zum Schluß sei deshalb die Frage gestellt, ob sich an den beschriebenen Strukturen des Wohnens etwas ändert, wenn die Kinder ausgezogen sind. Zu dieser Thematik des sog. "Leeren Nestes" liegen bisher rund ein Dutzend Interviews vor, deren Teilauswertung hier vorgestellt wird.

Der Begriff "Leeres Nest" entstammt der soziologischen Familienforschung und bezeichnet jene Phase des Familienzyklus, in der die erwachsenen Kinder den elterlichen Haushalt verlassen haben. In der soziologischen Literatur wird von der "nachelterlichen Gefährtenschaft" [41] des Ehepaares gesprochen, während die Kinder außerhalb dieser Gemeinschaft ihren eigenen Lebens- und Wirkungsbereich etablieren. Der Auszug der Kinder kennzeichnet den Beginn einer neuen Phase im Familienzyklus. Solche "Übergänge" sind nach Segalen oft "kritische Augenblicke des Familienzyklus" [42]. Die Erfahrungen und Empfindungen in Erinnerung an die Ablösungsphase der Kinder, der Umgang mit dem zur Verfügung stehenden Kinderzimmer und insbesondere die Frage, welches Elternteil sich bevorzugt in die Kinderräume ausdehnt oder warum dies nicht geschieht, bilden wesentliche Aspekte unserer Untersuchung.

Bei der Auswertung unserer Interviews zu dieser Problematik fällt auf, daß in fast allen Fällen die Zimmer der Kinder unmittelbar nach deren Auszug eine Weile lang unverändert fortbestehen. Dieser "Respektzeitraum" erstreckt sich über eine Zeitdauer von wenigen Wochen bis zu zwei und mehr Jahren. Nur in wenigen Fällen wurde er nicht gewahrt. So richtete z.B. ein Vater sofort nach dem Umzug der Tochter seinen Arbeitsplatz in deren Zimmer ein. Die Tochter kommentiert diese Aneignung: "Na, ich bin ausgezogen, mein Vater hat sich das Zimmer gleich unter den Nagel gerissen, ..." (905K-5).

---

40 Anette Thiele

41 Rosenmeyer 1966, zitiert nach Mathes, Joachim: Wohnverhalten, Familienzyklus und Lebenslauf; in: Kohli, Martin (Hg.): Soziologie des Lebenslauf. Darmstadt 1978, S. 154-172.

42 Segalen, Martine: Die Familie, Geschichte, Soziologie, Anthropologie. Frankfurt a.M. 1990, S. 233.

In der Regel sind es aber die Mütter, die eine Ausdehnung des Haushalts bzw. die Umfunktionalisierung der Kinderzimmer einleiten. In einer der untersuchten Familien wurde z.B. ein Eßzimmer im ehemaligen Zimmer des Sohnes eingerichtet. Diese Umgestaltung geschah auf Initiative der Frau und wurde vom Mann eher ablehnend betrachtet. Die Mutter äußert dazu: "Weil ich immer gesagt habe, wenn der Ralf mal auszieht, dann wird das ein Eßzimmer, und mein Mann wollte es dann doch nicht" (911E-5).

Die meisten Mütter aber, die die Kinderzimmer für ihre eigenen Bedürfnisse nutzen, nehmen diese nur teilweise in Besitz. Auch wenn sie darin ihren Freizeitbeschäftigungen in Form von Handarbeiten (Nähen, Seidenmalerei, Teppichknüpfen etc.) nachgehen, werden die Zimmer zugleich als Schlafzimmer für die Kinder oder als Gästezimmer genutzt. Die weggezogenen Kinder akzeptieren diese Veränderung: "... wenn ich nicht da bin, und das Bett steht da ja drin, kann das als Fremdenzimmer gebraucht werden"(906K-9). "Mein ehemaliges Kinderzimmer dient jetzt also meiner Mutter hauptsächlich, also ich bin ja nur ab und zu mal am Wochenende da, und teilweise in den Ferien" (906K-1).

Aus weiteren Interviews geht hervor, daß die Zimmer zu "Enkelkinderzimmern" werden. So erklärt ein Großvater: "Naja, die stehen ja leer, aber wenn die Großkinder alle da sind, so wie letztens, dann waren alle belegt" (912E-10). Selbst in einem Zimmer, das die Mutter für gewerbliche Näharbeiten nutzte, befanden sich zeitweilig Bett und Laufstall der Enkelin (913). In diesen Fällen ordnen die Mütter ihre eigenen Raumbedürfnisse den Anforderungen der Mehrfachnutzung unter. Ebenso wie bei den Arbeitszimmern zeigt sich auch hier, daß Frauen weniger deutlich Raumausgrenzungen vollziehen. Eine Mutter begrüßt z.B. den Vorteil, ihre angefangenen Arbeiten nicht nach jedem Arbeitsgang forträumen zu müssen: "Da kann man alles liegen lassen und kann jederzeit rangehen, wenn mal 'ne halbe Stunde Zeit (ist) ...". (909 E, S. 9). Dennoch ist sie sich bewußt, daß sie im Zimmer der Tochter arbeitet. Die befragten Kinder sehen dies ähnlich. Auch wenn ihr altes Kinderzimmer als Arbeits- und Gästezimmer benutzt wird, betonen sie gegenüber den Eltern: "Das ist nach wie vor mein Zimmer" (909E-6).

Die Doppelnutzung der Räume führt dazu, daß zu der alten Einrichtung neue Möbel oder Geräte wie Nähmaschinen kommen. Eine Tochter bemerkt dazu: "Ja, wenn ich nach Hause komme, schlafe ich ... in diesem Bett ... was eben noch steht in diesem Zimmer, mh, ... also wenn man da rein kommt, das sieht (jetzt) ziemlich gedrängt alles aus, ..." (906K-2). Die Kinder empfinden die räumlichen Veränderungen teilweise als ein Verdrängen; in jedem Fall spüren sie die zunehmende Distanz der Eltern. Dazu die schon zitierte Tochter: "Tja, naja, ich mein, mit der Zeit gewöhnt man sich daran, Also, äh, es ist mir nur eben bewußt geworden, ..., tja, naja, man hat eben das Gefühl, die führen ein bißchen ihr eigenes Leben" (906K-5).

Ein wichtiger Grund, der die Eltern an einer Umnutzung der Kinderzimmer hindert, ist der Einzug oder der zu erwartende Einzug pflegebedürftiger Großeltern in den Haushalt der mittleren Generation. Dies war in vier der befragten Familien der Fall. Neben der Umstellung auf die Bedürfnisse der älteren Personen und den erforderlichen pflegerischen Arbeiten, die zumeist von den Frauen geleistet werden, bedeutet ein solcher Umzug für alle Familienmitglieder eine Umstellung und Einschränkung in der Raumnutzung. So äußert ein Vater zur Etablierung des Wohnzimmers im Raum der studierenden Tochter: "Es war ja die Notwendigkeit, daß wir oben unser Wohnzimmer einrichteten, da die Schwiegereltern herkamen und die Zimmer, in denen wir sonst gewohnt haben, kriegten." Die Mutter ergänzt: "Da haben wir uns eben alle ein bißchen eingeschränkt" (903-5).

In zwei Haushalten sind die Kinderzimmer in ihrem ursprünglichen Zustand erhalten; lediglich ein paar sehr persönliche Gegenstände, z.B. Bücher, dekorative Dinge oder die Stereoanlage wurden herausgenommen. Diese Räume warten auf den Besuch der Kinder, und die Eltern konservieren die ehemaligen Kinderzimmer auch bereitwillig in diesem musealen Zustand. In den genannten Fällen waren Arbeitszimmer der Väter schon vor dem Auszug der Kinder vorhanden. In einem andern Fall erteilte die Mutter zwar Nachhilfe, sie tat dies aber weiterhin im Eßzimmer, ohne sich eines der Kinderzimmer für ihre Tätigkeit nutzbar zu machen (907).

Vielfach konnten wir erfahren, daß Müttern der Ablösungsprozeß ihrer Kinder besonders schwer fällt. Auf die Frage, wie sie den Weggang des Kindes erlebten, antworten sie: "Oh, das ist zuerst ein bißchen schwergefallen" (903E-1). Wie Lehr/Thomae schreiben, stehen Eltern, besonders die Mütter, "dem Selbständigwerden" der Kinder "oft ambivalent" gegenüber. Mütter sind nach diesen Studien einerseits erfreut über den "Abschluß der Erziehungsaufgabe", andererseits leiden sie darunter, daß sie nun ohne Aufgabe sind[43]. Frauen stehen in dieser Zeit deshalb

---

43 Lehr, Ursula/Thomae, Hans: Die Stellung des älteren Menschen in der Familie; in: Wurzbacher, Gerhard (Hg.): Die Familie als Sozialisationsfaktor. 2. Aufl.

"vor der Bewältigung einer 'Statuskrise'"[44]. Väter scheinen diesen Vorgang eher zu akzeptieren. Frau P. sagt über ihren Mann: "Ich finde die Männer, die geben da nicht so viel drum rum, jedenfalls meiner, meiner nicht so" (911-7). Aufgrund dieser Äußerungen erscheint eine Umwandlung der Kinderzimmer durch die Väter naheliegend. Dennoch verhalten sich die Väter in der Raumaneignung eher zurückhaltend; sie breiten sich oft erst Jahre nach dem Auszug in die freigewordenen Kinderzimmer aus. Anders als die Mütter verlieren berufstätige Väter mit dem Weggang der Kinder weniger an Orientierung und an Aufgaben. Für sie bedeutet zumeist der Eintritt ins Rentenalter einen weitaus größeren Einschnitt im Leben. Das Verhalten in der Wohnung ist also nicht zu trennen von der geschlechtsspezifischen Struktur der Erziehungs-und Erwerbsarbeit. Nicht zuletzt durch die Trennung von Arbeit und Haushalt etablieren sich Wohnungsnutzungsstrategien, die später im Rentenalter nur schwer aufgebrochen werden.

Stuttgart 1972, S. 170-207, hier S. 191.
44 Mathes: Wohnverhalten, Familienzyklus und Lebenslauf, S. 169.

BETTINA GÜNTER

Nutzung und Gestaltung von Arbeiterwohnungen in der Weimarer Republik

In den alltagsgeschichtlichen Darstellungen zur Arbeiterkultur im Ruhrgebiet beschränken sich die Aussagen über die Nutzung und Gestaltung der Wohnungen in der Regel auf kurze oberflächliche Beschreibungen.[1] Die Frage nach der Gestaltung der Wohnung und den kulturellen Mustern, die ein relativ konfliktfreies Wohnen ermöglichten, wird nicht gestellt; vor allem weil der Alltag der Frauen, die dafür zuständig waren, selten ins Blickfeld rückt.[2] Aus der vorherrschenden Aufzeichnung männlicher Lebensverhältnisse resultierte eine Darstellung des Wohnens aus der Sicht der Männer bzw. Söhne: Sie nutzten den Wohnraum vorwiegend als Konsumraum und registrierten die zur Herrichtung der Wohnung notwendige Arbeit der Frauen nur bruchstückhaft und oft mit Unverständnis.[3]

---

1   Vgl. Zimmermann, Michael: Schachtanlage und Zechenkolonie. Leben, Arbeit und Politik in einer Arbeitersiedlung 1880-1980. Essen 1987. Köpping, Walter (Hg.): Lebensberichte deutscher Bergarbeiter. Oberhausen 1984. Grän, Moritz: Erinnerungen aus einer Bergarbeiterkolonie im Ruhrgebiet. Beiträge zur Volkskunde in Nordwestdeutschland. Bd. 36, Münster 1983.

2   Vgl. z.B. Brüggemeier, Franz-Josef: Leben vor Ort. Ruhrbergleute und Ruhrbergbau 1889-1919. München 1983, S. 64. Dies gilt nicht für folgende aus der Frauenforschung kommende Autorinnen: Einfeldt, Anne-Katrin: Auskommen - Durchkommen - Weiterkommen. Weibliche Arbeitserfahrungen in der Bergarbeiterkolonie; in: Niethammer, Lutz (Hg.): "Die Jahre weiß man nicht, wo man die heute hinsetzen soll". Faschismuserfahrungen im Ruhrgebiet. Lebensgeschichte und Sozialkultur im Ruhrgebiet 1930 bis 1960. Berlin/Bonn 1983. Duka, Barbara/Möhle-Buschmeyer, Rosemarie: Weibliche Jugend in Zechensiedlungen. Zum Mädchenalltag zwischen den Weltkriegen; in: Breyvogel, Wilhelm/Krüger, Heinz-Hermann (Hg.): Land der Hoffnung - Land der Krise. Jugendkulturen im Ruhrgebiet 1900-1987. Berlin/Bonn 1987. de Jong, Jutta (Hg.): Kinder, Küche, Kohle - und viel mehr! Bergarbeiterfrauen aus drei Generationen erinnern sich. Essen 1991.

3   Vgl. z.B. Grän, Erinnerungen, S. 20f sowie S. 45f.

Wenn die Untersuchung des Arbeiterwohnens nicht bei einer objekt-zentrierten Möbelstudie stehenbleiben soll,[4] gilt es u.a. folgende Fragen zu stellen: Wie gestalteten die Arbeiterfrauen im Ruhrgebiet ihren Wohnalltag? Wie schafften sie dafür die Voraussetzungen, und wie korrespondierte die Nutzung mit der materiellen Kultur?[5]

Die räumliche Nutzung der Wohnung

Wie sahen nun die Wohnverhältnisse im Revier aus? Der größte Teil der Arbeiterfamilien lebte in werkseigenen Siedlungshäusern.[6] Trotz der im Vergleich z.B. zu Berlin geräumigen Wohnungen (drei Räume und eine ca. 15 m² große Küche) war der Anteil der Familien, die sich neben Küche und Schlafzimmern eine Gute Stube einrichteten, geringer als oft unterstellt.[7] Die Nutzung der Wohnungen sah in der Regel so aus: In der ersten Ehephase verfügte ein Paar meist über zwei Zimmer in der Wohnung der Eltern bzw. Schwiegereltern, von denen sie eins als Küche und eins als Schlafraum nutzten. Die Tatsache, daß drei Generationen unter einem Dach lebten, ist jedoch nicht gleichbedeutend mit einer Großfamilie, da beide Familien getrennte Haushalte führten. Bekam eine Familie irgendwann die gesamte Wohnung, richtete sie getrennte Schlafräume für Eltern, Mädchen und Jungen ein. Wenn die

4   Vgl. Daxelmüllers Kritik an der volkskundlichen Möbelforschung. Daxelmüller, Christoph: Möbel, Mobiliar und Alltag. Anmerkungen zu Aufgaben und Zielen volkskundlicher Möbelforschung; in: Rheinisch-Westfälische Zeitschrift für Volkskunde 29 (1984), S. 92.

5   Ich stütze mich hier wesentlich auf die lebensgeschichtlichen Interviews meiner Examensarbeit "Arbeiterwohnen im Ruhrgebiet in der Weimarer Republik. Zu spezifischen Formen der Aneignung dinglicher Lebenswelt". Dort verwende ich das Kategoriensystem Bourdieus, um klassenspezifische Merkmale herauszuarbeiten. Für die Analyse geschlechtsspezifischer Aspekte der Aneignung liefert Bourdieu dagegen kein Instrumentarium, da die Kategorie Geschlecht bei ihm nicht explizit ausgeführt ist.

6   Vgl. Brüggemeier, Franz-Josef/Niethammer, Lutz: Schlafgänger, Schnapskasinos und schwerindustrielle Kolonie. Aspekte der Arbeiterwohnungsfrage im Ruhrgebiet vor dem Ersten Weltkrieg; in: Reuleke, Jürgen/Weber, Wolfhard (Hg.): Fabrik, Familie, Feierabend. Beiträge zur Sozialgeschichte des Alltags im Industriezeitalter. Wuppertal 1978, S. 174, Anm. 69.

7   Vgl. Scheffran, Barbara: Arbeiterwohnen: Ideal und Wirklichkeit. Zur Geschichte der Möblierung von Arbeiterwohnungen 1850-1950. Katalog des Museums für Kunst und Kulturgeschichte Dortmund. Dortmund 1990, S. 119.

Kinder den Haushalt verließen, bestand erstmals im Familienzyklus die Möglichkeit, einen Raum als Gute Stube zu nutzen. Meinen Interviewpartnerlnnen blieb dies jedoch versperrt; Wohnungsnot und beginnende Altersarmut zwangen sie, wiederum ein oder zwei Zimmer an ein verheiratetes Kind abzutreten. In der Weimarer Republik löste die Weitergabe des Wohnraums über mehrere Generationen das im 19. Jahrhundert verbreitete Schlafgängerwesen ab.[8]

Eine Möglichkeit, trotz der räumlichen Enge einen Ersatz für eine Gute Stube einzurichten, bestand in einer Doppelnutzung eines Raumes:

> "Bei meinen Schwiegereltern waren Schlafzimmer und Wohnzimmer zusammen, denn die anderen Räume waren alle Kinderzimmer. Da stand denn so ein Tisch mit Tischdecke und sie hatten in der Ecke eine wuchernde Blume. Das Bett wurde dann hergerichtet mit Decken und Kissen. Davor kam der Tisch, und wenn Besuch war, dann wurde der hier reingeführt. Da gab es noch ein Vertiko drin, da kamen allerhand Nippfiguren drauf. Und dann war da noch der einzige Kleiderschrank."[9]

Ein zur Hochzeit geschenktes Vertiko, ein Tisch, ein Stuhl mit geflochtener Sitzfläche und Tapeten an den Wänden bildeten hier das Wohnzimmerinterieur, das den Eindruck des Schlafraums nicht verdecken konnte - vor allem fehlte das für ein Wohnzimmer wichtigste Möbelstück, ein Sofa.

Schlafräume, die nicht dieser Doppelnutzung unterlagen, waren mit breiten "eineinhalb"- bzw. "zweischläfrigen" Betten vollgestellt, die sich jeweils zwei Personen teilten. Spezielle Kinderbetten gab es nicht. Säuglinge lagen entweder im Wäschekorb, Kinderwagen oder im Bett der Eltern. Diese breiten Betten kosteten weniger und nutzten den Platz besser aus als Einzelbetten. Vor diesem Hintergrund trifft der Begriff "Bettenelend", mit dem die Wohnsituation der Unterschichten in der zweiten Hälfte des 19. Jahrhunderts belegt wurde, auf die zwanziger Jahre nicht mehr zu. Abgesehen von einem Kleiderschrank gab es kaum weiteres Mobiliar in den Schlafräumen. Darüber hinaus hatten die Schlafzimmer der Eltern eine Verwahrfunktion: sowohl für die Wäsche

---

8 Vgl. Brüggemeier/Niethammer: Schlafgänger.
9 Die im folgenden nicht gekennzeichneten Zitate stammen aus dem Interviewmaterial meiner Examensarbeit.

als auch für besonders wertvolle und bedeutsame Gegenstände wie Fotos, Aussteuertextilien und die Sonntagskleidung.

Ebenso wie die Möblierung beschränkte sich auch die Nutzung auf das Schlafen. Tagsüber hielt sich niemand in den vollgestellten und nicht beheizbaren Schlafräumen auf, wie dieses Beispiel zeigt: "Da haben wir (bei schlechtem Wetter) auf dem Treppenabsatz schön Platz zum Spielen. (...) Im Schlafzimmer durften wir nicht."

Unabhängig davon, wieviele Schlafräume einer Familie zur Verfügung standen, besaßen diese nicht die Funktion von individuellen Rückzugsräumen oder Kinderspielzimmern, wie es bei der heutigen Wohnungsaufteilung der Fall ist. Statt dessen ist für die zwanziger Jahre im Ruhrgebiet eine monofunktionale Nutzung charakteristisch.

Die Nutzung der Wohnküche entlang einer Zeitachse

Wie gezeigt, erschöpfte sich die räumliche Ausdifferenzierung der Wohnfunktionen[10] in der Separierung des Schlafens. Alle anderen Tätigkeiten fanden in der Küche statt. Wenn sich aber Baden und Zeitunglesen, Essen und die Zubereitung des Schweinefutters, Nähen und Wursten, Familienfeiern und Mittagsschlaf dort konzentrierten, stellt sich die Frage, wie die Arbeiterfamilien das Wohnen auf so engem Raum gestalteten. Lehnemann leitet daraus eine konfliktgeladenen Wohnsituation ab:

"So war die gesamte Familie gezwungen, in der Wohnküche beisammen zu sein. (...) (So) konnte der Raum also, womöglich noch mit Kochgerüchen belastet, von drangvoller Enge sein. Das Leben in einer solchen Gemeinschaft gab mannigfach Anlaß zu Reibungen."[11]

---

10 Angelehnt an Elias' Untersuchung des adligen Stadthauses im ancien régime rekonstruieren besonders Gleichmann und Karnacher anhand von Wohnungsgrundrissen historische Wohnverhältnisse (Gleichmann, Peter R.: Wandel der Wohnverhältnisse, Verhäuslichung der Vitalfunktionen, Verstädterung und siedlungsräumliche Gestaltungsmacht; in: Zeitschrift für Soziologie 5 (1976), Hf. 4. Kanacher, Ursula: Wohnstrukturen als Anzeiger gesellschaftlicher Strukturen. Eine Untersuchung zum Wandel der Wohnungsgrundrisse als Ausdruck gesellschaftlichen Wandels von 1850 bis 1975 aus der Sicht der Elias'schen Zivilisationstheorie. Frankfurt a.M. 1987).
11 Lehnemann, Wingolf: Zur Geschichte und Funktion der Wohnküche im Ruhrgebiet; in: Scheffran: Arbeiterwohnen, S. 73.

Nach Knapp hingegen gelang es den Arbeiterfrauen in den zwanziger Jahren erstmals, ihren nach wie vor kleinen Wohnungen den Charakter eines familialen Binnenraums zu geben.[12] Die Aussagen meiner Interviewpartnerinnen decken sich weitgehend mit dieser Einschätzung. Die Frauen blicken weniger auf ständige Konflikte, als auf eine - mit viel Aufwand - temporär hergestellte "gemütliche" Wohnatmosphäre zurück.

Das gelang ihnen nicht nur, indem sie die anfallende Hausarbeit möglichst schnell erledigten, sondern auch durch die zeitliche Koordination *aller* Aktivitäten in der Küche.

Dieses Nutzungsmuster ist mit einem Raster räumlicher Differenzierung allerdings nicht zu erfassen.[13] Dennoch praktizierten die Arbeiterfamilien eine Art Funktionsdifferenzierung - sie organisierten die unterschiedlichen Tätigkeiten auf der Basis einer zeitlichen Entflechtung. Um eine gegenseitige Beeinträchtigung zu vermeiden, wurde den Wohnfunktionen jeweils ein *Zeit*raum statt eines Raums zugewiesen. Die Küche war damit montags eine Waschküche und samstags das Badezimmer; zeitweise hatte sie die Funktion einer Wirtschaftsküche; abends oder sonntags dagegen sollte sie eine wohnliche Atmosphäre ausstrahlen im Sinne eines Eßraums oder einer Guten Stube. Analog zur räumlichen Funktionsdifferenzierung nenne ich dieses Nutzungsmuster zeitliche Funktionsdifferenzierung.

Die Koordination der Wohnfunktionen erfolgte entlang mehrerer Zeitachsen. Die wichtigste ist zweifellos die Tageszeitachse: die Mahlzeiten und die An- bzw. Abwesenheitszeiten der Haushaltsangehörigen bildeten die Eckpfeiler der Zeitachse.

Während der Schichtzeiten der Männer verrichteten die Frauen den größten und "schmutzigen" Teil der Haus- und Gartenarbeit. Vor der Rückkehr der Männer räumten sie auf, spülten und wischten die Küche. Danach erledigten sie nur noch die sauberen, leisen Arbeiten, wie z.B. Stopfen, um die Wohnatmosphäre nicht zu stören. Die Herstellung von Gemütlichkeit war demnach deutlich auf die Anwesenheit der Männer ausgerichtet. Die erwerbstätigen Männer hielten sich aufgrund langer Schichtzeiten an Wochentagen nur einige Stunden täglich in der Wohnung auf. Vor bzw. nach der Schicht beteiligten sie sich meist an der

12 Knapp, Ulla: Hausarbeit und geschlechtsspezifischer Arbeitsmarkt im deutschen Industrialisierungsprozeß: Frauenpolitik und proletarischer Frauenalltag zwischen 1800 und 1933. München 1984, S. 340.
13 Vgl. Kanacher: Wohnstrukturen, S. 123f.

Gartenarbeit. Diese über die Erwerbstätigkeit hinausgehende Beschäftigung konzentrierte sich räumlich auf den Außenbereich. Die Wohnung selbst stellte für Männer einen reinen Freizeit- und Konsumraum dar.[14] Von dieser Orientierung hob sich lediglich der Montag als Waschtag etwas ab, weil die Wäsche die gesamte Zeit (und Kraft) der Frauen beanspruchte und alle anderen Wohnbedürfnisse infolgedessen zwangsläufig zurückgestellt werden mußten.

Abgesehen von Säuglingen hielten sich Kinder tagsüber kaum in der Wohnung auf. Für sie spielte das Wohnumfeld eine weitaus wichtigere Rolle.[15] Zunächst ließen die Wohnverhältnisse das Spielen mehrerer Kinder gar nicht zu, ohne daß die Hausarbeit beeinträchtigt wurde. Ferner erforderte die Mangelsituation eine Erziehung zur motorischen Selbstdizilinierung der Kinder innerhalb der Wohnung.[16] Damit nichts kaputt ging, erlaubten die Mütter dort lediglich "Spiele am Küchentisch". Deshalb war das nähere und weitere Wohnumfeld, zu dem im Revier überall auch Felder und Waldstücke gehörten, attraktiver. Die Anwesenheit von Kindern in der Wohnung beschränkte sich so auf die Mahlzeiten, die Schularbeiten und die expliziten Familienaktivitäten am Sonntag.

Während sowohl männliche Arbeiter als auch Kinder selten zu Hause waren, dann aber die Wohnung vorwiegend konsumtiv nutzten, traf auf die Frauen eine völlig andere Nutzung zu. Sie waren faktisch rund um die Uhr anwesend, denn im Ruhrgebiet übten Frauen seltener als in anderen Industrieregionen eine außerhäusige Erwerbstätigkeit aus. Hagemann beschreibt zwar anhand von Hamburger Arbeiterhaushalten Elemente einer Raumnutzung, die meinen Befunden ähneln, schränkt diese aber auf den kleinen Anteil von Arbeiterfrauen ein, die aufgrund

---

14 Vgl. Methfessel, Barbara: ... entscheidend bleibt die Arbeitskraft der Frau. Zu den Grenzen der Rationalisierung und Technisierung der Hausarbeit; in: Tonieporth, Gerda (Hg.): Arbeitsplatz Haushalt. Zur Theorie und Ökologie der Hausarbeit. Berlin 1988, S. 55.

15 Vgl. Behnken, Imbke/Zinnecker, Jürgen: Vom Straßenkind zum verhäuslichten Kind. Zur Modernisierung städtischer Kindheit 1900-1980; in: Sozialwissenschaftliche Informationen für Unterricht und Studium 16 (1982), Hf. 16, S. 87.

16 Mutschler beschreibt ähnliches für Bauernkinder in Württemberg. Mutschler, Susanne: Ländliche Kindheit in Lebenserinnerungen. Familien- und Kinderleben in einem württembergischen Arbeiterbauerndorf an der Wende vom 19. zum 20. Jahrhundert. Untersuchungen des Ludwig-Uhland-Institutes der Universität Tübingen 64. Tübingen 1985.

überdurchschnittlich hoher Männerlöhne selber nicht erwerbstätig waren.[17] Obwohl eine Arbeiterfamilie in den zwanziger Jahren vom Einkommen des Mannes alleine nicht leben konnte, gaben Frauen nach der Heirat üblicherweise ihre Erwerbstätigkeit auf. Damit reduzierte sich ihr Beitrag zum Haushaltsbudget allerdings nicht auf die Hausarbeit, denn sie betrieben darüber hinaus eine umfangreiche Eigenbedarfswirtschaft. Wie es für viele Montanregionen charakteristisch war, gehörten zu den werkseigenen Siedlungen und zu den meisten privaten Mietwohnungen ein Stück Gartenland, ein Stall für Schweine und Hühner und weiteres Pachtland z.b. für Kartoffeln. In der Ruhrgebietsliteratur entsteht zwar der Eindruck, die Männer hätten diese Tätigkeiten nach ihrem Feierabend erledigt[18], tatsächlich gehörte der entscheidende Anteil jedoch in den Arbeitsbereich der Frauen.[19]

Da die Frauen durch Hausarbeit und Subsistenzwirtschaft als "Arbeit ohne Feierabend"[20] an die Wohnung und das nähere Umfeld gebunden waren, bezogen sich auch ihre sozialen Kontakte auf diesen Bereich. Diese fanden neben oder während der Arbeit statt und hatten meist den Charakter eines kurzen, unverabredeten Gesprächs. Obwohl nicht explizit als Freizeit oder Arbeitspause ausgewiesen, war die Kontaktaufnahme nur auf den ersten Blick zufällig. Z.B. koordinierten die Frauen ihre Arbeit so, daß sich mehrere Nachbarinnen gleichzeitig auf dem Hof aufhielten:

> "Wir hatten ein gutes Verhältnis zu den Nachbarn. Wir haben so über den Gartenzaun mal gesprochen oder wenn ich am Törchen (zur Straße) war. Da hab ich dann schon mal geguckt. Wenn jemand kam, dann haben wir mal ein Wörtchen gesprochen. In der Siedlung bin ich ja nicht rumgelaufen (...) Wohl mit der Frau R.

17 1925 betrug die Frauenerwerbsquote z.B. in Gelsenkirchen-Buer lediglich 10,7%, vgl. Einfeldt: Auskommen, S. 293. Vgl. Hagemann, Karen: Frauenarbeit und Männerpolitik. Alltagsleben und gesellschaftliches Handeln von Arbeiterfrauen in der Weimarer Republik. Bonn 1990, S. 96.

18 Vgl. Tenfelde, Klaus: Sozialgeschichte der Bergarbeiterschaft an der Ruhr im 19. Jahrhundert. Bonn 1981, S. 119.

19 Vgl. Einfeldt: Auskommen, S. 269f.

20 Hausen, Karin (Hg.): Frauen suchen ihre Geschichte. Historische Studien zum 19. und 20. Jahrhundert. München 1983, S. 4.

vom Garten gegenüber. (...) Wenn wir uns gesehen haben, haben wir uns in den Garten gestellt und haben so'n kleinen Schwatz gemacht."[21]

Diese Kommunikationsstruktur begründete den hohen sozialen Stellenwert des Außenbereichs für die Frauen, schloß aber Kontakte über diesen Bereich hinaus quasi aus. Gleichzeitig war sie die Ursache dafür, daß Familienfremde selten die Wohnung betraten, da sich in der Küche der Anschein einer zufälligen Kontaktaufnahme nur aufrechterhalten ließ, wenn etwa eine Nachbarin an der Tür stehen blieb.

Die notwendige Arbeit zum Gelingen der Nutzungsstrategie erschöpfte sich nicht in der Koordination der verschiedenen Tätigkeiten. In den Interviews rückte immer wieder das Putzen als zentrales Element der Hausarbeit in den Vordergrund, z.B indem Gegenstände mit ihrer Reinigung in Verbindung gebracht werden. Dies ist m.E. nicht einfach als Versuch der befragten Frauen zu verstehen, sich retrospektiv als gute Hausfrau darzustellen. Diese Zentralität erklärt sich vielmehr aus der multifunktionalen Nutzung der Wohnküche. Zweifellos sammelte sich in kürzester Zeit Schmutz an, wenn die Frauen jeden Tag Hühner- und Schweinefutter kochten, und sowohl die Erträge aus dem Garten als auch gekaufte Lebensmittel verarbeiteten. Dazu kam der Dreck ungepflasterter Straßen, Höfe und aus dem Garten sowie die Luftverschmutzung durch die Montanindustrie: "Dreckig wurde es ja früher, man ging von der Wohnung in den Stall, vom Stall nach draußen, und danach wieder in die Wohnung."[22] Vor diesem Hintergrund wird es verständlich, daß die meisten Frauen täglich die Küche wischten.

Doch wenn die Küche abends oder am Sonntag den Charakter einer Guten Stube haben sollte, ging die Reinigung über das für die Hygiene notwendige Maß hinaus. So empfanden die Arbeiterfamilien selbst beispielsweise kleine Mengen ungespülten Geschirrs als störend:

"Manchmal war nicht aufgeräumt - da stand noch vom Mittagessen das Spülen, vielleicht, weil die Frau mal eben aufs Feld ging. Und dann kamen welche rein und (sagten): Mensch, da stand noch das Spülen und dies und jenes."

21 Vgl. auch de Jong: Bergarbeiterfrauen, S. 148.
22 Zit. nach: Hochlamarker Lesebuch. Kohle war nicht alles. 100 Jahre Ruhrgebietsgeschichte. Oberhausen 1982, S. 92.

Die meisten Frauen wuschen direkt nach dem Essen ab; nicht nur um der Norm zu entsprechen, sondern auch, um die Spuren der abgeschlossenen Mahlzeit zu beseitigen. Für die zeitliche Funktionsdifferenzierung war entscheidend, die jeweils folgenden Tätigkeiten nicht zu beeinträchtigen. Konkret bedeutete das für die Arbeiterfrauen, mehrmals am Tag aufzuräumen, zu spülen und zu putzen.

Das Nacheinander der verschiedenen Wohnfunktionen im gleichen Raum setzte also über die Koordination hinaus einen größeren Arbeitsaufwand voraus, als in einer größeren Wohnung mit der Möglichkeit der räumlichen Differenzierung.

In der Reinigungsrangfolge nahm ein spiegelblanker Herd den höchsten Stellenwert ein, obwohl (oder grade weil) das mit täglichem Scheuern und Schmirgeln verbunden war. Eine Frau erklärt das so:

> "Daß der Herd jeden Tag gescheuert werden mußte, das war ja logisch, - denn wie tüchtig eine Hausfrau ist, kann man daran erkennen, ob ihr Herd immer blank ist."

Der Zustand des Herdes bildete also einen Indikator, mit welcher Intensität eine Frau jeweils die Gebrauchsspuren beseitigte und damit die Nutzungsorganisation im Griff hatte.

Der Effekt des Reinigens und Aufräumens beschränkt sich jedoch nicht auf das Beseitigen der Spuren vorangegangener Hausarbeit - zusätzlich wertete es die materielle Kultur auf. Beide Aspekte gemeinsam griffen, sobald die Frauen die Küche als Wohnraum gestalteten. Sonntags ist das besonders deutlich: Wenn, wie in den meisten Arbeiterwohnungen, keine gute Stube vorhanden war, richtete die Frau die Küche her. Sie hob sich dann vom Alltag vor allem durch die Sauberkeit ab, die nach dem Wochenendputz über das tägliche Ausmaß hinausging. So war das bestickte Tuch, das den Wandanstrich hinter dem Herd schonen sollte, sonntags frisch gewaschen und frei von den Flecken, die während der Woche trotz ständigem Aufräumen hartnäckige Präsenz zeigten. Neben der kostenneutralen Möglichkeit der Aufwertung durch Sauberkeit stellte das rigorose Beseitigen von Spuren der Hausarbeit auch für die Frau eine Möglichkeit dar, sich von ihrem Arbeitsalltag zu distanzieren.

Mobiliar und Küchennutzung

Wie korrespondierte die zeitliche Funktionsdifferenzierung mit der Einrichtung der Wohnküche? Der Ausstattung der Arbeiterwohnungen

Wohnküche Dortmund-Rahm 1917

waren fraglos enge finanzielle Grenzen gesetzt. Das bedeutete jedoch nicht, daß jeglicher Gestaltungsspielraum fehlte. Bei der Möbelanschaffung zeigt sich zunächst analog zur Raumnutzung eine deutliche Ausgabenpriorität zugunsten der Küche: Während die Schlafzimmerausstattung aus gebrauchtem Mobiliar bestand, kauften die Paare bei der Haushaltsgründung eine neue, komplette Kücheneinrichtung:

"Als ich geheiratet habe, habe ich die Küchenmöbel angeschafft. Da wir die zum Teil noch nicht bar bezahlen konnten, wurde auf 'Kucki', auf Abschlag gekauft."

Die Kompetenz in den Fragen der Wohnungseinrichtung lag in der Regel bei der Frau. Der Mann entschied zwar letztlich über den finanziellen Umfang des Möbelkaufs, überließ die Auswahl aber oft der Frau:

"Da hat der Möbelhändler mich bestellt. Und mein Mann ist ja nicht mitgegangen. Sagt er zu mir: Geh mal alleine, du weißt ja, was du willst. Du hast schon Geschmack. Da bin ich dann hingegangen und habe die Küche ausgesucht. Da war allerhand Auswahl. Dann habe ich das alles gekauft. Hat meinem Mann sehr gut gefallen. Da sagt er: Mia, hast du gut gekauft."

140

Dieser geschlechtsspezifischen Kompetenzzuweisung liegt m.E. nicht die heute z.T. übliche Argumentation zugrunde "Die Küche ist das Reich der Frau", denn das setzt eine räumliche Trennung von Wohn- und Kochfunktion voraus, die hier nicht zutrifft. Stattdessen sollte die Einrichtung unter Berücksichtigung der Nutzungsstrategie erfolgen, in die, wie gezeigt, die männlichen Arbeiter kaum Einblick hatten. Die Frau bewies geschmackliche Kompetenz, so meine These, indem sie Nutzung und Gestaltung der Wohnküche mit den begrenzten Mitteln aufeinander abstimmte. Im folgenden gehe ich an einigen Beispielen auf diesen Zusammenhang zwischen Mobiliar und Raumnutzung ein.

Ein Gestaltungsprinzip war allen Küchen der zwanziger Jahre gemeinsam. In den *multi*funktional genutzten Räumen (vgl. Abb. S. 140) sollte keine Einzeltätigkeit durch eine *mono*funktionale Möblierung in den Vordergrund treten. Statt dessen unterlag die Raumausstattung einem funktionsneutralen Gestaltungsprinzip - die Küche hatte einerseits die materielle Hausarbeit zu ermöglichen, und benötigte somit abwaschbare Arbeitsflächen, Stauraum für Hausrat und Lebensmittel etc. Als Wohnraum der Familie sollte das Mobiliar andererseits die Koch- und

Bürgerküche in Berlin, Anfang der 30er Jahre

Wohnküche einer Bergmannsfamilie, Lünen 1928

Wirtschaftsfunktion nicht über Nutzungszugeständnisse hinaus zusätzlich ästhetisch betonen.

Ein Beispiel für diese funktionsneutrale Gestaltung war die Farbe der Möbel. In den monofunktional genutzten Küchen des Bürgertums signalisierte ab der Jahrhundertwende ein heller Anstrich die Einhaltung der neuen hygienischen Standards (vgl. Abb. S. 141).[23] Obwohl auch die Arbeiterfrauen diese Standards akzeptierten und praktizierten, übernahmen sie die "helle Küche" nicht. Anscheinend stand dort die Primärfunktion so stark im Vordergrund, daß das die angestrebte Wohnlichkeit beeinträchtigt hätte. Zudem empfanden die Arbeiterfrauen weißes Mobiliar als kalt und steril.

Anstelle einer Übernahme der hellen Bürgerküche versuchten die Frauen Übereinstimmungen mit (ihnen bekannten) Wohnzimmergestal-

23 Vgl. Scheffran: Arbeiterwohnen, S. 28.

tungen zu erzielen (vgl. Abb. S. 142). Ein Aspekt dieser Anlehnung liegt in der Auswahl brauner Möbel.

Diese Orientierung an einem ästhetischen Repertoir der Wohnzimmergestaltung endete nicht bei der Auswahl des Mobiliars, sondern setzte sich in der zeitlichen Funktionsdifferenzierung fort, besonders wenn der Küche sonntags die Funktion einer Guten Stube zukam. Durch die Sauberkeit erzielten die Frauen neben der Aufwertung des Raums die Abwesenheit von Arbeitsspuren. Das kam einer Gute-Stube-Inszenierung insofern entgegen, als sich die historische Entwicklung des Wohnzimmers ebenfalls durch das Ausscheiden von Arbeit aus einem Raum vollzog.[24] Zusätzlich verstärkten kleine, gezielt eingesetzte Attribute den Wohnzimmercharakter. Die Frauen legten eine Tischdecke auf, und der Kaffee wurde aus einem kompletten Service getrunken, anstatt wie an Werktagen aus "zusammengewürfeltem" Steingut- oder Emaillegeschirr. Die Inszenierung der Wohnzimmeratmosphäre erfolgte allerdings recht pragmatisch:

> "Ein Service haben wir immer extra gehabt. Wenn sie (sonntags) nur mit zwei oder drei Personen waren, dann haben sie nur den halben Tisch gedeckt. Dann kam keine ganze Tischdecke drauf. Und nur auf dem Eckchen, wo sie saßen, da wurde serviert."

Ein weiteres Gestaltungsprinzip hing vom jeweiligen Küchenmobiliar ab. In den zwanziger Jahren existierten zwei verschiedene Möbeltypen nebeneinander.[25]

Wurden die Möbel vor dem 1. Weltkrieg angeschafft, gehörten dazu normalerweise ein hoher, zweiteiliger Schrank und eine Anrichte, der "halbe Schrank". Darüber hing ein Regal, in dem Porzellandosen für Gewürze und andere Vorräte standen. Aus Platzmangel befand sich immer ein Teil des Hausrats auf weiteren Borten oder hing an Hakenleisten.

In den während der Weimarer Republik entstandenen Haushalten bestanden die Kücheneinrichtungen dagegen aus zwei hohen und zudem breiteren Schränken. Hier ermöglichte der größere Stauraum den Frauen

---

24 Vgl. Warnke, Martin: Zur Situation der Couchecke; in: z.B. Stühle. Ein Streifzug durch die Kulturgeschichte des Sitzens. Katalogbuch zur Ausstellung des Werkbund Baden-Württemberg. Gießen 1982, S. 157.

25 Entscheidend in diesem Zusammenhang ist nicht der formale Stilwandel, sondern das unterschiedliche Volumen der Küchenschränke.

die Durchführung eines Gestaltungsprinzips, das mit dem alten Mobiliar ausgeschlossen war. Die bisher beschriebene zeitliche Funktionsdifferenzierung zielte zunächst auf die Beseitigung der Spuren vorangegangener Tätigkeiten. Die neuen, breiten Schränke erlaubten darüber hinaus, stoffliche Hinweise auf die Hausarbeit zu entfernen: Kellen, Töpfe, Geschirr konnten, wenn sie nicht gebraucht wurden, den Blicken von Haushaltsangehörigen und Gästen entzogen werden (vgl. Abb. S. 140):

> "Schaumlöffel und so was hab ich noch da (über dem Herd) hängen gehabt. Das andere hab ich meist in die Schüsseln im Schrank getan. Ich wollte nicht so viel an den Wänden rumhängen haben."

Diese Küchen kamen dem Bild der Guten Stube relativ nah, zumal in den zwanziger Jahren statt der vorher üblichen Holzbank ein speziell für Wohnküchen produziertes Sofa mit abwaschbarem Lederimitatbezug diesen Eindruck unterstützte. Weiterhin ersetzten viele Familien das weiße bestickte Tuch hinter dem Sofa (bzw. der Bank) durch industriell gefertigte, farbige Wandbehänge, die zwar Wohnzimmerbildmotive aufgriffen, die Schutzfunktion des Tuchs aber beibehielten. Diese Beispiele zeigen aber auch, daß die notwendigen Zugeständnisse an die primäre Nutzung der ästhetischen Gestaltung Grenzen setzten. Obwohl Ledertuchsofa und bunter Wandschoner auf den ersten Blick an ein Plüschsofa mit Wohnzimmerbild in einer kleinbürgerlichen Guten Stube erinnern, sind sie grade infolge dieser Zugeständnisse explizit Wohnküchen- und nicht Gute-Stube-Wohnkultur.

Mit den alten Küchen ließ sich ein vergleichbarer Übereinstimmungseffekt nicht erzielen. Da es zudem finanziell unvorstellbar war, neue Küchenmöbel zu kaufen, (nur) um eine aktuelle Nutzungsstrategie zu ermöglichen, kompensierten die Frauen dies mit Aufwertungsstrategien. Wie schon im 19. Jahrhundert üblich versahen sie Regale und Schrankbretter mit gehäkelten Spitzen. Ferner stellen die Vorratsdosen aus Porzellan durch die punktuelle Ästhetisierung des Hausrats ein weiteres Aufwertungselement dar. Weiterhin bildeten natürlich auch Sauberkeit und Ordnung eine Möglichkeit der Aufwertung. Das bedeutet allerdings, jedes offenstehende Stück einzeln zu reinigen. Insofern war die Herstellung von Wohnlichkeit in den alten Küchen mit einem höheren Arbeitsaufwand verbunden als in den neueren. Trotz der Unterschiedlichkeit des Mobiliars korrespondierte die zeitliche Funktionsdifferenzierung mit der materiellen Kultur.

Die Tatsache, daß es den proletarischen Frauen gelang, die Raumnutzung so zu organisieren, daß zumindest punktuelle Wohnlichkeit in der Küche Platz hatte, ist nicht mit einem Trend zur Verbürgerlichung gleichzusetzen. In den Arbeiterwohnungen hing die beschriebene Nutzung unmittelbar vom Erhalt der Arbeitskraft der Frau ab. Eine dauerhafte Krankheit beeinträchtigte die Wohnverhältnisse stärker als etwa die Erwerbslosigkeit eines Mannes.[26]

Vor diesem Hintergrund erklärt sich das Selbstbewußtsein der Arbeiterfrauen und ihre "informelle Machtposition" in der Familie.[27] Nicht nur die familienökonomisch wichtige Eigenbedarfswirtschaft, sondern auch die Herstellung einer relativ konfliktfreien Raumnutzung setzte ihre Kompetenz und Arbeitsleistung voraus.

Ihre Arbeit blieb nicht im gleichen Maß unsichtbar wie die bürgerlicher Hausfrauen. Obwohl die Nutzungsstrategie auf die Beseitigung von Hinweisen auf die Hausarbeit setzte, stärkte dies zunächst die Position der Frauen in den zwanziger Jahren, da es ihnen im Gegensatz etwa zu ihren Müttern gelang, eine gemütliche Wohnatmosphäre zu schaffen. Die proletarischen Frauen bewegten sich somit im Spannungsfeld zwischen der Ausrichtung der Nutzung auf die Männer, einer Arbeit ohne Feierabend und der informellen Machtposition.

26 Vgl. die Ergebnisse von Fischer-Eckerts empirischer Studie über die Lebensverhältnisse von Duisburger Frauen mit den Untersuchungen der Marienthalstudie über die Auswirkungen von Langzeitarbeitslosigkeit: Fischer-Eckert, Li: Die wirtschaftliche und soziale Lage der Frauen in dem modernen Industrieort Hamborn im Rheinland. Hagen 1913. Jahoda, Marie/Lazarsfeld, Paul F./Zeisel, Hans: Die Arbeitslosen von Marienthal. Ein soziographischer Versuch über die Wirkungen langandauernder Arbeitslosigkeit. Frankfurt a.M. 1975.
27 Vgl. Knapp: Hausarbeit, S. 359.

SIGRID M. PHILIPPS / SABINE RUMPEL

Häuser und Menschen
Biographische Methoden der Hausforschung im Freilichtmuseum

Möbel, Kleider, Accessoires, die umgesetzten Wohn- und Wirtschafts-
gebäude und alle anderen Museumsobjekte enthalten Hinweise auf
Geschichte, auf biographische ebenso wie auf gesellschaftliche. Die
Suche nach deren Spuren kann ergiebig sein bei der Entschlüsselung
von Abnutzung und Umnutzung, von Umbau und Anbau, wenn sie
bezogen wird auf die Spurensuche in anderen historischen Quellen. Das
Konzept des Freilichtmuseums Beuren[1] stützt sich bei der Umsetzung
von Gebäuden zusätzlich zu den bauhistorischen und restauratorischen
Analysen von Gefüge und Bausubstanz auf personenbezogene, historische Forschungen. Da auch die gesellschaftlichen Verhältnisse die
individuellen Lebensbedingungen bestimmen, präparieren wir in der
Darstellung im Museum diejenigen Epochen aus den jeweiligen "Haus-
biographien" heraus, in denen dieser Zusammenhang an Einzel- oder
Familienschicksalen wieder deutlich werden kann.

Um Geschichte von und mit Museumsobjekten in einprägsamer Form
und möglichst in Geschichten darstellen zu können, steht neben der
Sachkultur eine Vielzahl von Quellen zur Verfügung: Archivalien, Interviews und Bildrecherchen. In diesem Vortrag werden mit den Beispielen
aus Laichingen und Weidenstetten zwei Ausschnitte aus der Arbeit
unseres Teams[2] für das Freilichtmuseum Beuren vorgestellt, in denen

---

1 Baden-Württemberg hat für die Freilichtmuseen ein dezentrales Konzept, das
  insgesamt acht Standorte vorsieht. Getragen werden diese Museen von Land-
  kreisen oder Vereinen mit starker kommunaler Beteiligung. Das Land übernimmt
  in Teilbereichen bis zu 75% der Kosten. Der Einzugsbereich des vom Landkreis
  Esslingen getragenen Freilichtmuseums Beuren umfaßt den gesamten mittleren
  Neckarraum, Teile der Schwäbischen Alb, des Schwäbischen Waldes und die
  württembergischen Teile der Rieslandschaft.

2 Im Jahr 1988 wurde unsere aus vier WissenschaftlerInnen bestehende "Forschungsgruppe Kulturgeschichte und Sachgut" mit der Fortschreibung der
  Gesamtkonzeption, den kultur- und naturgeschichtlichen Forschungsarbeiten und
  der Mitwirkung an der Sammlungsbetreuung beauftragt.

146

Lebensformen und -strategien von Frauen besonders deutlich werden. Zuvor sollen jedoch die zentralen Fragestellungen und die methodischen Ansätze unserer Arbeit skizziert werden.

Fragestellungen der biographischen Hausforschung

Aufgrund eines fast zehnjährigen Vorlaufs von Hauseinlagerungen und -wiederaufbauten mußten wir unsere Forschungsarbeiten zunächst vor allem auf die Aufarbeitung der Besitzgeschichte der Häuser auf der Grundlage archivalischer Quellenstudien konzentrieren, denn nur über die Rekonstruktion der Besitzverhältnisse sind die archivalischen Quellen zur Baugeschichte, d.h. zu Umbauten, Anbauten, Renovierungen und anderen bautechnischen Veränderungen, zu erschließen. Phänomene der Bausubstanz lassen sich mit Hilfe dieser Quellen oft genauer interpretieren und datieren, zuweilen lenken sogar erst diese Ergebnisse der archivalischen Hausforschung den Blick der GefügekundlerInnen.

Die Reduktion der musealen Funktion eines Gebäudes auf die Vermittlung von Gefügekunde und Besitzgeschichte ist jedoch völlig unbefriedigend. Der Fragenkatalog an ein Museumsobjekt muß, um kulturgeschichtliche Prozesse an ihm nachvollziehbar werden zu lassen, erheblich erweitert werden. Zum Beispiel um die Frage nach dem Niederschlag von veränderten Bedürfnissen und Organisationsformen der bäuerlichen, handwerklichen und hauswirtschaftlichen Arbeit.

Zentrale Fragen sind für uns die nach den Beziehungen zwischen den Geschlechtern und den Möglichkeiten der Frauen, eigenständig zu wirtschaften. Insbesondere die Erwerbstätigkeit von Frauen, deren Notwendigkeit zum Überleben der gesamten Familie unabdingbar war, wird häufig bei der Analyse von Primärquellen ausgeblendet. Unsere bisherigen Arbeiten widersprechen an vielen Stellen den gängigen Vorstellungen, Frauen seien nicht nur rechtlich, sondern auch wirtschaftlich abhängig und besitzlos gewesen. Als Gegenbild wird hier u.a. das Beispiel einer alten Frau aus Laichingen referiert werden, die sich bei der Übergabe des Besitzes an ihren Sohn einen Webstuhl sicherte, um ihre Eigenständigkeit zu wahren.

Weiter stellen wir uns stets die Frage nach den sozialen Beziehungen zwischen den Generationen und ihren Veränderungen durch die Verlagerung von Fürsorge aus dem familiären in den gesellschaftlichen Bereich. Der Frage nach der sozialen Situation einer Hausbewohnerin oder eines -bewohners wird im Folgenden z.B. an der Belegungsdichte eines Laichinger Hauses nachgegangen.

Vorgehensweise der kulturgeschichtlichen biographischen Hausforschung

Zu Beginn der Archivforschung[3] stellen wir zunächst anhand der Adresse oder Parzellennummer den letzten oder die letzte BesitzerIn des Hauses fest. Zum Teil läßt sich in diesem Zusammenhang herausfinden, ob das Haus vermietet war. Die notwendigen Unterlagen können in den Vermessungsämtern und zum Teil auch in den Notariaten eingesehen werden. In den Vermessungsämtern (teilweise aber auch in Gemeindearchiven) können sich Pläne des Hauses befinden. Falls Umbauten oder Erweiterungen vorgenommen wurden, sind diese etwa für den Zeitraum der letzten hundert bis hundertfünfzig Jahre in Meßurkunden oder Handrissen festgehalten. Außerdem stehen in den Vermessungsämtern Urkarten der Orte, also erste Ortspläne, zur Verfügung. Aus der Urkarte kann die Lage des Hauses im Ort bestimmt werden. Aus dem dort ebenfalls aufbewahrten Primärkataster können sowohl die Nutzung der Hausteile als auch die früheren Parzellennummern abgelesen werden.

Aufgrund der Verweise der in den Notariaten, Grundbuch- und Vermessungsämtern vorhandenen Akten lassen sich Verbindungen zu den Güterbüchern, die normalerweise im Gemeindearchiv lagern, herstellen. Sowohl die Grund- wie auch die Güterbücher enthalten Beschreibungen des Hauses, aber auch Verweise auf die Kaufbücher, in denen alle Verkäufe des Hauses festgehalten sein sollten. Außerdem können die Güterbücher auch Hinweise auf Hypotheken enthalten, die auf das Haus aufgenommen und in den Unterpfandsbüchern eingetragen wurden. Aus den Güterbüchern kann auch abgelesen werden, welchen Herren die HausbesitzerInnen abgabepflichtig waren, womit der Weg zur Besitzbeschreibung in den jeweiligen Lager- oder Haischbüchern geebnet ist. Diese Akten befinden sich meist in übergeordneten staatlichen Archiven.

Je nach Bestand des Ortsarchivs können dort Feuerversicherungsbücher, Bauakten, Inventuren und Teilungen, Steuerbücher, Gebäudekataster, Bürgerlisten, Gemeinderatsprotokolle, Bürgermeisterrechnungen oder auch Gerichtsprotokolle Beschreibungen des Hauses enthalten und auch Aussagen über die darin Wohnenden und deren aktenkundig gewordenes Leben zulassen. Entsprechende Vermerke in den Akten

---

3 Da das Einzugsgebiet des Freilichtmuseums Beuren zu einem großen Teil altwürttembergisches Gebiet umfaßt, beziehen wir uns im Folgenden nur auf die Zugangsweise zu den dort vorhandenen Quellen.

ermöglichen es, sich von der Gegenwart aus immer tiefer in die Vergangenheit und damit in die Historie eines Hauses einzugraben. Um die Verwandtschaftsbeziehungen der HausbesitzerInnen rekonstruieren zu können, werden kirchliche Akten zu Rate gezogen. Diese sind vor allem dann sehr hilfreich, wenn sich aus den vorhandenen gemeindlichen Akten keine genauen oder auch widersprechende Aussagen zu möglichen BesitzerInnen ergeben. Häufig lassen sich durch die Rekonstruktion der verwandschaftlichen Verhältnisse uneindeutige Übergaben leichter erklären.

Jedoch ist nicht für jeden Zeitraum der Geschichte eines Hauses die Information über das Haus, die sozialen und persönlichen Verhältnisse der darin Wohnenden und eventuell auch das Inventar, das sie besaßen, gleich dicht. Aus diesem Grund legen wir für die Häuser, die im Freilichtmuseum Beuren wiederaufgebaut werden, Zeitschnitte fest. Sie werden in die Phase des Hauses gelegt, in der soviel historische Bausubstanz und soviel Informationen zu den persönlichen und ökonomischen Verhältnissen der BewohnerInnen wie möglich vorhanden sind. Mitbestimmend ist auch, ob die individuelle Geschichte in der dokumentierten Phase exemplarisch für gesamthistorische Zusammenhänge stehen kann. Im Idealfall erhalten wir so ein sowohl bauhistorisch als auch kulturwissenschaftlich sehr gut erforschtes und darstellbares Objekt. Entsprechend ausgewählte Zeitschnitte sind dann auch geeignet, das Leben der Frauen wieder sichtbar machen zu können, die in diesem Hause gelebt und gearbeitet haben, die sein Bau- und sein Funktionsgefüge durch ihre Lebensumstände, ihre Anforderungen und die technischen Möglichkeiten ihrer Zeit geprägt haben.

Die BewohnerInnen eines Hauses aus Weidenstetten

Im Januar 1991 beschloß der Esslinger Kreistag, die Mittel für die Übernahme eines kleinen Hauses aus Weidenstetten[4] bereitzustellen. Weidenstetten, ein Dorf auf der Schwäbischen Alb, war im 19. Jahrhundert eine der größeren Gemeinden des Oberamtes Ulm und ein eigenständiges evangelisches Pfarrdorf.[5] Noch steht das für die Übernahme

---

4 Die folgenden Angaben sind dem kulturwissenschaftlichen Forschungsbericht entnommen. Bettina Heinrich: Die "Geislingerstr. 42" aus Weidenstetten, 1764-1989, Hausbiographie. Masch. Manuskript. Rottenburg 1991.
5 Oberamtsbeschreibung Ulm. Stuttgart und Tübingen 1837, S. 243.

vorgesehene Haus an seinem Erbauungsort neben drei anderen, fast gleichartigen in der Geislingerstraße, doch soll es in absehbarer Zeit vollständig, d.h. ohne es auseinanderzubauen, transloziert werden. Das Weidenstetter Haus hat lediglich eine Grundfläche von 49 qm. Nach einer Hausbeschreibung aus dem Jahr 1876 sind unter seinem Dach "1 beheizbares Zimmer mit Alkov.[en], 1 unbeheizbares Zimmer, 1 Küche, 1 gewölbter Keller, 1 Stall im Sockelstok" und eine Dachkammer untergebracht.[6]

Laut der dendrochronologischen Datierung[7], einer Methode zur Bestimmung des Alters der für den Bau verwendeten Hölzer, wurde das Bauholz für dieses Haus im Jahr 1733 geschlagen. Die mittels der Archivalien des Gemeindearchivs erforschte Besitzgeschichte des Hauses läßt sich eindeutig bis zum ersten Besitzwechsel im Jahr 1764 zurückverfolgen. In den etwa 230 Jahren seiner Geschichte konnten insgesamt neun Besitzwechsel nachgewiesen werden, von denen einer für die Frauenforschung besonders interessant ist.

Im Jahr 1835 wurde das Häuschen mitsamt dem vorhandenen Inventar von Anna Catharina Scheiffele, einer älteren kinderlosen Witwe, an die 23jährige, unverheiratete Anna Catharina Miller verkauft. Daß Anna Scheiffele "... alles Waß im Hauß an geräthschaften vorhanden ist, biß an Kleider Weißzeug, und, Bett"[8], also das gesamte Inventar bis auf einige persönliche Dinge, schon zu ihren Lebzeiten verkaufte, ist ein ungewöhnlicher Vorgang. In der Regel wurden zu diesem Zeitpunkt außer dem Haus und dem Grundbesitz nur bestimmte wichtige Möbel oder das vorhandene Handwerkszeug veräußert.

Anna Scheiffele behielt sich jedoch das Wohnrecht im Haus vor und wollte "... daß Haus noch 8 Jahr fortführen ...". Darüberhinaus verpflichtete sie die junge Frau, ihr unentgeldlich den Haushalt zu führen - was üblicherweise eine Tochter oder eine Schwiegertochter übernehmen mußte. Auf das "Wohlverhalten" der jungen Frau, also zur Gewährleistung, daß sie von Anna Miller gut behandelt wurde, erließ ihr die Witwe fünfzig Gulden am Kaufpreis. Da alle nächsten Verwandten der Frau nicht im Ort wohnten, konnte sie sich durch den Verkauf sowohl die soziale als auch die psychische Absicherung erkaufen.

---

6 Gebäude-Schätzungs-Protokoll, angefangen 1876, S. 85.
7 Institut für Botanik der Universität Hohenheim, 1991.
8 Kaufbuch 1833-1837, Bd. 4, fol. 105.

Für die Käuferin gestaltete sich die Situation ähnlich. Sie war jung und ledig und hatte ihre Heimatgemeinde verlassen. In Weidenstetten hatte sie kein Heimatrecht und wäre deshalb im Fall von Krankheit und damit einhergehender Armut an ihren Geburtsort ausgewiesen worden, um der Gemeinde Weidenstetten die Übernahme der Unterhaltskosten zu ersparen. Auch sie war also weder sozial noch rechtlich abgesichert. Durch die Übergabe schufen sich beide Frauen eine Verbindung, die ihnen wenigstens eine gewisse soziale Sicherheit bot.

Verkäufe, verbunden mit vertraglich geregelten Versorgungsleistungen, finden sich sehr häufig in den Übergaberegelungen. Sie waren lebensnotwendig in einer Welt ohne Kranken-, Sozial- und Altersversicherung. Übergaben eines Hauses, ob nun innerhalb der Familie oder durch Verkäufe an fremde Personen, sind, so haben wir deutlich beobachten können, stets auch potentielle Umbauphasen. Mit dem Einzug anderer Menschen in das Haus, im Falle der innerfamiliären Übergaben meist durch die Heirat der Kinder, sind innovative Schübe möglich: In den Jahren, in denen Übergaben stattfanden, bzw. in den kurz darauffolgenden Jahren, wurden häufig Umbauten und Veränderungen in und am Haus vorgenommem.

Auch hierfür ist das Weidenstetter Häuschen beispielhaft: Anna Scheiffele starb Ende des Jahres 1841 im Alter von 72 Jahren, nachdem sie sieben Jahre lang mit der jungen Frau zusammengelebt hatte. Ein Vierteljahr später heiratete die inzwischen fast dreißigjährige Anna Catharina Miller, die nun das Haus alleine bewohnte, den sechs Jahre jüngeren Maurer und Knecht Balthasar Bayer, mit dem sie zusammen bereits einen Sohn hatte. Aus ihrem Ehevertrag läßt sich ermitteln, daß der Bräutigam 250 Gulden in die Ehe einbrachte.[9] Mit dem vorhandenen Vermögen scheint die Familie sofort Verbesserungen am Haus vorgenommen zu haben: Noch im Jahr 1842 stieg der Versicherungswert des Hauses für die Brandschadenversicherung um 75 Gulden an. Die Erhöhung des Anschlages ergab sich aus der Umdeckung des halben Daches von Stroh auf Ziegel.[10]

Nachdem die Brandschadenversicherung bereits im Jahr 1754 als freiwillige Vereinigung der GebäudebesitzerInnen zur gegenseitigen Versicherung eingeführt worden war, wurde sie im Jahr 1772 in eine zwangspflichtige, staatliche Gebäudeversicherung umgewandelt. Die

9 Kaufbuch Bd. 6, fol. 95 f, verhandelt am 21.4.1842.
10 Brand-Schadens-Versicherungskataster, angefangen 1837, fol. 66.

Gebäude eines Ortes wurden von örtlichen Schätzungsausschüssen nach dem Grad ihrer Feuergefährlichkeit in ihrem Wert klassifiziert und die Beiträge entsprechend festgesetzt.[11] Veränderte Versicherungswerte erlauben deshalb Rückschlüsse auf vorgenommene bauliche Erneuerungen.

Für die Ermittlung des sozialen Status der BesitzerInnen innerhalb des Dorfes können verschiedene Akten herangezogen werden. An erster Stelle sind die Inventuren und Teilungen zu nennen. Sie wurden bei jeder Hochzeit und bei jedem Todesfall angelegt und geben zumeist genaue Auskunft über den gesamten Besitz einer Familie. Während bei der Hochzeit das Hab und Gut der jeweiligen Ehepartner als Zubringen einzeln aufgelistet wurde, führte man beim Tod von EhepartnerInnen in Real- oder Eventual-Teilungen den gesamten inzwischen angesammelten Hausrat und den eventuell dazugewonnenen gemeinsamen Besitz auf. Falls alle zeitlich aufeinanderfolgenden Inventuren und Teilungen für eine Familie aufzufinden sind, können aus ihrem Vergleich - vor allem durch die Analyse der Vermögenswerte - Folgerungen über das 'Wirtschaften' der Eheleute gezogen werden.[12]

Zuweilen gibt bereits die Bezeichnung eines Anwesens einige Hinweise auf den wirtschaftlichen und bürgerrechtlichen Status der BewohnerInnen. Das Weidenstetter Haus wurde in den Quellen Ende des 18. Jahrhunderts als "Söldhäuschen", im frühen 19. Jahrhundert dann als "Beiwohnerhäuschen" bezeichnet. Besitzer einer Selde hatten das Bürgerrecht, also das Recht zur Nutznießung gemeindeeigener Wald-, Acker-, Weide- und Gartenflächen ebenso wie das der politischen Einflußnahme im Ort. Für Besitzerinnen beschränkte sich das Recht auf den genannten wirtschaftlichen Nutzen. Beiwohner waren dagegen Gemeindeangehörige mit wenig Rechten. Sie besaßen weder das Bürgerrecht noch das Recht zur Nutzung der Allmende. Zum Teil war es ihnen bis ins 18. Jahrhundert hinein nicht erlaubt, in einer Gemeinde ein Haus zu besitzen, sie hatten jedoch das Recht dort zu wohnen. Zumeist lebten sie bei Seldnern oder Bauern in Miete, führten aber ihren eigenen Hausstand. Die BewohnerInnen des Weidenstetter Häuschens hatten daher

---

11 Dehlinger, Alfred: Württembergs Staatswesen in seiner geschichtlichen Entwicklung bis heute. Bd. 1. Stuttgart 1951, S. 344. Fleck, Egid: Die Anfänge der öffentlich-rechtlichen Brandversicherung in den früheren Gebieten des heutigen Landes Baden-Württemberg. Karlsruhe 1957, S. 15-19.

12 Aus dem Vergleich der aufgeführten Möbel und Gerätschaften können aber auch Anhaltspunkte für die Planung der Inneneinrichtung gewonnen werden.

vermutlich einen sozialen Zwischenstatus innerhalb der dörflichen Unterschicht - weder waren sie als Hausbesitzer typische Beiwohner, noch waren sie bereits typische Seldner.[13]

Ein weiterer Indikator für die soziale Stellung der ErbauerInnen eines Hauses ist seine Lage innerhalb des dörflichen Siedlungsgefüges. Während sich im Altsiedelland in den Dorfkernen in der Regel die Höfe der Bauern mit vollem Bürgerrecht befanden, siedelten Kleinbauern am Ortsrand. Für das frühe 19. Jahrhundert geben die Urkarten einen sehr guten Eindruck von Wohn- und Ökonomiegebäuden, von Hof-, Acker- und Gartenflächen. In Württemberg wurden sie im Zuge der systematischen Landesvermessung zwischen 1818 und 1840 angelegt und dienten als Bemessungsgrundlage für die Besteuerung.[14] Ein Blick auf die 1823 angelegte Urkarte von Weidenstetten zeigt, daß das Häuschen zusammen mit vier weiteren, ähnlich kleinen Gebäuden eine Reihe in der Geislingerstraße bildete. Sie war die Verbindungsstraße zum nächsten Ort, nach Ettlenschieß. Der Standort des Hauses am Ortsrand läßt darauf schließen, daß die HausbewohnerInnen eher der ärmeren Bevölkerungsschicht angehörten. Nach der Auflassung der Allmenden im 18. Jahrhundert war dies in vielen Gemeinden die Gegend, in der in der Regel die unteren sozialen Schichten lebten.[15]

Wird außerdem das Primärkataster[16] zu Rate gezogen, das die Grundlage für die Steuererhebung zu Beginn des 19. Jahrhunderts bildete und in dem alle Gebäude eines Ortes aufgelistet, bewertet und besteuert wurden, lassen sich genauere Einschätzungen machen. Die mit seiner Hilfe ermittelten Werte aller Gebäude von Weidenstetten belegen, daß bereits die ersten BesitzerInnengenerationen des Hauses einer unterprivilegierten dörflichen Schicht zuzuordnen waren. Diese soziale Zuordnung gilt bis in die Gegenwart. Die letzten BewohnerInnen waren nach dem 2. Weltkrieg Vertriebene aus der Tschechoslowakei, die sowohl ökonomisch als auch sozial isoliert von den übrigen DorfbewohnerInnen im wahrsten Sinne 'am Rande der Gesellschaft' lebten.

13 Grees, Hermann: Ländliche Unterschichten und ländliche Siedlung in Ostschwaben. Tübingen 1975, S. 154-158.
14 Dehlinger, Alfred: Württembergs Staatswesen. Bd. 2. Stuttgart 1953, S. 828-829.
15 Grees, Hermann: Ländliche Unterschichten, S. 311.
16 Primärkataster von Weidenstetten, geschlossen 1973.

Die BewohnerInnen eines Hauses aus Laichingen

Laichingen liegt im östlichen Bereich der Schwäbischen Alb und war im 18. Jahrhundert deren bedeutendster Weberort. Aufgrund der schwierigen Lebensbedingungen - dort herrscht ein rauhes Klima und die Böden sind von minderer Qualität - war eine Vollerwerbslandwirtschaft für die Laichinger Bevölkerung kaum möglich. Bereits vor dem Dreißigjährigen Krieg bauten viele der Bauern und Bäuerinnen daher um den Ort herum Flachs an und lebten neben ihrer kleinen Landwirtschaft, die sie als Subsistenzgrundlage notwendig brauchten, von der hausindustriellen Produktion der Leineweberei.[17]

Das ins Freilichtmuseum Beuren übernommene Haus stand in der "Finsteren Gasse", die in den Archivalien häufig auch als "Mohrengasse" bezeichnet wurde. Laut dendrochronologischer Untersuchung[18] wurde es um das Jahr 1677 als Einhaus gebaut, hatte also den Wohn- und den Wirtschaftsteil unter einem Dach vereint. In der Dunk, einem halbunterirdisch gelegenen Raum, stand der Webstuhl. Hier war es immer feucht - was dem Leinen, nicht jedoch den Menschen, die dort arbeiten mußten, gut tat. Im archivalisch erfaßbaren Zeitraum, der bis in das Jahr 1708 zurückreicht, wurde das Haus hauptsächlich von Weberfamilien bewohnt. Es fanden in diesen etwa 300 Jahren der Hausgeschichte 25 Besitzwechsel statt.

In einem Kaufbuch ist ein Eintrag aus dem Jahr 1719 vorhanden, der belegt, daß das Haus ursprünglich alleine gestanden hatte, einige Jahre nach seiner Erbauung aber zwei weitere Hausteile angebaut worden waren, wodurch das ursprüngliche Haus zum vordersten Gebäude einer Art Reihenhauskomplex geworden war.[19] In dieser Form war es noch bis zur Gegenwart erhalten und niemand hätte vermutet, daß die aneinandergebauten Häuser ursprünglich gar nicht zusammen gehört hatten.

In einem anderen Kaufvertrag wurde im Jahr 1733 festgelegt, daß das Haus in zwei Haushälften geteilt werden sollte. Als der vormalige Besitzer Michael Häberle die Hälfte seines Hauses an seinen Stiefsohn

---

17 Die folgenden Angaben sind dem kulturwissenschaftlichen Forschungsbericht entnommen: Heinrich, Bettina/Rumpel-Nienstedt, Sabine: Das Weberhaus aus Laichingen. Masch. Manuskript. Tübingen 1990.

18 Institut für Botanik der Universität Hohenheim, 1990.

19 Kaufbuch 1713-1720, Bd. 5, fol. 100 b.

übergab, bestimmte er, daß eine Trennwand zu den Räumen seiner Nachkommen eingezogen werden sollte. Mit der Nutzung durch eine zweite Familie wurde gleichzeitig auch die Einrichtung einer zweiten Stube notwendig: "Wenn sie miteinander Bauen, muß Käuffer die Stubencammer allein zur Stube richten, die Schidwand aber mußen beede miteinander machen."[20] Die tatsächliche Teilung wurde jedoch, nach bauhistorischen Befunden, erst etwa dreißig Jahre später vollzogen. Die Familiendaten ergaben, daß zu diesem Zeitpunkt eine nicht zur Verwandtschaft gehörende Familie mit in das Gebäude einzog. Miteinander verwandte BewohnerInnen konnten offensichtlich auch miteinander wirtschaften. Nun aber wurde eine Abgrenzung notwendig.

Die Hausteilung war die einzige Möglichkeit zur Unterbringung von zwei eigenständig wirtschaftenden Weberfamilien unter einem Dach. Eine Aufstockung um ein weiteres Stockwerk hätte zwar weiteren Wohnraum, nicht aber weiteren Wirtschaftsraum erbracht. Die zweite Familie benötigte zu ihrem Lebensunterhalt ebenfalls eine Dunke, und diese konnte nur in den Erdboden hineingebaut werden. Die Hausteilung - pro Haushälfte eine Grundfläche von 47 qm - wurde im übrigen bis in die Gegenwart beibehalten.

Die für dieses Haus aus Laichingen vorhandenen Übergaberegelungen geben bei genauer Analyse auch Auskünfte, die die Lebensverhältnisse im Haus selbst betreffen. Neben Tätigkeiten zur alltäglichen Existenzsicherung, dem Weben und dem Großziehen der Kinder, mußten die Frauen auch die Versorgung der alten Eltern gewährleisten. In einem Übergabevertrag aus dem Jahr 1895 ließ sich z.B. ein älteres Ehepaar rechtlich zusichern, daß es "... täglich einen 1/2 Liter Milch unentgeltlich ..." zu bekommen habe. Auch wurde der "Übernehmer bzw. dessen Ehefrau" verpflichtet "... dem Übergeber sowie seiner Ehefrau in kranken Tagen unentgeltlich die erforderliche Pflege zukommen zulassen ..." - allerdings mit einer Einschränkung - "... jedoch nur soweit als solche selbst besorgt werden kann."[21] Dieser Zusatz ist ein Ausdruck der 'modernen' Welt und weist auf geänderte Bedingungen durch die Einführung der Sozialversicherung und den Ausbau des Krankenhauswesens hin. Jahrzehnte und Jahrhunderte zuvor galt die Pflege der alten Eltern als eine notwendige Pflicht, die in den Verträgen dennoch stets festgeschrieben werden mußte.

20 Kaufbuch 1731-1743, Bd. 8, fol. 32 b.
21 Kaufbuch 45, fol. 776, Eintrag vom 22.11.1895.

Um Problemen zu entgehen, die sich aus dem Zusammenleben von Jung und Alt ergeben konnten, wurden vorsorglich detaillierte Regelungen in die Übergabeverträge aufgenommen. Selbst der Fall, daß sich die beiden Partien nicht miteinander verstanden, wurde bedacht: "... wann Sie sich aber nit beyeinander betragen könnten, so solle der Tochtermann Hannß Koch [der Käufer] schuldig und verbunden sein, Ihre beede Alten, die Stubenkammer zu einem Stüble und Bewohnung zurichten und Ihnen zu überlaßen ...".[22]

In den allermeisten Verträgen wurde festgehalten, wo die alte Generation nach der Übergabe wohnen durfte, denn sie verlor beim Verkauf in der Regel das selbstverständliche Aufenthaltsrecht im einzigen heizbaren Raum, der Stube. Waren noch unverheiratete Kinder im Haus, bezogen sich die Regelungen auch auf diese. Gleichzeitig wurde ausgehandelt, welche Stellen im Haus für die Aufbewahrung des verbliebenen Besitzes der Übergebenden reserviert waren. Ein Kaufvertrag aus dem Jahr 1808 macht dies deutlich: "Verkäuffer dingt sich, und sein Weib lebenslänglich, ein in die Kammer ob dem Stall, behält sich aber bevor, in kranken Tagen in der Stube zu liegen, und die zwei ledigen Söhne, werden solange sie ledig sich befinden, auch in benannter Kammer Plaz behalten, ferner bedingt sich Verkäuffer: auf der oberen Bühne, das Pläzle über dieser Kammer, im Stalle Plaz, eine Gaisse zu stellen, in der Werkstätte Plaz, zu einem Stuhl neben der Stange ... unter der Stange, Plaz zu Grundbirnen."[23]

In fast allen Kaufverträgen wird deutlich, daß die Eltern, solange es ihnen möglich war, auf ihre Selbstversorgung und die Fortführung der Weberei Wert legten, denn damit blieben sie unabhängig vom Wohlwollen ihrer Kinder. Neben Regelungen, die sich auf die Unterbringung von Vieh oder die Aufbewahrung von Lebensmitteln beziehen, finden sich in fast allen Übergaberegelungen Passagen, in denen es um die Nutzung des Gartens geht. In einem Kaufvertrag aus dem Jahr 1733 ist festgehalten: "Die Mutter dingt sich auß des gärttle taglebens noch zu nieße."[24] Derartige Regelungen zur Bewirtschaftung des Gartens finden sich für das Laichinger Haus in vier von sechs Übergaben. Daran kann die zentrale Bedeutung der Subsistenzsicherung durch den Anbau von eigenem Gemüse und Kräutern deutlich abgelesen werden.

22 Kaufbuch 1686-1713, Bd. 4, fol. 248 b-249, Eintrag aus dem Jahr 1708.
23 Grundbirnen = Kartoffeln; Kaufbuch 1805-1811, Bd. 16, fol. 205.
24 Kaufbuch 1731-1743, Bd. 8, fol. 32 b.

Die Übergaberegelungen können jedoch auch über Wirtschafts- und Erwerbsformen Auskunft geben. Eine verwitwete Mutter übergab im Jahr 1839 ihrem Sohn "das Handwerkszeug mit allem Zugehör, außer einem Weberstuhl welcher vollständig der Mutter bleiben solle."[25] Neben Regelungen zur Sicherung des Lebensunterhaltes zeigt diese Passage im Übergabevertrag deutlich, daß in Laichingen die "Manns= und die Weibsleute weben, die Mädchen so gut als die Knappen" - so die Oberamtsbeschreibung von 1825.[26]

Von Weberinnen ist in der Geschichtsschreibung sonst wenig zu hören. Handwerke durften jedoch nach dem Tod eines Meisters von dessen Witwe weitergeführt werden.

In den Verträgen wurde zuweilen auch die Organisation des Alltags geregelt. Deutlich wird dies in einer Übergabe des Jahres 1871, in der es unter anderem um die Benutzung der Flurküche ging. Nach dem Tod ihres Mannes verkaufte die Witwe Wörner ihren Hausteil an das Ehepaar Mack - sie sicherte sich jedoch das unentgeldliche Wohn- und Mitbenutzungsrecht bis zu ihrem Lebensende. Ihr stand zu, in der Küche stets direkt nach den Käufern kochen und waschen zu dürfen. Im Vertrag heißt es: "In der Küche das Recht nach dem Käufer zu kochen, zu waschen, u. das zum täglichen Gebrauch nöthige Wasser u. Holz dort aufzubewahren."[27] Daraus läßt sich ein wichtiges Verhalten ablesen: der sparsame Umgang mit Ressourcen. Direkt hintereinander zu kochen und zu waschen, das sparte Heizmaterial. Diejenige, die als zweite kochte und wusch, brauchte weniger Holz und gar keine "Spächele" - also Scheite zum Anzünden des Holzes.

Im Jahr 1871 war die eine Haushälfte, die die Witwe Wörner und das Ehepaar Mack zusammen bewohnten, so unterteilt, daß die alte Frau ein "Stüble" und eine "Kammer ob dem Stüble" bewohnen durfte und sich mit der Familie Mack die Küche teilen mußte. Der Keller war zweigeteilt, und für die Familie Mack blieb die Stube, also ein heizbarer Raum, und ebenfalls eine Dachkammer. Die drangvolle Enge, die in diesem Haushalt - in dem es stets Kinder gab - geherrscht haben dürfte, ist leicht vorstellbar. Das Beispiel verdeutlicht außerdem, daß auch Personen, die in keinem direkten verwandtschaftlichen Verhältnis zueinander standen, auf engstem Raum miteinander 'hausen' mußten.

25 Kaufbuch 1839-1841, fol. 54.
26 Beschreibung des Oberamtes Münsingen. Stuttgart und Tübingen 1825, S. 188.
27 Kaufbuch 1869-1871, fol. 387 b.

Diese völlige Ausnutzung des zur Verfügung stehenden Raumes in einem Haus durch nichtverwandte, aber auch durch verwandte Personen muß vor dem Hintergrund der Verschlechterung der wirtschaftlichen Verhältnisse in Laichingen betrachtet werden:

Ab etwa 1830 begann für die Weberei in Laichingen der langsame Niedergang. Die technisch überholte handwerkliche Produktion in Württemberg war der mit industriellen Methoden arbeitenden Konkurrenz nicht gewachsen. Hohe Zölle und der zunehmende Anteil der Baumwolle an der Bekleidung taten ein übriges. Die Bevölkerung verarmte in Ermangelung alternativer Erwerbsmöglichkeiten - die hohen Auswanderungsraten dieser Jahre sprechen für sich: Zwischen 1800 und 1900 wanderten 332 Personen aus Laichingen aus.[28]

Auch die BewohnerInnen des hier beschriebenen Hauses waren betroffen. Ihre ökonomische Situation verschlechterte sich immer mehr, und damit begann ihr langsamer sozialer Abstieg. Diese Entwicklung läßt sich archivalisch nachweisen und kommt auch in der wachsenden Belegungsdichte in den einzelnen Haushälften zum Ausdruck. Anhand der Geburts-, Sterbe- und Heiratsregister, die in den kirchlichen Quellen festgehalten sind, wurden Aufstellungen gemacht, wieviele Personen mit hoher Wahrscheinlichkeit in einem bestimmten Zeitraum in einem Haus gelebt hatten. Danach lassen sich in der einen Hälfte des Hauses, also auf einer Grundfläche von 47 qm, pro Besitzphase im 18. Jahrhundert im Durchschnitt 4,5 Personen belegen. Im 19. Jahrhundert stieg diese Zahl rapide an und lag bei durchschnittlich sieben Personen. Zwischen 1816 und 1839 lebten in der einen Haushälfte z.B. insgesamt neun Menschen. Falls, was sich unserer Kenntnis zur Zeit noch entzieht, auch unverheiratete Geschwister der BesitzerInnen mit im Hause lebten, wären die jeweiligen Quoten noch höher. Alles, Leben und Arbeiten, Wohnen und Schlafen, Freude und Trauer, Gesundheit und Krankheit, spielte sich also auf engstem Raume ab. Der Anstieg der Belegungsdichte gibt einen deutlichen Eindruck von der Verschlechterung der Wohnqualität und der Lebensbedingungen. Auch vermeintlich trockene und bislang zumeist von Genealogen zur Stammbaumforschung genutzte Quellen wie Familienregister können bei systematischer Auswertung wichtige Erkenntnisse über Lebensverhältnisse liefern.

---

28 Mayer, Günther: Leineindustrie und Landwirtschaft in Laichingen. Würzburg 1939, S. 27.

Körper und Kleidung

KAREN ELLWANGER

Mobilität in der Bekleidung I

Mobilität und Geschwindigkeit in der Modetheorie der Moderne

"Die Schnelligkeit ist das moderne Lebensgesetz."
Ferdinand Léger, 1924.[1]
"Bewegung, das unaufhörlich sich Ändernde, erweist sich
immer mehr als der Schlüssel zu unserem Denken."
Sigfried Giedion, 1948.[2]

Die Ausweitung der Beweg*lichkeit* und die Beschleunigung der Bewe-
gung sind als technische Mobilität und maschinenerzeugte Geschwindigkeit Konstituenten der Industrialisierung und in deren Gefolge einer
Neuorganisation der Wahrnehmung von Raum und Zeit.[3]

Ingrid Heimann und ich wollen in unseren Beiträgen dazu auffordern,
aus der Perspektive der Geschwindigkeitsmobilität[4] heraus einen neuen
Blick auf die Sachkultur des 20. Jahrhunderts zu werfen. Wir konzentrieren uns dabei auf Bekleidung, weil sie seismographischer, hautnäher

---

1 Zitiert nach Peter Weibel: Die Beschleunigung der Bilder. Bern 1987, S. 32.
2 Sigfried Giedion: Die Herrschaft der Mechanisierung. Frankfurt a.M. 1987 (1.
   Ausg. 1948), S. 45.
3 Wolfgang Schivelbusch formuliert dies lapidar und einprägsam als "Industrialisierung von Raum und Zeit"; Untertitel seines Buchs: Die Eisenbahnreise. Frankfurt a.M. 1984.
4 Seit die Naturwissenschaft der Jahrhundertwende eine "Raum-Zeit" formulierte,
   sind die Raumkategorie Mobilität und die Zeitkategorie Geschwindigkeit nicht
   mehr voneinander getrennt denkbar. "Gleichzeitig", so der Architekturhistoriker
   Giedion, "befaßte die Kunst sich mit demselben Problem. Kunstbewegungen mit
   den ihnen innewohnenden konstituierenden Elementen, wie Kubismus und Futu-
   rismus, versuchten, unsere optische Vision zu erweitern durch die Einführung der
   neuen Einheit Raum-Zeit in die Sprache der Kunst. Es ist eines der Anzeichen
   einer gemeinsamen Kultur, daß das gleiche Problem simultan und unabhängig
   in Methoden des Denkens wie in den Methoden des Fühlens auftaucht." Sigfried
   Giedion: Raum, Zeit, Architektur. Zürich und München 1989 (1. Ausg. 1941),
   S. 284.

auf gesellschaftliche Veränderungen und deren geschlechtsspezifische Ausprägung reagiert als andere Objektbereiche.

Mobilität und Geschwindigkeit traten als Merkmal der Moderne, der Metropole und der Massengesellschaft um die Jahrhundertwende radikal in Erscheinung - so machte der Theoretiker der städtischen Moderne (und nicht zufällig auch der Mode), Georg Simmel, 1908 die neue Mobilität des öffentlichen Verkehrs gar als Ursache für eine Veränderung der Wahrnehmung dingfest: das Vordringen des Augensinnes.[5]

Unter diesen Bedingungen mußte die Bekleidung als optisch elementar wirksames, jederzeit präsentes und leicht veränderbares Zeichensystem, das auch dem im Vorbeigehen geworfenen flüchtigen Blick Orientierungshilfe gewährte, an Bedeutung gewinnen.

Der Schluß liegt nahe, die sichtbare Gestalt der Bekleidung als Zeichensystem sei seit der Jahrhundertwende ein bevorzugtes Forschungsobjekt der Kultur- und Gesellschaftsanalysen des 20. Jahrhunderts gewesen. Dem ist aber bekanntlich nicht so. Die augenfälligste und grundlegendste Dimension der Bekleidung, die optisch-ästhetische, wurde erstaunlicherweise kaum untersucht - obwohl es in der zweiten Hälfte des 19. Jahrhunderts Ansätze in diese Richtung gegeben hatte. Geschuldet ist dies unter anderem[6] der doppelten Marginalisierung der Bekleidung in Wissenschaft und Kunst, der Problematisierung des Form-Inhalt-Verhältnisses der Bekleidung seit der Jahrhunderwende sowie dem darauf

5 "Der Verkehr in ihr (der Großstadt, K.E.), verglichen mit dem der Kleinstadt, zeigt ein unermeßliches Übergewicht des Sehens über das Hören Andrer, und zwar nicht nur, weil die Begegnungen auf der Straße in der kleinen Stadt eine relativ große Quote von Bekannten betreffen, mit denen man ein Wort wechselt oder deren Anblick die ganze, nicht nur die sichtbare Persönlichkeit reproduziert - sondern vor allem durch die öffentlichen Beförderungsmittel. ... Der moderne Verkehr gibt, was den weit überwiegenden Teil aller sinnlichen Relationen zwischen Mensch und Mensch betrifft, diese in noch immer wachsendem Maße dem bloßen Gesichtssinne anheim und muß damit die generellen soziologischen Gefühle auf ganz veränderte Voraussetzungen stellen." Georg Simmel: Exkurs über die Soziologie der Sinne; in: Soziologie, Berlin 1968 (1. Ausg. 1908), S. 486. Der Hintergrund des beschleunigten Tempos des Lebens selbst manifestiert sich für Simmel in der veränderten Bedeutung des Geldes. Ders.: Die Großstädte und das Geistesleben; in: Ders.: Das Individuum und die Freiheit. Essais. Berlin 1984 (1. Ausg. 1903), S. 192ff.

6 Ausführlicher dazu: Karen Ellwanger: Blinde Flecken in der Bekleidungsforschung; in: Fächergruppe Designwissenschaft (Hg): Lebens-Formen. Berlin 1991, S. 91-101.

folgenden Auseinanderdriften der Bekleidungsforschungsdisziplinen Kostümgeschichte, Volkskunde und Modetheorie. Festzuhalten bleibt, daß die weiterhin auf Bildmaterial wechselnder Bekleidungsformen - leider methodisch oft naiv - bezogene traditionelle Kostümgeschichte sich theorieängstlich gegen abstraktere Fragestellungen sperrte.

Die Modetheorie hingegen beschränkte sich bis hin zur ihrer Formulierung als Ideologiekritik durch Haug und Curtius/Hund in den 70er Jahren strikt auf die Tatsache des Modewechsels und blendete optische Nachricht und kulturelle Bedeutung der konkret vermodeten Bekleidungsstücke aus. Die ästhetische Kompentenz der NutzerInnen, historische Konstellationen darzustellen, blieb außerhalb dieser Sichtweise; Bildquellen wurden normalerweise gar nicht erst herangezogen.

Volkskundliche Bekleidungsforschung schließlich hielt in ihrer Spielart als Trachtenforschung zwar zäh an einer Form-Inhalt-Verknüpfung fest (und arbeitete hier auch mit Bildquellen), hielt aber bis lange nach dem zweiten Weltkrieg eher nach Spuren der Beständigkeit und Kontinuität Ausschau denn nach solchen der Geschwindigkeit und der Bewegung. Noch Anfang der 70er Jahre vermerkte Bausinger in seinem folgenreichen Modeaufsatz, Mode gehöre - im Gegensatz zur Tracht - "zu den verhältnismäßig wenigen Gegenständen unseres täglichen Lebens, die von der Volkskunde beharrlich ausgeschlossen wurden"[7]. Auch Gitta Böth erklärt diese Abstinenz der Volkskunde mit einer Wissenschaftsauffassung, der die Mode "aufgrund der sie charakterisierenden *Kurzfristigkeit* als eigenständiger Forschungsbereich ungeeignet erschien"[8].

Keine Disziplin der Bekleidungsforschung brachte ein umfassendes Instrumentarium zur Durchdringung der visuellen Dimensionen der Bekleidung (und schon gar nicht im Hinblick auf Mobilität) hervor. Hier eröffnet der Beitrag der neuen designwissenschaftlichen Bekleidungsforschung am Standort Kunsthochschule, wie ihn Ingrid Heimann entwikkelt, neue Perspektiven, die auch für die gegenwärtige Diskussion über Visualisierung im Museum interessant sein können. Ein qualitativer

7 Hermann Bausinger: Zu den Funktionen der Mode; in: Schweizerisches Archiv für Volkskunde 68/69, 1972/73, S. 22-32.
8 Gitta Böth: Kleidungsforschung; in: Rolf W.Brednich (Hg): Grundriß der Volkskunde. Berlin 1988, S. 153-170, hier S. 155.

Sprung in der Bekleidungsforschung und ihrer Präsentation wird allerdings nur durch gezielte interdisziplinäre Kooperation möglich sein.[9]

So will und kann die Gestaltanalyse keine Aussagen darüber machen, von welchen gesellschaftlichen Gruppierungen die Definitionsmacht des Zeichens "modisch" ausgeht. Die Beschäftigung mit Mode *als analytischer Kategorie* ist aber zur Dechiffrierung von Machtstrukturen unabdingbar. Beispielsweise kann man aus der Vermodung von Mänteln, also der gesellschaftlichen Ausformung eines Zeichens der Öffentlichkeit, die bei Frauen viel später als bei Männern, erst im letzten Drittel des 19. Jahrhunderts, stattfand, Schlüsse über Mobilität ziehen: über den Zeitpunkt und die Legitimität der Aneignung öffentlicher Räume.

Ebenso dringend bedarf die Gestaltanalyse des Kontextes an Hintergrundwissen und Herangehensweise der neueren Volkskunde/Kulturwissenschaft; der Fragen nach geschlechts- und schichtspezifischem Bekleidungsinventar (das allein schon den Zeichenvorrat optischer Bekleidungsnachricht entscheidend begrenzen kann), nach dem Umgang mit Bekleidung und nach kultureller Bedeutungsunterlegung von Bekleidung. Die Entschlüsselung eines so komplexen sozio-kulturellen Gebildes wie Bekleidung verlangt den kreativen Einsatz vielfältiger Methoden.

In den folgenden beiden Beiträgen sucht Ingrid Heimann die Mobilität in der Objektgestalt selbst, indem sie deren Kinetik und Plastizität mit optischen Instrumenten an ausgewählten Zeitschnitten des 20. Jahrhunderts analysiert, während ich nach der modetheoretischen Reflexion der Auseinandersetzung mit Mobilität/Geschwindigkeit im Umgang mit und bei der Bedeutungzuweisung von Bekleidung frage. Unsere Quellen beziehen sich auf die - in Relation zur jeweiligen Wirtschaftsentwicklung - "neuen" Gruppierungen innerhalb des Bürgertums.

---

9 In den letzten Jahren wird eine rege Diskussion mit dem Ziel geführt, die divergierenden Bekleidungsforschungsansätze produktiv aufeinander zu beziehen. So plädiert Hermann Bausinger in "Mode - Spielregeln und Probleme" vorsichtig für eine differenzierende Neuverbindung von inhaltsorientierten Ansätzen (neuerer) Kostümgeschichte mit der formalen Betrachtung der Modetheorie; in: Fächergruppe Designwissenschaft (Hg): Lebens-Formen. Berlin 1991, S. 11-32. Wichtig für die Rezeption modetheoretischer Ansätze in der Volkskunde war Gaby Mentges' und Gitta Böths Sammelband "Sich Kleiden". Hessische Blätter für Volks- und Kulturforschung, Band 25. Marburg 1989.
Wegbereitend für interdisziplinäre Ansätze im Hinblick auf einen ausgewählten Gestaltungsbereich, Farbe, waren auch Ausstellung und Katalog "Weiße Westen und Rote Roben" von Heide Nixdorff und Heidi Müller, Berlin 1983.

Ich konzentriere mich hier aus Platzgründen (anders als in meinem Vortrag) auf den Zeitraum des Durchbruchs der Moderne vom Ende des 19. Jahrhunderts bis zu den 1930er Jahren - dem entsprechen in etwa Heimanns Zeitschnitte 1903/5 und 1934.

Die sich um die Jahrhundertwende konturierende Modetheorie[10] birgt, so meine These, die in anderen Disziplinen der Bekleidungsforschung mehr oder weniger bewußt vermiedene Auseinandersetzung mit der Mobilitätsherausforderung der Moderne. Eine damals neue Form des *Umgangs* mit Bekleidung wird von den klassischen Modetheoretikern beschrieben und indirekt als Darstellung von Geschwindigkeit und Mobilität in einer komplexen Gesellschaft gelesen.

Formulierungen von Geschwindigkeit und Mobilität in der Modetheorie

Zwei aufeinander bezogene Leitbegriffe und ihre Derivate sind die Grundpfeiler dieser Modetheorie: Wechsel und Verbreitung im Sinne der Verallgemeinerung einer Form.

"Wechsel" benennt das veränderte Verhältnis zur Geschwindigkeit, also zur *Zeit*, was durch den sprachlichen Kontext der Begriffsverwendung noch gesteigert wird - "schnelle und gründliche Vergänglichkeit"[11], "rascher periodischer Wechsel"[12], "das rasende Tempo des Modewechsels"[13].

---

10 Selbstverständlich bezieht sich "Mode" nicht nur, wie die umgangssprachliche Verwendung nahe legt, auf Bekleidung einer Zeit. Im Begriff Mode steckt gleichzeitig eine Theorie über Innovation und Diffusion, die auf alle Objektbereiche, ja sogar auf Einstellungen referiert. Die Modetheoretiker illustrieren ihre Einsichten aber so beharrlich mit Beispielen aus dem Bekleidungsbereich (insbesondere der Frauenbekleidung), daß ich es für gerechtfertigt halte, Modetheorie als einen Teil der Bekleidungsforschung zu lesen.

11 Georg Simmel: Die Mode; in: ders.: Philosophische Kultur. Gesammelte Essais. Berlin 1983 (Reprint der 3. Aufl. Potsdam 1923); 1. Ausg. Leipzig 1911. S. 26-51, hier S. 51.

12 Friedrich Theodor Vischer: Mode und Zynismus. Stuttgart 1. Ausg. 1879. Auszugsweise wieder abgedruckt in: Silvia Bovenschen (Hg.): Die Listen der Mode. Frankfurt a.M. 1986, S. 33-79, hier S. 65.

13 Werner Sombart: Wirtschaft und Mode. 1. Ausg. Wiesbaden 1902. Auszugsweise wieder abgedruckt in: Bovenschen, a.a.O, S. 80-105, hier S. 93.

"Verallgemeinerung" - bei Simmel mit einer Akzentverschiebung auch als dem Bedürfnis zur "Nachahmung"[14] folgende "ausgedehnte, alles ergreifende *Verbreitung*"[15], bei Sombart hingegen als "Vereinheitlichung"[16] beschrieben - formuliert das veränderte Verhältnis zum *Raum*. Gemeint ist der Prozeß einer expansiven, beschleunigten Bewegung der immer mehr Bereiche des menschlichen Lebens ergreifenden Mode durch die neuen Räume der Öffentlichkeit, durch die Region, aber auch durch den sozialen Raum.

Daß Wechsel und Verallgemeinerung/Verbreitung einander bedingen, haben die frühen Modetheoretiker gesehen und damit das Flight-Persuit-Modell vorweggenommen:

"Dadurch (durch die Massenproduktion billiger Modeartikel, K.E.) wird nun aber ein wahres Steeplechase nach neuen Formen und Stoffen erzeugt. Denn da es eine bekannte Eigenart der Mode ist, daß sie in dem Augenblick ihren Wert einbüßt, in dem sie in minderwertiger Ausführung nachgeahmt wird, so zwingt diese unausgesetzte Verallgemeinerung einer Neuheit diejenigen Schichten der Bevölkerung, die etwas auf sich halten, unausgesetzt auf Abänderung ihrer Bedarfsartikel zu sinnen. Es entsteht ein wildes Jagen (...)."[17]

Simmels Beobachtungen differenzieren weiter:

"Vielfach kann man gerade bemerken, daß, je näher die Kreise aneinandergerückt sind, desto toller die Jagd des Nachmachens und oben die Flucht zum Neuen ist (...)."[18]

Das "innerste Wesen der Mode", habe sich, so schätzte es Sombart 1902 ein, auf dem Höhepunkt der zweiten Industrialisierungsphase, "erst seit einem Menschenalter voll entfaltet."[19]

In der Tat brach etwa ab 1870 die Erfahrung expansiver Beweglichkeit und Beschleunigung, die zuvor doch auf die Fabrik (Dampfmaschine) und die Reise mit der Eisenbahn beschränkt geblieben war, unüber-

---

14 Simmel: Die Mode, S. 28.
15 Simmel: Die Mode, S. 51.
16 Sombart: Wirtschaft und Mode, z.B. S. 87.
17 Sombart: Wirtschaft und Mode, S. 103.
18 Simmel: Die Mode, S. 31.
19 Sombart: Wirtschaft und Mode, S. 92.

sehbar auch ins Alltagsleben der Bürger ein. Ganz allgemein ist diese zweite Phase der Industrialisierung geprägt durch die Verallgemeinerung normierter Massenproduktion, verbunden mit einer erweiterten Zirkulation von Waren und Geld; durch die Vernetzung der Verkehrswege und die dazu nötige Synchronisation regional noch verschieden laufender Uhren; durch den Transport von Menschen in Mobilobjekten, durch Telekommunikation (Telegraf, Telefon) bzw. Massenkommunikation Radio, Film). Die technischen Errungenschaften der neuen Zeit - Wasserrohre, Gas- und Elektroleitungen, unüberhörbar Telefon und Radio - drangen bis ins Innere der Bürgerwohnungen, später auch der Arbeiterwohnungen ein und setzten Privates und Öffentliches, Besonderes und Allgemeines, Individuelles und Kollektives in ein neuartiges Verhältnis zueinander.

Insbesondere Simmel und Sombart stellen die Verbindung zwischen der modernen Mode und der Mobilitäts- und Geschwindigkeitsherausforderung der Moderne her.

So verwirft Sombart den Versuch, der neuen Produktionstechnik allein, da sie kurzlebige und billige Güter herstelle, die Schuld an der Wechselhaftigkeit des Konsums zuzuschieben, als zu kurz gegriffen: als "nichtssagende Phrase".[20] Er selbst zieht "das moderne Nomadentum"[21], "die Mobilisierung der Menschen selbst: dieses ewige Herumziehen von Ort zu Ort, von Straße zu Straße in derselben Stadt"[22] als Erklärung heran. Am entscheidensten freilich ist für ihn eine im Zusammenhang mit der Industrialisierung entstandene neue Mentalität, der Umstand, "daß mit der Veränderung der Technik und der äußeren Lebensbedingungen (...) auch ein neues Geschlecht von Menschen herangewachsen ist. *Menschen, die die Rastlosigkeit und Unstetigkeit ihres inneren Wesens auch in der äußeren Gestaltung ihres Daseins zum Ausdruck zu bringen trachten.*[23] Wir *wollen* den Wechsel unserer Gebrauchsgegenstände. Es macht uns nervös, wenn wir ewig ein und daselbe Kleidungsstück an uns oder unserer Umgebung sehen sollen."[24]

Während Sombart eher aus dem mobilen Verhältnis zum Raum heraus argumentiert, konzentriert sich Simmel auf die Beschreibung der

20 Sombart: Wirtschaft und Mode, S. 82.
21 Sombart: Wirtschaft und Mode, S. 88.
22 Sombart: Wirtschaft und Mode, S. 89.
23 Diese und alle folgenden Hervorhebungen in Zitaten stammen von mir.
24 Sombart: Wirtschaft und Mode, S. 89.

Auseinandersetzung mit dem Rhythmus der neuen Zeit: "Daß in der gegenwärtigen Kultur die Mode ungeheuer überhand nimmt ... ist nur die Verdichtung eines zeitpsychologischen Zuges. Unsere *innere Rhythmik* fordert immer kürzere Perioden im Wechsel von Eindrücken".[25]

"Das spezifisch 'ungeduldige' Tempo des modernen Lebens besagt nicht nur die Sehnsucht nach raschem Wechsel der qualitativen Inhalte des Lebens, sondern die Stärke des formalen Reizes der Grenze, des Anfanges und Endes, Kommens und Gehens."... "Sie (die Mode, K.E.) ist zugleich Sein und Nichtsein, sie steht immer auf der Wasserscheide von Vergangenheit und Zukunft und gibt uns so, solange sie auf ihrer Höhe ist, ein so starkes *Gegenwartsgefühl, wie* wenige andere Erscheinungen."[26]

Das Gegenwartsgefühl, das die Mode verschaffte, war Ausdruck und gleichzeitig Sozialisationsinstrument im Hinblick auf die Anforderungen der Moderne. Mit der Mode gehen zu können, setzte voraus, Nachahmung und Abgrenzung, Typisierung und individuelle Abweichung in einer Balance zu halten; man mußte Modeneuheiten schnell erfassen und individuell umsetzen lernen, was gleichzeitig bedeutete, sich in Abstimmung auf die Reaktion der Anderen von allem trennen zu können, was unmodisch geworden war:[27] Die Verortung Einzelner im öffentlichen Raum und die Synchronisation subjektiver und objektiver Geschwindigkeit wurden geübt.

"Die Tempo-Erhöhung", so formuliert Gottfried Korff in seiner Skizze innerer und äußerer Urbanisierung, "die Beschleunigung des Lebensrhythmus, wie er als typisch für die Großstadt gilt, erstreckte sich auf sämtliche Handlungsbereiche und Konmmunikationsformen und wurde weitgehend über Mentalitäten gesteuert, die Kollektives mit Individuellem verzahnten."[28]

---

25 Simmel: Die Mode, S. 35.
26 Simmel: Die Mode, S. 35.
27 Vgl. dazu Anette Hülsenbecks Bekleidungsanalyse zu Balzacs Vetter Pons. A.H.: Ein unmoderner Mann zu Beginn der Moderne. Fragmente zur Lesbarkeit von Bekleidung; in: Heidi Lerche-Renn (Hg.): Kleid und Menschenbild. Köln 1992, S. 58-72.
28 Gottfried Korff: Mentalität und Kommunikation in der Großstadt. Berliner Notizen zur "inneren" Urbanisierung; in: Theodor Kuhlmann und Hermann Bausinger (Hg.): Großstadt. Aspekte empirischer Kulturforschung. Berlin 1985, S. 343-361, hier S. 352.

In diesem Sinn, so meine ich, steuert Mode die Verarbeitung der Geschwindigkeits- und Mobilitätsherausforderung, ist "Modellerlebnis"[29] und zwar ein weit umfassenderes, verbreiteres und wirksameres, als es das für diesen Zweck in der Literatur oft bemühte Kino gewesen sein mag.

Daß die "durch die Wirtschaftsdynamik bedingten neuen Schichten der Großstadt Leitfunktionen für Mentalitätsprägungen innehatten"[30], muß folgerichtig für das Mentalitätssteuerungssystem Mode gelten. In der Tat weist Simmel auf "die Verknüpftheit unzähliger geschichtlicher und sozialpsychologischer Momente" hin, "durch die die Großstädte im Gegensatz zu allen engeren Milieus zum Nährboden der Mode werden"[31].

Was die soziale Topografie innerhalb der Städte betrifft, bleibt Simmel etwas vager. Er beschreibt den Vermodungsprozeß ganz allgemein als eine Bewegung von den oberen sozialen Schichten zu den unteren, differenziert aber doch an anderer Stelle: "Klassen und Individuen, die nach fortwährender Abwechslung drängen, weil eben die *Raschheit ihrer Entwicklung ihnen den Vorsprung vor anderen gewährt*, finden in der Mode das Tempo ihrer eigenen seelischen Bewegungen wieder."[32]

Auf der Grundlage von Bildquellen real getragener Bekleidung kann man sicherlich sagen, daß etwa ab den 1910er Jahren die rasch expandierende Schicht städtischer Angestellter im Distributions- und Dienstleistungsbereich als modenah auffällt, insbesondere die Frauen einer umreißbaren Altersgruppe.

Bemerkenswert ist, daß Frauen von ausnahmslos allen Modetheoretiker jener Zeit (und ihren Nachfolgern bis heute) als besonders modenah beschrieben werden. Das müßte eigentlich bedeuten, daß Frauen "durch die Raschheit ihrer Entwicklung einen Vorsprung" innehatten, daß sie die Mobilitäts-/Geschwindigkeitsforderungen bei den Hörnern ergreifen und offensiver verarbeiten konnten. Davon freilich ist in der modetheoretischen Texten nichts zu lesen, im Gegenteil. Diesem Widerspruch muß etwas ausführlicher nachgegangen werden.

29 Korff: Mentalität und Kommunikation, S. 354.
30 Korff: Mentalität und Kommunikation
31 Simmel: Die Mode, S. 47f.
32 Simmel: Die Mode, S. 47.

Form oder Inhalt?

Die Modetheoretiker der Jahrhundertwende wie Simmel, Sombart oder weitgehend auch Veblen konzentrierten sich auf eine Analyse der "formalen"[33] Gesetze des Wechsels an sich und abstrahierten damit "Mode" von den konkreten vermodeten Bekleidungsstücken, die ihnen Jacke wie Hose schienen und von deren Plastizität, Kinetik oder Farbe sie als beliebig oder willkürlich absahen. So meinte Simmel, daß "in sachlicher, ästhetischer oder sonstiger Zweckmäßigkeitsbeziehung unzählige Male nicht der geringste Grund für ihre Gestaltungen (der Mode, K.E.) auffindbar"[34] sei, ja, er sprach von der "Gleichgültigkeit der Mode als Form gegen *jede* Bedeutung ihrer besonderen Inhalte"[35].

Damit war eine Abkehr von der Tradition des 19. Jahrhunderts formuliert, Kleidung als inhaltlich schlüssigen Ausdruck eines Inneren zu betrachten; einer Auffassung, die anscheinend seit der Jahrhundertmitte im Alltagsbewußtsein der BürgerInnen etabliert gewesen[36], und in zeitgenössischen Romanen verdichtet dargestellt worden war. Sie lag den kulturhistorischen Forschungsansätzen wie etwa dem des Trachtenforschers Jacob Falke zugrunde, der von der innigen Verbindung "zwischen den Wandlungen der äußeren menschlichen Erscheinung und des inneren Kulturlebens" ausging[37].

33 Der Begriff "formal" meint in der Simmelschen Verwendung äußerlich, abstrahiert, nicht inhaltlich-konkret. Er unterscheidet sich damit grundlegend von seinem Bedeutungsgehalt in der Gestaltanalyse - dort wird unter "formaler Realität" gerade die konkrete Gestalt verstanden.

34 Simmel: Die Mode S. 29.

35 Simmel: Die Mode S. 30.

36 Während im Ancient Regime eine Distanz zwischen Erscheinungsbild und Selbst gewahrt geblieben sei, ist laut Sennett im 19.Jh "die äußere Erscheinung der direkte Ausdruck des 'Innern' eines Menschen, d.h. die Persönlichkeit ist der Erscheinung immanent." (S. 200). Und was offenbart sich in dieser Ausstülpung des Inneren? "Die beiden Dimensionen, die die Angehörigen des Bürgertums in ihrem öffentlichen Erscheinungsbild personalisierten, waren Klasse und Geschlecht." (S. 216). Richard Sennett: Verfall und Ende des öffentlichen Lebens. Die Tyrannei der Intimität. Frankfurt 1983 (1. Ausg. 1974).

37 Jacob Falke: Die deutsche Trachten- und Modenwelt. Leipzig 1858. Zitiert nach Nicola Squicciarino: Bekleidung als Form der Erweiterung des Ich; in: Fächergruppe Designwissenschaft (Hg.): Lebensformen. Berlin 1991, S. 123.

In der Tat findet sich noch in den modetheoretischen Schriften Vischers der Versuch, die damals herrschende Mode von ihrer Konstruktion und Gestalt her als *Ausdruck* der neuen geschwinden Zeiten zu interpretieren: "Sie (die Mode, K.E.) ist allgemein, (...) und sie drückt (...) doch im wesentlichen aus, was den neueren Kulturvölkern gemeinsam ist. Dies Gemeinsame ist vor allem: *rasche Beweglichkeit,* Kürze aller Bewegungen. Wir wollen die Materie beherrschen, wir haben schlechterdings keine Zeit übrig." (...) "Wir haben nun auch keine Zeit mehr, Kleidungsstücke an uns zu führen, die, nicht nach dem Leibe genäht und geschnitten, in jedem Moment aufs neue drapiert werden müssen; das Kleid soll von selbst mitgehen."[38]

Vischer ist auch heute wieder interessant, weil er ein Übergangstheoretiker ist: ein Gratwanderer zwischen noch inhaltlich-konkreten und schon formal-abstrakten Bekleidungsanalysen. Ein Kunstgriff erlaubt ihm diese Balance: "Alles an der Mode ist expressiv, aber" - so schreibt er - "nicht auf die gleiche Weise". Er unterscheidet zwischen einer "bleibenden Form" *innerhalb der modischen* Bekleidung - die er "Typus" nennt - und der "unbestimmbare(n), meist tolle(n) Formenvielfalt", die "mit Windeseile" wechsle.[39]

Wie ist der - eine Generation später vollendete - Rückzug aus der Inhaltsanalyse der Bekleidung zu erklären? Es ist einen Versuch wert, die Abstinenz der (männlichen!) Modetheoretiker in dieser Frage als Reaktion auf ein real verändertes Bekleidungsverhalten der Männer in der zweiten Hälfte des 19. Jahrhunderts zu deuten.

Bekanntermaßen wurde die bürgerliche Männerbekleidung seit der Mitte des 19. Jahrhunderts einfacher und farbloser; der Schnitt orientierte sich an dem der Konfektion (Männeroberbekleidung wurde früher konfektioniert als die der Frauen). Insbesondere Bekleidungssstücke, die sich in den - zuerst von Männern besetzten - neuen Orten der Öffentlichkeit bewährt hatten und dort getragen wurden, ja, geradezu zum Zeichen der Öffentlichkeit avancierten wie z.B. der Paletot (eine einfache, Bewegung nicht behindernde Mantelform) waren früh konfektioniert und dadurch typisiert. "Um sich im städtischen Sinne geschmackvoll zu kleiden," so erklärt Richard Sennett die moderne Rücknahme bzw. Kontrolle der Bekleidungsbotschaft, "mußte man lernen, das individuelle Erscheinungsbild abzudämpfen und sich unauffällig zu

38 Vischer: Mode und Zynismus, S. 62.
39 Vischer: Mode und Zynismus, S. 69.

machen. Leicht läßt sich hier ein Zusammenhang erkennen. Angesichts der gesellschaftlichen Umbrüche in der Großstadt wollten sich die Menschen schützen, indem sie sich mit der Menge vermischten."[40] "Dieser kulturelle Wandel geht auf die Vorstellung zurück, daß alle Erscheinungen sprechen, daß allen Phänomenen eine menschliche Bedeutung inhärent sei. In einer solchen Situation besteht der einzige Schutz darin, sich zu verstecken."[41]

Als Konsequenz dieser Entwicklung zur gleichförmigen, nichtssagenden Bekleidung "miniaturisierte" sich, so Sennett, die Bekleidungsaussage - Mitglieder gleicher sozialer Kreise erkannten sich an der Art, die Kravatten zu binden; der detektivische Spürsinn eines Sherlock Holmes wurde nötig, um zu entschlüsseln, mit wem man es auf der Straße zu tun hatte.

Sennett sieht in der damaligen weiblichen Bekleidung die gleiche Aussageverweigerung realisiert wie in der männlichen, was mir angesichts der Nachrichtenfülle farbiger, eigenplastisch vielformiger Bekleidung von Frauen im Verhältnis zu unbunter, mittelmäßig verhängender Männermode nicht ganz einleuchten will: "Auch die Deformation des (weiblichen, K.E.) Körpers durch die Kleidung erweist sich vor diesem Hintergrund als verständlich: Beraubt man den Körper seiner natürlichen Form, so kann er nicht mehr sprechen (sic! K.E.); wenn man alle Spuren der Natur verwischt, macht man sich gegenüber den Blicken der anderen relativ unverletzlich."[42] Aus der Perspektive zeitgenössischer Modetheorie hingegen wird deutlich, daß sich das Darstellungspotential und seine Verwendung in der männlichen und weiblichen Bekleidung gerade im Hinblick auf die Funktion des Abschirmens nach Außen unterscheiden.

Männliche Maske - weiblicher Wechsel

Die Leitphänomene modischen Verhaltens, auf die die Begriffe Wechsel und Verallgemeinerung/Vereinheitlichung verweisen, sind immer aufeinander bezogen. Dennoch kann der Schwerpunkt auf dem einen oder anderen der beiden Pole liegen. Man könnte dann vielleicht - etwas überspitzt - von zwei verschiedenen Strategien sprechen, den Anforde-

40 Sennett: Verfall und Ende, S. 213.
41 Sennett: Verfall und Ende, S. 216.
42 Sennett: Verfall und Ende, S. 225.

rungen der Moderne zu begegnen. Diese Strategien lassen sich, so lautet meine These, geschlechtsspezifisch zuordnen.

Zuerst möchte ich die geschlechtsspezifischen Implikationen der "Vereinheitlichung" näher betrachten. Vischer stellt 1879 einen Grundsatz modischen Verhaltens auf: die "Verschmähung allen Auffallens durch das Kleid. Dies gelte "für Mann und Weib". Vischer fährt jedoch fort: "aber für jedes von beiden in einem anderen Sinne. Das männliche Kleid soll überhaupt nicht für sich schon etwas sagen, nur der Mann selbst, der darin steckt, mag durch seine Züge, Haltung, Gestalt, Worte und Taten seine Persönlichkeit geltend machen. (...) Obwohl diese Scheinlosigkeit des Männerkostüms wenig über ein halbes Jahrhundert alt ist, kann man doch sagen, sie bezeichne recht den Charakter der Mode (...). Dem (der Scheinlosigkeit, K.E.) scheint nun die weibliche schnurstracks zu widersprechen, denn sie sucht - nicht immer, aber meist - das Auffallende, sie läßt dem Individuum in gewissen Schranken Luft, sich auszuzeichnen.(...) 'Verschmähung allen Auffallens', haben wir gesagt (...). Die Lösung ist einfach; für das Weib lautet die Formel so: du sollst nicht auffallen, indem du in gewissen, jetzt unerbittlich vorgeschriebenen Grundformen, Hauptstücken von allen andern abweichst, diese Grundformen, Hauptstücke selbst mögen noch so auffallend sein! (...) Der *Rahmen* der Mode ist für alle dasselbe, darin herrscht der Hobel, das Abschlichten und Eingleichen beim Weibe wie beim Mann, aber für den *Inhalt* des Rahmens fragt sie (die Mode, K.E.) hier nach keiner Abschlichtung".[43]

Frauen vereinheitlichten ihre Bekleidung demnach nicht ganz so vollständig wie Männer. Zwar bewegte sich die Frauenmode in einem einheitlichen Rahmen "vorgeschriebener Grundformen" (die freilich alle Betroffenen durch ihr Erscheinungsbild mitformten). Der "Inhalt" dieses Rahmens, die jeweiligen Nachrichten der kollektiven Gestaltausprägungen der Mode waren es aber, die sich sperrten, weil sie sich nicht analog der Entwicklung der Männerbekleidung nivelliert hatten.

Männer hingegen, so verraten es Kontext und Wahl der Beispiele in den modetheoretischen Texten, Männer verfestigten ihre auch in der Gestalt unauffällige, sich zwar permanent, aber nur geringfügig kollektiv ändernde typisierte Bekleidung zu "eine(r) Art Maske"[44].

43 Vischer: Mode und Zynismus, S. 63f.
44 Simmel: Die Mode, S. 42.

Die Maske der Mode wird uns als geräumig beschrieben, sie birgt ausreichend Platz für "die innere Freiheit", denn "die Beständigkeit des Ichgefühls", so argumentiert Simmel, werde sich gerade im erlebten Gegensatz zur äußeren "Form der Veränderung" seiner "relativen Dauer" bewußt.[45]

Für Simmel nämlich steht die Mode "doch immer an der Peripherie der Persönlichkeit"[46]. Dieser Eindruck konnte umso leichter entstehen, als die mittelmäßig verhängende Männerbekleidung jener Zeit ja tatsächlich an der Peripherie der physischen Person blieb, da Kleid und Körper nichts Einschneidendes miteinander zu schaffen hatten. Für Frauen freilich mochte die Verallgemeinerung einer Modenorm, eben weil frau nicht von der Gestaltausprägung der vermodeten Bekleidung absehen konnte, beengender gewirkt haben[47].

Die Verallgemeinerung/Vereinheitlichung der Bekleidung in einem Ausmaß, das die Mode als Maske fungieren läßt, scheint der Männerweg in die Moderne gewesen zu sein. Voraussetzung dafür waren die seit der Mitte des 19. Jahrhunderts beharrlich vermodeten Variationen einer Bekleidung (auf die sich die zeitgenössische Modetheorie letztlich bezog), die einerseits die Beunruhigungen des beschleunigten Wechsels durch kleine Veränderungen abfing, quasi außen vor ließ - und andererseits hinreichend Bewegungsspielraum garantierte, um die Orte der Öffentlichkeit angemessen mobil nutzen zu können.

Diese ja noch immer praktizierte Strategie des mobilen Reizschutzes um den Preis des Verzichts auf die Weiterentwicklung einer eigenen Darstellungskompetenz erscheint heute sehr reduziert, ja, folgt man Sennett, defensiv und angstbesetzt. Möglicherweise aber war sie die damals angemessene Reaktion auf die Mobilitäts- und Geschwindig-

---

45 Simmel: Die Mode, S. 42.

46 Simmel: Die Mode, S. 42.

47 Rosa Mayreder untersuchte um die Jahrhundertwende die Typisierungen von Frauen und Männern. Ihre Wortwahl ist aufschlußreich: "Dieser Typus (die Männernorm, K.E.) kann einem geräumigen Panzer verglichen werden. (...) Der normative Typus des Weibes hingegen gestattete der Entfaltung des Individuellen viel geringeren Spielraum, er ist privativ in seinen Wirkungen, ein beengendes Mieder." R.M.: Die Tyrannei der Norm; in: diess.: Zur Kritik der Weiblichkeit. München 1982, S. 62; zitiert hier nach Annette Hülsenbeck: Typ und/oder Persönlichkeit. Formulierungen von Männlichkeit und Weiblichkeit in der Mode der Moderne; in: Fächergruppe Designwissenschaft (Hg.): Lebens-Formen. Berlin 1991, S. 77-90, hier S. 84f.

keitsherausforderung, zweifellos eine erfolgreiche - jedenfalls im Hinblick auf Terrainsondierung und Besitzstandswahrung. Die Darstellung der "Beständigkeit des Ich-Gefühls" verschmolz (und verschmilzt, wie Ingrid Heimanns Untersuchung derzeitiger Männerbekleidung nahelegt) mit der unermüdlichen Darstellung der Beständigkeit des männlichen Status.

Der mangelhaften Verallgemeinerung ihrer Bekleidung zum Trotz waren es nach Ansicht der Modetheoretiker dennoch die Frauen, die "im allgemeinen der Mode besonders stark anhängen"[48]. Illustriert wird dieser Befund folgerichtig fast immer mit Beispielen aus dem Bereich des Mode*wechsels*.

Sombart etwa macht sich anheischig, "den zwei- oder dreijährigen Frack (...) an der Unterschiedlichkeit in Schnitt und Form vom modischen Frack jederzeit zu erkennen", vermerkt aber, es sei nicht selten, daß "eine Damenkleidermode in ein und derselben Saison vier- bis fünfmal" wechsele.[49]

Diese "Wechselfreudigkeit" (Sombart) - ob sie nun wirklich gar so extrem ausgeprägt war, sei dahingestellt - wird den modenahen Frauen aber keineswegs als Ausweis gelungenen modernen Verhaltens ausgelegt. In einem paradoxen Schlenker, der die Argumentation Vischers, Veblens und Simmels in dieselbe Richtung biegt, wird aus dem Tempo der Frauenmoden eine Not und im gleichen Atemzug aus dem Nachhinken der Männermode eine Tugend. Rührend klingt Vischers Erklärung, die Männermode habe wie die Frauenmode ihr Tempo gesteigert, "bis die nachdemklichere und tätigere Natur des Mannes sich besann, am atemlosen Wettrennen der Weiber ein warnendes Beispiel sich nahm und in stiller Übereinkunft die allgemeine Entsagung (zwar mit etlichem Vorbehalt) zur Regel machte".[50] Simmel schlägt hintersinnig vor, "die Mode gleichsam als das Ventil anzusehen, auf dem das Bedürfnis der Frauen nach irgendeinem Maß der Auszeichnung und persönlichen Hervorgehobenheit ausbricht, wenn ihnen dessen Befriedigung auf anderen Gebieten mehr versagt ist".[51] Auch bilde "die Mode für die Frauen in gewissem Sinne einen Ersatz für die Stellung innerhalb eines Berufs-

48 Simmel: Die Mode, S. 39.
49 Sombart: Wirtschaft und Mode, S. 93.
50 Vischer: Mode und Zynismus, S. 63.
51 Simmel: Die Mode, S. 40.

standes".[52] Für die Männer gilt umgekehrt: "Das Abweisen der Veränderungen auf äußeren Gebieten, die Gleichgültigkeit gegen die Moden der äußeren Erscheinung ist spezifisch männlich - nicht weil er das einheitlichere, sondern gerade weil er im Grunde das vielfältigere Wesen ist und deshalb jener äußeren Abwechslung eher entraten mag."[53]

Die Männer also hielten sich beim Wechsel zurück und verfestigten dafür die Vereinheitlichung einer Bekleidung, die kommunikativ nicht so differenziert war wie die weibliche, aber hinreichend Bewegungsspielraum für die neuen Orte der Öffentlichkeit ließ.

Die Frauen hingegen, nicht vollständig vereinheitlicht, stellten das gesellschaftliche Verhältnis zum schnelleren Fließen der Zeit auf zweifacher Ebene an sich selbst dar: einmal durch den beschleunigten Modewechsel, gleichzeitig aber auch, wie Heimanns Untersuchung zeigt, durch die kinetisch ausgeprägtere Gestalt ihrer Bekleidung, die sich ja nicht der Möglichkeiten komplexer inhaltlicher Aussagen begeben hatte.

Frauen gingen den Männerweg zur Moderne, den des "abschlichtenden" Reizschutzes, nur ein Stück weit. Möglicherweise haben sie statt dessen eine Flucht nach vorne gewagt:

"Das vielbeschworene Leiden am aufgezwungenen 'Tempo' läßt sich überwinden, indem es noch über das vernünftige und notwendige Maß hinaus gesteigert wird."[54]

Abgebremst wurde diese Strategie allerdings durch den reduzierten Aktionsradius, den eine zumindest zu Beginn des Jahrhunderts noch stark eingeschränkte reale Körperbeweglichkeit nur zuließ.

52 Simmel: Die Mode, S. 41.
53 Simmel: Die Mode, S. 41.
54 Michael Bienert: Die eingebildete Metropole. Berlin im Feuilleton der Weimarer Republik. Stuttgart 1992. Hier zitiert nach einem Vorabdruck in der taz vom 11.4.1992, S. 37.

INGRID HEIMANN

Mobilität in der Bekleidung II
Optische Analysen

Die Gestaltanalyse ist eine optische Methode. Gegenstand, Methoden-instrumentarium, aber auch Ergebnis und Auswertung haben vorwiegend Objekt-, keine Sprachrealität. Man könnte daher sagen, daß Texte die Aufgabe erfüllen, die Illustrationen üblicherweise im sprachlichen Zusammenhang haben.

Um dieses Verhältnis deutlich zu machen, sind die Texte kurz und spröde formuliert, Quellen sind Bildquellen und werden auch so zitiert.

Das ist eine Hauptthese der Gestaltanalyse, wie sie am Fachbereich Design der Hochschule der Künste Berlin entwickelt wurde. An dieser These entlang möchte ich vor allem optisch die Darstellung von Bekleidungsmobilität einleiten.

Gestalt:
Gemeint ist die Form, die äußere Struktur von Dingen, besser die formale Realität gemachter, hergestellter Objekte. In der folgenden Darstellung soll es um die formale Realität von Bekleidung gehen.

Eigenständig:
Die Gestalt bietet Seherkenntnis. Die Gestaltanalyse versucht, diese Erkenntnis durch unterschiedliche Methoden zu provozieren, von optischer Provokation bis hin zu eindeutig nachvollziehbaren Aufzeichnungen.

Nach: M. Mende, Hans Baldung Grien, Das grafische Werk, Nördlingen 1988
Tergal-Werbung "Jardin des Modes" Sommaire No. 554 2/1968

Hier sind zwei unterschiedlich bewegte Bekleidungen der Ausgang von Seherkenntnis.

Es ist gut zu sehen, wie die Bekleidungsbewegung Körperbewegung interpretiert. Der bewegte Christopherus wird deutlich gestoppt durch das Kleid des Mädchen von 1968.

Nachrichtenfähig:
Die Gestaltanalyse ist fähig, Erkenntnisse anderer Fachansätze zu erweitern und in Frage zu stellen.

178

1965 1968

Nach: Tergal-Werbung "Jardin des Modes" 4/1965
Tergal-Werbung "Jardin des Modes" 2/1968

Bekleidungskinetik zeigt sich in der Verwandlungsreihe von 1965-1968 tatsächlich wenig verändert. Die größere Beinbewegung täuscht auch größere Mobilitätsdarstellung des Leibes vor und verführt zu Interpretationen von allgemeiner Körperbefreiung der Frau zu diesem Zeitpunkt. Die genaue Beachtung der optischen Strategie des Bewegungsstoppkleides macht erweiterte historische und soziale Recherchen zur Stellung der Frau um 1970 notwendig. Soweit die kurze Einleitung.

Es soll im Folgenden um den Vergleich der Bekleidungen beider Geschlechter gehen. Ziel ist die Definition des gegenwärtigen Mobilcharakters der Bekleidung von Mann und Frau.

Die unterschiedliche Ausprägung der Kinetikcharaktere von Frauen- und Männerbekleidung ist durch eine Darstellung ihrer Entwicklung von der Jahrhundertwende an erkennbar zu machen.

Von 1965 ausgehend, der herausgeschobenen Mitte unseres Jahrhunderts, sollen vier weitere Zeitpunkte betrachtet werden, in der ersten Hälfte 1905 und 1934, in der zweiten Hälfte 1975 und die Zeit um 1990.

Die Seherkenntnis ist hier fast schmerzlich. Starre und bewegte Bekleidungsstrukturen sind überdeutlich zugeordnet.

Um die Zuordnung als optische Nachricht verwerten zu können, müssen die Mobilitätsstrukturen der Bekleidung genauer definiert und nachvollziehbar gemacht werden. Damit werden sie im Rahmen der Aufzeichnung vergleichbar und steigern ihre optische Präsenz.

Nach: Tergal-Werbung "Jardin des Modes" 4/1965 "Der Spiegel" 5/1965; H. Wichmann, Sepp Ruf, in memoriam Sepp Ruf, Stuttgart 1985

180

Fünf unterschiedliche Bewegungsstrukturen erfahren Definition und erhalten eine Darstellungsstruktur. Es wird von der normalen Körperbewegung beim Vorwärtsgehen ausgegangen, auf die Bekleidung reagiert.

Keine Bewegung: Bekleidung bewegt sich gar nicht oder wird auf der Hautoberfläche leicht hin und her geschoben.
Schwache Primäre Bekleidungsbewegung: Die Bekleidung reagiert wie leicht erweiterte Haut, bei jeder Bewegung schwach ausgeprägte, flache, sich stets wiederholende Falten.
Starke Primäre Bekleidungsbewegung: Stärker ausgeprägte, tiefere Falten, die hin und wieder unregelmäßig fallen.
Starke Sekundäre Bekleidungsbewegung: Freie Bekleidungsteile bewegen sich lebhaft bis heftig und wirken unkontrolliert.

Durch eine Körpermatrix, in die grafische Strukturen, die die fünf Bewegungscharaktere visualisieren, eingetragen werden, kann das Kinetikbild einer Bekleidung festgehalten und mit anderen vergleichbar gemacht werden.

Keine Bekleidungsbewegung	
Schwache primäre Bekleidungsbewegung	
Starke primäre Bekleidungsbewegung	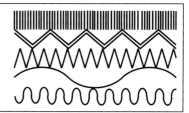
Schwache sekundäre Bekleidungsbewegung	
Starke sekundäre Bekleidungsbewegung	

Die Frauenbekleidung kann fast mit der Mobilitätsstruktur einer Rüstung verglichen werden. Auch die Beine sind von diesem Definitionsansatz aus unbewegt, wenn auch plastisch befreit, also formbelassen.

Wie weitgehend im ganzen Jahrhundert bleibt der Unterleib unbewegt verpackt.

Hingewiesen werden muß darauf, daß sich Starrheit auch in der Architektur, den Design-Objekten dieser neokonstruktivistischen Zeit, in politischen und soziologischen Erscheinungen findet.

Bewegungsbild der Bekleidung
Analysegegenstand: ganzer Bekleidungsumfang, Zeit: 1965, Ort: Paris

Keine Bekleidungsbewegung

Schwache primäre Bekleidungsbewegung

Starke primäre Bekleidungsbewegung

Schwache sekundäre Bekleidungsbewegung

Starke sekundäre Bekleidungsbewegung

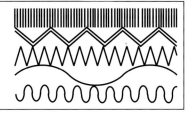

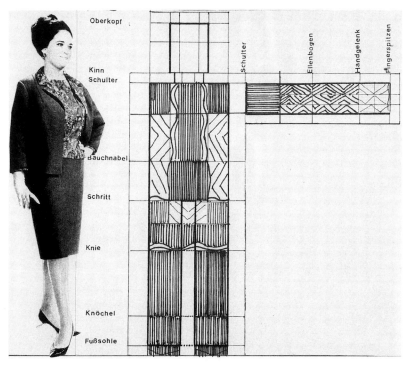

Nach: Tergal-Werbung "Jardin des Modes" 4/1965

Die männliche Bekleidungskinetik unterscheidet sich stark von der weiblichen.

Überwiegend primäre Bekleidungsbewegungen überziehen ziemlich gleichmäßig den Körper, machen ihn leicht wellend, überspielen die Gelenke, lassen sie weich und unauffällig erscheinen.

Zu starken Bekleidungsbewegungen wird Distanz gehalten, ebenso werden Erstarrungsformen gemieden. Es stellt sich eine Demonstration von Unberührtheit dar, Distanzbekleidung, die auch eine Zeitbildformulierung ausschließt.

Bewegungsbild der Bekleidung
Analysegegenstand: Bekleidung - Alltag, Zeit: 1965, Ort: Bonn

Keine Bekleidungsbewegung

Schwache primäre Bekleidungsbewegung

Starke primäre Bekleidungsbewegung

Schwache sekundäre Bekleidungsbewegung

Starke sekundäre Bekleidungsbewegung

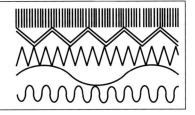

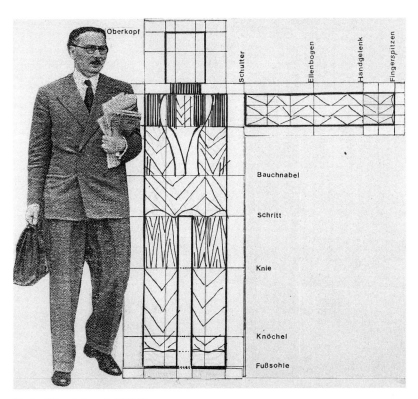

Nach: "Der Spiegel" 5/1965

Die Bekleidung des Mannes aus Rostock, der sich 1903 fotografieren ließ, zeigt erstaunlich ähnliche Bewegungsstrukturen wie die des Mannes aus dem Jahre 1965.

Sie sind so ähnlich, daß sich das Phänomen der Distanzbekleidung ausweitet auf eine Zeitdistanzbekleidung.

Die Bewegungsstrukturen, um die es hier geht, sind nicht nur schwach bewegt, sie überziehen nicht nur ziemlich gleichmäßig die Bekleidung von oben bis unten, sie sind offenbar auch über große Teile des Jahrhunderts gleichgeblieben.

Bewegungsbild der Bekleidung
Analysegegenstand: Bekleidungsumfang, Zeit: 1903, Ort: Rostock

Keine Bekleidungsbewegung

Schwache primäre Bekleidungsbewegung

Starke primäre Bekleidungsbewegung

Schwache sekundäre Bekleidungsbewegung

Starke sekundäre Bekleidungsbewegung

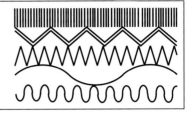

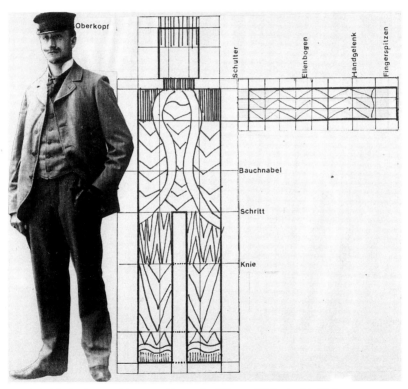

Nach: E.M. Andersen, Mann aus Rostock, Wiborg 1903, Archiv Heimann

Das trifft auf die weibliche Bekleidung von 1905 ganz und gar nicht zu. Der Unterleib ist bis zum Schritt festgelegt. Die übrigen Bekleidungsteile bewegen sich überwiegend stark sekundär.

Arm- und Beinbewegungen sind allerdings nicht in ihrer körperlichen Mechanik sichtbar und dargestellt, sondern es werden neue, starke Kunstbewegungen erfunden wie Fließen, Wogen, Rauschen, Schleppen, auch die Fußsohle bildet nicht das Ende der Darstellung.

Technische Mobilität, die das Leben um 1905 zu beherrschen beginnt, wird auch in anderen Jugendstil-Objekten ausweichend als bewegte Kunstnatur formuliert, wie im Atelier-Tischchen angedeutet.

Bewegungsbild der Bekleidung
Analysegegenstand: Ganzer Bekleidungsumfang, Zeit: 1905, Ort: Berlin

Keine Bekleidungsbewegung
Schwache primäre Bekleidungsbewegung
Starke primäre Bekleidungsbewegung
Schwache sekundäre Bekleidungsbewegung
Starke sekundäre Bekleidungsbewegung

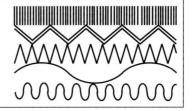

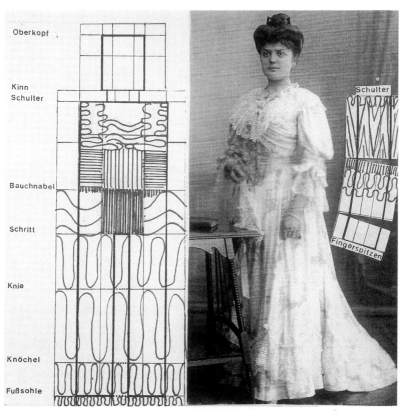

Nach: H. Tietz, Frau aus Berlin - Leipzigerstraße, Berlin 1905, Archiv Heimann

Nach: Anonyme Amateurfotografie, Berlin 1934,
Archiv Heimann

Um über Beklei-
dungsbewegung et-
was auszusagen, bie-
tet sich über die
Strukturierung des
Bekleidungsbildes
hinaus an, sich Rich-
tungen der Beklei-
dung im Verhältnis
zur Körperrichtung
anzusehen. Der
Mensch versteht sich
aktiv von einer Basis
an senkrecht auf-
wärts. Waagerecht ist
für ihn die Ruherich-
tung. Beide, als
Zusammenhang for-
muliert, ergeben in
der Regel Anmutung
von Stabilität.

1934 wird diese Stabilität auffallend, fast symbolhaft, durch die männliche Kopfbekleidung dargestellt. Außerdem werden Kopfhöhe und
-breite in einem geregelten und gleichen Verhältnis um jeweils die Hälfte erweitert. Diese unerschütterliche Formalität springt aus jeder Abbildung dieser Zeit, auf der männliche Kopfbekleidung getragen wird.

Die Schräge kann der Mensch nur vorübergehend einnehmen. Er
empfindet sie als gefährlich, bedrohlich und agressiv.

Margot (Abb. S. 191) trägt im Jahre 1934 eine Kopfbekleidung, die
ohne irgendwie senkrecht oder waagerecht zu sein, aus einer bewegli-
chen Rundung in eine gefährliche Schräge übergeht. Diese Hutposition
tritt in der Bekleidungsgeschichte äußerst selten auf und scheint, soweit
das bisher recherchiert worden ist, ungewöhnlichen Zeitpunkten und
-situationen Gestalt zu geben. Bis zum Jahre 1937 wandert die Schräge
vor das Gesicht, und ist auf der Stirn kaum zu befestigen, die Hutmobi-
lität erreicht ein hohes Maß an Unfunktionalität und Realisierung von
Objektunsicherheit.

Gestaltelemente der Kopfbekleidung
TRÄGER: Alter: 30   Geschlecht: weibl.
TRAGEUMSTAND: Zeit: 1934   Ort: Berlin   Gelegenheit: Reise/Alltag

Nach: Anonyme Amateurfotografie, Margots Abschied, Berlin 1934, Archiv
Heimann

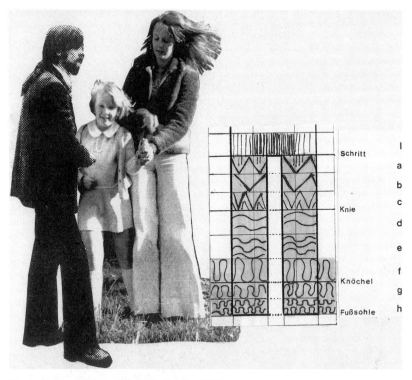

Nach: Gruppe Kwarz, Mitglied, Berlin 1975
Anonyme Amateurfotografie, Berlin 1975, Archiv Heimann

Die Bekleidung von 1975, dem ersten Zeitpunkt in der zweiten Hälfte des laufenden Jahrhunderts, der herausgehoben werden soll, zeigt veränderte Beinbekleidung.
Beinbekleidung als Darstellungsort von Mobilität bleibt von diesem Zeitpunkt an, vor allem in der Frauenbekleidung, wichtig.

In den siebziger Jahren ist die Beinbekleidung zum erstenmal in Form von Schlaghosen als Alltagsbekleidung bis in die Altersstufen um 30 Jahre für beide Geschlechter gleich.
Zimmermannshosen bieten das Formenvorbild für eine besondere Art des Gehens. Zweibeinig vom Knie abwärts nimmt die Breite der Hosen stark zu. Sockelstabilität wird ständig erschüttert und gewinnt keine Standfestigkeit.

192

Um zusätzlich zur Bekleidungskinetik auch Längen- und Breitenverhältnisse der Beinbekleidung definieren zu können, ist es notwendig, auch dafür eine Strukturierungs- und Aufzeichnungsmethode zu entwickeln, um sie später auf eine Untersuchung von 1988/89 anwenden zu können.

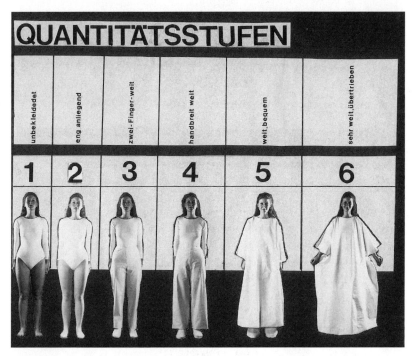

Bekleidungsentwurf: G. Holsten, S. Dietrich
Fotografie: R. König, H.-J. Pfennig
Gestaltung: I. Heimann, Berlin 1989/90

Als Grundlage des hier vorzustellenden Analyseansatzes wurde Bekleidungsplastizität in sechs Quantitätsstufen geordnet.
Die Stufen werden durch dafür entworfene und angefertigte Beinbekleidung real gemacht. Sie stellt den jeweiligen Mittelwert einer Stufe dar und ist von fehlend, übereng, zweifingerbreit, handbreit, weit bis übertrieben weit gestaffelt. Die Beschreibungen geben das jeweilige Verhältnis zur Plastizität des Beines wieder. Hier wird das zunehmende Bekleidungsvolumen der Quantitäten 2, 3 und 4 durch Hosen dargestellt; das trifft natürlich auch auf Röcke zu.

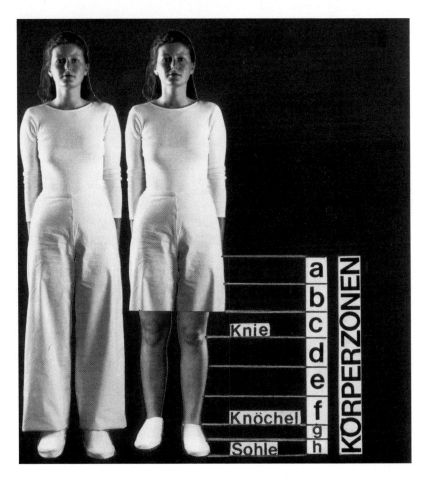

Beinbekleidung ist sehr selten von Schritt bis einschließlich Fuß in einer einzigen Quantität organisiert, wie es links der Fall ist. Schon die Feststellung, eine Folge des Systematisierungsvorgehens, enthält Gestaltaufklärung. Eine vom Schritt bis einschließlich Fuß total plastisch gleichmäßig organisierte Beinbekleidung bietet, wie an der linken Figur gut zu sehen ist, auch das Bild optischer Gleichmäßigkeit.

Um aber alle anderen Fälle aufzeichnen zu können, wird, um die plastisch ungleichmäßige Beinbekleidungsstruktur zu erfassen, das Bein in acht Körperzonen, wie hier dargestellt, unterteilt. Diese Einteilung reicht in der Regel zur Erfassung der Plastizitätsveränderung im Verlaufe einer Beinbekleidung aus.

194

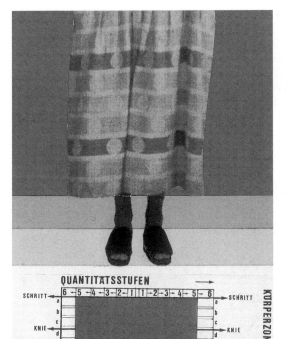

Die sechs Quantitätsstufen und acht Körperzonen ergeben eine Matrix aus achtundvierzig Feldern. An diese Matrix wurden noch drei Absatzzonen (i-k) unten angeschlossen. Um die Zweibeinigkeit der Hose, die Einbeinigkeit des Rockes und gemischte Formen erfassen zu können, wurde die Matrix gespiegelt. Der sich ergebenden Spalte zwischen den gespiegelten Matrixfeldern fällt es zu, die verschiedenen Beinigkeiten aufzeichenbar zu machen. Auf eine Bekleidung der Untersuchung von 1988/89 angewandt, die hier neben einer Männerbeklei

Nach: K. Pallowski, Recherche und Fotografie, Berlin 1988/89

dung als Beispiel dienen soll, wurden die Beinbekleidungsquantitäten folgendermaßen in die doppelte Matrix eingetragen: Der Rock, dunkelgrau mit fünf Quantitäten bis zur Körperzone *e*, geht als einbeinig über die Mittelspalte.

Der Zwischenraum zwischen *e* und *f* zeigt, daß ein neuer, hier unbekleideter Beinabschnitt (mittelgrau) folgt. Die offene Mittelspalte signalisiert für diesen Beinabschnitt Zweibeinigkeit.

Nach der Querteilung zwischen *f* und *g* beginnt, hellgrau markiert, die Fußbekleidung, die drei Quantitätsstufen einnimmt. Die offene Mittelspalte zeigt "Zweifüßigkeit" an.

Die Figur, die auf diese Weise entsteht, ist ein sehr anschauliches Strukturzeichen, das gut, auch maschinell, aufzeichenbar und vergleichbar ist.

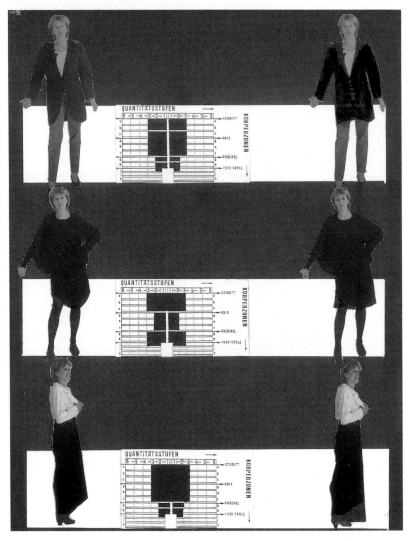

Nach: K. Pallowski, Recherche und Fotografie, Berlin 1988/89

Drei Bekleidungen aus dem Bekleidungsumfang einer Berlinerin, die weitere 15 Ensemblierungen umfaßt, sollen als Beispiele für die Gestaltbildung von Bekleidung um 1990 dienen.

Die drei abgebildeten Strukturzeichen fordern durch ihre klare, anschauliche Formensprache zu Vergleichen förmlich auf. Geht man von der Beinigkeitsdefinition aus, werden die drei grundlegenden Typen dargestellt: Oben eine eindeutige Zweibeinigkeit, unten eine weitgehende Einbeinigkeit, in der Mitte werden beide als Kombination zusammengestellt. Schon das ist, verglichen mit der historischen Frauenbeinbekleidung, ein großer Formenumfang, der auch noch zu gleichen Trageanlässen genutzt wird.
An den Strukturzeichen sind aber auch zuverlässig die verschiedenen Orte der Querteilung, mehrere Quantitäten und deren Zuordnung zu immer anderen Körperzonen abzulesen.

Auch die restlichen Bekleidungen zeigen, durch das Strukturzeichen sehr deutlich gemacht, ungeheure Vielformigkeit.

Das Strukturzeichen kann auch als Provokateur von Seherkenntnis genutzt werden.

In diesem Versuch definieren Strukturzeichen nicht mehr nur vorhandene Gestalt, sondern sie sind Anlaß zu selbstständigen Gestaltvergleichen. Das heißt, ein Strukturzeichen, das eine bestimmte Beinbekleidung erfaßt, geht auf die Suche nach Gleichartigem. Seine abstrakte Formulierung erleichtert die Suche, so daß unmittelbar und ohne inhaltliche Vorbehalte Beinbekleidung aus unterschiedlichen Epochen, aus verschiedenen Schichten, Altersklassen und Geschlechtern zusammenkommen.

Gestaltgleichheit wird gleichberechtigt als Argumentationsgrundlage neben Inhaltsgleichheit gesetzt. Die Objektgestalt nimmt damit ihren Platz als eigenständige Nachricht in der Auseinandersetzung über Objektkultur sichtbar ein.

Das soll an den drei folgenden Abbildungen deutlich werden.

Nach: K. Pallowski, Recherche und Fotografie, Berlin 1988/89; Anonyme Fotografie, Restaurant Bristol, Berlin 1934

Bekleidungsmobilität wird um 1990 vorwiegend durch Mobilität der Formennutzung ausgedrückt, durch individuellen Zugriff auf eine ungeheuere Formenvielfalt und die Benutzung einer langen Formengeschichte.

Nie, soweit das überhaupt recherchierbar ist, war die Beinbekleidung der Frauen so differenziert strukturiert.

198

Nach: K. Pallowski, Recherche und
Fotografie, Berlin 1988/89
E. Thiel, Geschichte des Kostüms,
Berlin 1982

Nach: A. Dürer, Kupferstich 1497/98,
Kopie von Originalabzug
K. Pallowski, Recherche und Fotografie,
Berlin 1988/89

Genau wie an der gezeigten Frauenbekleidung können auch an der
abgebildeten Männerbeinbekleidung (siehe Abb. S. 200) die sich als
typisch herausgestellt habenden Strukturen gut vorgestellt werden. Die
vier (plus eine weitere mit Mantel) abgebildeten Bekleidungen sind
allerdings, anders als in der Frauenbekleidung, schon der ganze Bekleidungsumfang und repräsentieren damit auch die obere Grenze der vorhandenen unterschiedlichen Beinbekleidungskombinationen einer männlichen Bekleidung unserer Untersuchung.

Die Strukturzeichen machen es deutlich: Die Längs- und Querteilungen
der vier männlichen Beinbekleidungen sind vollkommen gleich.

Die geringere Breitenspanne der Beinbekleidungsplastizitäten und die
Breitenspanne der Schuhe laufen, genau abgestimmt, gegeneinander. Die
so strukturierten Bekleidungen sind an Trageanlässe gebunden und werden auch so definiert. Breitere Hosen, zierliche Schuhe sind besonderen
Anlässen vorbehalten, mittlere Hosen- und Schuhweiten alltäglichen

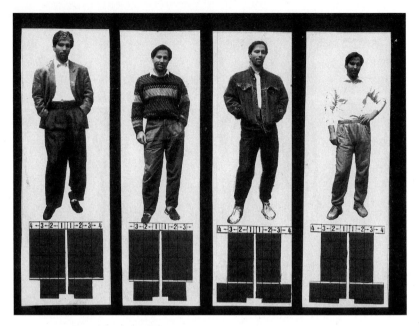

Nach: K. Pallowski, Recherche und Fotografie, Tübingen 1988/89

zugeordnet, und engere Hosen, mit starken Schuhen getragen, stilisieren im weitesten Sinne sportliche Anlässe.

Die "Wenigformigkeit" der männlichen Bekleidungen erfährt strenge, anlaßgebundene Zuordnung.

Auch in der durchschnittlichen Männerbekleidung von heute wird immer noch Distanzbekleidung formuliert.

Optisch wird folgende These provoziert:
Der schnelle Modewandel der Frauen, angeblich aus Lust und Laune geschehen und negativ interpretiert, war genau betrachtet, eine sensible Zeitbildherstellung.

Vor allem die in unserem Jahrhundert wirkende, zeit- und raumverändernde technische Mobilität wird von ihnen zur Kenntnis genommen, in ihrer Bekleidunggestalt scharf und treffend bis ans formal Absurde formuliert und als Zeitbildanteil getragen und ertragen.

Die Männerbekleidung wahrt dagegen umfassende Distanz, eine Art Nichteinmischung, eine Form zeitübergreifender Unberührtheit.

Heute sieht es so aus, als ob am Ende des Jahrhunderts die so entwickelte Darstellungskompetenz der Frauen Vorbildcharakter hat.

Beispiele aus der Kultur der Studentinnen und Studenten weisen auf eine neue, weitere Ebene von Mobilitätsdarstellungen hin. Anzeichen sind Erwägungen wie: Ist die mittlere Beinbekleidung nicht ernst gemeint, ein Festrock, ein Kostüm für Theater oder Fasching, Alttextilienverwertung, improvisierter Bekleidungsformennachbau oder historische Erotikdarstellung? Was bedeutet, daß sie im Alltag getragen werden?

Eigenfotografien, Studentin der H.d.K. Berlin - FB 3, Seminar Designtheorie: Kultur der Designstudentinnen und -studenten, Recherchen - Fotografien - Auswertungen, Berlin 1990/91

An die formal schon sehr unterschiedlichen Beinbekleidungen werden komplizierte Anmutungen gebunden. Dadurch werden die so zustande gekommenen Ensemblierungen im hohen Maße offengehalten und Zuordnungen zu Trageanlässen unmöglich.

Diese neuen Anmutungscharaktere und -bereiche harren noch der Definition und Strukturierung. Sichtbar ist, daß dieser Spekulationsvorgang über Bekleidung noch einmal eine gesteigerte Qualität von Mobilität schafft. Dieser Beitrag soll nicht enden, ohne zu zeigen, daß unter den Bekleidungen der männlichen Studenten auch ein Beitrag war, der mit den allgemein üblichen Strategien der Studentinnen verglichen werden kann. Jeder, der die Abbildung betrachtet, interpretiert die Aufgabe der Distanzbekleidung als mutig.

Eigenfotografien, Student der H.d.K. Berlin - FB 3, Berlin 1990

Regina Mörth

"Das gehört zu meinem Auftreten irgendwie dazu ..."

Über die Verwendung von dekorativer Kosmetik bei Frauen

"Die Tätigkeit des 'Ausstellens' gehört gewissermaßen zu den elementaren menschlichen Grundbedürfnissen. (...) Der 'Ausstellungstrieb' dient einer Fülle sehr unterschiedlicher Zielsetzungen (Kommunikation, soziale Anerkennung, Steigerung des Selbstwertgefühls, Identitätsfindung etc.), die durchaus auch auf die möglichen Motive öffentlicher Ausstellungen übertragbar wären."[1] - Ist also auch unser Körper unsere eigene, ganz private Ausstellungsfläche?

Stichwort "Körpergeschichte"

Bei dem genannten Vergleich wird einmal mehr der "Zeichencharakter" des Körpers deutlich. Utz Jeggle meint damit, daß die einzelnen Körperteile über ihren "Gebrauchscharakter" hinaus auch mit Werten und Symbolen verknüpft sind.[2]

In der Volkskunde steht der menschliche Körper und seine Beziehung zur jeweiligen Kultur seit einiger Zeit im Mittelpunkt des Interesses. Wir sprechen von der "Körpergeschichte", die eng verbunden mit der Sozialgeschichte ist, mehr noch: Sie stellt Sozialgeschichte in einem "hautnah" erlebbaren Sinn dar. Mary Douglas formuliert dazu sehr treffend: "Der menschliche Körper ist das mikrokosmische Abbild der Gesellschaft, ihrem Machtzentrum zugewandt und in direkter Proportion zum zu- bzw. abnehmenden gesellschaftlichen Druck."[3]

1 Wolfger Pöhlmann: Ausstellungen von A-Z. Berlin 1990, 2. Aufl. (1. Aufl. 1988), S. 19.
2 Utz Jeggle: Der Kopf des Körpers. Eine volkskundliche Anatomie. Weinheim und Berlin 1986, S. 37.
3 Zit. nach Klaus Theweleit: Männerphantasien I. Frauen, Fluten, Körper, Geschichte. Frankfurt/M. 1987 (1. Aufl. 1977), S. 313.

Geschichte des Körpers schließt auch die Frage nach dem Umgang mit seiner Vergänglichkeit, mit dem Tod also, mit ein. Es gilt, den Körper in seiner dauernden Veränderung zu sehen. Seine Lebendigkeit schließt jede Statik aus. Doch gerade auf eine solche Statik treffen wir sehr oft bei Schönheitsidealen und Schönheitsvorstellungen. Ich meine hier jenes Ideal, auf das wir immer wieder stoßen, bei dem körperliche Veränderungen, z.b. Spuren des Alterns, ausgeklammert werden - die Idealvorstellung von "ewiger", von konservierter Jugend also. Sterblichkeit und Vergänglichkeit als natürliche Bestandteile menschlichen Lebens werden dabei offensichtlich nicht akzeptiert, ihre Spuren, so gut es eben geht, kaschiert. Denn: "Nur der gesunde, die Abwesenheit des Todes scheinbar garantierende Körper wird gesellschaftlich geschätzt"[4], meint Christoph Wulf sehr treffend.

Unterschiedliche Schönheitsvorstellungen

Weibliche und männliche Schönheitsideale unterscheiden sich voneinander. Wenn auch in jüngster Zeit das Äußere für Männer wieder stark an Bedeutung zu gewinnen scheint - denken Sie an die vielen Herrenkosmetikserien -, so heißt das nicht, daß für beide Geschlechter die gleichen Schönheitsvorstellungen gelten, im Gegenteil!

Unregelmäßigkeiten der Haut (Falten, Pickel etc.), Augenschatten, Tränensäcke, aber auch ein zu weiter oder zu enger Augenabstand, zu schmale oder zu breite Lippen - was auch immer die Autoren von Schönheitsratgebern darunter verstehen mögen - u.v.m. werden bei Frauen viel eher als Makel empfunden als bei Männern. Diverse Frauenzeitschriften, Kosmetikratgeber und natürlich die werbende Kosmetikindustrie raten Frauen, solche "Unregelmäßigkeiten" *wegzumogeln* oder zu *korrigieren*.

Frauen werden also in detaillierten Schilderungen recht deutlich auf ihre vermeintlichen Mängel hingewiesen. So begegnen wir bei Frauen auch sehr oft der Unzufriedenheit mit dem eigenen Aussehen, verbunden mit dem Bedürfnis, es ständig auf Fehler hin zu überprüfen. Diese Unsicherheit wird durch die genannten Medien noch geschürt.

---

4 Christoph Wulf: Körper und Tod; in: Dietmar Kamper, Christoph Wulf: Die Wiederkehr des Körpers. Frankfurt/M. 1982, S. 265, 268.

Bei Männern hingegen scheint es noch immer eher so zu sein, daß ihr Äußeres von ihnen selbst als auch von der Umwelt so akzeptiert wird, wie es eben von Natur aus ist.

Die unterschiedlichen Erwartungen an das Erscheinungsbild hängen eng mit den Geschlechtsstereotypen zusammen, nach denen Frauen und Männern bestimmte Eigenschaften zugeschrieben werden. Bei der Bildung dieser Geschlechtsstereotypen und -rollen kommt der Sozialisation und den Medien eine wichtige Bedeutung zu, wenn sie auch nicht alleine dafür verantwortlich gemacht werden können.

Arbeitsergebnisse

Nun zu den unterschiedlichen Facetten des Umgangs mit dekorativer Kosmetik, die ich bei meiner Untersuchung fand.[5]

Mit Hilfe qualitativ geführter Interviews, der Analyse von Kosmetikratgebern (sog. Schönheitsbücher) und Literatur zum Thema Körpergestaltung versuchte ich, den verschiedenen Seiten des Schminkens auf die Spur zu kommen. Ich befragte zwölf Studentinnen im Alter zwischen 22 und 27 Jahren, von denen sich acht Frauen täglich schminkten und die restlichen vier überhaupt oder weitgehend darauf verzichteten.

Körpergestaltung spielt eine wichtige Rolle in der zwischenmenschlichen Kommunikation, Stimmungen und Lebenseinstellungen lassen sich auf diese Weise ausdrücken. Das Erscheinungsbild vermag oft etwas über die Macht und Position eines Menschen in der Gesellschaft auszusagen. Diese Ansicht vertritt auch Wendy Chapkis in ihrem Buch "Schönheitsgeheimnisse, Schönheitspolitik"[6], das für meine Arbeit eine wichtige Grundlage darstellte. Den Interviewpartnerinnen ist diese Bedeutung des Erscheinungsbildes in der Kommunikation bewußt. Viele schminken sich vor allem dann, wenn sie in Kontakt mit anderen Menschen treten.

Die Zufriedenheit mit dem eigenen Aussehen hängt eng mit der Stimmung zusammen, in denen sich Frauen befinden. Bei schlechter Laune, so erzählten die Gewährsfrauen, fielen ihnen ihre "Makel" besonders auf.

---

5 Regina Mörth: "Das gehört zu meinem Auftreten irgendwie dazu ..." Eine Untersuchung zur Verwendung von dekorativer Kosmetik bei Frauen. Magisterarbeit am Institut f. Volkskunde an der Universität Graz. Graz 1991.

6 Wendy Chapkis: Schönheitsgeheimnisse, Schönheitspolitik. Berlin 1986, S. 77.

Allgemein fühlen sich die Befragten mit Make-up attraktiver und selbstbewußter als ohne Schminke. Sie genießen es, ihre Gesichter zu betonen und so von Männern eher beachtet zu werden.

Durch ein bestimmtes Outfit vermag der Körper Eigenschaften zu repräsentieren, die vielleicht gar nicht naturgegeben sind, die er aber durch spezielle Veränderungen - wenn auch nur dem Anschein nach - gewonnen hat[7]. Denken Sie dabei an die Arbeit von Visagisten, die in der Lage sind, allein durch farbliche Veränderungen des Gesichts ein und denselben Menschen völlig verschieden aussehen zu lassen.

Hier taucht nun ein neuer Aspekt auf: Der tägliche, routinemäßige Umgang mit Kosmetika kann durchaus "Arbeitscharakter" besitzen. Eine der Gewährsfrauen bezeichnete ihr mehrmaliges Erneuern des Make up im Laufe des Tages auch als "Restaurieren". Die "Arbeit Schminken" ist - anders als das Ergebnis - für die Öffentlichkeit nicht sichtbar. Schönheitsmakel und deren Behandlung sollen, so der Tenor bei den Pflegetips in Kosmetikbüchern und Frauenzeitschriften, vor allem Männer nicht zu Gesicht bekommen. Die Wiederholung der meist gleichen Abfolge bei der Pflege und Gestaltung des Gesichts, die flink, im Verborgenen und sorgfältig vor sich geht, hat tatsächlich Ähnlichkeit mit dem Charakter der Hausarbeit.

Das Schminken gehört für viele Frauen zur morgendlichen Toilette, das Make up ist fixer Bestandteil des Erscheinungsbildes. - "Das gehört zu meinem Auftreten irgendwie dazu", wie es eine der befragten Frauen formulierte, und die im folgenden begründete, warum sie nicht darauf verzichten wolle: "Das ist genauso, wie wenn ich mir einen Raum einrichten will, dem keine Pflanzen und Vorhänge hineingeb', so komm' ich mir da vor, wenn ich mich nicht herrichten würd'."

Das Bedürfnis nach einem bestimmten oder gar perfekten Äußeren ist aber auch oft mit Druck verbunden, sich eben so und nur so anderen zeigen zu können; dieser Druck gehört zur Strategie der Schönheitsratgeber und anderen Medien der Kosmetikbranche. Doch wenn Frauen in diesem Druck leben und auf diese Weise zu Konkurrentinnen werden, was z.B. den Job oder zwischenmenschliche Beziehungen betrifft, so sind sie auch selbst als Aktive daran beteiligt, indem sie bestimmte "Spielregeln" akzeptieren und danach leben. Das können wir täglich auch an uns selbst beobachten.

---

7   Vgl. Gunter Gebauer: Ausdruck und Einbildung. Zur symbolischen Funktion des Körpers; in: Wulf/Kamper: Wiederkehr, S. 321.

Ein weiterer, wichtiger Bereich, der mit der Verwendung von dekorativer Kosmetik zu tun hat, ist jener der Illusionen. Denken wir an die Sprache der Kosmetikwerbung: Immer wieder hören oder lesen wir von Produkten, mit denen man "ganz anders wirkt" oder die "samtzartes Wohlbefinden und Vergnügen" (Lancôme - Werbung) versprechen. Auch die Interviewpartnerinnen wollen durch Make up Mängel *kaschieren* und *fühlen* sich geschminkt selbstbewußter. Hier stellt sich die Frage: Geht es beim Schminken also mehr um den Schein als um das Sein? Reicht es aus, im Aussehen bloß frischer, selbstbewußter, gesünder zu *wirken,* und geht es gar nicht so sehr darum, diese Eigenschaften wirklich zu besitzen?

Schminke ist übrigens ein sehr altes Mittel, um auf rasche und bequeme Weise das Aussehen zu verändern; dies ist auch schnell wieder rückgängig zu machen. - So kann Schminken auch großen Spaß bereiten! Kreativität, Phantasie, die Freude am Gestalten und Sichverwandeln sind also ebenso mit der Anwendung von Make up verbunden.

Schminken bedeutet auch maskieren, es ist eine Art der Körperbemalung; das Make up ist eine besondere Form der Maske: Ist es doch erst für Mädchen ab einem gewissen Alter, das irgendwann in der Pubertät liegt, quasi "erlaubt". Hier wird durch Schminke das Ende eines vorangegangenen, bereits durchlebten Lebensabschnittes - der Kindheit - im Äußeren sichtbar gemacht. Ich interpretiere dies als eine Art der Initiation im Sinne eines Eintrittes in die Erwachsenenwelt. Schminke ist also, in Anlehnung an einen Buchtitel von Stephan Oettermann, ein "Zeichen auf der Haut"[8].

Make up läßt sich auch als eine Form der Verhüllung oder der Bekleidung verstehen, auch als eine Art "Schutzkleid" in schwierigen Situationen oder bei schlechter Gemütsverfassung. Die Interviewpartnerinnen erzählten dazu, daß sie sich geschminkt in solchen Fällen "gewappneter, geschützter" oder auch "gerüstet für die Schlacht" fühlten. Wenn sie ungeschminkt sind, vermissen einige der Frauen das Make up. "Ich komme mir kahl und ungewohnt vor", sagte in diesem Zusammenhang eine der Gewährsfrauen.

Nach diesen Untersuchungsergebnissen über die regelmäßige Verwendung von dekorativer Kosmetik möchte ich im folgenden kurz auf die Aussagen jener Interviewpartnerinnen eingehen, die weitgehend oder

---

8 Stephan Oettermann: Zeichen auf der Haut. Die Geschichte der Tätowierung in Europa. Frankfurt/M. 1985 (1. Aufl. 1979).

ganz auf Make up verzichteten. Diesen Frauen ist es einerseits zu teuer und zu zeitaufwendig, sich täglich zu schminken, andererseits haben sie auch kein Bedürfnis danach, ihr Äußeres durch Kosmetika zu verändern oder es einem bestimmten weiblichen Schönheitsideal anzugleichen. Diese Gruppe der Befragten scheint ihr Aussehen eher zu akzeptieren als jene Frauen, die sich regelmäßig schminken.

So kann dekorative Kosmetik einmal als etwas Unangenehmes, Störendes empfunden werden, ein andermal als ein Mittel, mit dem Frauen ihr Äußeres lust- und phantasievoll gestalten können. Immer aber präsentieren wir uns anderen; plakativ könnte man sagen: Wir stellen uns aus, wir bedienen uns eines bestimmten Codes, um unserer Umwelt etwas über uns mitzuteilen.

Ich bin meine eigene Ausstellung

Wieder komme ich auf den Zeichencharakter unseres Körpers zurück, von dem ich schon zu Beginn gesprochen habe. Ich meine, daß sich, ausgehend von der Körpergestaltung, oft Rückschlüsse auf die Kultur, auf die sozialen Strukturen, in denen wir leben, ziehen lassen.

Hier ergibt sich nun eine Parallele zu Ausstellungen und Ausstellungsobjekten. Exponate erzählen uns, meist mit Hilfe einiger Erläuterungen, ihre Geschichte, ihre Funktion. Sie wurden in einer bestimmten Art und Weise gestaltet oder verziert, abgenutzt oder zerstört. All dies gibt uns Aufschluß darüber, wie Menschen mit diesem Gegenstand umgingen, welche Bedeutung er für sie besaß, ob sie ihn z.B. als Prestigeobjekt oder als reines Arbeitsgerät sahen. Wir können auch etwas über die sozialen Verhältnisse erfahren: Für wen ein Objekt einst bestimmt war, ob seine früheren Besitzer zu den wohlhabenden, vielleicht auch einflußreichen Leuten gehörten oder in Armut lebten. Kurz: Das Exponat besitzt ebenso Zeichencharakter und ist Teil einer Schau, die uns über ein bestimmtes Thema informieren will.

Erinnern wir uns an das vorhin Gesagte, so vermittelt uns also die Gestaltung des Gesichts Informationen über einen Menschen; dekorative Kosmetik wird von vielen Frauen bewußt oder unbewußt als Kommunikationsmittel benutzt. - Gestaltung ist also ein Mittel der Kommunikation und die Möglichkeiten, die Spielräume, sind dabei vielfältig.

Hier ergibt sich ein Vergleich zwischen "Körper" und "Ausstellung", wobei der Körper sowohl einem Exponat als auch der Ausstellung als Ganzes entspricht. - Das Gesicht erscheint als unsere "ganz private Stellwand", die wir nach unseren Wünschen und Vorstellungen zusammen mit unserem restlichen Körper gestalten, so daß wir uns individuell verschieden anderen präsentieren. Wir wählen dabei aus einer Fülle von Gestaltungsmöglichkeiten, immer wieder neu, immer wieder anders; denn: "Ausstellen heißt etwas auswählen und hervorheben"[9], und dies gilt auch für die Körpergestaltung.

9 Pöhlmann: Ausstellungen, S. 19.

SABINE TROSSE

Narziß und Schmollmund -
Die Wiederkehr der Sixties

"Die Männer kamen angeknackst und gezeichnet aus dem Krieg zurück. Sie trafen auf die erregte und aufgewühlte Situation um 1918, Revolution, Spartakus. Dann begann aber wieder die Formgebung - man suchte nach etwas, woran man sich halten, anlehnen konnte."

Marta Astfalck-Vietz

Barbie 'promovierte' 1989 - angepaßt an den Zeitgeist, der heutzutage soviel davon erzählt, wie emanzipiert die Frauen seien. Der Puppe sieht es niemand an: nicht die Würde der Doktorin, nicht die alltäglichen Anstrengungen als Hausfrau, Mutter und Gattin, nicht das Älterwerden. Der 1959 in den USA geborene, aber vor allem im Europa der sechziger Jahre populär gewordene Traum ist seither nie ganz gebrochen. Barbie ist immer 'on top'. Anders das wirkliche Leben: Die Sechziger werden in der Kleidung erst seit kurzem wieder nach außen gekehrt. Ornamentik, Farbstellung und Schnittführung gestalten die Frau von heute im Stil der Frau von damals. Heute liegt dem Schmollmund Narziß auf den Lippen. Den Frauen wird eigenes Leben zugestanden. Und sie nehmen es sich auch. Dieses Leben, das Barbie nie hatte, zeugt nicht von reiner Idylle. So manche Frau war froh, die Beengtheit der Kleidung wie des Lebens der Sechziger hinter sich lassen zu können. Und doch kehren Bilder aus dem erlebten Leben wieder. Die Töchter restaurieren damalige Protagonistinnen: Aus Mottenkisten und Designstudios klettern Brigitte Bardots und Twiggys, Audrey Hepburns und Jackie Kennedys, Hippies und Hausfrauen - jeweils in der aktualisierten Fassung für heute. Diese Wiederkehr in Variationen ist nicht nur ein Revival äußerer Hüllen. Die Geschichtsrevue in Stoffbahnen enthüllt emanzipative und restaurative Züge im gegenwärtig widersprüchlichen Dasein.

Verortungen: Kleidung, Frauen und Tradition

Kleidung formt den Körper, dient als Heimstatt und erste Umwelt des Menschen. Sie zeigt Zeitgeist und Lebensgefühl und zeichnet Bilder nicht erst, wenn sie fotographiert wird. Die Kleidung selbst vermittelt bereits ein Bild der Person, die in ihr steckt, wie auch der Gesellschaft, in der diese Person verortet ist. *Die* Kleidung und *die* Mode sind in der bürgerlichen Gesellschaft nicht nur grammatikalisch 'weiblich', doch auch alles andere als 'weiblicher Selbstzweck'. Schon 1899 schrieb der amerikanische Nationalökonom und Soziologe Thorstein Veblen: "Im Lauf der wirtschaftlichen Entwicklung hat die Frau die Aufgabe bekommen, stellvertretend für den Haushaltsvorstand zu konsumieren. Ihre Kleidung ist entsprechend darauf abgestimmt. ... Das Reich (der Frau) liegt im Haushalt, den sie 'verschönern' und dessen 'Hauptschmuck' sie selbst sein soll ... Als Folge unserer patriarchalischen Vergangenheit ist ... die Frau dazu ausersehen, die Zahlungsfähigkeit ihres Haushalts zu demonstrieren."[1] Mit ihrer Kleidung soll die Frau illustrieren, welchen Status die Familie in der Gesellschaft beansprucht. In dieser Gesellschaft, wo Status- und Traditionsbildung an den Mann gebunden ist, fungiert die Frau vorrangig als Palette, auf der Männer das ihnen eigene Selbstverständnis zeichnen. Insofern ist das modische Verhalten der Frauen Ausdruck dessen, was Männer wünschen, obwohl es von ihnen nur allzu oft und bis heute als exhibitionistisches, oberflächliches Konkurrenzgebaren unter Frauen kritisiert wird.

Dem Konzept entsprechend wirken die Frauenbilder, die auch in den sechziger Jahren z.B. in Zeitschriften entworfen wurden, palettenartig und unpersönlich. Die Frauen stehen nicht für sich selbst, sondern sind plaziert zum Nutzen des Publikums. Das Befremden, das zumindest einige Frauen (und Männer) heute beim Betrachten der alten Bilder befällt, zeugt von einem begonnenen gesellschaftlichen Wandel, in dem Frauen ihre Geschichte und ihre Eigenständigkeit suchen.

Schon die sechziger Jahre zeigten Brüche in der starr wirkenden Ordnung vorgegebener Tradition. Geschichtsverbundenheit und Fortschrittsglaube erstickten immer deutlicher im Massenkonsum. Die Avantgarde reagierte, indem sie banale Alltäglichkeiten - Andy Warhol nahm etwa

---

1 Thorstein Veblen: The theory of the leisure class. O.O. 1899. Zit. nach: Elisabeth Wilson: In Träume gehüllt. Mode und Modernität. Hamburg 1989, S. 60f.

Campbell's Suppendosen - zur Kunst erhob, um die Traditionsbrüche unter der Allmacht des Kommerzes zu zeigen: Werbung mit trivialer Ästhetik normiert das Leben, historische, religiöse oder biographische Leitbilder treten in den Hintergrund. Die revolutionären Kinder wichen den Fußstapfen ihrer biederen Eltern aus und provozierten nicht erst 1968 durch lange Haare und Hippie-Kleidung, durch ekstatische Musikerlebnisse und sogenannte "Freie Liebe".

Oswalt Kolle wirkte im Verlauf der sechziger Jahre auf solche sexuellen Liberalisierungen hin, indem er reihenweise Aufklärungsartikel in populären Zeitschriften - etwa der NEUEN REVUE - veröffentlichte und u.a. schließlich 1967 und '69 die beiden Filme "Dein Mann, ..." beziehungsweise "Deine Frau, das unbekannte Wesen" in die Kinos brachte - jedenfalls in die Kinos, die sich nicht unter päpstliche Vormundschaft stellen ließen. Die 1961 in der Bundesrepublik eingeführte 'Pille' tat ein übriges, um Frauen an den Mann zu bringen, wenngleich dieses Verhütungsmittel weitgehend unter dem Ladentisch gehandelt wurde und ebenso wie Kolles Filme für Katholikinnen verboten war.

Für wen sich hier neue Freiheiten boten, wurde spätestens in den 'Tätlichkeiten' der 68er deutlich: "Wer zweimal mit *der*selben pennt, gehört schon zum Establishment."[2] Der in entsprechenden Kreisen verbreitete Slogan zeigt, daß die Frauen nach wie vor im Dienste der Herren zu stehen hatten - hier hörte die Revolution auf, auch wenn die Frauen der Sechziger es teilweise noch anders empfanden. Die Bastion des bürgerlichen Familienrechts ergänzte: "Die Frau führt den Haushalt in eigener Verantwortung. Sie ist berechtigt, erwerbstätig zu sein, soweit dies mit ihren Pflichten in Ehe und Familie vereinbar ist."[3] Was ursprünglich als Anerkennung der von Frauen geleisteten Arbeit fortschrittlich galt, setzte der weiteren emanzipativen Entwicklung Grenzen. Die Frau war von Rechts wegen nicht befugt, in eigener Verantwortung zu entscheiden, ob sie erwerbstätig sein möchte. Dieses Privileg mußte

2 Hervorheb. von S.T. Vgl. zum Kontext: Sabine Weißler: Sexy Sixties. In: CheSchahShit. Die sechziger Jahre zwischen Cocktail und Molotow. Red. Eckhard Siepmann, Irene Lusk u.a./Elefanten Press. Reinbek bei Hamburg 1986, S. 138-147.

3 Bürgerliches Gesetzbuch: Familienrecht § 1356, Absatz 1. Gültig bis 1977. Zit. nach: Gudrun Hähnel: Vom 'New Look' zum 'Pop-Art-Look'. Vom angepaßten Klischee in den Fünfzigern zur versuchten Befreiung in den sechziger Jahren. In: Verziert, verschnürt ... befreit. Vom Korsett zur lila Latzhose. Ausstellungskat. hrsg. von G. Steckmeister und W. Saida. Stuttgart 1989, S. 45-48. Hier S. 47.

ihr von Mann und Familie gewährt werden. Zwar war die Mehrzahl der Frauen in den sechziger Jahren erwerbstätig, doch das deutet weniger einen emanzipativen Freiraum an, als vielmehr eine geduldete ökonomische Notwendigkeit in den Grenzen des gesellschaftlich akzeptierten Fortschritts.

In einer Mantelwerbung aus der als fortschrittlich geltenden CONSTANZE des Jahres 1964 kommt diese großzügige Geste der Gewährung für heutige Augen deutlich zum Ausdruck[4]: Die Frau steht unter dem schützenden Arm ihres (vermeintlichen) Ehemannes und darf so mit ihm den "Mantel von morgen" anpreisen. Sie erscheint kaum bewegt, ja fast starr der Führung und dem Fingerzeig des Mannes folgend. Ihre Aufgabe ist es, den Mantel zu tragen, und nicht, aktiv sie selbst zu sein. Nur mit dieser Einschränkung ist ihr der öffentliche Auftritt gewährt.

Eine heutige Anspielung auf solche Frauenbilder der Sechziger nimmt deren beschränkende Biederkeit parodistisch auf: Das "Zickige" gefällt - so äußert sich die junge Frau selbst, wie in der bebilderten BRIGITTE-Reportage aus dem Jahr 1986 betont wird.[5] Das als zickig interpretierte Aussehen damaliger Frauen bildet den Kontrast, an dem heutige Freiheiten im Umgang mit sich selbst und mit der klischierten Geschichte in Szene gesetzt werden. Die heutige Frau zeigt sich aktiv. Sie bewegt sich ironisierend gegen die Vorgaben des Originalkleides aus den Sechzigern, das damals sicherlich von einer kräftigeren Frau getragen wurde - der Armausschnitt beispielsweise läßt Haut erkennen und Bewegungsraum offen, wo die Schamgrenze der Sechziger längst überschritten wäre. Diese relative Übergröße des Kleides gewährt den stofflichen Freiraum für die ironische 'Gegenbewegung'; die fehlende Bindung an die Geschichte, die die Müttergeneration an solche Kleider noch knüpft, gewährt der jungen Trägerin die Möglichkeit zum parodistischen Spiel mit sich selbst.

---

4 Vgl. COMTAL-Mantelwerbung in: CONSTANZE 1/1964, S. 112.
   Die Seitenzählung ist in dieser Illustrierten nur spärlich geführt und kann daher bloß eine Zirka-Angabe sein. Dies gilt auch im Folgenden.
   Die CONSTANZE zeigt Werbebilder für Kleidung in Aufmachung und Anzahl ähnlich wie die eigene Modefotografie der Zeitschrift. Werbung fungierte offenbar nahezu gleichrangig als Trendinformation, der Unterschied zwischen kommerziellen Anzeigen und Bildern aus redaktionellem Auftrag wurde im Vergleich zur heutigen Differenzierung wenig vermittelt.
5 Vgl. O.N.: Achtmal Disco-Look: Die ganz private Show. In: BRIGITTE 24/1986, S. 54-62. Hier S. 54.

Erstarrte Bewegungen

Die Ordnung der sechziger Jahre, die die Frauenkörper erstarren ließ, unterlag einem Gesamtkonzept, das mit vermeintlichen Kleinigkeiten weitreichende Wirkung erzielte. Dieses Konzept wurde gebrochen durch die u.a. mit Twiggy aufkommende Minimode und mit den zunehmend freizügigen Bekleidungsvorlieben der Jugendlichen. Beide Moden standen in Kontrast zur alltäglich gängigen und gesellschaftlich akzeptierten Kleidung: Das Minikleid war weitgehend dem Freizeitbereich vorbehalten, und Hippie-Kleidung wirkte gesellschaftlich provozierend durch den weiten Schnitt, der den Körper freiließ. Das Kostüm, mit dem beispielsweise Jackie Kennedy als typisch öffentliche Frau auftrat, war demgegenüber schmal und eng geschnitten, der Rock ungefähr knielang, die Jacke taillen- bis hüftlang - dazu der kleine Hut namens "Pillbox". Möglich war auch eine kappenartige Version, die an Kopfbedeckungen aus den zwanziger Jahren erinnert.[6]

Die elegante Dame trug üblicherweise zu diesen stilistisch sehr festgelegten Ensembles eine Henkeltasche, die der Markt heute wieder anbietet. In den Sechzigern ergänzte diese Tasche die von Damen geforderte distanzierte Körperlosigkeit. In der entsprechenden Modefotographie fungierte die Frau als drapierte Figurine: Selbst der Mantel, der offen ist, vermittelt keine Offenheit.[7] Mantel, Handschuhe und Henkeltasche dienen als Abgrenzung ebenso wie der vermeintlich forsche Blick. Dieser Blick wie auch die Schutzhülle des Mantels oder die Schranke der Tasche grenzen nicht den persönlichen Freiraum, sondern das Frausein vom Körperlichen ab: Vom Hals abwärts gilt der Dienst am Publikum, nicht der Eigenwert. Die Henkeltasche selbst schränkt den Handlungsspielraum zudem dadurch ein, daß stets eine Hand an sie gebunden ist.

Freilich hat heutzutage Maggie Thatcher, diese konservative und doch äußerst wehrhafte englische Lady, einen Gebrauch der Henkeltasche vorgeführt, der eigene Grenzen und Selbständigkeit beansprucht: "Zu meiner Zeit hätte der gelegentliche Gebrauch meiner Handtasche

---

6 Dieser historische Bezug wird jedoch nicht explizit genannt. Dagegen fand in den sechziger Jahren der auf Zukunft verweisende Raumfahrtlook deutliche Erwähnung. Vgl. den Text zu Anm. 10.

7 Vgl. ERES-Kostümwerbung in: CONSTANZE 1/1964, S. 12.

genügt. Jetzt bräuchte man mindestens einen Cricketschläger."[8] Thatcher unterliegt keinem biographischen Bruch im Gebrauch der Henkeltasche. Dagegen kritisiert die ZEIT-Glossarin Anna von Münchhausen, die der Henkeltasche offensichtlich entwöhnt ist, deren Wiedereinführung als "Ende jeder Frauenbewegung" - im mehrdeutigen Sinne. Diese Tasche ließe weder genügend Platz für die Utensilien einer emanzipierten Frau noch genügend Raum für ihre Handlungsfähigkeit.[9]

Orientierung in der Auflösung

Die sechziger Jahre waren geprägt durch Aufbruch. Der Blick nach vorn wirkte noch unverstellt und hoffnungsvoll, besonders für Frauen. In der Kleidungsmode spiegelt sich die Zukunftserwartung in Werbesprüchen wie "Der Mantel von morgen" oder im Raumfahrtlook von Pierre Cardin und André Courrèges wider,[10] der auch in populären Zeitschriften vermittelt wurde. Heute erscheint der Horizont dunkler; Umweltkatastrophen, Kommerzialisierung und wachsende Bindungslosigkeit trüben die Zukunftsperspektiven. In der Mode dominiert dementsprechend der Bezugspunkt Historie.

Die Reglements, die in den Sechzigern bestanden, waren Korsett des Lebens, das besonders Frauen einengte. Doch ein Korsett beengt nicht nur, sondern bietet auch Halt und Orientierung, wonach heute gesucht wird. Die Gründe für den derzeitigen Rückblick auf die Vergangenheit liegen nicht im bloßen Wohlgefallen der Sixties, sondern vor allem im paradoxen Versuch, Perspektiven über Vergangenes zu finden, sich Geschichte anzueignen, wo Traditionsverlust vorherrscht. Die Bezüge zielen darauf, Aspekte von Identitäten zu assoziieren; eine Integrität des Individuums besteht nicht an sich.

Der Effekt, Orientierungen in der Vergangenheit zu suchen, ist weder ein reines Frauenproblem noch beschränkt auf die Kleidung. Vergleichbares inszeniert die sogenannte postmoderne Architektur mit ihren histo-

8 Margret Thatcher, britische Ex-Premierministerin, zu den Verhandlungspositionen Englands bei der Europäischen Gemeinschaft. Zit. in: HALLO! 50/1991, S. 2. Thatchers Handtasche war immer eine Henkeltasche. Ihr Aktionsradius wäre freilich größer gewesen, hätte sie ihrerzeit eine langriemige Umhängetasche benutzt.

9 Anna von Münchhausen: Zu kurz gegriffen. Vom Handtäschchen zum Umhängebeutel - und retour. In: DIE ZEIT 37/1991, S. 95. Siehe zum Revival der Henkeltasche: BRIGITTE 16/1989, S. 8f.

10 Vgl. Anm. 4 und 6.

risierenden Stilmixturen, die Musikbranche mit ihren "techno-samplern" oder das Möbeldesign mit seinen Variationen von Nierentisch und Bauhaus-Funktionalität. Die Bindung an Tradition und Geschichte ist allgemein in Auflösung begriffen, z.b. auch in Bezug auf Familienstrukturen. Diese Auflösung ist eine Funktion des Modernisierungsprozesses[11], in dem Flexibilisierung zielgebendes Prinzip ist. Sie stellt dabei nicht grundsätzlich normative Bindungen in Frage. Doch die Bewegungen an der Oberfläche sind nicht zu unterschätzen, weil Flexibilisierung Uneindeutigkeit produziert, in der die Individuen die verbindliche, einheitliche Orientierung verlieren. In dieser Irritierung ist Emanzipation im Prinzip möglich, indem sich die Menschen aus eng vorgegebenen Grenzen lösen können, ohne unbedingt ins gesellschaftliche Abseits zu gelangen. Opposition, die auch der Selbstbestimmung dienen kann, ist jedoch erschwert, und die Individuen sind auch zunehmend subtilen restaurativen Vereinnahmungsprozessen ausgeliefert.

Marketing und Management bedingen und bebildern das Ziel der Flexibilisierung und nutzen die gesellschaftlichen Auflösungsprozesse als Propagandafeld. Die Wirtschaft setzt mit ihren verschiedenen Werbemitteln Leitbilder, demonstriert Moralität, obwohl sie weiterhin die Umwelt zerstört, beansprucht Bezüge zu Bereichen, die ehedem der Marktwirtschaft fern standen. In den sechziger Jahren wurde z.B. in einem klassischen Plakat des Sozialistischen Studentenbundes die Linie von Marx über Engels zu Lenin in die damalige Gegenwart verlängert, d.h. auf eine Traditionslinie verwiesen, die ungebrochen wahrgenommen wurde.[12] Die kommerzielle Werbung nutzt Marx heute - nach dem Mauerfall zwischen Ost und West - als Negativ-Werbeträger und spielt ihn gegen Richard Marx' Gesänge aus: "Karl Marx ist out. Richard Marx ist in."[13] Dies ist nur ein Beispiel unter vielen. Freilich: Die linken Vorbilder sind mit dem Zusammenbruch der sozialistischen Staaten fundamental erschüttert, doch auch christliche Güter werden heute kommerziell benutzt; etwa in einem Lied der Gruppe ENIGMA aus dem Jahr 1990, in dem gregorianische Mönchsgesänge und moderne

---

11 Vgl. das dem Text vorangestellte Motto, das die Zeit nach dem Ersten Weltkrieg kommentiert. Zit. nach: Marta Astfalck-Vietz. Photographien 1922-1935. Ausstellungskat. hg. von der Berlinischen Galerie. Berlin 1991, S. 10.
12 Vgl. Abb. in: CheSchahShit, S. 302.
13 Werbung von EMI-Germany für "Die neue Weltanschauung auf CD - MC - LP" namens "Rushstreet". In: max 12/1991, S. 201.

Pop-Rhythmen mittels Computerelektronik verbunden werden mit dem eindeutig zweideutigen Stöhnen einer Frau.

Variationen des Schmollmunds

Es ist naheliegend, wenn von und für Frauen Kleidung benutzt wird, um die Traditions- und Geschichtsanbindung zu suchen. Frauen sind eingeübt, mithilfe ihres bekleideten Körpers gesellschaftliche Erwartungen zu illustrieren. Diese Verortung im gesellschaftlichen Gefüge ist nicht nur passiv zu verstehen. Zumindest die Frauen der 'Neuen Mittelschicht' nutzen die Variationsbreite der Bekleidung zunehmend kompetent, um der Vielfalt ihrer eigenen Persönlichkeit Ausdruck zu verleihen.[14] Dies macht einen herausragenden Unterschied zwischen den Sechzigern und heute aus, der allerdings nicht überschätzt werden darf: Auf der Ebene der Vermittlung, d.h. in den angebotenen Frauenbildern, die an Kleidung geknüpft sind, verliert sich der Schmollmund von gestern nicht spurlos im Narziß von heute.

Brigitte Bardot gilt als klassischer Schmollmund. Das Bild, das von ihr in die Geschichte eingegangen ist, wurde 1956 von ihrem damaligen Ehemann Roger Vadim mit dem Film "Et dieu créa la femme" (Titel in der BRD: "Und immer lockt das Weib") aufgebaut. Es zeigt 'die' Bardot als Sexsymbol und relativ eigenständige Frau, woran sich die Gesellschaft jedoch noch gewöhnen mußte. Bardot wurde erst in den Sechzigern zum traumhaft traumatischen Leitbild. Z.B. spielte sie im Jahr 1963 gegenüber Anthony Perkins die typische Rolle der Verführerin, die dem Film auch den Titel gab.[15] Von dieser Rolle sagte sie sich in den Siebzigern los, weil sie als Persönlichkeit völlig reduziert wurde auf ihr körperliches Funktionieren für das Publikum: "Sie selbst sah den Zeitpunkt für gekommen, dem Film den Rücken zu kehren, wo platte Pornografie die Leinwand der siebziger Jahre zu beherrschen trachtete."[16]

Bardot verkörperte eine "kühle, sexuell betonte Unverfrorenheit, ausgedrückt durch die wohldosierte Nonchalance ihrer äußeren Erschei-

---

14 Vgl. hierzu die Beiträge von Ingrid Heimann und Karen Ellwanger in diesem Band.
15 Vgl. das Filmplakat, abgedruckt in: Bernard d'Eckardt: Brigitte Bardot. Ihre Filme - ihr Leben. München 1982, S. 237.
16 Ebd. S. 176.

In der Zuordnung zum Mann: Eine alltäglich stilisierte Version des Bardot'schen Schmollmundes. Aus: CONSTANZE 1/1964, S. 18.

nung - Pony und Pferdeschwanz, meistens in Jeans und barfuß." Ihrem Image habe jegliche Form von Konventionalität oder Prüderie gefehlt.[17] Aus der Perspektive der Sechziger beanspruchte sie damit Eigenraum und Selbständigkeit, die im Alltag der Frauen so nicht üblich war - daher wird sie mitunter als "Gallionsfigur der Emanzipation der Frauen"[18] bezeichnet.

Bardots Habitus wurde in Mode- und Werbebildern, die Alltäglichkeit suggerierten, in gezügelter Form nachgeahmt: typisch der Konvention entsprechend in 'anständig' hochgeschlossenem Twinset und den Kopf niedlich schräg gelegt. Die aufrechte Haltung, die Brigitte Bardot auch in der Betonung ihrer sexuellen 'Attraktionen' auszeichnete und die sie zum unerreichbar wirkenden Traum machte, war in den alltagsnahen Illustrationen nicht mehr vorhanden. Das Laszive der Bardot, bei dem naive Züge nur mitschwangen, wurde auf reine Naivität und Bravheit reduziert.

17 Liz-Anne Bawden (Hg.): Buchers Enzyklopädie des Films. Luzern, Frankfurt/M. 1977, S. 66.
18 D'Eckardt (s. Anm. 15), S. 176.

Heute wird der schmollmundige Bardot-Typ in vielfältiger, auch widersprüchlicher Form revitalisiert: Die Variationsbreite reicht von Garçonne bis Kindfrau. Claudia Schiffer brachte um 1988 mit Karl Lagerfeld den Schmollmund-Boom ins Rollen. Sie ist bis heute eines der bestbezahlten Mannequins der Welt - trotz ihres Eklats mit Lagerfeld - und wird häufig kopiert. Die Anspielungen auf Bardot setzen stets deren feminine Ausstrahlung ins Zentrum, kontrastieren diese durch androgyne und maskuline Züge oder ergänzen sie mit romantischer Weiblichkeit.

Im Bezug auf sich selbst: Der 60er-Schmollmund als Narzisse der Neunziger. Aus: BRIGITTE 21/1991, S. 63.

In einer BRIGITTE des Jahres 1991 (Abb. oben) wird der Schmollmund stark überzeichnet, mit den typisch aufgelösten Haaren und einer kontrastierenden schweren Lederjacke kombiniert. Der Kontrast zwischen Lederjacke und Schmollmund betont das Frausein und bildet keinen unvereinbaren Gegensatz. Die Frau ist abgebildet, als finde sie Gefallen an sich; es geht Ruhe von ihr aus, die nicht passiv wirkt.

Das androgyne Spiel mit den verschiedenen, auf Kleidung bezogenen Geschlechtercodes von Mann und Frau wird andernorts noch deutlicher zum Leitprinzip. MARC CAIN zeigt in einer Broschüre zur Frühjahrskollektion 1990 eine Frau mit langen, streng nach hinten gelegten Haaren, in grauem 'Männeranzug' und mit Krawatte und Oberhemd. Ihre Hände stecken in den Hosentaschen. Die Inszenierung erinnert an die avant-gardistische Dandy- und Garçonne-Mode der zwanziger Jahre, die heute - oft zusätzlich verbunden mit barocken Stilelementen - häufig illustriert wird. Die Körperhaltung dieser Frau ähnelt in manchem der Haltung der Henkeltaschen-Dame aus den Sechzigern: leichte Schrittstellung, ange-winkelte Arme, aufrechte schmale Haltung. Und doch entsteht ein gänz-lich anderer Eindruck. Die heutige Frau zeigt Anspruch auf sich selbst, der nicht erst durch den Männeranzug formuliert ist. Bei ihr gehört der Kopf zum Körper, und weder die Arme noch Jacke oder Tasche sind abwehrend genutzt, sondern betonen die Souveränität über sich selbst. Wenngleich diese Frau offen eine Pose einnimmt, erscheint sie nicht nur als Entwurf ihrer selbst.

Das völlige Gegenteil zu den androgynen Varianten des Schmoll-mundes ist im Kettenlook Paco Rabannes dargestellt.[19] Es handelt sich hierbei nur bedingt um ein Revival, da Rabanne diesen Look in den Sechzigern kreierte und seither nicht mehr davon lassen konnte. Doch die Kettenkleidung war zeitweise aus den allgemein zugänglichen Medien und Moden verbannt, so daß der Inszenierung heute Revival-Charakter zugeschrieben werden kann.

Es ist wohl Sexismus pur, was hier auf eine Frau leibhaftig projiziert wird: Der Körper ist in Ketten gelegt, zusammengedrängt und gewun-den, die Hände schützen die Scham, der Oberkörper ist gezwungen nach vorne gebeugt. Der 'schmollende' Mund ist offen, zeigt aber nicht Offenheit, sondern eher Verzweiflung. Mit dem fast vollständig ent-blößten Busen wirkt dieses Frauenbild pornographisch.[20]

Angesichts dessen scheint das Bild der Strohhalm knabbernden Frau aus einer BRIGITTE des Jahres 1987 fast beschaulich, obwohl dort Gewitterstimmung herrscht.[21] Die Herbstreportage ist überschrieben mit "Neue Romantik". Diesem Typ Schmollmund ist Narziß wohl im Halse stecken geblieben. 'Back to the roots', zurück zu den Ursprüngen, die die Frauen ganz nach dem überkommen bürgerlichen Konzept zur

---

19 Vgl. Abb. in STERN 6/1991, S. 147.

20 Dieser pornographische Zug wird allerdings nicht immer wahrgenommen: In einem Seminar über Kleidungsgeschichte am Stuttgarter Berufskolleg Modege-staltung-Bekleidung entbrannte eine heiße Diskussion um die Frage, ob diese in Ketten gelegte Frau pornographisch ausgestellt wird oder ob sie sich selbst bewußt darstellt.

21 Vgl. Abb. in BRIGITTE 24/1987, S. 56.

Mutterschaft bestimmen - diese Botschaft scheint dem Bild kaum verschlüsselt unterlegt. Die Frau ist naiv in Szene gesetzt, selbstvergessen, mit dem vorgeschobenen Becken den Körper darbietend wie eine Schwangere. Der schulmädchenhafte Rüschenkragen und das Streublümchenmuster des Kleides setzen nurmehr den letzten Akzent an diese schutzheischende Kindfrau, die der ins Mädchenhafte gewendeten Alltagsversion der Bardot aus der CONSTANZE 1964 sehr nahe kommt.

Zitate des Aufbruchs

Auch Twiggy entsteht wieder in aktuell variierter Fassung und wird über Zeitschriften u.ä. der Öffentlichkeit vermittelt. Ihre magere Körperlichkeit, die sich marionettenhaft in künstlerisch gemusterten Minikleidern wand, beförderte die in den Sechzigern neue 'Schlankheitsmode', bei der die Grenze zur Magersucht schon damals häufig überschritten wurde. Die originale Twiggy zeigte eine Haltung, die Mädchen haben, wenn ihnen ihr Körper noch fremd ist.[22] Twiggy bot mit diesem 'Fremd-Körper' eine Projektionsfläche an, die weitgehend unbesetzt und damit frei bespielbar war. Damals aktuelle Kunst, z.B. die optischen Täuschungen von Victor Vasarely, gaben nicht selten die Vorlage für die Ornamente der Bekleidung ab.

Der gelenkige Habitus von Twiggy war Mitte der Sechziger ein neuer, als fortschrittlich wahrgenommener Trend, der vor allem im Freizeitbereich Gebrauch fand.[23] Der Körper wurde sichtbar, die Schamgrenze offenbar zu seinen Gunsten verschoben. Eigene Bewegung konnte sich entwickeln, wenngleich sie in den Illustrationen aus heutiger Sicht noch zumeist als Verrenkung wirkt.

Das Revival dieser Mode nimmt diese verrenkte Attitüde auf. Es zeigt zudem mit dem aktuellen "colour-blocking" Anklänge an die geometrische Ornamentik der Stoffe aus den Sechzigern, mit der der Körper bildnerisch gezeichnet wird.[24] Diese Wiederaufnahme der stilistischen

---

22 Vgl. Abb. in BRIGITTE 8/1986, S. 125. Das Originalbild stammt aus den Jahren um 1965. Die Reportage "Da war schon was los! Warum schwärmen alle von den 60er Jahren?" zeigt in Bild und Text die Faszination und die Fremdheit dieses vergangenen Jahrzehnts und dokumentiert das umfassende öffentliche Interesse daran.

23 Vgl. Abb. in CONSTANZE 1/1964, S. 240.

24 Vgl. das Cover vom Werbeheft des Tübinger Modehauses HAIDT zur Sommerkollektion 1991. Beilage zur Südwest-Presse 124/1991.

Elemente einer ehemals als fortschrittlich betrachteten Kleidungsmode ist selbst nicht mehr fortschrittlich. Parallel zu Twiggys 'Schlankheitsmode' nimmt der Trend zur Magersucht besonders bei jungen Frauen wieder zu: Das Befremden vor dem eigenen Körper wächst offenbar wieder.[25]

Den Übergang zu den siebziger Jahren kennzeichnet der Hippie-Look. Auch er ist heute wieder tragbar - vielleicht eher als damals. Die Flower-Power-Bewegung der späten sechziger und früher siebziger Jahre formulierte in ihrer Kleidung wie in anderen Ausdrucksformen den Anspruch auf Freizügigkeit und Selbstbestimmung, die unabhängig von gängigen Normen stehen sollten. Janis Joplin war eine Protagonistin dieser Bewegung.[26] Sie nahm ein durchaus typisches frühes Ende durch den übermäßigen Konsum von Alkohol und Drogen. Der Aufbruch in die Freiheit, den die Hippies suchten, hat an den Grenzen der mächtigen Gesellschaft mehr als dieses Opfer gefunden, wenn auch die GRÜNEN, die GRAUEN PANTHER oder nicht zuletzt die neue Frauenbewegung ihre Ursprünge in diesen Aufbrüchen finden können.

In der Kleidung zeichnete sich die Sehnsucht nach fernen Welten und fremdem Leben ab: Exotische Perlen, Blumen und Muscheln schmückten den Körper überreichlich, Indienkleider verhüllten ihn nach den alten Normen nur unzureichend, und die Arafat- oder Palästinenser-Tücher setzten politische Akzente. In der Flower-Power-Kleidung dominierte das freie Spiel mit verschiedenen Lebensarten, das Spiel um die Entdeckung des Anders-Seins.

Dieser spielerische Ausbruch aus den als beengend empfundenen Verhaltenskodizes legt die Neuinszenierung in heutiger Zeit nahe, wo Identität als "Patchwork" (Lyotard) zusammengesetzt wird und die

---

25 Vgl. Susie Orbach: Hungerstreik. Ursachen der Magersucht. Neue Wege zur Heilung. Düsseldorf, Wien, New York 1987. Das diesem Buch vorangestellte Zitat John Sours' beginnt mit der Feststellung: "In den achtziger Jahren ist Anorexia Nervosa zum Symbol und Leitmotiv der kulturellen Strömungen in unserer Gesellschaft geworden."
Der deutliche Anstieg der Krankheitsfälle in den 1960/70er Jahren wird in der Literatur explizit in den Zusammenhang mit der Twiggy-Mode gestellt, wenngleich diese Mode die Magersucht nicht auslöste, sondern eher begleitete. Vgl. Lilli Gast: Magersucht. Der Gang durch den Spiegel. Zur Dialektik der individuellen Magersuchtsentwicklung und patriarchalgesellschaftlicher Strukturzusammenhänge. Pfaffenweiler 1989, S. XI-XIV.

26 Vgl. Abb. in BRIGITTE 8/1986, S. 127. Siehe auch Anm. 23.

"Risikogesellschaft" (Beck) Zukunftsperspektiven beschränkt. Im Ethno-Look haben sich die Anspielungen auf fremde Kulturen in wechselnder Intensität bis heute erhalten, mittlerweile immer deutlicher kombiniert mit barocker Pracht.[27] Brokat, Samt und Seide verweisen auf indische Maharanis wie auch auf adlige Marquisen des 18. Jahrhunderts. Sie werden durch den mehr oder minder deutlichen Hauch Flower-Power zum Potpourri vereint, das an Stilelementen aus völlig gegensätzlichen Gesellschafts- und Machtformationen entwickelt ist. Diese Mixturen sind nicht gänzlich neu, doch die Bandbreite und die wachsende Variabilität, mit der die unterschiedlichen Lebenswelten verquickt werden, geben diesem modischen Spiel einen eigenen neuen Charakter.

Konstruktionen an Klischees

Die historisierenden Illustrationen erweitern die Palette der Bekleidungsmöglichkeiten und damit der Selbstinszenierungen. Sie zeigen den Frauen die Möglichkeit, mit ihrer Identität zu spielen und der Vielfalt ihres Seins anhand von Geschichten aus der Vergangenheit Ausdruck zu verleihen. Geschichte wird genutzt als Spielwiese, die in der Haltlosigkeit der Gegenwart mögliche Identität bebildert, ohne identische, einheitliche Identität zu beanspruchen. Zunehmend freigesetzt aus traditionalen Bindungen, steht es den Individuen offen, überkommene Bande zu lösen, doch sie sind auch gezwungen, die erforderlichen neuen Bande in Ermangelung der alten stets selbst zu wirken. Nicht einmal die eigene Biographie bietet hier eine ungebrochene Orientierungslinie. Die zitierten Zeiten rücken den zitierenden Zeiten immer näher, und das heißt auch, daß Elemente des eigenen Erlebens befremdlich genug erscheinen, um 'wiederholt' zu werden.

Mindestens anhand ihrer Mütter hätten sich die jungen Frauen, die den historisierenden Trend mitmachen, die damaligen Realitäten aneignen können. Doch der Zugriff auf Geschichtliches erfolgt heute anders. Die Brücken zum Gestern - ob biographisch, familiär, religiös oder politisch usw. - sind gebrochen. An ihrer Statt werden individualistische Sprünge in die ferne Fremde der gestrigen Welten vollführt. Die

---

27 Vgl. Abb. in BRIGITTE 24/1989, S. 41. Das Bild zeigt eine Frau in Brokatblazer, dessen Pracht mittels Polohemd und Bundfaltenhose sportlich variiert und mittels der typischen Rundbrille und dem körperlichen Ausdruck in den Kontext der 60er gestellt ist.

Sprünge gehen hinein in eine Klischeewelt, in der vieles nur so scheint wie früher. In den Klischees werden Elemente der Vergangenheit als Einzelteile separiert, umgebaut und verfremdet, um dem kreativen Bedarf heutiger Zeit Anschauungsmaterial zu liefern. Mithilfe dieses Materials, das lediglich eine symbolische Illustration und keine Inszenierung von Originalität ist, werden okkassionell, d.h. nach Gelegenheiten, Zufällen oder Anlässen bestimmte Versionen des Ichs konstruiert.

Insofern zeugt die Wiederholung, das Herbeiholen des Scheins der historischen Stile weniger von einer Aneignung der ehedem in den Dingen manifestierten Lebensrealität, sondern vielmehr von der Heimatlosigkeit der Menschen in ihrer doch an sich eigenen Geschichte und Gegenwart.

Wenn auch die historisierende Kleidung lediglich Klischees früherer Wirklichkeit entwickelt und diese vermeintliche Realität noch zusätzlich umgebaut wird, werden die Trägerinnen mit den Revivals doch in die alten Vorgaben verstrickt, die an diese Kleidung gebunden sind. Die Frau, die heute die Hausfrau von damals als "zickig" interpretiert, spielt mit den damaligen Beschränkungen und wähnt sich dabei frei von der Biederkeit. Doch der Kontrast zwischen Gestern und Heute verwischt, wenn die Parodien die Bedingungen einfach leugnen, unter denen das Original stand und die das Revival heute lediglich variiert wieder stellt.

Wenn die Narzisse einen Schmollmund auflegt, verliert sie den Bezug zu sich selbst nicht immer. Aber sie ist auch offen, die bloße Palette zu sein, die kein Ich zeigt.

DAGMAR NEULAND

"Zu Pfingsten ein neues Kleid"
Kleider junger Arbeiterfrauen im Berlin der zwanziger Jahre

Viele zeitgenössische Fotografien vermitteln einen scheinbar einheitlichen Befund. Die historischen Belege zeigen junge Frauen in, dem Zeitgeschmack entsprechend, flotten Kleidern. Selbstbewußt dreinschauend, gut zurechtgemacht, wie es die Mode vorschreibt, und teilweise mit den modernen Schmuck-Accessoires versehen, so schauen sie uns, ihr historisches Gegenüber an. Ohne die Kenntnis der sozialen Zugehörigkeit der Frauen hätten wir Probleme ihrer sozialen Zuordnung. Die ausgewählten fotografischen Dokumente zeigen Arbeiterinnen. Sie waren in den 1920er Jahren in der Konfektionsbranche, der Papierindustrie, im Druckgewerbe und in Wäschereien tätig. Ihre Geburtsjahre liegen zwischen 1906 und 1911.[1]

Wie sah die allgemeine Lage junger Arbeiterfrauen um 1925 aus, und wie war es um ihre Kleidung bestellt?

Nach dem 1. Weltkrieg war die Kleidungssituation der gesamten unteren Sozialschichten von permanentem Mangel bestimmt.[2] Sparsamkeit war deshalb eine Forderung für alle Lebensbereiche. Sie war notwendig und galt gleichzeitig als Tugend, war in den unteren Sozialschichten erlernt und geradezu tradiert, und war auch von den untersuchten jungen Frauen als Lebensprämisse verinnerlicht. Dieses Sparsamkeitsprinzip galt insbesondere auch für die Kleidung. Die strikte Einteilung der Garderobe in Sonn- und Werktagskleidung, einschließlich ihrer Differenzierung nach Arbeitserfordernissen, und die stete Nutzung

---

1 Vgl. Dagmar Neuland: Kleider und Kleidungsverhalten werktätiger Klassen und Schichten in der Großstadt Berlin zwischen 1918 und 1933. Eine empirische Studie. Unveröff. MS Diss., Berlin 1988.

2 Vgl. Berliner Wirtschaftsberichte, Bd. 1, 1924, 25. Nov., S. 253 ff.; Robert Kuczynski: Das Existenzminimum in Berlin 1920. In: Lebenshaltung und Löhne, Berlin/Stuttgart, 1923; Werner Sombart: Die deutsche Volkswirtschaft im 19. Jahrhundert und im Anfang des 20. Jahrhunderts. 4. Aufl., Berlin 1919; Otto Kitzinger: Statistik für den Textil-Einzelhandel. Berlin 1928.

von Schürzen waren nur einige Zeichen dessen. Textiles Material war in den 1920er Jahren eine Wertgröße.[3]

Mit Stabilisierung der Rohstoffversorgung sowie der Nutzung von Kunstfasern für die Kleidungsproduktion nahm auch die Mehrzahl der Konfektionsfirmen zwischen 1922 und 1924 ihre Arbeit wieder auf, erweiterte und spezialisierte ihre Produktion.[4]

Auf der Basis des grundlegenden modischen Wandels wurden neue attraktive Kleidungsangebote unterbreitet, die sich vom Vorkriegsbestand völlig unterschieden. Neue Materialien, und hier vor allem die Kunstseide - oft direkt als revolutionäres Material bezeichnet - eroberten sehr rasch insbesondere die Frauenkleidung.

Angelernte Kontoristin (zuvor Konfektionsarbeiterin) in modischer Sonntagskleidung. Berlin, 1924.

Die neuen Stoffe, dazu ihre leichte Verarbeitung, neue Farben, ja überhaupt mehr Farbe in der Garderobe, entsprachen den neuen modischen Orientierungen und waren eine Reaktion auf die von den Frauen während der Kriegsjahre erober-

---

3 "Für alle Tage, das war die Kleidung, die nicht mehr neu war. Und Mutter hat immer wieder genäht, aus alten Kleidern, die so als Ganzes nichts mehr waren. Da wurden die guten Stücke Stoff rausgenommen ... na, und zur Arbeit immer Schürzen." - "... man trug das an Kleidung auf, was da war, auch gestopft und ausgebessert, zumindest für alle Tage. Entscheidend war, sauber und adrett." Aussagen dieses Inhalts ließen sich mehrfach anführen. Sie waren eine Grundtendenz der Befragungsergebnisse. Aus: Neuland: Kleidung und Kleidungsverhalten.

4 Vgl. Hans Mottek: Wirtschaftsgeschichte Deutschlands. Ein Grundriß. Berlin 1975, S. 58ff.; Fritz Grotius: Die deutsche Kunstseidenindustrie, ihre Produktionsbedingungen, ihre Entwicklung und Marktstellung. Emsdetten 1938, S. 58ff.; Heinrich Redlich: Die deutsche Konfektionsindustrie. Betriebsentwicklung und Betriebsstruktur in ihrer Beziehung zur Konzentrationstendenz. Berlin 1936, S. 24f.

ten selbstbewußten Positionen. Eine zunehmende Berufstätigkeit, Gesundheitsprämissen und der Sport verlangten nun einfachere, schlichtere Kleidungsformen. Das neue Frauenideal, so schrieb es die offizielle Mode vor, war knabenhaft schlank. Hinter der bewußten Verleugnung weiblicher Formen verbargen sich neue Ansprüche an das Leben von Frauen und eine bewußte Absage an die drei traditionellen Lebensinhalte von Frauen: Küche, Kinder, Kirche. Insbesondere jene in die zwanziger Jahre hineinwachsende Frauengeneration griff diese neuen Lebensansprüche auf.

Die modischen Schnitte der neuen Kleider entsprachen dem neuen Frauentyp. Das Hemdkleid, Symbol für diese Entwicklung, war gerade im Schnitt, leicht in der Verarbeitung und im Material, und dazu recht farbig. Es wurde das prägende Kleidungsstück für die Frauen.[5] Diese modisch bequemen Kleider waren für die berufliche Tätigkeit der jungen Arbeiterinnen geradezu ein Erfordernis.

Arbeiter/Innen in guter sommerlicher Garderobe, die im jeweiligen neuen Frühjahr das erste Mal zu Pfingsten getragen wurde. Berlin, 2. Hälfte 1920er Jahre.

Modische Anregungen entnahmen die jungen Frauen dem innovativen Straßenbild Berlins, dem umfangreichen Handelsangebot und natürlich

5 Vgl. Erika Thiel: Geschichte des Kostüms. 4. Aufl., Berlin 1987, S. 396ff.

den in großen Auflagenhöhen erscheinenden Modezeitschriften.[6]
Schnitte oder ein Schnitt-Versandservice komplettierten in den 1920er
Jahren viele Modezeitschriften. Verpackt in die Bedürfnisstruktur einzelner sozialer Gruppen, kam die Modeorientierung auf diesem Wege
direkt zu den Massen als ihren Hauptkonsumenten. Und vor allem
junge, wirtschaftlich unabhängige Arbeiterfrauen bemächtigten sich
rasch und voller Selbstbewußtsein der neuen Kleider und damit vermeintlich auch der neuen Zeit. Symptome dieses Prozesses waren auch
die Trennung vom alten Zopf, im wahrsten Sinne des Wortes vollzogen
mit dem Aufkommen des Bubikopfes, und die Hervorhebung von Indi-
vidualität und Selbstbewußtsein mittels des Schminkens.

Verfolgt man die Angebote jener Jahre in Preisübersichten, so wird
deutlich, daß, selbst bei geringem Verdienst, wie es ja für viele Arbeiterfrauen typisch war, Kleidungsteile eher erworben werden konnten als
je zuvor.

Gerade modische kunstseidene und billige Baumwollmaterialien, bunt
bedruckt und mit phantasievollsten Namen versehen, konnten ohne
vorheriges langes Sparen erworben werden.[7] Sogar die fertigen, kon-
fektionierten Kleider dieser Qualität waren nicht unerschwinglich.[8]

Untersuchungen belegen jedoch, daß viele junge Arbeiterfrauen diese
im Schnitt einfachen Kleider selbst nähten. Nähfertigkeiten, in der
Schule, in den Familien oder in den vielfach propagierten Nähkursen
erworben, waren zumeist vorhanden. Die modernen, geraden Hemdklei-

---

6 "Das Modenblatt. bzw. Beyers Mode für alle", ab 1929 "Neue Linie", hrsg. v.
   Verlag Otto Beyer Leipzig, erschien monatlich, kostete 80 Pfennig, und die
   Auflagenhöhe lag bei 40 000 Exemplaren, die feste Abonnentenzahl bei 30 000
   Stück. Die "Modenzeitung für das deutsche Haus", hrsg. v. Verlag Vobach &
   Co. in Leipzig, erschien 14tägig und kostete 35 Pfennig, eine exakte Auflagen-
   höhe war nicht zu ermitteln. Die "Modenwelt". Das Blatt der Ullstein- bzw.
   Bazar-Schnittmuster, hrsg. vom Verlag Ullstein in Berlin, erschien wöchentlich
   und kostete 50 Pfennig; die exakte Auflagenhöhe war nicht zu ermitteln, aber
   sicher ist, daß mit den durch den Verlag seit 1912 vertriebenen Schnittmustern
   viele Frauen erreicht und ihre Modebedürfnisse beeinflußt wurden. Vgl. auch:
   Lore Krempel: Die deutsche Modezeitschrift, Berlin o.J.

7 Stoffe, wie Crêpe marocain - mtr. 52 Pfennig,
   Crêpe de Chine - mtr. 96 Pfennig,
   Woll-Voile - mtr. 95 Pfennig waren natürlich sehr preiswert.
   Saisonausverkäufe u.ä. unterbreiteten immer wieder sehr günstige Angebote.

8 Annoncen enthalten z.T. sehr preiswerte Angebote, so z.B. Kleider für Preise
   zwischen 6 bis 10 Mark.

Hausschneiderei

✳ **D 3121** Geblümtes Voilekleid. Einfarbige Blenden mit Ziernaht oder Stäbchenhohlnaht angefügt, wie die Teilansichten e und f zeigen. Schnitt F für 15-17 Jahre u. Rückans. a. Schnittbogen II. Bazar-Schnitt für 15-17 J., Gr. II, III

✳ **D 3122** Zweiteiliges Jumperkleid aus leichtem Wollstoff oder Waschseide. Aufgesteppte Blenden. Ausführungsteilansichten a-c. Schnitt G für 14-16 Jahre und Rückansicht auf Schnittbogen II. Bazar-Schnitt für 14-16 Jahre, Gr. I, II

✳ **D 3123** Kleid aus bedrucker Waschseide oder Voile. Einseitig zipfelnde Rockfalbeln mit einfarbigen Blenden; auch mit Ziernaht anzufügen. Schnitt H Gr. I und Rückansicht auf Schnittbogen II. Bazar-Schnitt Größe I, II, III vorrätig

✳ **D 3124** Kleid aus zweierlei Stoff, Teile oder Kunstseide. Passe und Randstreifen zackig aufgesteppt. Erkl. Gr. II: Etwa 1,70 m gemusterter Stoff, 1,50 m einfarbiger Stoff je 130 cm br. Schnitt J Gr. II u. Rückans. a. Bg. II. Schnitt Gr. I, II, III

✳ vor der Schnitt-Nummer bedeutet „Schnitt auf dem grossen Doppel-Schnittbogen"

"Hausschneiderei". Aus: Die Modenwelt. Das Blatt der guten Bazar-Schnittmuster. Berlin 62 (1928) 8. - S. 10.

Lehrlingsmädchen aus der Konfektionsbranche in modischer sommerlicher Kleidung. Berlin, 1928/29.

derformen, die nahezu jede Körperlichkeit unberücksichtigt ließen und die hohe Schneiderkunst nicht bemühten, konnten auch von relativ Ungeübten selbst genäht werden.

Diese Tatsachen ließen die Schere zwischen modischem Kleidungsbedürfnis und finanziellen Möglichkeiten seiner Befriedigung in der Mitte der 1920er Jahre scheinbar kleiner werden. Dies trifft aber nur auf die einfachen Kleiderformen zu. Andere Kleidungs-Neuerwerbungen, so z.B. schwere Frauen-Oberbekleidung, wie Mäntel, aber auch Schuhe und Strümpfe, setzten ein langwieriges Sparen voraus und prägten den fortgesetzten sparsamen Umgang mit Kleidung.

Zurück zum Kleid: Die strikte Einteilung der Garderobe nach funktionalem Gebrauch an Sonn- und Werktag sowie zur unmittelbaren Arbeit war geübt, tradiert und war eigentlich Voraussetzung für die Erfüllung weiterer Kleidungswünsche. In jedem Fall aber war sie die Folge materiell-finanzieller Zwänge. Bereits vor 1914 war in Modezeitungen saisonal auf "notwendige" Kleidungsanschaffungen hingewiesen worden. Frühjahrs-, Sommer-, Herbst- und Wintermoden wurden propa-

Arbeiter/Innen und Angestellte anläßlich des sommerlichen Sonntagsausflugs in guter Garderobe. Berlin, 1928.

giert[9] und in finanziell bessergestellten Familien auch entsprechende Ankäufe realisiert. Im Mittelpunkt von Neuanschaffungen für Frauen in Arbeiterhaushalten standen Blusen, Hüte sowie andere Accessoires. Für viele Arbeiterinnen aber waren selbst diese saisonalen Erwerbungen ein Traum.

Erst in der Mitte der 1920er Jahre war den jungen Arbeiterinnen mit einem in Preis, Qualität und Verarbeitung breit gefächerten Kleidungsangebot ein größerer Handlungsspielraum in modischen Fragen möglich. Denn selbst bei geringen Wochenverdiensten von 12 bis zu 16 Mark wurde der Erwerb von zumindest 2-3 Meter Stoff, der dann vielleicht nur zwischen 2,80 bis zu 4 Mark kosten mußte, möglich. Auf dieser Basis konnte sich der Anspruch "Zu Pfingsten ein neues Kleid", wie er für die zwanziger Jahre typisch wurde, durchsetzen.

Und das "neue Kleid zu Pfingsten" schmückte ihre Trägerin in der jeweiligen Sommersaison. Es war dann *das* Sonntagskleid des Sommers.

9 S. Anm. 6, die genannten Zeitschriften enthalten zahlreiche Hinweise.

Arbeiterin und Hausangestellte in Sonntagskleidung, versehen mit modischen Accessoires. Leipzig 1929/30.

Dieses Kleid hatte sich, vorausgesetzt, daß weiterhin regelmäßige Einkünfte erzielt wurden, erst im darauffolgenden Jahr ins 'Kleiderkarussell'[10] einzureihen. Dies geschah vor allem dann, wenn wieder ein aktuelles, neues Kleid zum Pfingstfest des Jahres, zur Sommersaison, vorhanden war. Zeitgenössische Aussagen belegen diesen Umgang: "... aber wenn der neue Sommer kam, da wollt' man schon was Neues an Kleidung ... wer irgendwie konnte, schuf sich ein neues Kleid zu Pfingsten an, natürlich in der Regel ganz preiswert"[11] oder "... Ostern

---

10 Vgl. Die Ausgaben für Männer-, Frauen-, Knaben- und Mädchenkleidung. In: Die Lebenshaltungskosten von 2 000 Arbeiter-, Angestellten- und Beamtenhaushaltungen. Erhebungen v. Wirtschaftsrechnungen / 1927/28. Berlin 1932, S. 54u. Zahlreiche Transkriptaussagen bestätigen dies.
Kleiderkarussell verstanden als stufenweise Weiter- und Umnutzung von 'guter Garderobe' als Werktags- und dann als Arbeitskleidung.

11 Transkriptaussage von Frau L., N3; Materialien in Neuland: Kleidung und Kleidungsverhalten, S. 142f.

am liebsten 'n Kostüm, aber das war meist zu teuer ... aber dann das Kleid zu Pfingsten, weil man ja zum Frühjahr was Neues haben wollte, ... und die kunstseidenen Stoffe waren ja nicht teuer, und man hat sich halt so'n Kleid zurechtgemacht."[12]

Das Moment der Pflegeleichtigkeit der neuen Stoffe war dabei nicht zu übersehen. Denn diese leichten Kleider waren leicht zu waschen, trockneten rasch, bedurften nur der kurzen Bügelarbeit und standen so am nächsten Sonntag wieder frisch zur Verfügung. Natürlich fiel die Qualität der einzelnen Kleider

"Besonders billige Angebote für den Frühjahrsbedarf". Annonce der Kleider-Vertriebs-GmbH. Aus: Berliner Wirtschaftsberichte, Berlin 1 (1924) Nr. 7.

sehr unterschiedlich aus. Jene Kleider waren mit den Schöpfungen der 'Haute Couture', diesen zauberhaften Träumen aus tollen, weichfließenden Stoffen, aus Glitzer, Glimmer, Straß und Perlen, nicht identisch. Aber fotografische Belege, Aussagen und natürlich Kleider beweisen, daß in vielen der einfachen Kleider individueller Chic steckte, an dem modische Orientierungen ablesbar wurden.

12 Transkriptaussage von Frau W., N4. Materialien in Neuland: Kleidung und Kleidungsverhalten, S. 144f.

Die Konzentration des Anspruchs nach neuer Kleidung auf den Sommer hatte verschiedene Ursachen. Finanzielle Zwänge waren sicher ein gravierendes Moment.[13] Kleidung und Öffentlichkeit gehören aber ebenfalls zusammen. Die Mehrzahl der zur Problematik befragten Frauen bestätigte, daß sie natürlich bewußt auch Kleidung präsentierten. Das heißt, die "warme Jahreszeit war dafür wie geschaffen"[14], sich mit Wohlbefinden in 'guter Kleidung', dem "Neuen", eben dem Pfingstkleid zu zeigen. Dies stärkte auch das Selbstbewußtsein der jungen Arbeiterinnen. Denn für Momente gelang es ihnen, sich zumindest äußerlich aus ihrer sozialen Gruppe abzuheben, und sie eroberten mit den ihnen möglichen Mitteln die Demokratisierung in der Mode.

Basis dafür war auch eine existentielle Unabhängigkeit, wie sie sich viele junge Frauen im Ergebnis einer weitverbreiteten Berufstätigkeit in der Mitte der 1920er Jahre als gelernte oder ungelernte Arbeitskräfte erworben hatten.[15]

Obwohl selbst zum Objekt neuer Produktivität in der Konfektionsbranche geworden, erschlossen sich gerade die Frauen ein neues Feld individueller Selbstbestätigung, vermittelt über die Mode. Und "zu Pfingsten ein neues Kleid" manifestierte sich in den darauffolgenden Jahren als konstanter Anspruch, wurde ein Spiegel und Anlaß für neue Frauengarderobe.

13 Dabei ist zu beachten, daß im statistischen Vergleich nach wie vor in Arbeiterfamilien am wenigsten Geld für Frauenkleidung ausgegeben wurde. S. Anm. 10.
14 Transkriptaussage von Frau B., N8. Materialien in: Neuland: Kleidung und Kleidungsverhalten, S. 150.
15 Vgl. Jürgen Kuczynski: Geschichte des Alltags des deutsches Volkes. Studien, Bd. 5, S. 299.

UNIVERSITÄTSBIBLIOTHEK FREIBURG I. BR.

7800 FREIBURG
POSTFACH 1629

w 668 - 16

Best.-Nr.:   v12<1010755672025

27. 4.1993/10:58:01

Leihfrist: 25. 5. 1993

61 04608 1

BURKHARDT, , MARGA

verliehen	
im Geschäftsgang	
nicht am Standort	
vermißt seit	
getilgt seit	
steht im Lesesaal	
steht in HB-Auskunft	
benutzbar im Magazin, 2. UG	
Bandzählung fehlt / falsch	

HELGA HAGER

Hochzeitskleidung und Lebensgeschichte

Ich beginne dort, wo meine Dissertation ihren Anstoß bekommen hat: in Wurmlingen, in einer dunklen, kargen Küche. Ich war auf der Suche nach Objekten für eine Ausstellung zum Thema Hochzeit.[1] Die 79jährige Kleinbäuerin bringt aus dem Schlafzimmer ihr Kleid herein - schwarz, gut ausgearbeitet, Spitzenbesatz am V-Ausschnitt -, und wir schauen es beide am Fenster an. "Sind Sie no ledig?" fragt sie mich gleich zu Anfang. Ich bejahe. - "Dann hond Sie de bessere Toil erwählt."[2] Dieser Satz greift an: Er paßt so gar nicht zu dieser bodenständigen, lebendigen, ausdrucksvollen Frau. "Ihre Ehe wird doch sicher auch gute Seiten gehabt haben", erwidere ich abwehrend, und sie stimmt dem auch kurz zu. Das Gespräch geht weiter, kreuz und quer - erst Tage später fiel mir auf: Sie hatte - angesichts ihres Hochzeitskleides - ganz spezifische Stationen ihres Lebens aufgesucht, die diesen Satz - "Do hond Sie de bessere Toil erwählt" - belegten, unterlegten.

So sehr diese "Feld"-Szene Katalysatorfunktion für meine Arbeit insgesamt hatte, so muß sie doch an dieser Stelle vorsorglich relativiert[3] werden: Es geht nicht um Hochzeitskleidung als Erinnerungsträger, -gegenstand - diese Perspektive allein ist zu eindimensional, sie trägt nicht sehr weit im Sinne des Anspruches, "den Menschen durch die

---

1 Der Arbeitstitel meiner Dissertation lautet: Hochzeitskleidung, Hochzeitsgeschenke und Lebensgeschichte. Für die Ausstellung bestand zu diesem Zeitpunkt keine feste Konzeption - ich war auf der Suche nach Ideen.
2 Die InterviewpartnerInnen sprachen ausschließlich schwäbisch. Aus Gründen der Authentizität wurde dies in den Zitaten belassen. Übersetzungshilfen finden sich am Schluß dieses Aufsatzes.
3 Diese Relativierung bezieht sich nicht auf die inhaltliche Ebene dieser Felderfahrung (die ja nur ein kleines Segment in einem viel größeren Netz von Aussagen darstellt), sondern lediglich auf ihre vordergründige, oberflächliche Wirkung.

Dinge und in seiner Beziehung zu den Dingen zu erkennen"[4]. Die nachfolgenden Gespräche (in drei Dörfern nahe Rottenburg) haben gezeigt, daß es dazu eines viel globaleren Blickes bedarf: nämlich auf den gesamten "Lebenslauf" von Hochzeitskleidung, und zwar vor dem Hintergrund des Lebenslaufes der Träger und Trägerinnen, und zugleich vor dem Hintergrund der Lebenswelt Dorf. Die Beziehung zwischen Mensch und Kleidung ist eine aktive, in der Zeit sich entwickelnde, mit dem Lebenszusammenhang als Ganzes vielfach vernetzte. Im Umgang mit diesem Rite-de-passage-Objekt können diese Vernetzungen in verdichteter, verschlüsselter Form zum Ausdruck kommen.[5]

Es geht in meiner Arbeit um das soziokulturelle Gebilde Mensch - Ding in seiner ganzen - zeitlichen und strukturellen - Komplexität und um die Frage, was dieses Gebilde "leistet": Legt es neue Zugänge zu Lebenswirklichkeiten offen, deckt es "Untergründigkeiten des Lebens"[6] auf, die auf der bloßen verbalen Ebene verborgen blieben?

Bevor ich die Arbeit in groben Strukturen vorstelle, bedarf es noch einiger grundlegender Vorbemerkungen:

Hochzeitskleidung war - im Untersuchungszeitraum - in der Grundanlage ein Gebrauchsgegenstand, der über den Hochzeitstag hinaus auf Zukunft angelegt war. Ja, gerade die nachhochzeitliche Brauchbarkeit, Verwendbarkeit bestimmte insbesondere bei den Frauen maßgeblich Farbe, Form, Qualität. Ihr kam innerhalb des gesamten Kleidungsbestandes eine tragende Funktion, Rolle zu - als Festkleid, als Kirchenkleid, als Trauerkleid. Eine Gesprächspartnerin, eine 90jährige Wolfenhausenerin, trägt es bis heute. Insbesondere bei den Trachtenträgerinnen war das Hochzeitskleid (nach Ablegung der weißen Schürze und des Myrthenkranzes) potentiell auf das ganze Leben ausgerichtet. In dieser primären Bestimmtheit muß Hochzeitskleidung also grundsätzlich von solchen Objekten abgegrenzt werden, die in genuiner Weise dem Bereich der Erinnerungskultur angehören, wie etwa Fotos, Andenken an Lebenslauffeste und dergleichen.

---

4 Richard Weiss: Häuser und Landschaften der Schweiz. Erlenbach-Zürich 1959, S. 292, zitiert nach: Karl-S. Kramer: Zum Verhältnis zwischen Mensch und Ding; in: Schweizerisches Archiv für Volkskunde 58/1962, S. 91-101, s. S. 91.

5 Nach Utz Jeggle kann der Umgang mit Dingen in einem allgemeinen Sinne eine "Archäologie von Sinngebungen" bedeuten. Utz Jeggle: Vom Umgang mit Sachen; in: Konrad Köstlin, Hermann Bausinger (Hg.): Umgang mit Sachen. Zur Kulturgeschichte des Dinggebrauchs. Regensburg 1983, S. 11-26, s. S. 18.

6 Jeggle: Umgang mit Sachen.

Es ist vor allem der Umgang in der Zeit *nach* dem aktiven Gebrauch, der Hochzeitskleidung von anderen Gebrauchsgegenständen des Haushaltes bzw. des Wirtschaftsbetriebes abhebt, der symbolische Qualitäten im Handeln und Denken, in der Beziehung Mensch - Sache vermuten bzw. zu Tage treten läßt.[7] Bei diesem Umgang handelt es sich keineswegs nur um ein Bewahren, auch um ein Weitergeben, ein Verschenken und ein Verleihen.

Diese Beziehung Mensch - Sache bewegt sich dabei nicht nur auf individuell-biographischer Ebene. Liebe und Heirat sind auch in diesem Untersuchungfeld bzw. -zeitraum in ihren ideellen und realen Vollzügen weitgehend sozial determiniert. In der Eheschließung als herausragender Rite de Passage finden das System der sozialen Beziehungen, im weitesten Sinne die Schlüsselwerte der ländlichen Gesellschaft ihren Aus-

---

7 Burkhardt-Seebaß nimmt grundsätzlich an, daß "in einem festen rituellen Kontext - und solche stellen die traditionellen Lebenslauffeste dar - jedes Ding, auch wenn es in keinem erkennbaren Zusammenhang steht, Träger von Botschaften sein (kann), Botschaften allerdings nur über das System, nicht den Anlaß, und mehr über die Gruppe als den einzelnen Ausübenden". Christine Burckhardt-Seebaß: Zeichen im Lebenslauf; in: Köstlin/Bausinger (Hg.): Umgang mit Sachen, S. 267-281, s. S. 274.

Zur Symbolqualität von Dingen im allgemein strukturellen Sinne: Dinge besitzen Qualitäten: "Solche Qualitäten sind entweder 'intrinsisch', kennzeichnen das Ding als solches, durch seine Form oder Farbe, seine instrumentellen Eigenschaften, durch die unmittelbaren Erlebnisse des damit Umgehens. Andere Qualitäten sind 'extrinsisch', sie haften dem Ding dadurch an, daß es ein System repräsentiert, dem es zugehört, vergangene Erfahrungen, mit denen es sich verbindet, Eigenschaften, die sich in ihm konkretisieren." Diese "Hinweisqualitäten" nennt Boesch symbolisch. Er zählt drei Arten von Symbolik auf: "das Konkrete, das ein anderes Konkretes darstellt", "das Konkrete, das eine allgemeine Kategorie oder Idee repräsentiert", "das Konkrete, das einen Systemzusammenhang symbolisiert (etwa das Ferienfoto, das einen Komplex von Ferienerinnerungen in Erinnerung ruft)". Entsprechend nennt Boesch auch jene Handlungen, die nicht mit den Sachqualitäten (des Objektes) zusammenhängen, symbolisch. Vgl. Ernst E. Boesch: Kultur und Handlung. Einführung in die Kulturpsychologie. Bern 1980, S. 216.

Ein Symbol im eigentlichen Sinne ist für Boesch jedoch - in Abgrenzung zum "Zeichen" als "Medium der Kommunikation" - nur das dritte Beispiel, in dem der Gegenstand "an einer Gesamtkonstellation partizipiert", "ein allgemeineres Bedeutungsnetz repräsentiert". (Boesch, S. 222) - In diesem Sinne wird vorläufig auch von mir der Begriff Symbol benutzt.

druck.[8] Die Dualität Mensch - Hochzeitskleidung beschreibt also in ihrer Symbolqualität immanent auch gesellschaftliche, soziale Wirklichkeit.

In unmittelbarer, wenn auch ganz oberflächlicher Weise tritt diese Wirklichkeit in der kulturellen Pflicht des Aufbewahrens ("'s isch halt bei uns auf em Land so üblich, daß ma 's Hochzitkloid oifach it aus de Hand geit."), des nicht 'Aus-der-Hand-Gebens' ("weil des zu heilig war") zutage.

Vor dem Hintergrund dieser kollektiven Norm kann ein achtloser, "respektloser", rein am Primat der Nützlichkeit orientierter Umgang auch mit Brüchen im nachhochzeitlichen Lebenlauf korrespondieren - selbstverständlich nicht im Sinne einer Zwangskausalität.[9]

Die Aussagekraft der Dualität Mensch - Hochzeitskleidung muß grundsätzlich auch vor dem Hintergrund der Beziehung Mensch - Kleidung in ihrer historisch-anthropologischen bzw. -metaphysischen, im traditionalen volkskundlichen Kanon unter der Kategorie "Sitte und Brauch" abgehandelten Dimension betrachtet werden. Im Handwörterbuch des deutschen Aberglaubens nimmt diese über 15 Seiten ein: "Durch die enge Zugehörigkeit zum Körper scheint das Kleid mit geheimen Lebenskräften ausgestattet", d.h. es werden ihm magische Fähigkeiten zugeschrieben: Einer Person kann durch das Schlagen eines ihrer Kleidungsstücke Schmerzen verursacht werden; das Anziehen des Hemdes einer fruchtbaren Frau garantiert wiederum Fruchtbarkeit.[10] Kleidung, insbesondere Hochzeitskleidung, wurde an Wallfahrtsstätten als Votivgabe dargebracht. Kriss-Rettenbeck deutet diese Kleideropfer u.a. "als stellvertretendes und kundgebendes Zeichen für die dauernde spirituelle Anwesenheit (des Spenders) am heiligen Ort".[11]

Es fragt sich, inwieweit diese kulturhistorischen Realitäten auch noch in den Zeitraum meiner Untersuchung "hineinragen" - inwieweit diese

---

8 Vgl. Klaus-Peter Köpping: Die gesellschaftsbezogene Rolle der Symbole in der ethnologischen Theorie; in: Manfred Lurker (Hg.): Beiträge zu Symbol, Symbolbegriff und Symbolforschung. Baden-Baden 1982, S. 84.

9 Eine lineare Zwangskausalität ist alleine schon aufgrund der Komplexität der personenunabhängigen Zeiteinflüsse nicht angebracht. Allein Kriegszeiten dürften übliche Handlungsstrategien außer Kraft gesetzt oder zumindest verändert haben.

10 E. Hoffmann-Krayer (Hg.): Handwörterbuch des Deutschen Aberglaubens. Berlin/Leipzig 1931/1932, Band IV, S. 1458, 1490f.

11 Lenz Kriss-Rettenbeck: Ex Voto. Zeichen, Bild und Abbild im christlichen Votivbrauchtum. Zürich 1972, S. 17.

im Sinne einer longue durée weiterwirken. Generell muß Hochzeitskleidung - angesichts dieser Vorgeschichte - eine gewisse Eignung als
Projektionswand für Lebensgeschichtliches zugesprochen werden.

Zudem stellte Hochzeitskleidung im Untersuchungszeitraum bei den
gegebenen materiellen Strukturen des kleinbäuerlich-handwerklichen
Milieus eines der wenigen, direkt auf die Person zugeschnittenen, im
eigentlichen Sinne persönlichen Objekte im Ensemble des neuen Haushaltes dar.[12]

Auf einen weiteren, generellen Unterschied der Hochzeitskleidung zu
genuinen Erinnerungskultur-Objekten sei hier nur kurz hingewiesen: Sie
wurde zwar zu einem spezifischen, punktuellen Ereignis hergestellt, aber
die sie prägenden Kräfte[13] (soziale Herkunft, Familienkonstellation,
Körperverständnis u.a.) datieren weit vor diesem Ereignis, stehen also
zur gesamten Lebensgeschichte der Träger und Trägerinnen in Beziehung.

Noch einige ergänzende Rahmendaten zur empirischen Untersuchung:
Der Zeitrahmen der jeweiligen Heiraten umfaßt die 1. Hälfte des 20.
Jahrhunderts; ich habe Gespräche mit rund zwanzig Dorfbewohnern
geführt, deren Erwerbsbasis überwiegend im Nebeneinander von land-
wirtschaftlicher und handwerklicher Tätigkeit bestand; für einige
stellt(e) Landwirtschaft die einzige Erwerbsquelle dar.

Die Ergebnisse meiner Untersuchung lassen sich - vorläufig[14] - wie
folgt zusammenfassen: Die "Lebensgeschichte" von Hochzeitskleidung
- in ihrer materiellen und ideellen Existenz - ist in vielfältiger Weise mit
der Lebensgeschichte der Träger und Trägerinnen verbunden. In den
Beziehungen zu ihr, im Umgang mit ihr zeigen sich strukturelle Vernetzungen, Analogien zu Selbstverständnis und Lebensentwurf, zu Paar-
verhältnis und Eheverlauf, zu Geschlechterrollen und Machtverhältnissen.[15] Zum Teil werden Brautkleider und Hochzeitsanzüge bzw. -röcke

---

12 Die Geschenke zur Hochzeit bestanden überwiegend aus Bargeld; an ideellen
   Gegenständen kamen allenfalls religiöser Wandschmuck ins Haus, in wohlhaben-
   deren Kreisen auch einmal Wanduhren. Hochzeitsbilder waren bis zum Zweiten
   Weltkrieg nicht obligatorisch.
13 Natürlich war Form und Gestalt der Kleidung weitgehend sozial vorgegeben,
   nichtsdestotrotz sind viele "feine Unterschiede" feststellbar.
14 Der empirische Teil meiner Dissertation ist zwar beendet, die generelle Aus-
   arbeitung steht jedoch in den Anfängen.
15 Natürlich traten nicht in jedem von mir geführten Gespräch bzw. jeder untersuchten Beziehung zwischen Hochzeitskleidung und Träger solche generellen

zu Repräsentanten komplexer Lebenzusammenhänge: zu Symbolen des Gewinnens und Verlierens, des Glückes und des Schmerzes. Ich werde hier zunächst zwei besonders markante Beispiele darstellen: Zuerst zurück zur oben erwähnten Wurmlingerin. "Do hond sie de bessere Toil erwählt" - die Bilanzierung des eigenen Lebens fiel bei dieser ersten Begegnung negativ aus. Der größte Negativ-Posten: eigenmächtige, rigide Vorgehensweisen des Ehemanns: angefangen vom Verkauf des gesamten Viehbestandes gegen ihren Willen bis hin zur bewußten Verweigerung des von ihr gewünschten "Herdle Kinder", statt sechs nur zwei. Dann: der Tod eines Sohnes etc.

Beim zweiten Gespräch tritt dann aber auch die positive Besetzung des Kleides zutage:

"So oft i des gsäh hon (das Kleid), hon i denkt: des war mei schönschde Zeit. Und 's erschd Vierteljohr, do hot ma glebt (...) in dr erschde Liebe, und in einer ungetrübten ... wie sait ma denn do ...? (...) Und wo die Kinder no so ruffgwachse sind, also des war wirklich schö."

Doch mit dieser Repräsentanz der erfüllten und unerfüllten Momente des ehelichen Lebens ist die symbolische Dimension dieses Kleides nicht wirklich erfaßt. Diese offenbart sich dort, wo diesem Leben der Kleinbäuerin eine immanente Tragik anhaftet. Ihre ganzen Erzählungen sind durchwirkt von einem Spannungsbogen, zwischen dessen Polen diese Tragik angesiedelt ist. Der eine Pol: die von ihr bis heute mit leisem Stolz praktizierte Selbstbezeichnung als "Metzgkaspers Josephie"[16], d.h.: als die Frau des Metzgers. Der andere Pol: die nahezu essayhafte Schilderung von Verletzungen, Kränkungen durch den Ehemann - als ob diese eine ganz andere Person betroffen hätten.

"Metzgkaspers Josephie" - das ist eine Metapher für ein abgeleitetes, an Besitzkategorien orientiertes Selbst- und Weltverständnis:

"Er ischd oifach 's Haupt gsei von dr Familie, und i ... i hon gschaffet, wie i's gwohnt worde bin von dehoim. Mei Muatr hot *au* derfe it maule."

Strukturen zutage. Diese Beziehung, dieser Umgang hing zweifellos auch von mehr oder weniger zufälligen Einflüssen, Determinanten ab.
16 Namen anonymisiert.

H.H.: "Und sie haben den Anspruch ihres Mannes akzeptiert, daß er das Haupt der Familie ist?"
"Immerhin! (sie meint: immer) I hon *it* gmacht, wie's toil (gmacht hond, d.V.): ... Do hot dr Ma überhaupt koi Wert g'het - noi! Des war it reacht!"

In der Widerspiegelung von Mann bzw. Vater und Sohn erlebt sie sich als erfülltes Selbst, konstituiert sich ihre Identität - eine wesentlich emotional-relational fundierte Identität:

"Der Große, der hot scho am Sonntag gwißt: Um die und die Zeit goht de Bappe ins Wirtshaus. (...) 'Bappe, Bappe, i Schuhle hole'. *Oh,* des war halt so nett, wo der Bue des scho könne (hot) - seinem Bappe d'Schuhle nastelle. 'Bappe, i au mit'. ... Und no hot'r sein Bappe an dr Hand gnomme - i hon en schö azoge no (...) - oh, no sind se halt amol de Hof naus mit'nander, die zwoi. No hond se gwißt, d'Mamme gucket hintene drei. Noch zeh Minute ischd 'r scho komme: 'Mamme, Mamme, guck, Bappe Bretzel kauft!' ... Do hot der a Bretzel kriegt, vom Bappe - und für d'Mamme au oine. ... Und des war halt ..., wo die Kinder so ruffgwachse sind."

Alles Leid, alles Schwere, das sie in dieser Ehe erfährt, auch die Verletzungen durch den Mann, hat - und darin liegt die Tragik - letztendlich Sinn, weil diese hierarchische Grundordnung ihres Selbst- und Weltverständnisses unangreifbar - ein Wert für sich ist.

"I het's (das Kleid, d.V.) jo könne scho manchmol ... (weg-schmeisse, d.V.) - aber noi, i denk amol: Oh, i muß jo ebbes, a ebbes muß i mi no halte könne."
H.H.: "Warum, meinen sie, können sie es nicht wegschmeißen?"
"(Erregt) 's ischd mei Brautkleid! In diesem Kleid hab ich meinem Mann die Treue geschworen. Do hot ma früher arg druff guckt."

Dieses Kleid stellt einen real-imaginären Ort ihrer Identität dar - einen nahezu mythologischen Ort, an den sie immer wieder zurückkehren muß, um sich (im Alter) einer sinnvollen Existenz zu versichern.

Die Logik dieser Tragik offenbart sich auch in einem anderen Abschnitt der Geschichte des Hochzeitskleides: Ein Jahr vor der Heirat legte die Wurmlingerin - auf Initiative ihres Bräutigams - die Tracht ab. In diesem hier beginnenden, konsequenten Beschreiten des Weges der

Anpassung - unter dem "Dach der Liebe" - ist sie bezüglich der Unerbittlichkeiten des Kommenden Opfer und Täter zugleich.

Das zweite Beispiel dokumentiert das Machtverhältnis einer Ehe.

Sie (Kleinbäuerin, 76 Jahre alt): "'s letztschd Johr hon i mol a bissle entrümpelt, und hon denkt: Jetzt geisch's Sach (ihr Hochzeitskleid, d.V.) weg. Also, des sieh i ite oi, daß ma älles zsämmesperrt - und nebed's anders hend se nix."

Er (Maurerpolier, 81 Jahre alt): "Mi wundert des ganz, daß i des überhört hon, daß dei Kleid nirgends me rauskommt. (...) Des kann gut sei, daß i do ... nicht so schnell jo gsait het. Ha, wenn i mei Azug furt dät - no hedde mir jo *gar* nix me. "

Sie: "Ha, du hoschd's mir jo it zahlt, mei Kloid."

Die Gewichte waren von Anfang an eindeutig verteilt: Sie, die Attraktive, die Lebenstüchtige, war diejenige, die auswählte:

Sie: "I hon au Glegeheit gnug g'het."

Er: "Oh je, i muß oft dradenke, daß ma *beneidet* worde isch, beneidet worde isch ma direkt."

Sie: "Daß er mi verwischd hot. (...) Also, i het au an a jedem Finger bald oin g'het."

Er: "Des hon i gwißt".

Sie: "Also, i hon domols gsait: Entweder muß e *di* (ihren Mann) jetzt astelle, oder muß oin astelle für die Dauer, susch krieg i koi Ruh. I ka em obeds it zum Haus naus, no hon i dauernd 's Gsprung hint'r mr drei - des ka i it brauche."

Er, der Zurückhaltend-Feinsinnige, war der Empfangende:

Er: "Do hon i gwißt: Do (bei seiner zukünftigen Frau, d.V.) kann ma lebe - a bessere Zukunft hon i do empfunde. (...) Also do, wo's warm rauskommt -"

Sie: "do muß ma nadrucke".

Sie bedurfte keiner Versicherung dieser Verbindung, er jedoch sehr wohl.

Er: "Ma hot sich *gfühlt.* Jetzt hab' e doch mei Azug allei gleistet. Also, der hält mi aus ... Und wäge dem hot ma den au so gut uffghebt oder hot (en) so *behandelt!* Des isch ein Andenke, daß wir uns verstande hend, und so lang ..."

Nein, dieser Anzug (nebst Rock) ist nicht nur Andenken - auch Trophäe, Zeichen eines gewonnen "Kampfes", gegen die Vielzahl der Rivalen. Mehr noch:

Er: "Man hot en anziehe müsse mol, wenn a Beerdigung war, und (i) hon müsse vortrete zum Kranzlege (und eine kleine Rede halten, d.V.)."

Der Gewähltgewordene bedurfte - auf leisen Sohlen - auch einer Versicherung seiner Position in der Ehe selbst. In diesem Anzug, bei diesen öffentlichen Auftritten, festigte er seine Position, bekam er Gewicht.

Er allein habe diesen Anzug "geleistet", sagt er gleich zu Anfang unseres Gesprächs - eine Freudsche Fehlleistung, die auf die Bedeutungsgeladenheit dieses Kleidungsstückes hinweist. Seine Frau, die Praktisch-Tüchtige, stellt - an anderer Stelle - die wahren Verhältnisse wieder her:

"Mir häbet de Hochzitazug vo Hochzitgschenke, wo mr kriegt hot, vo de Leit, zahlt."

In dieser Dualität Mensch - Anzug offenbart sich in sehr differenzierter Weise ein sehr subtiler, in harmonischer Manier[17] ausgetragener "Kampf" um ein normgerechtes Geschlechterverhältnis.

Nun noch ein kurzer, pauschaler Abriß einiger struktureller Zusammenhänge, die sich in der empirischen Untersuchung abzeichnen:

Das erste weiße Brautkleid des Dorfes - ein Kleid der Abgrenzung, der elitären Position. Der Hochzeits-Anzug bzw. -Rock als Funktion des Hofes; Verleihen der Kleidung als rituelle Aufhebung von Schande[18]; spätes Anziehen (im Alter) der Kleidung als Wiederbelebung von Jugend und Potenz; "unsterbliche" Kleider - Ausfluß des Prinzips Sparsamkeit oder Konstituenten von Identität und Welt?

Zum Abschluß setze ich mit der Aussage einer bis heute Tracht tragenden Wurmlingerin einen Gegenpol zum ersten hier dargestellten Beispiel (in dem das Hochzeitskleid in seiner Symbolqualität einen weiten Bogen des Lebens der Trägerin umspannt):

H.H.: "An was erinnert Sie das Kleid?"

---

17 Die Ehe als solches verlief - aufgrund der unterschiedlichen Charaktere bzw. aufgrund deren gegenseitiger Ergänzung sowie der klaren Rollenteilung - mit Sicherheit sehr harmonisch.
18 Schande meint hier speziell die Geburt eines Kindes im Ledigenstand.

Sie: "Oh ..., do erinnere i mi it viel ... Ma ka it immer a dem rum-denke ... des hot au koin Wert. Ma muß au vergesse ebbes."

Vergessen, das war für die heute 90jährige Kleinbäuerin eine Über-lebensstrategie: Aus dem elterlichen Haus hinausgedrängt, 1940 mit 38 Jahren einen Witwer nebst drei Kindern heiratend, stand sie bereits 1946 alleine da - mit Haus und Hof, Schulden und vier Kindern.

"Do hot's Angscht hon au koin Wert g'het!",

sagt sie zu dieser Situation - und meint damit: Nur das sich der Realität stellen, das vorwärtsorientierte Anpacken des Lebens garantierte die Zukunft.

H.H.: "Den Rock (von der heutigen Festtagstracht, d.V.) haben Sie bei der Hochzeit angehabt?"
Sie: "Jo - ha, den duat ma au a de Feiertag a."

So, wie im Leben der Festtagstracht deren Einsatz als Hochzeitskleid (mit weißer Schürze) nur einen winzigen Punkt ausmacht, so hebt sich auch die Hochzeit selbst kaum aus dem Fluß der Lebenszeit heraus:

H.H.: "Wie war es an ihrer Hochzeit?"
Sie: "Ha, des ischd ganz oifach gsei."
H.H.: "Wie einfach?"
Sie: "Ha, do hot ma au müsse schaffe de andere Tag."

Das Vergessen hat sich gelohnt: Das Heute ist ihre schönste Zeit. Die Vergangenheit hat in ihrem Leben nur dort einen Platz, wo sie Zukunft beinhaltet:

"So ebbes (die Festtagstracht, d.V.) hält oin aus, so lang ma lebt (...). Des kommt it aus dr Mode, des bleibt."

Das Ausgerichtetsein gerade dieses herausgehobenen Teils des Klei-dungsbestandes auf das Lebensende war zum einen ökonomisch not-wendig, zugleich spricht hieraus ein zyklisches Lebensverständnis. (Inwieweit ein solches auch noch im Umgang mit "moderner" Hoch-zeitskleidung, etwa im Aufbewahren über das Gebrauchsstadium hinaus, weiterwirkt, muß noch untersucht werden.) Daß diese Trachtenträgerin fast ein wenig mit Stolz auf die "Fähigkeit" der Festtagstracht blickt, ein Menschenleben "auszuhalten", mag nicht ganz zufällig sein: Das Aus-halten des Lebens war die zentrale Leistung ihres Lebens - das Aushal-ten wurde zum Wert an sich.

Hochzeitskleidung ist ein vielschichtiges kulturhistorisches Medium: privat und öffentlich zugleich, nützlich und zweckfrei, festtäglich und weniger festtäglich. Ein Medium, das insbesondere das Nonverbale, das Emotionale zur Übersetzung bringt, es verständlicher, lesbarer macht, wie gerade das erste Fallbeispiel demonstriert. "Emotionen sind (...) Teil eines hochentwickelten Gewebes aus Erfahrungen und Überzeugungen und mit anderen Urteilen (z.b. moralischen, wissenschaftlichen und ästhetischen) durch vielfältige logische Verbindungen verknüpft. Das emotionale Innenleben anderer Personen zu verstehen, verlangt nicht weniger als ein Verständnis ihrer gesamten Weltanschauung."[19] Als "Brennpunkte unserer Weltanschauung"[20] wären Emotionen demnach nur in dieser globalen Form, im "Weitwinkel" erfaßbar.

Läßt sich Hochzeitskleidung also u.a. als ein Medium interpretieren, in das im Laufe der Zeit die unterschiedlichsten Erfahrungen "eingeflossen" sind, die bei bestimmten Anlässen, Reizungen - wie durch ein Brennglas - in je spezifisch verdichteter, vernetzter Form wieder zur "Aufführung" kommen? Und kommen dabei zugleich Weltanschauung und Emotion zum Ausdruck?

Zur "Aufführung" kommen insbesondere Bruchstellen, Höhepunkte, Tiefpunkte im Lebenslauf, Abweichungen von der Norm:

> "Mir gfällt des, wenn i's (das Hochzeitskleid, d.V.) no wieder ebber ausleihe ka, no kan'i doch sage: 'des isch mei Houchzit-kloid'".

Erst ein Jahr nach der Geburt ihres Kindes konnte die heute 70jährige Wurmlingerin dessen Vater heiraten. Das Ausleihen ist ein Ritual der Wiedergutmachung ihrer Schande bzw. der Wiedereingliederung in die Lebenswelt Dorf. In eindrücklicher Weise kommt dabei ihre Selbst- und Weltauffassung zur Sprache: Die Folgen der verspäteten, vom Bräutigam terminierten Heirat lastet sie nicht diesem an - sie trägt sie (weitgehend) auf ihren Schultern.

Angelehnt an Clifford Geertz' kulturtheoretische Interpretationstermini, läßt sich dieses besondere Beziehungsfeld Mensch - Kleid als ein privater und zugleich sozialer Ort deuten, an dem eine "Dramatisie-

---

19 Robert C. Solomon: Emotionen und Anthropologie. Die Logik emotionaler Weltbilder; in: Gerd Kahlt (Hg.): Logik des Herzens: Die soziale Dimension der Gefühle. Frankfurt 1981, S. 232-253, s.S. 239.
20 Solomon: Emotionen und Anthropologie, S. 240.

rung" von Spannungen, Konflikten zwischen Individuum und Gesellschaft stattfindet.[21]

Übersetzungshilfen

a: eine
a: an
Angscht: Angst
Azug: Anzug
Bappe: Papa
derfe: dürfen
duat ma a: Hier: man zieht (sich/etwas) an
ebber: jemandem
ebbes: etwas
en: ihn
g'het: gehabt
geisch's: gibst (Du) das
geit: gibt
geschaffet: gearbeitet
gsäh: gesehen
gsei: gewesen
Gsprung hint'r mr drei: hier: man läuft ihr nach
gwißt: gewußt
hedde: hätten
hend: haben
Herdle: kleine Schar
hon: habe
hot: hat
i: ich
it, itte: Verneinungsformen

jo: ja
ka: kann
Kloid: Kleid
koi: keinen
Leit: Leute
letztschd: letzte/letztes
Ma: Mann
Mamme: Mama
mr: wir oder: mir
Muatr: Mutter
nadrucke: reindrücken
nebed's anders: nebenan
no: noch
noi: nein
obeds: abends
oifach: einfach
oin/oine/oiner: ein, eine, einer (auch: jemand)
reacht: richtig/echt/anständig
sait: sagt
susch: sonst
Toil: Teil
toil: einige
uffghebt: aufgehoben
vo: von
zsämmesperrt: wegschließen
zwoi: zwei

21 Vgl. Clifford Geertz: Dichte Beschreibung. Beiträge zum Verstehen kultureller Systeme, Frankfurt 1987; zum Begriff der Dramatisierung s. insbes. S. 237: er interpretiert den balinesischen Hahnenkampf als "Dramatisierung von Statusinteressen".

Selbstbilder - Fremdbilder

SUSANNE REGENER

Darstellungen des Anderen

Zur fotografischen Dokumentation von Frauen in Polizeiwesen und Psychiatrie

Was ist das Andere? "Die Völker, die wir primitiv nennen", konstatiert Lévi-Strauss, "bezeichnen sich selbst als die 'Wahren', 'die Guten', 'die Hervorragenden'"[1]. Der Blick des Ethnologen auf das Andere, das weit ab von eigenen Erfahrungshorizonten liegt, ist immer ethnozentristisch; in der Geschichte wurde das Andere, das Fremde, das vom eigenen (Normalen) Abweichende mit abwertenden Beschreibungsformeln und kolonialistischem Impetus oder auch mit Faszination bedacht. Mit Hilfe von Zivilisationstheorien wurden in der Ethnologie die Grenzen zwischen dem Eigenen und dem Anderen festgelegt, und erst ein modernes, neues Wissenschaftsverständnis muß mühsam die eingefahrenen Betrachtungsweisen wieder entflechten. Statt einer bewertenden Einordnung fremder Kulturen proklamiert Lévi-Strauss den Respekt vor der Verschiedenheit der Kulturen. Pontalis warnt in diesem Umdenkprozeß vor dem kulturellen Relativismus, der weniger die "Erfahrung des Fremden" im Auge hat, sondern eher laue und passive Akzeptanz produziert.[2] Der Blickwinkel auf das Fremde einer anderen Kultur ist mit dem auf das Fremde innerhalb der eigenen Kultur vergleichbar. Das Andere wäre als eine umfassende Kategorie der Ausgrenzung zu verstehen, die zugleich reflexiv auf die Bestimmungen des Eigenen verweist. In der Blütezeit des westlichen Imperialismus und Kolonialismus hat man nicht nur die sogenannten Wilden zur Ausstellung gebracht, sondern auch im eigenen (Heimat-)Land sich des Anderen bemächtigt. In dieser historischen Situation der Klassifizierung der Gattung Mensch setzen meine Forschungen an.[3] Was mich zunächst beschäftigt, ist der

---

1 Claude Lévi-Strauss: Der Blick aus der Ferne. München 1985, S. 26.
2 J.-B. Pontalis: Aus dem Blick verlieren. Im Horizont der Psychoanalyse. München 1991, S. 36.
3 Susanne Regener: Ausgegrenzt. Die optische Inventarisierung des Menschen im Polizeiwesen und in der Psychiatrie; in: Fotogeschichte H. 38. 1991.

Prozeß der Dichotomisierung von gesellschaftlichen Erscheinungen in gut - böse, gesund - krank, normal - anormal und weiblich - männlich, wie er sich im 19. Jahrhundert darstellt. Das Andere, der Andere, die Andere, das sind Phänomene und Angehörige der eigenen Gesellschaft, die zu Fremden gemacht werden. Dazu gehören jene Personen, die in der europäischen bürgerlichen Gesellschaft des 19. und 20. Jahrhunderts als Verdächtige oder einer kriminellen Tat Überführte in den Bereich von Polizei und Justiz gerieten, und jene, die aus ganz verschiedenen Gründen in psychiatrische Hospitäler eingeliefert wurden. Neben diesen beiden großen Internierungsstätten, auf die sich mein Projekt bezieht, ist das Fremde auch eingeschlossen worden in den Arbeitshäusern des 19. Jahrhunderts und den Konzentrationslagern des 20. Jahrhunderts. Das Andere wird hier nicht zum Fremden im Sinne einer Verklärung (wie z.B. die Bauern im 19. Jahrhundert), sondern die sogenannten Arbeitsscheuen, Kriminellen, Kranken werden zu 'Aussätzigen', die in den Institutionen kontrolliert und stigmatisiert werden.[4] Meine Primärquellen sind Fotografien jener Personen, die hinter den Krankenhaus- und Gefängnismauern von der Außenwelt ausgeschlossen wurden, und die in diesen Räumen eine neue "Identität" erreichen bzw. anerzogen bekommen sollten. Der Vorstellung und Einordnung dieser Quellen möchte ich einige allgemeine Gedanken zu meinem Ausgangspunkt und meinem Erkenntnisinteresse vorausschicken.

Eine Geschichte der Bemächtigung des Körpers ist von Platon bis in die Gegenwart zu verfolgen, wie sie Eugen König[5] rekonstruiert hat und jüngst auch von Claudia Honegger[6] für den weiblichen Körper beschrieben wurde. Doch im 18. Jahrhundert - so Foucault - ändert sich der Zugriff: "es geht nicht darum, den Körper in der Masse, en gros, als eine unterschiedslose Einheit zu behandeln, sondern ihn im Detail zu bearbeiten"[7]. Es entstehen Methoden (die Disziplinen), die die Körpertätigkeiten kontrollieren und ihre Kräfte einer Gewalt unterwerfen. Der menschliche Körper wird gefügig gemacht (um ihn arbeiten zu lassen,

4 Michel Foucault: Überwachen und Strafen. Die Geburt des Gefängnisses. Frankfurt/M. 1977, S. 256.
5 Eugen König: Körper - Wissen - Macht. Studien zur historischen Anthropologie des Körpers. Berlin 1989.
6 Claudia Honegger: Die Ordnung der Geschlechter. Die Wissenschaften vom Menschen und das Weib 1750-1850. Frankfurt/New York 1991.
7 Foucault: Überwachen, S. 175.

wie man will), er "geht in eine Machtmaschinerie ein, die ihn durchdringt, zergliedert und wieder zusammensetzt"[8]. Eine genaue Beobachtung der Details, die verbunden ist mit einer gleichzeitigen politischen Erfassung der kleinen Dinge durch die Kontrolle der Menschen, setzt sich im Laufe des klassischen Zeitalters zunehmend durch, so zeigt Foucault es am Beispiel von Disziplinarinstitutionen aus den Bereichen Militär, Medizin, Schule und Industrie. Die Ethnographie des Körpers, der Krankheit, des Verbrechens ist Vorbedingung und Legitimation für Ein- und Ausschlüsse.

Dieser peinlich genaue Blick, der den gezielten Zugriff ermöglicht, erhält - so meine Hypothese - mit der Fotografie um die Mitte des 19. Jahrhunderts ein adäquates Medium, das die Verlängerung des Blicks, Objekt des Auges und gleichzeitig Instrument der Überwachung ist. M.E. ist die Fotografie Symbolisierung der neuen Mikrophysik der Macht: Sie ist von scheinbarer Unschuld, denn vorgeblich bildet sie nur ab, was dem Apparat vor-gestellt wird; zudem ist sie von so großer Detailfülle und Detailtreue, wie es zuvor von keinem Medium erreicht wurde. Die Fotografie macht scheinbar mehr *sichtbar* vom Menschen, beleuchtet alle feinen und noch so kleinen Bestandteile. Das hat anfänglich bei den Zeitgenossen Entzücken, aber auch Befremden hervorgerufen. Die Fotografie allgemein ist m.e. daran beteiligt, das *Sehen* des Eigenen und des Fremden zu schulen, da mit ihr Standards der Abbildung hervorgebracht und gleichzeitig massenhaft Bilder erzeugt werden. Die Fotografie der Disziplinarinstitution im besonderen ist Instrument der Dokumentation, der Identifizierung und der Stigmatisierung, drei Bedeutungszusammenhänge, die Hand in Hand gehen. In den Räumen von Polizei und Medizin ist die Fotografie Symbol des von Foucault so bezeichneten "zwingenden Blicks: eine Anlage, in der die Techniken des Sehens Machteffekte herbeiführen und in der umgekehrt die Zwangsmittel die Gezwungenen deutlich sichtbar machen"[9]. Die Fotografie ist nicht bloß Illustration/Dokumentation, sondern als komplexes Symbol selbst an dem Prozeß der sich differenzierenden Wahrnehmung beteiligt, und sie wird als Instrument des neuen Sehens eingesetzt, das Repressalien zur Folge hat.

Ein Blick in die Tagespresse und das Fernsehen zeigt, daß eine Fotografie fast immer im Zusammenhang mit einem Text steht. Die Be-

---

8   Foucault: Überwachen, S. 176.
9   Foucault: Überwachen, S. 221.

Schriftung des Bildes gibt uns eine Lesart vor. Wie stark der Kontext, in den eine Fotografie gestellt wird, unsere Wahrnehmungsweise beeinflußt, zeigt das Beispiel der in der BRD so zahlreich und an exponierten öffentlichen Orten präsentierten Fahndungsplakate des Bundeskriminalamtes, die lediglich die Überschrift "Terroristen" tragen. Den undeutlichen en-face-Fotografien der Gesuchten sind keine Personenbeschreibungen zugeordnet. Offenbar kann ein Wissen über die "Gefährlichkeit" dieser Personen vorausgesetzt werden. Es scheint, als habe die seit den 1970er Jahren öffentlich geführte Diskussion eine ausführliche Beschreibung überflüssig gemacht und ein Wahrnehmungsmuster in den Köpfen hinterlassen.

Im folgenden möchte ich exemplarisch die Entwicklung der Polizei- und Fahndungsfotografien andeuten.

Die ersten fotografischen Aufnahmen von verdächtigten und durch die Polizei festgenommenen Personen unterschieden sich nur wenig von den zeitgenössisch üblichen Porträtfotografien im Visitformat. Ab 1860 etwa begann man in den größeren Städten, die einer Straftat Angeklagten für das sogenannte Verbrecheralbum zu fotografieren. Bevor in den größeren Polizeidienststellen um die Jahrhundertwende selbst Ateliers eingerichtet wurden, brachte man die Verdächtigten in das Atelier eines ortsansässigen Fotografen oder beorderte diesen in das Gefängnis. Aber nicht alle bei der Polizei vorgeführten Personen wurden auch in das Verbrecheralbum aufgenommen. Bei näherer Betrachtung der Sammlung der Odenser Polizei (aus der auch die Abbildung links stammt) über "verdächtigte Personen" aus der Zeit von 1867 bis 1878 wird deutlich, daß bei der Auswahl der zu fotografierenden Personen eine Idee der 'besonderen Gefährlichkeit', d.h. Vermutungen

E. Rye, Jacobine Ch. Petersen, Verbrecheralbum Odense

252

über die Dispositionen zur Rückfälligkeit, verfolgt wurde. Die Verbrecheralben aus Odense sind für die Art der Straftaten in der damals zweitgrößten Stadt Dänemarks nicht repräsentativ. Bildlich archiviert hat man vorrangig die Personen, die für Diebstahl und Betrug angeklagt waren, während diese Formen nur etwa die Hälfte der Straftaten insgesamt betrafen.[10] Die dänische Quelle zeigt durchaus zu verallgemeinernde Grundzüge: In der Konsolidierungsphase der bürgerlichen Gesellschaft wird das Eigentumsprinzip vehement verteidigt und der Diebstahl infolgedessen besonders verfolgt, wie Blasius[11] auch für Preußen feststellt. Darüber hinaus wäre zu untersuchen, ob es in bezug auf den Diebstahl geschlechtsspezifische Unterschiede gibt. Für die dänischen Quellen kann aufgezeigt werden, daß Frauen zumeist aus Not stehlen und eher ungeplant Dinge mitgehen lassen, während Männer Einbrüche planen oder unter Alkoholeinfluß Straftaten begehen.

Die Abbildung auf Seite 252 zeigt die 1867 in Ryes Atelier fotografierte Jacobine Petersen, ein 19jähriges Dienstmädchen, das Aussteuergegenstände auf Kredit unter falschem Namen gekauft hatte und zu 2 x 5 Tagen Gefängnis bei Wasser und Brot verurteilt wurde. Die Polizei- und Gerichtsprotokolle beschreiben ferner, daß sie kurz nach dem Urteil noch zwei weitere kleinere Betrügereien eingestand und insgesamt 25 Tage im Gefängnis saß. Ferner ist den Akten zu entnehmen, daß sich Jacobine mit 22 Jahren verheiratete und später noch dreimal wegen Diebstahl verurteilt wurde, wodurch sie schließlich jeweils für ein und 1 ½ Jahre ins Zuchthaus kam.[12] Warum die Frau gestohlen hatte, über ihre Beweggründe und Motive geben die Akten keinen Aufschluß. Ihre Fotografie im Verbrecheralbum wird außerdem unabhängig von den juristischen Texten zum Indiz für ihr kriminelles Außenseitertum.

Der Fotograf setzte Jacobine in die Staffage, die er üblicherweise für seine bürgerliche Kundschaft benutzte: Die Lehne eines kostbaren Stuhles, eine Säule, Vorhang und ein Teil einer Anrichte sind zu sehen. Vielleicht fand er die Frau besonders schön, vielleicht hatte er keine Zeit gehabt, das Mobiliar beiseite zu räumen. Die Außenseiterin wurde im Standardambiente wie eine zeitgenössische Bürgerin porträtiert.

10 Finn Grand-Nielsen/John Laurberg: Forbryderbilleder 1867-1870. Odense 1989.
11 Dirk Blasius: 'Diebshandwerk' und 'Widerspruchsgeist'. Motive des Verbrechens im 19. Jahrhundert; in: R.v.Dülmen (Hg.): Verbrechen, Strafen und soziale Kontrolle. Frankfurt/M. 1990.
12 Grandt-Nielsen, Laurberg: Forbryderbilleder, S. 22.

Der Atelierfotograf setzte die Mittel ein, die er kannte. Ihm fehlte scheinbar der Blick und das Instrumentarium für ein spezifisches 'Polizeifoto'. Auch wenn er bei den meisten Fotografien die gewohnte Staffage aus dem Aufnahmefeld räumte, ähneln die zeitgenössischen Bürgerporträts seinen Verbrecherporträts. Es sind die gleichen Standards der Inszenierung, die die Fotografien strukturell vereinen.

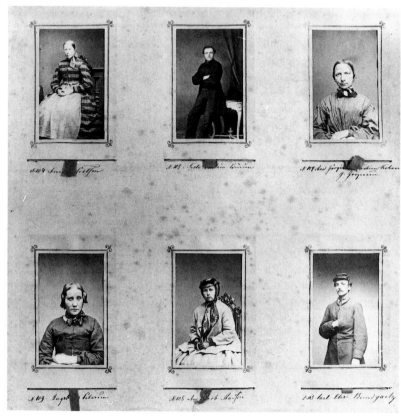

E. Rye, Seite aus dem Verbrecheralbum der Polizei Odense, 1867 ff. (Möntergaarden Odense)

Das Verbrecheralbum selbst enthält keine Informationen zu den Abgebildeten. Die Polizei- und Gerichtsprotokolle aber können Aufschluß geben, warum einer zeitgenössischen Haltung zufolge bestimmte Personen für das Polizeiarchiv abgelichtet wurden. Prostitution war in Odense in den 1860er Jahren zwar nicht verboten, aber - wie allgemein auch in Deutschland üblich - nur den registrierten Frauen gestattet, die sich einem Reglement von Untersuchungen unterwerfen mußten. Der Polizeidirektor bestimmte auch, wieviele Prostituierte in der Stadt tätig sein durften. Die 26jährige Ane Dorthe Madsen (Abb. S. 254, untere Reihe Mitte) ging eigentlich ihrem Beruf in den Provinzstädten auf Seeland nach; zu einem großen Jahrmarkt - so heißt es in der Polizeiakte - kam sie 1868 nach Odense und "trieb mit einigen ihr unbekannten Männern Unzucht, teils draußen im Wald, teils in der Parkanlage."[13] Sie saß 20 Tage in Untersuchungshaft und wurde zu 90 Tagen Zwangsarbeit verurteilt, weil sie "den Beruf mit der Unzucht" ausübte.

Der Atelierfotograf hat sie mit viel Respekt fotografiert: Sie hat ihren Hut, ihre Handschuhe und Überjacke anbehalten, und Rye hat sie halb schräg ins Bild gesetzt, ihr vielleicht zugesprochen, so daß sie es wagte, direkt in die Kamera zu schauen.

Auf den meisten dieser sogenannten Verbrecherporträts allerdings wirken die Porträtierten scheu, ängstlich, mißtrauisch und mißmutig. Einerseits kann vermutet werden, daß die meisten der Verdächtigten vorher noch niemals das Atelier eines Fotografen betreten hatten und daher auch nicht mit dem Medium vertraut waren. Andererseits wurden, im Beisein von Polizeibeamten, diese Personen vom Fotografen nicht besonders betreut, so wie es in der Atelierfotografie sonst üblich war. Die Fotografie sollte die Abgebildete nicht vorteilhaft zum Ausdruck bringen, sondern ohne Ausschmückung "die Wahrheit" vorzeigen.[14] Die Fotografie wird zur visuellen Personenbeschreibung.

Die Polizeiberichte sind Zeugnisse von Lebensgeschichten, die allerdings aus dem Blickwinkel einer über soziale Abweichung entscheidenden Instanz entsprechend selektiv bewertend geschrieben worden sind.

Es soll nicht einer Romantisierung des Verbrechens das Wort gegeben werden, wenn man wie Blasius[15] sagt, "daß Kriminalität durchaus ein Stück eigener 'Moral' verkörpern kann." Die spärlichen Informationen über die porträtierten Frauen können allerdings auch als Zeugnisse gesellschaftlicher Zustände gelesen werden und sind symbolischer Ausdruck für die Bedürfnisse, Wünsche und den Mangel, sowie für die

---

13 Grandt-Nielsen/Laurberg: Forbryderbilleder, S. 31.
14 Alphonse Bertillon: Die gerichtliche Photographie. Halle 1895.
15 Blasius: 'Diebshandwerk', S. 235.

Widersetzlichkeit der 'kleinen Leute'. Das Dienstmädchen ist täglich mit der Lebensqualität einer besser gestellten Schicht konfrontiert; die Gegenstände, die sie sich unter falschem Namen besorgt (Aussteuerdinge, ein Opernglas, eine Brosche), sind mit einem Traum vom bürgerlichen Familienleben verbunden. Ein Schulmädchen geht in das Verbrecheralbum ein, weil sie einer Idee der "Verwahrlosung" und "moralischen Verderbtheit" unterworfen wird. Die Fakten sind, daß sie kleine Dinge gestohlen hatte, für die sie sich Baumwollstoff erwarb. Wir erfahren, daß dieses Mädchen zum Zeitpunkt des Diebstahls nach langen Jahren der Trennung wieder mit ihrer Mutter zusammenleben darf und dieser möglicherweise ein Geschenk machen wollte. Die Prostituierte widersetzt sich der Registrierung, wird mobil und entzieht sich der Aufsicht der Polizei.

Zu fragen ist, weshalb diese 'kleinen' Rechtsbrecherinnen mit einem relativ hohen Aufwand fotografisch dokumentiert werden. Die Justiz rechtfertigt ihre Maßnahme mit der Notwendigkeit eines Identifizierungssystems (bei der die Fotografie ein Teil ist) sowohl für die Verbrechensaufklärung als auch für die Verbrechensprophylaxe. Was entsteht, sind umfangreiche Dateien über potentielle Kriminelle, eine Dokumentation über die von der Gesellschaft Verurteilten und Bestraften.

Im Zusammenhang mit der "Geburt des Gefängnisses" verändert sich der Straf- und Besserungsapparat, wie Foucault aufgezeigt hat, dahingehend, daß eine perfektere Überwachung und subtile Maßnahmen der Besserung in einer Strafphilosophie etabliert werden, die die alten Muster von offener Gewalt und Zwang ablösen. "In Wechselwirkung dazu wird der Delinquent ein zu erkennendes Individuum. (...) Der Delinquent unterscheidet sich vom Rechtsbrecher dadurch, daß weniger seine Tat als vielmehr sein Leben für seine Charakterisierung entscheidend ist."[16] Die Biographie des Täters/der Täterin erhält also eine Schlüsselstellung sowohl im Gerichtsverfahren als auch im Strafvollzug. Die neue Moral der Justiz baut die Erkenntnisse über die Biographie des Delinquenten in ihr Klassifikations- und Behandlungssystem ein. Letzten Endes wird der Kriminelle, der, der von der Norm abweicht, schon vor dem Verbrechen und sogar unabhängig vom Verbrechen geschaffen. (Übrigens wird die Fotografie von verdächtigten und nicht von bereits verurteilten Personen hergestellt.) Entscheidenden Anteil an diesem Prozeß hat die Kriminologie, die ab Mitte des 19. Jahrhunderts in enger

---

16 Foucault: Überwachen, S. 322 f.

Verknüpfung mit der Anthropologie das biographische Moment als Indiz für die Klassifizierung von Normabweichungen auswertet, was u.a. zu solchen Unterscheidungen wie "geborener Verbrecher" und "Gelegenheitsverbrecher" führt.[17]

In Verlängerung der Foucault'schen Darstellungen stelle ich die These auf, daß die Fotografie Ausdruck und Symbol dieses neuen Interesses am Individuum ist. Die Fotografie avanciert zum Beweismittel für bestimmte Formen von Devianz. Sie macht den Delinquenten mittels ihres Wahrheitsanspruches zum Objekt einer Auseinandersetzung normaler und anormaler Verhaltensweisen. Das neue Medium ist geradezu prädestiniert dafür, dieser Vorstellung von Objektivität bei der Suche nach dem gesellschaftlich Abweichenden und Kranken Rechnung zu tragen, ist doch die Fotografie im Bewußtsein der Zeitgenossen technisches Mittel zur Abbildung der Wahrheit. Auf dieser Oberfläche - so sagte man - würde sich das Charakteristische des Menschen abbilden und sich offenbaren.

Die herkömmliche Atelierfotografie war für die Belange der Polizei und der anthropologischen Wissenschaft offenbar nicht exakt genug. Durch das System von Alphonse Bertillon, dem Pariser Polizeipräsidenten, wurde in den 1880er Jahren die erkennungsdienstliche Behandlung der Verdächtigen derart vereinheitlicht, daß von ihnen Fotografien in $^1/_7$ ihrer natürlichen Größe en face und en profil hergestellt wurden (Abb. S. 258), die durch ein Mess- und Beschreibungsschema ergänzt wurden. Die normierte Fotografie sollte Ergebnis eines quasi objektiven Aufnahmevorganges sein, der jeglichen Einfluß des Fotografen und der abgebildeten Personen angeblich ausschloß. Als Hilfsmittel diente ein eigens für die erkennungsdienstliche Aufnahme konstruierter Stuhl mit Kopfstütze, der in einem festgelegten Abstand zur Kamera stand.

Um die Jahrhundertwende wird Bertillons Identifizierungssystem weltweit angewendet. Die Institution selbst rechtfertigt ihr Unternehmen mit der steigenden Kriminalität, die man unter Kontrolle bekommen will. Doch spätestens ab 1904 mit Einführung der eindeutig exakteren Technik der Daktyloskopie verliert die Fotografie als reines *Identifikationsmittel* im Grunde ihre Funktion. Sie ist aber bis zum heutigen Tage weiterhin Bestandteil der erkennungsdienstlichen Behandlung geblieben. M.E. ist die Polizeifotografie jene in ein spezifisch geformtes und

---

17 Cesare Lombroso: Der Verbrecher in anthropologischer, ärztlicher und juristischer Beziehung. 3 Bde. Hamburg 1887.

Betrifft die in Alt-Moabit wegen Diebstahls in Untersuchungshaft befindliche Prostituirte, Hochstaplerin, und Elise Hentze, gen. Ernst.

Siehe Stück 795 (39).

Anonym, Deutsches Fahndungsblatt 1901

stereotypes Bild gebrachte Vorstellung von Delinquenz, von Kriminalität. Mit dem Ziel, soziale Abweichung und Anormalität an Fotografien beweisen zu können, sind jene Archive der potentiellen Straftäter von Anthropologen und Kriminologen ausgewertet worden.[18] Darüber hinaus sind diese fotografischen Archive als Zeugnisse eines allgemeinen, umfassenden optischen Empirismus zu werten, der seit dem Ende des 19. Jahrhunderts jeden Körper einbezieht.[19]

Bei der erkennungsdienstlichen Fotografie (Abb. oben) werden Frauen und Männer in gleicher Weise abgebildet. Im Gegensatz zu den geschlechtsspezifisch differenzierten Fotografien der bürgerlichen Öffentlichkeit findet hier eine Vereinheitlichung in der Darstellung statt. D.h. allerdings nicht, daß es keine Unterscheidung in weibliche und männliche Verbrecher gäbe. Ein Blick in die kriminalbiologische Forschung des späten 19. Jahrhunderts zeigt die Differenzen an. Das

18 Susanne Regener: Verbrecherbilder. Fotoporträts der Polizei und Physiognomisierung des Kriminellen; in: Ethnologia Europea 22, 1992.
19 Allen Sekula: The Body and the Archive; in: October H. 39, 1986.

Verbrechen wird als eine pathologische Verfehlung angesehen, die zum Ausschluß aus der Gemeinschaft führt und den Menschen wie eine Krankheit zeichnet. Wird eine Frau kriminell, so wird sie in einem doppelten Sinne schuldig. Nicht nur das Vergehen macht sie "böse", sondern darüber hinaus übt sie Verrat am weiblichen Geschlecht bzw. an der gesellschaftlichen Definition der Rolle der Frau. Kernpunkt der Lombroso'schen Vorstellungen ist die Vermännlichung der Frau:

> "Eine andere atavistische Erscheinung (neben der Frühreife, S.R.) ist auch die Annäherung an den männlichen Typus, die den Kern der kriminellen Charaktere des Weibes ausmacht; wir suchen im Weibe vor allem das specifisch Weibliche; wenn wir das Gegenteil finden, so schliessen wir auf eine enorme Anomalie."[20]

Bei Lombroso ist die Prostitution Äquivalent der Kriminalität, nicht weil Prostituierte zwingend straffällig werden, sondern weil sie von ihm über physiognomische Zuschreibungen einem anormalen Typus zugerechnet werden. Delinquenz und Abweichung werden also weniger durch das Gesetz als vielmehr durch die gesellschaftlich und kulturell festgelegte Norm bestimmt.

Die zweite Institution, mit der ich mich beschäftige und in der das Fremde ausfindig gemacht und archiviert wird, ist die Psychiatrie. Bezeichnenderweise entsteht die Fotografie zu gleicher Zeit, wie sich die non-restraint-Psychiatrie durchsetzt, deren wichtigstes Symbol sie wird. Hugh Welch Diamonds fotografische Studien von psychiatrischen Patienten sind die ersten ihrer Art, mit denen er den vermeintlichen Ausdruck der Seele im Antlitz festhalten wollte.[21] Die Fotografie wird als unfehlbares, perfektioniertes Instrument Teil des ärztlichen Auges. Diamond hielt auch Heilungserfolge mittels Fotografie fest: Bilderfolgen, die zugleich eine Kontrolle über die Lebensgeschichte eines Patienten/einer Patientin darstellen. Vergleichbar dem Blick der Polizei ist auch der ärztliche Blick einer, der aussteuert und berechnet, mit dem Vergleiche und Klassifizierungen vorgenommen werden. Für den Kriminalisten, den Arzt und den Ethnologen des 19. Jahrhunderts sind die

---

20 Cesare Lombroso/G. Ferrero: Das Weib als Verbrecherin und Prostituierte. Anthropologische Studien, gegründet auf eine Darstellung der Biologie und Psychologie des normalen Weibes. Hamburg 1894, S. 351.
21 Adrienne Burrows/Iwan Schumacher: Doktor Diamonds Bildnisse von Geisteskranken. Frankfurt/M. 1979.

Fotografien Beweisaufnahmen ihrer Sicht auf das Fremde, das Kranke, das Deviante, das Delinquente.

Mein Projekt ist es, die Gebrauchsweise von Fotografien in den psychiatrischen Krankenhäusern zu untersuchen. Gibt es eine Beziehung zwischen dem Foto und der Krankengeschichte? Ferner interessiert mich die Ästhetisierung des Anderen, die verschiedenen stilistischen Ausdrucksformen, die in den Fotografien von Patienten erscheinen, und deren mögliche Bedeutung für die psychiatrische Behandlung und Diagnose.

Im Unterschied zum Polizeiwesen gibt es für die Psychiatrie zunächst keine Verordnung, die die Fotografie eines Patienten zwingend vorschreibt. In dem bisher von mir untersuchten Material aus Psychiatrischen Krankenhäusern in Dänemark und Nordrhein-Westfalen erscheinen Patientenporträts eher zufällig und erst nach der Jahrhundertwende in den Krankenakten.

Patientenporträts sind wahrscheinlich in erster Linie auf ein besonderes Interesse einzelner Ärzte an der Fotografie zurückzuführen. Beispiele dafür liefert die Veröffentlichung von Marie-Gabrielle Hohenlohe (1988) über Fotografien, die der Direktor der Heil- und Pflegeanstalt Weinsberg, Paul Kemmler, in den Jahren von 1903 bis zum 1. Weltkrieg angefertigt hatte. Hier wird beispielsweise die Fotografie einer Professorentochter vorgestellt.[22] Die Diagnose, die der Patientin zuerkannt wird, lautet Dementia praecox, und es wird aus der Krankengeschichte zitiert, daß diese Frau in "berüchtigten" Münchner Künstlerkreisen verkehrte und "überspannte Nietzsche-Ideen hatte". Die fotografische Darstellung gleicht durch die unscharfe Wiedergabe eher einer Künstlerfotografie (ähnlich den Fotos von Julia Margaret Cameron) denn einer Atelierfotografie oder einer medizinisch nüchternen Aufnahme. Es ist, als hätte der Arzt gleichsam die Herkunft der Patientin und seine Idee von ihrem angeblichen Versponnen-Sein in dem Foto adaptiert. Kemmlers Fotografien müßten im Vergleich untersucht werden (sollte die Unschärfe hier auf Schizophrenie deuten?) und in ihrer Intention, die Krankengeschichte zu illustrieren, um vielleicht mehr *zu sehen*.

In der Psychiatrie in Viborg, einer kleinen dänischen Provinzstadt, begann man kurz nach der Jahrhundertwende einigen wenigen Krankenakten Fotografien beizugeben. (Abb. S. 261) In den ersten Jahren

---

22 Marie-Gabrielle Hohenlohe (Hg.): Die vielen Gesichter des Wahns. Bern, Stuttgart, Toronto 1988, S. 46.

wurden die Porträts offensichtlich aus Gruppenfotos für die einzelnen Akten herausgeschnitten. Da über den Fotografen und die Gründe für das Einkleben der Fotografie in die Akte offiziell nichts bekannt ist, können nur Spekulationen im Vergleich mit anderen bebilderten Akten abgegeben werden. An einem Beispiel soll einmal der Entwurf eines Patientinnen-Bildes skizziert werden. Die Frau (Abb. rechts) - ich nenne sie Ellen - ist bereits 53 Jahre alt, als sie in das Viborger Krankenhaus eingeliefert wird. Die Personalakte gibt nur

Anonym, Porträt einer Patientin, Psychiatrie Viborg, 1905

sehr spärlich Auskunft über ihr Leiden; von Größenphantasien ist die Rede, durch die sie auffällig wird. Gar nicht wird erwähnt, wer sie und warum eingeliefert hat. Hingegen wird über Ellens Vorgeschichte folgendes berichtet: Abgesehen von Krampfanfällen in der Jugendzeit hatte sie keine Krankheiten. Sie heiratete 1884 einen Arbeiter und war eine "friedliche, umgängliche und hilfsbereite Natur". Etwa 10 Jahre später begeht sie Brandstiftung und hat dafür ein konkretes Motiv: "sie war es leid mit Leuten zusammenzuwohnen, die nicht gut zu ihrem Pflegesohn waren und sie war traurig über die Trunksucht ihres Mannes".

Als sie ihre zweijährige Gefängnisstrafe antreten sollte, war sie so deprimiert und halluzinierte stark, so daß sie in die psychiatrische Klinik bei Aarhus eingeliefert wurde, wo sie bis zum Ende ihrer Haftstrafe blieb. Nur drei Jahre später wurde sie vom Kreiskrankenhaus erneut dorthin überführt.

Als sie schließlich 1905 in Viborg eingeliefert wird, verfällt sie innerhalb eines Jahres, magert ab, wird bleich und kraftlos; die Todesursache ist nach Meinung der Ärzte nicht eindeutig: Enteritis, möglicherweise auch Skorbut. Ich will an dieser Stelle nicht näher auf den Duktus der Personalakte eingehen; hier könnte die Form der Berichterstattung analysiert werden und die Suche des Arztes nach einer Krankengeschichte als Teil der Lebensgeschichte. Allerdings ist das Faktum der Brandstiftung in diesem Bericht ein Hinweis auf die von höherer Instanz vermutete Gefährlichkeit der Frau. Brandstiftung ist ein von der Justiz geahndetes Verbrechen, hinter dem das Motiv der gefühlsbeladenen Vergeltung, der Rache steht. Die "Rachsucht" - so führt Regina Schulte[23] aus - wurde als Krankheit angesehen, die auf "sittliche Minderwertigkeit" und "moralischen Schwachsinn" zurückgeführt wurde und damit gänzlich auf etwas Anormales verwies. Die Tatsache, daß Ellens Personalbogen mit einem Foto illustriert wurde, könnte ihren Grund in der besonderen psychiatrischen Beobachtung ihres "Falls" haben.

In Risskov, einer psychiatrischen Klinik bei Aarhus, wurde von denjenigen, die zur mentalen Observation durch die Polizei eingewiesen wurden, ein erkennungsdienstliches Foto der Akte beigegeben. Für diese Fotografien der Polizei wurden eigene Fotoalben angelegt, so daß man den Eindruck bekommt, hier würde es sich um eine besondere Spezies Patient handeln. Eine fotografische Chronologie der zu Observierenden entstand damit, deren dazugehörige Geschichten an einer ganz anderen Stelle aufbewahrt wurden.

In der Westfälischen Heilanstalt Lengerich hat man ab 1905 sporadisch Patienten fotografiert. Ab 1939 ist man dann systematischer vorgegangen und hat auch die Form vereinheitlicht. (Abb. S. 263) En-face- und en-profil-Fotografien wurden im Kleinbildformat erstellt und als Kontaktabzug entwickelt. Diese Aufnahmen erinnern nicht nur an die Fotografien des polizeilichen Erkennungsdienstes, sondern auch an das fotografische Quellenmaterial der Rassenforscher, die seit den 20er Jahren Europa und Deutschland in verschiedene Rassen einteilten.

Die Physiognomisierung von vorgeblichen Schwächen und Stärken der Menschen wurde in der Anfangszeit des Faschismus mit großem Aufwand popularisiert, und wir wissen, daß dieses Material die Grund-

23 Regina Schulte: Das Dorf im Verhör. Reinbek 1989, S. 42-45.

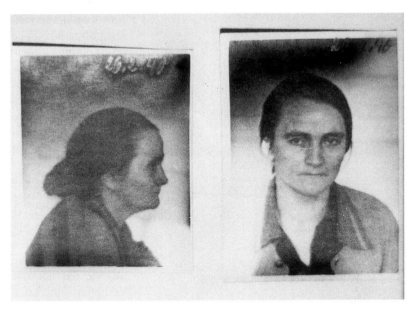

Anonym, Porträt einer Patientin, Westfälische Provinzialheilanstalt Lengerich, 1940

lage für die Theorien vom sogenannten Herrenmenschen und die Legitimation für die Ausgrenzung und Vernichtung von Millionen von Menschen war, die nicht *in das Gesicht* des Nationalsozialismus paßten.

Die Erforschung des Eigenen und die des Fremden führte in diesem faschistischen Zusammenhang zu einer "Psycho-Anthropologie", zu einer Verabsolutierung von Typen, die durch Kongruenz von inneren und äußeren Charakteristika definiert sein sollten. Es handelt sich um zweierlei Fremdbilder: Weder die Fotografie noch die lebensgeschichtlichen Informationen sind selbstbestimmte Äußerungen - das Andere erweist sich als etwas Hergestelltes. Die spezifische Funktion der Fotografie bestand darin, diese Form von Empirie und Ideologie sinnlich unmittelbar der Wahrnehmung zugänglich zu machen.

Die Darstellungen des Anderen sind immer mit den Vorstellungen vom Eigenen über eindeutige Typisierungen verknüpft, die die Möglichkeit der Erfahrung des Fremden abschneiden. Der Entwicklung der Bildsprache entspricht die des Diskurses über den Anderen/die Andere, in dem letztendlich nur eindeutige Linien zu einem Kausalitätsnetz verknüpft werden. Die Fotografie dient der Visualisierung der Dichotomien

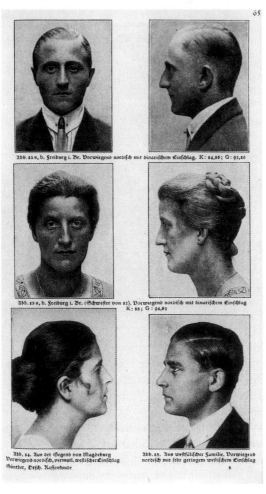

65

Abb. 82 a, b. Freiburg i. Br. Vorwiegend nordisch mit dinarischem Einschlag. K: 84,50; G: 92,50

Abb. 83 a, b. Freiburg i. Br. (Schwester von 82). Vorwiegend nordisch mit dinarischem Einschlag K: 88; G: 94,02

Abb. 84. Aus der Gegend von Magdeburg Vorwiegend nordisch, vermutl. westlischer Einschlag Günther, Desch. Rassenkunde

Abb. 85. Aus westfälischer Familie. Vorwiegend nordisch mit sehr geringem westischen Einschlag

von normal/anormal, gesund/krank, doch sie kommt - wie Benjamin[24] vermutete - ohne die Beschriftung nicht aus. Die Bezeichnung des sinnlich Wahrnehmbaren ist scheinbar erforderlich, weil - und ich lehne mich an die Hauptthese von George Devereux[25] an - das anormale Verhalten dieselben Wurzeln hat wie das normale Verhalten und sich von diesem nur in einem wesentlichen Aspekt unterscheidet: dem des "sozialen Negativismus".

Anonym, aus: Hans F.R. Günther: Rassenkunde des deutschen Volkes, 17. Aufl., München 1933

24 Walter Benjamin: Das Kunstwerk im Zeitalter seiner technischen Reproduzierbarkeit. 7. Aufl., Frankfurt/M. 1974, S. 93.
25 Georges Devereux: Normal und Anormal. Aufsätze zur allgemeinen Ethnopsychiatrie. Frankfurt/M. 1982.

SABINE KIENITZ

Frauen auf der Straße

Interpretationen zum Leben von Bettlerinnen und Vagantinnen

"VagantInnen" gehörten qua Definition zu einer zwar relativ großen, aber doch historisch "unfaßbaren" Bevölkerungsgruppe: Nicht nur, daß sie sich durch ihr Unterwegssein dem Zugriff der Behörden und dem Anspruch des Staates auf soziale Kontrolle erfolgreich zu entziehen verstanden. Auch in den lokalen Quellen sind sie als Subjekte für uns heute schier ungreifbar, produzierten sie doch kaum die Daten, die für einen gesellschaftlich 'relevanten' und damit überlieferbaren Lebenslauf Voraussetzung waren. Die Rede ist hier zum einen von der Gruppe der Mobilen, die praktisch bereits unterwegs, "auf der Straße" geboren waren und keinerlei sozialen und darüber hinaus auch nur einen minimalen rechtlichen Bezug zu ihrem 'Heimatort' hatten. Außer einer Eintragung im Taufregister sind kaum weitere Personenstandsinformationen zu bekommen. Und zum anderen ist die Rede von der großen Gruppe der Menschen, die gerade in Krisenzeiten ihre ortsgebundenen sozialen und rechtlichen Bezüge aufgaben und aus der Not heraus auf der Straße lebten. Betroffen waren hier in starkem Maß Frauen, vor allem Witwen und alleinstehende Frauen mit Kindern, die aufgrund der niedrigen Frauen-Löhne und der relativ ungeschützten sozialen Position ohne männlichen Haupternährer sehr schnell vom Absinken in die bettelnde und vagierende Lebensweise bedroht waren.[1] In Krisenzeiten wie z.B. 1816/17, einer der letzten großen Subsistenzkrisen des Ancien Régime, war bis zu einem Drittel der württembergischen Bevölkerung "auf dem Bettel" im Land unterwegs, je nach Region waren davon knapp die Hälfte Frauen.[2]

---

1 Vgl. dazu Heinz Reif: Vagierende Unterschichten, Vagabunden und Bandenkriminalität im Ancien Régime; in: Beiträge zur historischen Sozialkunde 11, 1981, S. 27-37, S. 34.

2 Vgl. Wolfgang von Hippel: Bevölkerungsentwicklung und Wirtschaftsstruktur im Königreich Württemberg 1815/65. Überlegungen zum Pauperismusproblem in

Der Alltag dieser Menschen auf der Straße ist kaum dokumentiert, über ihr Leben erfährt man nur etwas, wenn sie mit Gesetzen in Konflikt gerieten und vor eine Behörde zitiert wurden. Um so schwerer ist es daher auch, Selbstbilder dieser Menschen zu rekonstruieren, da zum einen über ihre konkrete Lebenswirklichkeit so wenig bekannt ist, zum anderen aber die Quellen sich über deren Selbstwahrnehmung und über deren subjektive, im Alltag verankerte Handlungsmotive meist ausschweigen.

Gerichtsakten als Quelle

Diese Quellen thematisieren zwar den Lebens- und Erfahrungsbereich von VagantInnen, allerdings nur aus der Perspektive der Obrigkeit. Menschen treten hier nicht als Subjekte ihrer Geschichte, sondern überwiegend als Objekte auf. Sie waren vor allem Gegenstand staatlicher Disziplinierung und Kontrolle durch Rechtsprechung, Gesetze und Strafmaßnahmen, ausgeliefert den herrschaftlichen Normen der Verbrechensdefinition und Sanktionierung. Dementsprechend besteht das zugängliche Material meist aus Akten der Legislative und der Exekutive sowie der staatlichen Armenfürsorge und der Sozialbürokratie.[3]

Diesen Quellen ist dabei gemeinsam, daß sie von und in Institutionen produziert wurden, die an einer Rekonstruktion von Biographien z.B. oder komplexen Lebensumständen nur sehr bedingt interessiert waren, - was bedeutet, daß ein Lebenslauf in der Regel nur unter dem Blickwinkel 'Delinquenz' abgefragt wurde. Erklärtes Ziel dieser gerichtlichen Untersuchungen war es ja, aus obrigkeitlicher Perspektive Kriminalität aufzuklären - oder doch zumindest das, was sie als Verstoß gegen gültige Gesetze und Normen definierten. Und diese Palette war breit. Neben kapitalen Verbrechen wie Raub und Mord gehörten dazu eben auch 'Alltagshandlungen' einer Ökonomie der Not wie z.B. Betteln; selbst Mobilität, d.h. ein Leben ohne festen Wohnsitz, galt bis ins 19. Jahrhundert als "abweichendes Verhalten" und wurde quasi als Vorstufe zur Delinquenz definiert: Auf "Vagieren", dem laut Definition der Behörden

---

Südwestdeutschland; in: Ulrich Engelhardt/Volker Sellin/Horst Stuke (Hg.): Soziale Bewegungen und politische Verfassung. Stuttgart 1976, S. 270-371.

3 Vgl. die Arbeit von Carsten Küther: Menschen auf der Straße. Vagierende Unterschichten in Bayern, Franken und Schwaben in der zweiten Hälfte des 18. Jahrhunderts. Göttingen 1983.

"planlosen Unterwegssein ohne Sinn und Beschäftigung"[4], stand eine Strafe von mehreren Monaten bis zu mehreren Jahren Zwangsarbeitshaus. Hier handelte es sich um eine Institution, die 1808 speziell für die Verwahrung der steigenden Zahl von Nichtseßhaften Anfang des 19. Jahrhunderts gegründet wurde, ebenso wie die speziell auf Vaganten angesetzte Polizeitruppe der Landreiter.

Von der Gefahr, von diesen berittenen Landreitern unterwegs aufgegriffen zu werden, waren zwar Männer wie Frauen gleichermaßen betroffen. Allerdings hatten Männer es leichter, sich z.B. mit einem gefälschten Wanderbuch den Anschein eines wandernden Handwerkers zu geben. Wandernde Frauen mit kleinen Kindern hatten es da schwer, einen Vorwand für ihr Unterwegssein zu finden.

Gerade der historische Horizont dieser staatlich produzierten Quellen und die Einseitigkeit dieser Kriminalitätsperspektive macht die Arbeit mit diesem Material so problematisch. Auch die sich als kritisch verstehende Sozial- und Alltagsgeschichte tut sich oft schwer damit, reproduziert und verfestigt sie doch nur zu oft eben diesen Blick auf Delinquenz und die behördlich festgesetzten, historischen Normen der Deliktbewertung. Die Fremdbilder stehen also fest: Wurden VagantInnen aus der Perspektive der Obrigkeit als sozial randständige Schicht stigmatisiert, so wird dieses Bild auch in der sozialgeschichtlichen Literatur aufgenommen. Männer und Frauen standen, so heißt es hier, "außerhalb des sozialen Gefüges"[5], vor allem vagierende Frauen waren "besonders weit von den Normen des seßhaften Lebens entfernt", gerade sie befanden sich in einer "ausgesprochenen sozialen und moralischen Randstellung."[6] Verhaltensmuster des Alltags wie Bettel, Binnenmobilität und Kleindiebstahl zeugten so angeblich nur von der erhöhten "Bereitschaft, sich Lebens- und Arbeitsbedingungen zu entziehen, die den gesellschaftlichen Normen zwar entsprachen, jedoch zugleich stark reglementiert waren und beengend wirkten."[7]

4   Vgl. die württembergische "General-Verordnung, die Polizei-Anstalten gegen Vaganten und andere der öffentlichen Sicherheit gefährliche Personen betreffend", vom 11.9.1807; in: August Ludwig Reyscher (Hg.): Regierungsgesetze. Bd. 4, Tübingen 1846, S. 136-157.

5   Vgl. Küther: Menschen, S. 8.

6   Vgl. Küther: Menschen, S. 32.

7   Vgl. Küther: Menschen, S. 17.

Mit eben diesen so einseitig gefärbten Quellen kann man allerdings auch zu anderen Ergebnissen kommen, dann nämlich, wenn man diese Perspektive verläßt, andere Fragen stellt und mit subjekt- und handlungsorientierten Ansätzen arbeitet. Denn gerade Gerichtsakten erlauben - gegen den Strich gelesen - die Frage nach der 'Praxis der Subjekte', nach der Innen-Sicht, nach der Selbstwahrnehmung. Über die Frage nach konkreten Informationen über den Alltag der Handelnden hinaus liefern sie auch Hinweise auf die subjektiven, erfahrungsgeleiteten Aspekte des Handelns und lassen Aussagen z.B. über das Selbstverständnis im Umgang mit sozialen Normen und Normverstößen zu.

Unter diesem Blickwinkel können gerade Gerichtsakten eine ausgezeichnete Quelle für die Alltags- und Mentalitätsgeschichte, vor allem aber auch für die Frauenforschung sein, ohne daß deshalb der Straftatbestand den Blick auf die Lebenswelten der Betroffenen verstellen muß. So ist es möglich, "Verhaltensmuster und die ihnen zu Grunde liegenden kognitiven Orientierungen von Schichten"[8] aufzudecken, die für die historische Forschung gemeinhin als sprachlos gelten. Gerichtsakten wären damit nicht nur eine "Sonde zur Erschließung der Lebenswelt" und deren sozialer Lagerung, sondern vor allem auch ein Weg zur Dechiffrierung "der lebensweltlichen Vermittlung von Vorstellungen über Gerechtigkeit, die oft in Konflikt mit dem geltenden Recht geriet."[9]

Aus diesem Blickwinkel betrachtet ist gerade diese obrigkeitliche Perspektive auf Kriminalität und deren Thematisierung in den Akten zugleich auch eine Chance, markiert sie doch die gesellschaftlichen Widersprüche und Konflikte. Gerade die Art der behördlichen Stigmatisierung verweist dann auf die unterschiedliche Lagerung und Reichweite sozialer Normen. Denn hinter diesen Gesetzesübertretungen verbarg sich meist ein Einklagen von Gerechtigkeit und 'alten' (Gewohnheits)Rechten gegenüber neuen Rechtszumutungen von seiten der staatlichen Autorität, und sie waren Ausdruck ihres Verständnisses einer moralischen Ökonomie.

---

8 Vgl. Dirk Blasius: "Diebshandwerk" und "Widerspruchsgeist". Motive des Verbrechens im 19. Jahrhundert; in: Richard van Dülmen (Hg.): Verbrechen, Strafen und soziale Kontrolle. Studien zur historischen Kulturforschung. Frankfurt/M. 1990, S. 215-237, S. 217.
9 Blasius: "Diebshandwerk".

So befragt, geben die Akten und damit die in ihnen sprechenden Akteure Auskunft über Alltagserfahrungen und alltägliche Handlungsmuster, Selbstwahrnehmung und Wahrnehmung der oder des 'Anderen', Deutungen, Haltungen und Wertungen, eigene Normsetzung, über Lebensentwürfe, Handlungsmotive und Handlungsspielräume. Die Akten können Antwort geben auf die Frage, wie die historischen Subjekte ihre soziale Lebenswirklichkeit konstruierten. Sie lassen zudem Aussagen über Interaktions- und Kommunikationsformen zu.

Sind Gerichtsakten als eine Möglichkeit der Selbstthematisierung von Menschen nutzbar zu machen, über deren Perspektive ansonsten wenig zu erfahren ist, so sind doch andererseits die Schwierigkeiten mit diesem Material nicht wegzuleugnen. Handelt es sich bei der Form der Selbstthematisierung vor Gericht doch um eine erzwungene Art, das eigene Selbst, das Konstrukt einer Identität im Lebenszusammenhang zu formulieren.[10] Trotz dieses Einwands zählt Hahn jedoch gerade auch die Gerichtssituation zu den wesentlichen "Biographiegeneratoren"[11], sozialen Institutionen nämlich, die dem Individuum eine "Rückbesinnung auf das eigene Dasein"[12] und damit eine "biographische Selbstreflexion"[13] gestatten bzw. in dem Fall abzwingen. Erst in der Gerichtssituation wird der Lebenslauf zum Thema und damit zur Biographie. Hier wird nicht einfach Vergangenheit reproduziert, sondern "die Einheit eines Sinnzusammenhangs der Identität faßlich gemacht."[14]

Nicht vergessen werden darf aber trotzdem, daß es sich vor Gericht um eine hierarchisch aufgebaute Konfrontationssituation handelt, erschwert oft auch durch eine gewisse Vorverurteilung einerseits und gezielte Schutzmaßnahmen wie Lügen, Ausflüchte und Schutzbehauptungen andererseits. Erlebte Realität wird (nicht nur vor Gericht) zu einer erzählten und erzählbaren Geschichte mit manchmal auch doppeltem Boden. Daher ist es sinnvoll, mit text- und diskursanalytischen Kategorien an die Auswertung von Gerichtsakten heranzugehen. Die Frage der Glaubwürdigkeit von Gerichtsakten scheint allerdings weniger

---

10 Vgl. dazu Alois Hahn: Identität und Selbstthematisierung; in: Ders./Volker Kapp (Hg.): Selbstthematisierung und Selbstzeugnis: Bekenntnis und Geständnis. Frankfurt/M. 1987, S. 9-24.
11 Hahn: Identität, S. 12.
12 Hahn: Identität, S. 12.
13 Hahn: Identität, S. 12.
14 Vgl. Hahn: Identität, S. 17.

problematisch, kann man doch davon ausgehen, daß selbst die Lüge vor Gericht von den eigenen Alltagserfahrungen vorstrukturiert und von den jeweiligen, auch über die Gerichtssituation hinaus, gültigen Handlungskonzepten und Argumentationsstrukturen beeinflußt wird und damit auch etwas über die eigenen Vorstellungen von Glaubwürdigkeit aussagen kann. Die Frage muß also nicht lauten: sagen die Akteure vor Gericht die Wahrheit?, sondern es ist wichtiger, nach den im jeweiligen Kontext formulierten Relevanzpunkten zu fragen und danach, worauf sich der Wahrheitsanspruch der Angeklagten bzw. auch der Zeugen eigentlich bezieht.[15]

Vom Umgang mit sozialen Normen

An einem konkreten Beispiel, nämlich der Geschichte einer Gruppe von Vagantinnen Anfang des 19. Jahrhunderts, möchte ich die Möglichkeiten eines anderen Umgangs mit Gerichtsakten umreißen, der weiterführende Interpretationen zu Lebensentwürfen und Normvorstellungen vagierender Frauen zuläßt. Ausgangspunkt ist der Prozeß vor dem Criminalsenat Eßlingen gegen die 24jährige Vagantin und Bettlerin Gertrude Pfeiffer. Sie wurde beschuldigt, im Juni 1817 die 60jährige Vagantin und Geldverleiherin Anna Maria Blocher mit einem Beil erschlagen und danach beraubt zu haben. Als Mordmotiv wurde von seiten des Gerichts Habgier angenommen. Verhaftet und vernommen wurde nicht nur die mutmaßliche Täterin, sondern auch ihre Mutter Rosina Elisabetha Kleinbub sowie mehrere jüngere Geschwister der Täterin. Nach einem mehrmonatigen Prozeß war die junge Frau geständig und das Urteil - Hinrichtung durch das Schwert und Zurschaustellung des abgeschlagenen Kopfes - wurde öffentlich vollzogen.[16]

Nicht der Mord steht hier nun im Mittelpunkt, sondern es soll umrissen werden, was die Akten zum Umgang von gesellschaftlichen Außenseitern mit sozialen Normen aussagen können, und zwar kommen hier beide Seiten zur Sprache: sowohl die der Vagantinnen als auch der

---

15 Vgl. Ludger Hoffmann: Zur Pragmatik von Erzählformen vor Gericht; in: Konrad Ehlich (Hg.): Erzählen im Alltag. Frankfurt/M. 1980, S. 28-63, S. 32f und 36f.

16 Die vollständigen Ergebnisse dieser Fallstudie sind 1989 unter dem Titel "Unterwegs - Frauen zwischen Not und Normen. Lebensweise und Mentalität vagierender Frauen um 1800 in Württemberg" im Verlag der Tübinger Vereinigung für Volkskunde erschienen.

Blick der seßhaften, bäuerlichen Bevölkerung, die als Zeugen in diesem Prozeß gehört wurden.

Gefragt wird nach der Akzeptanz und nach den Brüchen im Selbstverständnis dieser Frauen, nach der Bereitschaft einerseits, Gesetze und Normen als handlungsleitend zu betrachten, und nach den Bruchstellen andererseits, wo nämlich diese Normen mit den eigenen Alltagserfahrungen nicht mehr zur Deckung zu bringen waren und in einen Bruch der Konventionen mündeten.

Die These ist, daß gerade nicht eine (bewußte) Entfernung von den Normen der seßhaften Bevölkerung das Verhalten der Vagantinnen bestimmte, sondern im Gegenteil der Horizont der eigenen Werte und Zwänge zu einer Verhaltenslogik führte, die sehr stark an den Normen der seßhaften Bevölkerung orientiert war. Dies soll an den Konfliktpunkten Mobilität sowie Bettel und Diebstahl als den determinierenden Lebensbereichen gezeigt werden, die auch in den Aussagen der Vagantinnen vor Gericht großen Raum einnehmen.

Die Aussagen der Vagantinnen, die fast Zeit ihres Lebens ohne festen Wohnsitz waren - mit der Konsequenz, daß jedes der insgesamt 8 Kinder einen anderen Geburtsort hatte - diese Aussagen zeigen, daß ihre Form der Mobilität wenig zu tun hatte mit einer bewußten Abkehr von bürgerlichen, seßhaften Verhältnissen, sondern mehr oder weniger ausschließlich ein Ergebnis der Ausgrenzung durch eben diese Gesellschaft war.

Erst im Argumentationshorizont der Obrigkeit wurde dieses Leben zu einem Normen-Verstoß, vor dem Hintergrund nämlich neuer Leitbilder der Sozialdisziplinierung, vor der Konstituierung des staatlichen Überwachungsmonopols und vor einer bewußten sozialen Polarisierung der Bevölkerung in seßhaft und nichtseßhaft. Während der Staat mit Ordnung argumentierte, war für die mobilen Schichten dieses Leben u.a. die logische Folge eines sozialen Abschichtungsprozesses gegen unterbäuerliche Schichten. Darüber hinaus hatte es allerdings auch eine andere Dimension: die der Erfahrung.

Denn die Disposition zum "Unterwegssein" war in den meisten Fällen schon über mehrere Generationen als Erfahrung weitergegeben und quasi habituell angelegt. Erfahrungen mit diesem Leben waren meist vorhanden, noch ehe man/frau selbst dieses Leben begann.

Wie bei den Kleinbubs bestimmte meist die Palette der Unterschichtsberufe wie Lohnarbeit in der Landwirtschaft, Arbeit als Wanderhandwerker oder als Hausiererin die Erfahrungen mit der Nichtseßhaftigkeit. Die Landstraße gehörte für viele von klein auf zur Arbeitssuche dazu. Mutter Kleinbub, selbst Tochter eines wandernden Hirten, hatte ein wirklich seßhaftes Leben nie kennengelernt. Ihre Tochter Gertrud und noch zwei weitere uneheliche Kinder waren auf der Straße, unterwegs geboren, immer an den Orten, wo die Mutter gerade als Magd gearbeitet hatte. Auch mit dem späteren Ehemann, einem Hausierer, setzte die Familie dieses Leben fort. Mobilität war für sie weder eine Reaktion allein auf Noterfahrungen oder ein bewußtes Herausbrechen aus den bürgerlichen Normen, sondern war schlicht Alltag. Und trotz dieser langjährigen Erfahrungen, diesem Sich-einrichten in der Situation und der Bewältigung eines mobilen Alltags hieß das Ziel: sich Niederlassen, seßhaft werden. Diese Erfahrung beeinflußte die Erwartungen fast aller Familienmitglieder: Nach einem gescheiterten Auswanderungsversuch klagte Mutter Kleinbub über diesen Mißerfolg und formulierte mit ihrer Klage zugleich auch ihre Erwartungen an die seßhafte Gesellschaft: daß man sie nirgends behalten, ihr nirgends zu essen gegeben habe.

Auch Gertrud gab als Grund für ihren Raub an der alten Frau an, sie habe damit quasi die formalen Voraussetzungen für ein Seßhaft-Werden der Familie beschaffen wollen: Geld für die Wiedereinbürgerung bzw. den Kauf eines Hauses, Geld auch, um gemeinsam einen kleinen Handel aufzubauen, der Raubmord sollte in ihrer Argumentation einer weitgehenden Integration in die seßhafte Gesellschaft dienen. Nicht Entfernung von bürgerlichen Normen, sondern der Wunsch nach Integration und Anpassung bestimmte also ihr Verhalten.

Ähnliches gilt auch für das Opfer dieses Raubmords, die alte Vagantin und Geldverleiherin. Denn ohne eine Orientierung an den seßhaftbürgerlichen Normen hätte sie dieses mobile Leben über Jahrzehnte hinweg gar nicht führen können. Ihr Leben auf der Straße folgte beiden logischen Systemen, verband die kulturellen Muster beider Bevölkerungsgruppen.

So lebte sie zwar auf der Straße, pflegte aber durch ihren Beruf als Geldverleiherin ein festes Netz an Sozialbeziehungen, das dem der Seßhaften um nichts nachstand. Sie war eingebunden in ein System von Tauschverhältnissen der bäuerlichen Bevölkerung, das selbst in Krankheitszeiten als eine Art Sozialversicherung nützlich wurde. Fast wichtiger noch als diese Anpassung an soziale Strukturen war der Umgang mit den 'ungeschriebenen' Gesetzen des Alltags: Ordnung und Sauberkeit. So legte die alte Frau großen Wert darauf, vom Äußeren her nicht sofort als Vagantin erkannt zu werden, und richtete sich auch in ihrem Konsumverhalten nach den Verhaltensmustern ihrer Gastgeber unterwegs. Sie lebte offensichtlich überwiegend von Milch und Brot, mit dem Erfolg, daß eine Bäuerin sie vor Gericht als eine ehrbare, da bescheidene Frau charakterisierte. Der mobile Lebenswandel als solcher oder auch ein Alltagsdelikt wie Lebensmitteldiebstahl war für die ortsfeste Bevölkerung kein Grund zur Ausgrenzung der Mobilen, wenn nur die Kriterien Geld und Leistung erfüllt waren. Solange die Alte nicht nur bettelte, sondern bei den Bauern für Lebensmittel wie Schmalz oder Salz auch bezahlte, solange Gertrude trotz ihrer Diebstähle bei der Arbeit fleißig war, solange drückten alle Beteiligten beide Augen zu.

Selbstbilder

Der Bereich der Normenkonflikte läßt sich am Beispiel Bettel und Diebstahl noch genauer darstellen. Lebensmitteldiebstahl hatte für die mobilen Bevölkerungsschichten ohne Einkommen als Mittel der Subsistenzsicherung (über)lebenswichtige Bedeutung und lief ihrem Selbstverständnis nach unter einer Art von Gewohnheitsrecht. Zumindest lassen ihre Formulierungen vor Gericht diesen Rückschluß zu, Begriffe, die das Spannungsfeld Legitimität - Legalität abstecken: So benannten sie das Stehlen als Nehmen, das Betteln als Fordern, und zwar in Abhängigkeit vom jeweiligen Kontext. Sie unterschieden dabei zwischen selbst- und fremdbestimmtem Handeln - als Gertrude z.B. im Auftrag eines Nachbarn Gänse entwendete, nannte sie es offiziell 'stehlen', ging sie aber aus eigenem Interesse, nannte sie den gleichen Vorgang 'holen' bzw. 'nehmen'; sie differenzierten mit diesen Begriffen auch danach, ob der Keller, aus dem sie Kartoffeln oder Gänse holten, offen oder verschlossen war, ob sie also die Kontrolle der Bauern über ihren Besitz bewußt umgingen oder einfach nur die 'Einladung' einer unverschlossenen Tür annahmen.

Diese Berufung auf das Gewohnheitsrecht schloß allerdings das Bewußtsein der Unrechtmäßigkeit des Stehlens nicht grundsätzlich aus. Beispiel dafür ist ein Kleiderdiebstahl aus dem Haus einer Bauersfamilie, bei der die Familie im Lauf der Jahre schon oft gebettelt hatte, den Mutter Kleinbub vor Gericht bereute: Doch nicht der Diebstahl an sich tat ihr leid, sondern die Person des Opfers. Die Formulierung von 'Scham' über diesen Diebstahl verweist darauf, daß jenseits der Existenz abstrakter formalrechtlicher Normen das Handeln der Vagantinnen bestimmt war von beziehungsorientierten und sozialmoralischen Normen, die sich in den Beziehungsmustern zwischen ortsfester Bevölkerung und den Wandernden erst konkretisierten.

Darüber hinaus jedoch argumentierten die Frauen zu ihrer Entschuldigung im Rahmen eines sozialen Kontexts und gesellschaftlicher Beziehungen. Sie benutzten nicht nur die allgemeine schlechte Ernährungslage der Hungerjahre 1816/17 als Entschuldigung, sondern verwiesen zu ihrer Entlastung zudem auf die anonyme Gruppe der Stehlenden, hinter der sie sich verstecken zu können glaubten.

Fremdbilder

Die Akten zeigen aber auch, daß die von der Obrigkeit angestrebte Polarisierung, d.h. die sozialen Spannungen zwischen mobilen und ortsfesten Bevölkerungsschichten in den thematisierten Beziehungen nicht greifbar waren. Im Gegenteil: Die Haltung der befragten Zeugen war gekennzeichnet durch Akzeptanz und Verständnis, die durchaus auch Formen von solidarischem Verhalten und konkreter Hilfe annehmen konnte. Gegründet scheint diese Haltung auf einen gemeinsamen Wertehorizont vorindustrieller Moralvorstellungen. Das Wissen um die irreguläre Form des Lebensunterhalts und um das permanente Unterwegssein wurde keineswegs als abschätziges Urteil über die VagantInnen formuliert und diente offensichtlich auch nicht als Anlaß für Vorurteile. Wer unterwegs war, wurde deshalb nicht gleich des Bettels oder Diebstahls verdächtigt.

Auch waren die rigiden gesetzlichen Vorschriften, z.B. im Zusammenhang mit der Beherbergung von Fremden, noch lange nicht vollständig im Bewußtsein der Seßhaften verankert. Selbst Behördenvertreter verstießen bewußt gegen gültige Richtlinien und ein Bürgermeister verteidigte sich sogar gegen den richterlichen Vorwurf, die Vaganten-Familie unerlaubt aufgenommen zu haben: "Irgendwo mußten sie doch auch bleiben." Wenn auch Vagierende zu Beginn des 19. Jahrhunderts bereits zu den sozialen "Randgruppen" gehörten, dann sicher nicht im Sinne einer als absolut zu setzenden gesellschaftlichen Isolation. Ihnen war ein fester Platz in der ländlichen Gesellschaft zugewiesen, sie bildeten damit eher die fließenden Ränder und Verbindungsmilieus zwischen den Inseln des stationären Lebens.

Umgang mit Strafe und Schuld

Die Akten lassen darüber hinaus auch Aussagen über das (Un)Rechtsbewußtsein der Frauen und ihren Umgang mit Strafe zu. Denn während die Obrigkeit durch Strafe zu stigmatisieren versuchte, also z.B. mittels einer Verurteilung wegen Bettel, Diebstahl oder Unzucht und eines 'schlechten Prädikats' Einfluß nahm auf den öffentlichen Ruf und die Ehre einer Person, scheint auf der Seite der Gestraften nicht das Bewußtsein von der Bedeutung und vor allem der Dauerhaftigkeit dieses Stigmas zu existieren: Für die Frauen hatte Strafe offenbar etwas Situationsbezogenes, sie war rein funktional und kontextabhängig. Vor allem aber war sie in ihrer Wirkung zeitlich begrenzt. Die Endlichkeit von Strafe bedeutete auch die Endlichkeit von Schuld: Nach der Bezahlung bzw. dem Absitzen einer Strafe wurde das Delikt aus der Biographie und der 'aktiven' Erinnerung gestrichen und nicht wieder erwähnt. Bereits zu einem früheren Zeitpunkt ausgesprochene Strafen hatten für die Frauen keine aktuelle Bedeutung mehr, es wurde kein Zusammenhang zwischen alter und neuer Schuld konstruiert. Strafe wurde also von den Frauen als eine abzuleistende Buße mit reinigender Wirkung gesehen, wie beim Akt der Beichte, und stand damit möglicherweise im Zusammenhang mit den religiösen Praktiken der unteren sozialen Schichten. Auch wenn Schuld im kollektiven Gedächtnis so bewahrt blieb, wie dies der gesellschaftliche Umgang mit Strafe zeigt: daß nämlich übler Leumund und schlechtes Prädikat Relikte verbüßter Schuld und damit auf Dauer Hinweise auf Verfehlungen blieben, so blieb doch im eigenen Selbstverständnis kein Bewußtsein einer Schuld übrig. Es stellt sich daher die Frage, ob zwischen sozialer Kontrolle und der Verinnerlichung und Übernahme sozialer Normen für den Beginn des 19. Jahrhunderts eine zwangsläufige Abhängigkeit konstatiert werden kann. Oder ob die These nicht auch lauten könnte, daß je stärker die soziale Kontrolle und damit auch die Wahrnehmung des sozialen Verhaltens in einer Gesellschaft war, desto eher Strafe als "reinigende" Buße betrachtet wurde und damit der stigmatisierende Effekt entfiel, den Strafe eigentlich nach sich ziehen sollte.

Die wenigen angeführten Beispiele einer anderen Herangehensweise an historische Gerichtsakten werfen sicher mehr Fragen auf, als daß sie Antworten liefern könnten. Doch liegt genau hier die Chance, zu einer Vervollständigung bzw. auch einer Korrektur des allzu festgefügten und zugleich lückenhaften Bildes von der Lebensweise und kollektiven Mentalität historischer Unterschichten beizutragen. Noch immer also ist ein weitergehender Blick hinter die Kulissen der Geschichte möglich.

GUDRUN M. KÖNIG

Schritte im Freien - freie Schritte?

Bewegungsräume bürgerlicher Frauen um 1800

Ein Blick auf eine beliebige Stuttgarter Straße um das Jahr 1820 führt uns die Variationsspanne weiblichen Auftretens in der Öffentlichkeit vor, hier zumindest aus der Perspektive einer Künstlerin[1]: Die Ehefrau mit Mann und Kind; die Magd mit einem Bottich auf dem Kopf; das Dienstmädchen mit Henkelkorb beim Einkaufen; zwei Damen mit Sonnenschirm spazierend; Händlerinnen; eine Frau allein flanierend; die Bürgerin beim Besorgungsgang. Die Stuttgarter Veduten der Karoline Elisabeth Eisenlohr mit ihren lebhaften, leicht naiven Staffagefiguren sind darüber hinaus bemerkenswert, da sie von einer der wenigen Künstlerinnen stammen, die württembergische Veduten in jener Zeit gezeichnet haben.

Karoline E. Eisenlohrs Straßenansichten zeigen die vielfältige Präsenz von Frauen und Männern aus allen Schichten in der Öffentlichkeit. Die Vielgestaltigkeit der Frauenfiguren der Straßenszenerien entspricht den empirischen Belegen zur historischen Frauenarbeit und der Geschlechterbeziehungen, wie sie in jüngster Zeit als revidierte Interpretationen der Kategorien "privat-öffentlich" gehandhabt wurden. Sie widerspricht hingegen den Versionen, die die Häuslichkeit gerade der bürgerlichen Frauen als dominantes Prinzip des Alltags jener Zeit betonen.

Wie jedoch sind die Bewegungsräume bürgerlicher Frauen damals strukturiert?

---

1 Karoline Elisabeth Eisenlohr, geboren im Jahr 1766 als drittes von acht Kindern des Wilhelm Jakob Eisenlohr und der Reinhardine Friederike Neuffer. Karoline blieb unverheiratet, die Todesdaten sind nicht bekannt. Der Vater lebte unter anderem als Expeditionsrat in Stuttgart, vermutlich hat sie dort auch gewohnt und gearbeitet. In Balthasar Haugs "gelehrtem Wirtemberg" aus dem Jahr 1790 wird sie in der Rubrik "Zeichnen und Malerei" genannt. In der spärlichen kunstwissenschaftlichen Literatur gilt sie als Porträtistin.
Vier Stuttgarter Veduten sind von ihr bekannt, zwei davon sind hier abgebildet.

Karoline Elisabeth Eisenlohr: Das Meyderlensche Haus an der Kreuzung Kirchstraße - Grabenstraße. Aquarell, um 1820, H. 32 cm, B. 44 cm

Elisa von der Recke, eine Adlige aus dem Kurland im Südwesten Lettlands und bekannt durch ihre Reisebeschreibungen, wird nach dem Tod der Mutter bis zum 11. Lebensjahr von ihrer Großmutter aufgezogen. Als der Vater zum zweitenmal heiratet, wird sie im Jahr 1765 aus dem Haus der Großmutter abgeholt. Die Großmutter, mit einer panischen Angst vor frischer Luft, verbot Elisa jeden Aufenthalt im Freien, jedes Spaziergehen. Bei Reisen wurden die Wagenfenster fest verschlossen und verhängt - Natur kannte Elisa nur als kleinen Ausschnitt

Karoline Elisabeth Eisenlohr: Stiftsstraße mit Stiftsprobstei.
Aquarell, um 1820, H. 30,8 cm, B. 29,2cm

im Fenster. Beim Abholen "wurde ich 11jähriges, sehr langes Mädchen vom stärksten Diener meiner Großmutter die Treppe hinuntergetragen, weil mein Gesicht, in vielfache Florkappen und eine Kalesche gehüllt, so verdeckt war, daß ich nichts sehen, also keinen Schritt ungeführt thun konnte."[2] Diese Episode ist nicht singulär - weder spezifisch adlig noch frauenspezifisch, auch wenn diese beiden Komponenten verstärkt zu einem gespenstigen Zerrbild beitragen. Immerhin: Der junge Frankfurter Johann Friedrich Böhmer war 11 Jahre alt, bevor er den Main das erste Mal zu Gesicht bekam.[3]

Elise Bürger, in die Literaturgeschichte eingegangen als "das Schwabenmädchen", das den alternden Gottfried August Bürger mit Liebesversen umgarnt oder weniger abwertend ausgedrückt, die in einem poetischen Scherz um ihn gefreit hat, läßt sich nach drei Ehejahren im Jahr 1792 scheiden. Sie verwirklicht sich ihren Jugendtraum und wird, erfolgreich, Schauspielerin, reist erst beruflich viel und später aus Interesse; sie verwertet ihre Erfahrungen auch als Schriftstellerin.

---

2 Elisa von der Recke: Aufzeichnungen und Briefe aus ihren Jugendtagen. Herausgegeben von Paul Rachel. Leipzig 1800, S. 58f.

3 Zwar erst im Jahr 1806 - eine bürgerliche Verspätung? Vgl. Jürgen Schlumbohm (Hg.): Kinderstuben. Wie Kinder zu Bauern, Bürgern, Aristokraten wurden 1700-1850. München 1983, S. 426f.

"Wohl allen", schreibt sie im Jahr 1808, "welche sich Bahnen öffnen, und selbst mit Aufopferungen hinausstreben in das physische und geistige Leben im Freyen, die in die Wellen zu schauen wagen, die den Blick der Himmelswölbung zukehren, die in Tiefen hinabsteigen mit dem Forscher-Auge, und die Höhen erklimmen ohne Zagen!"[4]

Elise hält ein metaphorisches Plädoyer für ein physisches und geistiges Leben im Freien, für ein Überschreiten der Grenzen in jeder Beziehung. Wenn, so ein Kritiker, ihr literarisches Werk auch keine Bewunderung abnötige, so soll uns das nicht weiter stören.

Die beiden biographischen Episoden veranschaulichen, daß wir uns um 1800 auf dem Höhepunkt einer Phase des kulturellen Umbruchs befinden. Die Zeit des Fensterguckens ist vorbei - auch für Frauen.

Der Aufenthalt im Freien, Bewegung an frischer Luft, sich ergötzen an den vielfältigen Formen der Natur, die Ablösung geometrischer starrer Gartenarchitektur, die Einrichtung von öffentlichen Spaziergängen, all dies ist Ausdruck bürgerlicher Individuation. Der Spaziergang in der Allee, in Gartenanlagen, vor dem Tor, aufs Land, im Badeort vereint bürgerliche Naturaneignung und bürgerliche Ostentation.

In dieser gesellschaftlichen Phase des kulturellen Umbruchs werden die Geschlechtseigentümlichkeiten beschrieben, diskutiert und letztlich fixiert. Gewichtige Auseinandersetzungen, geführt von Männern und Frauen, greifen die Fragen der weiblichen Bildung und Erziehung auf, die Rolle und Funktion der Ehe sowie Lebensentwürfe alleinstehender Frauen. Die Notwendigkeit intensivierter weiblicher Erziehung konstatiert der Moralphilosoph, Ästhetiker und Pädagoge Johann Georg Sulzer in der "Anweisung zu Erziehung seiner Tochter" im Jahr 1781, denn Frauen seien nicht mehr wie vormals "in das Innere des Hauses gebannt"[5]. Sie nähmen Anteil an den öffentlichen Angelegenheiten wie am täglichen Umgang der Männer.

Die strikte Trennung einer öffentlichen wie privaten, einer männlichen wie weiblichen Sphäre hat sich noch nicht herausgebildet. Im "Probedenken und Probehandeln"[6] werden Umgangsformen der Ge-

4 Theodora (Elise Bürger): Lilien-Blätter und Zypressenzweige. Frankfurt/M. 1826, S. 85f.
5 Johann Georg Sulzers Anweisung zu Erziehung seiner Tochter. Zürich 1781, S. 5.
6 Claudia Honegger: Die Ordnung der Geschlechter. Die Wissenschaften vom Menschen und das Weib 1750-1850. Frankfurt, New York 1991, S. 43.

schlechter thematisiert, auch, wie wir bei Sulzer gesehen haben, die Vermischung der Geschlechter in öffentlicher Geselligkeit. Das "Probedenken", die normativen Debatten über das spezifisch Männliche wie Weibliche sind inzwischen hervorragend recherchiert, dokumentiert und analysiert worden. Das "Probehandeln" hingegen ist empirisch weniger belegt: Jedoch - Schritte im Freien bekunden tentatives Handeln, indizieren die Aneignung des öffentlichen Raums.

Rahel Varnhagen, geborene Levin, beklagt im Jahr 1819 in einem Brief an ihre Schwester die Position der Frauen: "Sie haben der beklatschten Regel nach gar keinen Raum für ihre eigene Füße."[7] Wer mag hier nach Bewegungsräumen fragen, wenn es schon am Raum für die Füße fehlt? Doch nach 1815, soviel ist gewiß, erschweren die restaurativen Tendenzen das Erproben neuer, auch weiblicher Kulturformen. Wenige Jahre zuvor hingegen formulierte Marianne Ehrmann, die zeitweilig in Stuttgart als Schriftstellerin und Verlegerin lebte, mit Ironie die Vision einer weiblichen Kultur, die die Welt in Unordnung stürzen würde.[8]

Der Spannungsbogen, der sich zwischen den 1770er Jahren und der Jahrhundertwende aufbaut, wird deutlich, wenn wir nochmals die Autobiographie Elisas von der Recke aufschlagen. Sie, die in ihrer Jugend keinen Schritt ungeführt tun konnte, die an freier Bewegung gehindert wurde, schreibt von ihrem Badeaufenthalt aus Pyrmont im Jahr 1791: "Einsam wandelte ich in dieser (der Allee) mit meinen Gedanken umher."[9]

1. Die Promenade

Elisa hat uns nun schon auf die Pyrmonter Allee geführt. Städtische Alleen und Anlagen sind ab den 1780er Jahren bevorzugte Orte des Lustwandelns. Insbesondere den zahlreichen Badeorten kommt eine

---

7 Rahel. Ein Buch des Andenkens für ihre Freunde. Zweiter Theil. Berlin 1834. Nachdruck München 1983, hg. von Konrad Feilchenfeldt, Uwe Schweikert und Rahel E. Steiner: Rahel Varnhagen. Gesammelte Werke, Band II, S. 565.
8 Vgl. Antrittsrede von Marianne Ehrmann in Amaliens Erholungsstunden, 1. Jg. 1790. Zit. n. Ruth-Ester Geiger, Sigrid Weigel: Sind das noch Damen? Vom gelehrten Frauenzimmer-Journal zum feministischen Journalismus. München 1981, S. 22f.
9 Elisa von der Recke: Mein Journal. Elisas neu aufgefundene Tagebücher aus den Jahren 1791 und 1793/95. Hg. von Johannes Werner. Leipzig (1927), S. 41.

Sonderstellung zu, da der Gang zum Trinkbrunnen und das Spazieren-
gehen explizit zum Kurgeschehen zählen: "Tägliche und zwar an-
haltende und leichte Bewegung im Freyen ist bey einer Brunnenkur die
erste Bedingniß, ohne welcher der Endzweck nicht erreicht wird."[10]
Ein württembergischer Badeort wie Wildbad im Schwarzwald zählt
häufig zur Hälfte weibliche Kurgäste, meist reisen sie auch ohne
männliche Begleitung, Mütter und Töchter, Schwestern, Freundinnen.
Im Juni 1808 etwa begibt sich "Mademoiselle Straus von Ulm" nach
Wildbad sowie "Frau Freudel aus Schuchtern".[11] Freilich läßt sich
nicht jeder und jede in die öffentliche Badeliste eintragen; doch zeigt
die Namensnennung in der Liste den Grad der Legitimität und Selbst-
verständlichkeit, mit der auch Frauen allein ins Bad reisen. Eine Frau
allein beim Spaziergang im Badeort ist jedenfalls kein gesellschaftlicher
Affront, widerspricht nicht weiblicher Ehre - dafür sorgt das Gesund-
heitspostulat. Aus dem Badeort Töplitz berichtet denn auch das "Journal
des Luxus und der Moden" im Jahr 1804: "Beim Spielen, Plaudern und
Arbeiten sieht man die spazierenden Frauen vorübergehen."[12]
Auf der Promenade wird die Vermischung der Geschlechter in öffentlicher Geselligkeit einstudiert. Ein zeitgenössischer Spaziergangsexperte,
kürzlich mit großem Comeback in der "ZEIT" gefeiert, bestätigt: Frauen
lieben die gesellige Promenade[13], denn "wo die Natur dem weiblichen
Geschlecht mit Gesellschaft gepaart erscheint, wie auf öffentlichen
Promenaden einer Stadt - seyen es nun Alleen, die sich um die Stadt
ziehn, oder Gärten oder ein nahgelegener Waldgang, wo die gesellige
Welt zu lustwandeln pflegt - da ist sie ihm willkommen."[14]
Wenn Karl Gottlob Schelle sich hier bedeckt hält, ob seine Einschät-
zung der Frauen auch für die alleingehende Frau gilt, so ist diese
Pluralität in den Quellen die Regel. Die alleingehende Frau wird selten
thematisiert, zumeist sind es eben "die Frauen" oder das "zweite
Geschlecht".
Die Promenade als Tatort und Bühne der Geschlechterkultur im
Umbruch benötigt dann auch deutliche Regieanweisungen. Marianne

10 Journal des Luxus und der Moden, Juli 1788.
11 Schwäbische Chronik, 2.6.1808, S. 217.
12 Journal des Luxus und der Moden, August 1804.
13 Vgl. Karl Gottlob Schelle: Die Spaziergänge oder die Kunst spazieren zu
   gehen. Leipzig 1802, S. 96.
14 Schelle: Die Spaziergänge, S. 97.

Ehrmann moniert in einem Artikel ihrer Zeitschrift "Amaliens Erholungsstunden" das Verhalten von Frauen: "Die einen trauen sich z.B. kaum die Augen in die Höhe zu heben, oder den Mund zu öffnen, ausser daß sie recht oft Knixe machen, die andere Gattung schaut jedem geradezu mit der größten Dreistigkeit ins Gesicht, lacht wohl gar oft so laut, wie ungezogene Baurendirnen, und plappert ohne Scheu Unsinn und Kindereyen daher, daß es zum Erbarmen ist."[15]

Mariannne Ehrmann, Rousseau-Anhängerin und Vertreterin der Idee der Komplementarität der Geschlechter, plädiert für vernünftige Unterhaltung, gebildet ohne Überheblichkeit: Was hier noch diffamierend klingt, ist letztlich auch Zorn; Zorn über die in Unmündigkeit gehaltenen Frauen, denen Bildung und Gelehrsamkeit erschwert, versagt, ja abgesprochen wird. Doch selbst ein Text von einer Frau an die Frau spart den Blick auf die einzelne Frau aus. Individuation gilt allenfalls für die Frau als Gattungswesen, als Geschlecht, nicht als Person.

Die Philanthropen klagen mehr Bewegungsfreiheit in der Erziehung ein, nicht nur für Jungen, sondern auch für "weibliche Zöglinge". Das junge Mädchen, so der Prediger und Pädagoge Steinberg im Jahr 1774, solle nicht allein auf der Promenade erscheinen, "sondern allemal in Begleitung Ihrer Mama, oder doch wenigstens einer verheyratheten Freundinn."[16]

Solche Hinweise auf den nicht üblichen Alleingang von Frauen sind rar; kaum zahlreicher sind die normativen und autobiographischen Aussagen über die realen Begrenzungen ihrer Gänge. Restriktionen in der Eroberung von öffentlichen Orten oder die Mißachtung der impliziten Vorschrift "nicht allein" werden subjektiv häufig ausgeblendet. Ausnahmen bestätigen die Regel:

Rahel Levin, die berühmte Gastgeberin und Autorin eines weitgespannten Briefwechsels, schreibt im November 1808 an ihren Zukünftigen in Tübingen: "Am Ephraim'schen Garten mußt' ich umkehren; es wird zu einsam, und durch den Tiergarten konnt' ich doch gar allein nicht."[17]

---

15 Amaliens Erholungsstunden. Teutschlands Töchtern geweiht. Viertes Bändchen, Tübingen 1792, S. 19.
16 Christian Gottlieb Steinberg: Sittenlehre für junge Frauenzimmer. Breslau und Leipzig 1774, S. 72.
17 Briefwechsel zwischen Varnhagen und Rahel. 1. Band Leipzig 1874. Nachdruck München 1983, hg. von Konrad Feilchenfeldt, Uwe Schweikert und Rahel E.

Typisch für die Umbruchsphase in der Geschlechterkultur ist die Thematisierung dieser Beschränkungen in allgemeiner Form, genauer gesagt - im Hinblick auf die Wirkung und Beziehung zu Männern. Das "Journal von und für Deutschland" kritisiert im Jahr 1787, daß es schon ein schlimmes Zeichen für einen Ort und den dortigen gesellschaftlichen Ton sei, "wenn nur Brautleute das Recht haben, zu zweyt zu gehen und sich einen Steinwurf weit von der Gesellschaft zu entfernen."[18]

Freie Schritte von Frauen, das bedeutet zunächst in der zeitgenössischen Diskussion die freie Wahl der Begleitung, ohne ständige Aufsicht. Freie Schritte von Frauen besagen nicht, daß sich jede Bürgerin ohne Restriktion an den Ort ihrer Wahl begeben konnte. Freie Schritte von Frauen sind möglich, aber eingeschränkt.

Einschränkungen gelten insbesondere für Spazierwege und Spaziergänge abseits der bevölkerten Promenaden, in der "freien Natur". Die Einsamkeit in der Natur sei dem "zweyten Geschlecht", den Frauen, zu düster und furchtbar und deswegen nur am Arm des Geliebten erträglich, so weissagt Schelle im Jahr 1802.[19] Was hier fürsorglich klingt, ist letztlich eine Warnung vor dunklen Gedanken und Gefahren und damit die räumliche Begrenzung der Frauen durch ihre innere "natürliche" Ausstattung.

Wenn der Gelehrte und Sammler Sulpiz Boisserée auf seinen Kunstreisen nach Stuttgart kommt, besucht er die Familie Rapp. Deren Tochter Mathilde hat seine Aufmerksamkeit erregt und sein Interesse geweckt. Gerne geht er mit ihr spazieren, gleichwohl nie zu zweit. Wer es sich, wie der Kaufmann Gottlob Heinrich Rapp, leisten kann, schickt die Tochter, offen - mit dem Dienstmädchen - oder verdeckt - mit der Schwester -, nur mit Anstandsdame auf den Spaziergang.

Moral ist hier - wie häufig - eine Frage des Geldes. Unverheiratete junge bürgerliche Frauen können sich am wenigsten "frei" bewegen; moralisch be- und verurteilt im Alleingang, bleibt ihnen nur das Gehen mit der Anstandsdame. Wenn die 20jährige, jung verheiratete Johanna Schopenhauer halb stolz, halb beschämt berichtet, sie habe für ihre Spaziergänge allein nur entlegene Wege gewählt[20], dann verschweigt

Steiner: Rahel Varnhagen. Gesammelte Werke, Bd. IV, S. 99.

18 Journal von und für Deutschland, 1787, S. 534.

19 Schelle: Die Spaziergänge, S. 97.

20 Vgl. Johanna Schopenhauer: Jugendleben und Wanderbilder. Hg. von Willi Drost. (Barmstedt 1958), S. 162.

sie eine Erklärung. Ich könnte fortfahren: damit niemand sie sieht, damit sie niemanden trifft, damit ihre einsamen Gänge unbemerkt bleiben.

Badeorte mit ihren Alleen und Anlagen, aber auch Promenaden in größeren Städten entgrenzen jedoch die Bewegungsräume bürgerlicher Frauen. Eine Vielzahl modischer Accessoires steht in den Jahren 1790 bis 1810 in direkter Beziehung zum Außerhaussein der Frauen: Fächer für die Promenade, die gegen die Sonne schützen; wattierte Röcke und Pelze gegen die Winterkälte; der Damenhut, der die Haube ablöst; Überschuhe, Galloschen und mit Eisen beschlagene Untersätze für das Gehen im Dreck; Handtaschen als "Arbeitsbeutel", in denen das Strickzeug auf die Promenade oder in das Ausflugslokal getragen wird.

Im "Journal des Luxus und der Moden" wird "Promenadenkleidung", "Kleidung zum Spaziergang", "Spaziertracht" zum Synonym für Tagesmode schlechthin. Deutlich zeigt sich die Bewegungslust für kurze Zeit im Verzicht auf das Korsett und im modischen Diktat der flachen Schuhe. In der Diskussion um die Schuhmode zeigt sich direkter als an der Sache selbst, daß die Schritte der Frauen im Freien als Angriff auf das herrschende Geschlechterverhältnis erlebt wurden. Debatten über den flachen Absatz der Schuhe werden in Beziehung gesetzt zu den Geschlechtseigentümlichkeiten, etwa "daß der Geschmack den unsere Damen am Männlichen finden so weit geht, daß viele von ihnen jetzt vollkommene Männer-Schuhe tragen."[21]

Der flache Absatz verändert den Gang der Frauen, größere Schritte, sicheres und festes Auftreten sind die Folge. Der Universitätslehrer Meiners aus Göttingen konstatiert auf seiner Reise durch Süddeutschland am Ende des 18. Jahrhunderts, daß sich der Gang der Mädchen verändert habe. Dies liegt eben auch an der neuen Schuhmode: "Es ist jetzt herrschende Mode unter den Mädchen, daß sie auf Spaziergängen mehr laufen als gehen. Wenn sie wüßten, wie viel sie durch diesen unweiblichen Gang und den zum Teil daher entstehenden weiten Schritt an Reizen verlieren, so würden sie der neuen Mode alsbald entsagen."[22]

Meiners ist nicht der einzige, der die Mode der flachen Schuhe als unweiblich ablehnt. Kommentiert wird diese Mode während ihrer ganzen Dauer von den Auseinandersetzungen um die Geschlechts-

21 Journal des Luxus und der Moden, November 1792, S. 589.
22 Julius Hartmann: Chronik der Stadt Stuttgart. Stuttgart 1886, S. 181.

charaktere: "Sind unsere Damen liebenswürdiger geworden, seit sie den freien, festen, trotzigen Gang der Männer annahmen?"[23]

2. Die Straße

Anlagen und Alleen zeigen, im Gegensatz zur Straße, eine eingeschränkte Öffentlichkeit. Unterschichten sind direkt oder indirekt durch Bekleidungsvorschriften ausgeschlossen, ein sozial homogenes Publikum tritt auf. Anders auf der Straße.

Noch waren die Straßen kein Ort des Spazierens. Sie waren eng und dreckig, die Bürgersteige, sofern überhaupt vorhanden, verstellt und als zusätzlicher Ökonomieraum genutzt. London etwa gilt seit Mitte der 1770er Jahre als die Stadt mit dem besten Pflaster der Welt, auch weil auf beiden Seiten "ein erhabener gut gepflasterter Fußsteig von breiten Steinen angebracht"[24] ist. Um den Innovationszeitraum anzudeuten: Tübingen bekommt in den 1840er Jahren die erste Straße mit Bürgersteig, die Wilhelmstraße. Für Stuttgart gilt ab dem Jahr 1812 eine königliche Verordnung, die Straßen auf beiden Seiten mit Trottoirs zu versehen, allerdings nicht vor Gebäuden ohne Wohnungen und nur auf größeren Straßen.[25] So halten sich die Klagen bis zur Mitte des 19. Jahrhunderts, daß Trottoirs nur dem Namen nach bekannt seien. Reinlichkeit und Verkehrssicherheit der Straßen für FußgängerInnen werden, bis weit ins 19. Jahrhundert hinein, bemängelt.

Therese Huber, die Redakteurin des Stuttgarter Morgenblatts, klagt lapidar in einem Brief des Jahres 1821: "Chaisses à porteur hat man nicht, ein Wagen kostet einen preußischen Thaler zu einem Besuch, und die Stuttgarter City patscht im Kote ohne allen Spott."[26] Das ist für sie besonders ärgerlich, denn sie kann ihre beruflichen Gänge und Wege nicht nach dem trockenen Wetter ausrichten. Die Straße ist entgegen der offiziellen, ideologisch verbrämten Moral ein Ort, auf dem sich auch bürgerliche Frauen bewegen, ja bewegen müssen.

23 Journal des Luxus und der Moden, November 1806, S. 731f.
24 Deutsches Museum, hg. von Heinrich Christian Boie, Leipzig 1776, 2. Bd., S. 631.
25 Vgl. Königlich Statistisch-Topographisches Bureau (Hg.): Beschreibung des Stadtdirektions-Bezirks Stuttgart. Stuttgart 1856, S. 199f.
26 Ludwig Geiger: Therese Huber 1764-1829. Leben und Briefe einer deutschen Frau. Stuttgart 1901, S. 240.

Berufsgänge von Frauen sind zahlreicher als es die bürgerliche Frauennormalbiographie suggeriert. Das Knüpfen des Sozialstatus von Frauen an Väter, Ehemänner und Brüder hat nämlich auch zur Folge, daß sie bei Verlust derselben zur Arbeit gezwungen sind, und diese verdeckte weibliche Berufstätigkeit kommt nicht ohne Besorgungsgänge aus.

Doch der Straße haftet mehr als allen anderen Orten der Ruch der sozialen Deklassierung an. War es doch noch in den 1770er Jahren möglich, daß Frauen massiven Anfeindungen beim Gang auf der Straße ausgesetzt waren: "Ehedem konnte kein achtbares Mädchen unbeschimpft über die Gasse oder sich auf den Spaziergängen sehen lassen. Halstücher und Shawls wurden jungen Damen weggerissen, unanständige Reden und Scherze ihnen entgegengerufen, mitunter fiel auch wol der Gänsemarsch vor."[27] - so beschreibt Helmina von Chézy, Schriftstellerin wie ihre Mutter und ihre Großmutter, ihren Eindruck von Heidelberg. Die Universitätsstadt mag freilich durch den überproportionalen Männeranteil allgemeine Tendenzen verstärkt gespiegelt haben.

Die Straße hat eine eigene Geschichte. Freie Schritte von Frauen stoßen an traditionale Grenzen. Die Promenade, als relativ neuer Ort der Begegnung vermeintlich Gleicher, ist von dieser Vorgeschichte entlastet. Gleichwohl jeder Gang zur Promenade führt durch die Straßen der Stadt. Diese ist ja nicht ohne jene zu erreichen.

Wir begegnen bürgerlichen Frauen jedoch nicht nur auf den Straßen der Stadt bei Versorgungs-, Berufs- und Vergnügungsgängen; wir treffen sie auch auf Landstraßen und ungeebneten Wegen. Frauen zu Fuß unterwegs, das sind nicht nur Vagantinnen, Hausiererinnen und Reiseschriftstellerinnen, die eben den Wagen für einige Meter zu Fuß verlassen haben; Frauen unterwegs, das sind auch respektable Bürgersfrauen, die abseits der Postkutschenroute mit dem "Boten" mitfahren und nicht wenige Kilometer wandern müssen, um mitgenommen zu werden.

Im Januar des Jahres 1800 schreibt die Majorswitwe Schiller an ihre Tochter, Pfarrersgattin in Kleversulzbach: "Von hier (Leonberg) nach Stuttgart wollen wir laufen, welches mir sauer geschehen wird."[28]

---

27 Helmina von Chézy: Unvergessenes. Denkwürdigkeiten aus dem Leben von Helmina von Chézy. 2. Theil, Leipzig 1858, S. 15.
28 Zit. n. Julius Hartmann: Württemberg im Jahr 1800. Stuttgart 1900, S. 59.

Frauen, die sich draußen frei bewegen, sind zumeist Frauen, die sich durch ihren Status außerhalb der Norm gestellt haben: Es sind sozial abgestiegene Frauen, die zur Erwerbsarbeit gezwungen sind. Es sind Künstlerinnen, Schriftstellerinnen; nicht selten sind sie geschieden wie Helmina von Chézy, Therese Huber, Elise Bürger-Hahn, und häufig sind sie schon älter, wenn sie ihre Alleingänge machen.

Frauen, die allein gehen, sind schwer zu entdecken. Das Leitmotiv bürgerlicher Erziehung "die Frau gehört ins Haus" und die hegemonialen Bestrebungen der Familienideologie, bei der alleinstehende Frauen unbeachtet bleiben, wurden von der Wissenschaft jahrzehntelang verdoppelt. Gerade die museale Präsentation von Frauengeschichte war, der Dominanz der Objekte zufolge, besonders empfänglich für eine übergewichtige Darstellung der Frauen im Haus. Erst in neuester Zeit korrigieren Ausstellungen und jüngste Museumseinrichtungen dieses Bild.[29]

Allen restaurativen Tendenzen zum Trotz haben Frauen den eroberten öffentlichen Raum nicht gänzlich verlassen, haben reisende und schreibende Frauen auch nach dem Jahr 1815 Grenzen überschritten. Elise Bürger veröffentlicht im Jahr 1826 Gedichte, Tagebuchnotizen und Reiseberichte, die sie seit Beginn jenes Jahrhunderts aufgezeichnet hat. Ein Jahreszeitenzyklus unter dem Titel "Leben im Freien" schließt mit der Strophe: "Solch ein Leben ist im Freyen, wo sich Bild an Bilder reihen, tausend Wunder zu erneuern; drum nur oft hinaus, nicht im engen Haus, da wo Blüthen, Früchte, Gräser winken, kann das Herz an Lebensquellen trinken."[30]

29 Hervorragend der Katalog, die Ausstellung konventionell: Sklavin oder Bürgerin? Französische Revolution und Neue Weiblichkeit 1760-1830. Katalog zur gleichnamigen Ausstellung vom 4.10. bis 4.12.1989. Hg. von Viktoria Schmidt-Linsenhoff. Historisches Museum Frankfurt/M. 1989.
30 Theodora (E. Bürger): Lilien-Blätter und Zypressenzweige, S. 55.

UTE BECHDOLF

Wunsch-Bilder?

Frauen im nationalsozialistischen Unterhaltungsfilm

Wenn sich KulturwissenschaftlerInnen bislang mit dem Medium Film beschäftigt haben, stand in der Regel vor allem die Frage nach der möglichst wahrheitsgetreuen Wiedergabe der historischen Realität im Zentrum des Interesses. Ohne Zweifel ist diese Fragestellung wichtig, wenn Dokumentar- oder Spielfilme bei Ausstellungen als laufende Bild-Illustrationen dienen oder in einem Rahmenprogramm eingesetzt werden sollen. Dabei besteht allerdings die Gefahr, daß andere Darstellungs-weisen bereits Kontext, Inhalt und Aussage vorgeben und das Medium Film lediglich auf eine Untermalungs- und Verstärkungsfunktion reduzieren.

Ich möchte mich der Filmwelt, die Carola Lipp 1988 in einem Beitrag über Frauenforschung als "volkskundliche terra incognita"[1] bezeichnet hat, von einer anderen Richtung her nähern und versuchen, Spielfilme als eigenständige kulturelle Produkte zu analysieren. Ein Spielfilm fungiert nur in sehr begrenztem Maße als Spiegel der Gesell-schaft, er ist eine ästhetische Konstruktion, die mit Hilfe einer Fiktion eine mögliche Sichtweise der Wirklichkeit vermittelt. Die Authentizität oder auch die "Wahrheit" eines Spielfilms ergibt sich somit nicht aus einer Annäherung an die Realität, sondern entsteht in einem Kom-munikationsprozeß zwischen FilmemacherIn und ZuschauerIn. Ein Spielfilm kann somit unter Umständen mehr über die Produzenten oder über das Publikum aussagen als über die realen Lebensverhältnisse der Zeit.

Ein überzeugendes Beispiel dafür sind die nationalsozialistischen Unterhaltungsfilme, in denen der Alltag im NS ausgeblendet wurde, ein Hitlergruß fast nie vorkam. Zwar wurden zwischen 1933 und 1945 ins-

---

1 Carola Lipp: Frauenforschung; in: Rolf W. Brednich (Hg.): Grundriß der Volks-kunde. Einführung in die Forschungsfelder der Europäischen Ethnologie. Berlin 1988, S. 251-272; hier S. 266.

gesamt 153 Propagandafilme[2] hergestellt, darunter die berühmt-berüch-
tigten JUD SÜSS (Veit Harlan, 1940), HITLERJUNGE QUEX (Hans Stein-
hoff, 1933) oder KOLBERG (Harlan, 1945), die Zahl der Unterhaltungsfilme jedoch liegt mit 914 um ein Vielfaches höher: Abenteuerfilme,
Komödien, Revuefilme und Melodramen faszinierten die KinogängerIn-
nen der dreißiger und vierziger Jahre und erfreuen sich auch heute noch
beim Fernsehpublikum großer Beliebtheit. Die Frage nach den Anteilen
nationalsozialistischer Ideologie und Weltanschauung liegt hier zwar auf
der Hand, sie wurde aber bisher kaum detailliert gestellt. Die bislang am
meisten verbreitete Einschätzung geht davon aus, daß die nationalsozialistischen Unterhaltungsfilme im Kern unpolitisch sind, höchstens als
Ablenkung gedacht waren, als Opiate für die von Terror und Krieg
schwer belastete Bevölkerung, und daher keiner intensiven wissenschaftlichen Beschäftigung bedürfen. Erst in den letzten Jahren hat sich ein
ideologiekritischer Ansatz herausgebildet, der einzelne Filme auf faschistische Elemente hin untersucht.[3]

Aufschlußreich ist hierbei auch die Einschätzung der Nationalsozialisten selbst, die bereits bald nach der Machtübernahme die gesamte
deutsche Filmproduktion überwachten und aktiv steuerten. Propaganda-
minister Joseph Goebbels bezeichnete den Unterhaltungsfilm als ein
"nationales Erziehungsmittel erster Klasse"[4] und verdeutlichte in einer
Rede vor der Reichsfilmkammer seine Auffassung von Einflußnahme:

> "In dem Augenblick, da eine Propaganda bewußt wird, ist sie
> unwirksam. Mit dem Augenblick aber, in dem sie als Propaganda,
> als Tendenz, als Charakter, als Haltung im Hintergrund bleibt und
> nur durch Handlung, durch Ablauf, durch Vorgänge, durch Kon-

---

2 Gerd Albrecht: Nationalsozialistische Filmpolitik. Eine soziologische Unter-
   suchung über die Spielfilme des Dritten Reiches. Stuttgart 1969, S. 109.
3 Vgl. beispielsweise den Sammelband der Stiftung Deutsche Kinemathek zu einer
   Retrospektive der Berlinale: Helga Belach (Hg.): Wir tanzen um die Welt.
   Deutsche Revuefilme 1933-1945. München 1979; oder auch das Schwerpunktheft
   "Faschismus" der Zeitschrift Frauen und Film, Heft 44/45, Okt. 1988.
4 Joseph Goebbels: Der Film als Erzieher. Rede zur Eröffnung der Filmarbeit der
   HJ; Berlin, 12. Okt. 1941; in: Goebbels: Das eherne Herz. Reden und Aufsätze
   aus den Jahren 1941/42. München 1943, S. 37-46. Abgedruckt in: Albrecht: NS-
   Filmpolitik, S. 480-483; hier S. 480.

trastierung von Menschen in Erscheinung tritt, wird sie in jeder Hinsicht wirksam."[5]

Mit der Frage nach den nationalsozialistischen Ideologieanteilen in Bezug auf die Rolle von Frauen in Beruf und Privatleben sowie nach der Konstruktion von Weiblichkeit im Unterhaltungsfilm habe ich mich in meiner Magisterarbeit auseinandergesetzt.[6] Anhand eines konkreten Filmbeispiels sollen nun der theoretische Bezugsrahmen sowie einzelne Interpretationsergebnisse kurz vorgestellt werden.

Für die Filmkomödie CAPRIOLEN von 1937[7] hatte Gustaf Gründgens nicht nur die Regie, sondern auch den Part des männlichen Protagonisten übernommen, die Hauptdarstellerin spielte seine Ehefrau Marianne Hoppe. Der Inhalt der im zeitgenössischen New York angesiedelten Liebesgeschichte dreht sich um die Beziehung zwischen einer Pilotin, die soeben als erste Frau die Atlantikroute im Alleingang bewältigt hat, und einem erfolgreichen Journalisten, der sich hauptsächlich damit beschäftigt, Artikel und Vorträge über das Wesen der Frau zum besten zu geben. Die beiden lernen sich durch Zufall kennen und mögen sich auf Anhieb, finden jedoch den Beruf des bzw. der jeweils anderen äußerst unattraktiv. Bei einem gemeinsamen Flug zeigt sie ihm ihre akrobatischen Kunststückchen in der Luft, wobei er ihr - obwohl er schreckliche Angst vor dem Fliegen hat - während des Fluges einen Heiratsantrag macht, was eine Bruchlandung zur Folge hat, die beide unverletzt überstehen. Sie heiraten, sind aber nicht glücklich miteinander, trennen sich nach einigen Turbulenzen und finden erst bei der Scheidung auf der Bank im Gerichtssaal wieder zueinander.

Zwei Szenen aus dem ersten Drittel des Films sollen hier kurz beschrieben werden[8], als illustrative Grundlage für die dararuffolgenden

5 Joseph Goebbels: Rede bei der ersten Jahrestagung der Reichsfilmkammer am 5.3.1937 in der Krolloper, Berlin. In: Oswald Lehnich (Hg.): Jahrbuch der Reichsfilmkammer 1937. Berlin 1937, S. 61-85. Abgedruckt in: Albrecht: NS-Filmpolitik, S. 447-463; hier S. 456.

6 Teile dieses Aufsatzes stammen aus der Magisterarbeit, die 1988 abgeschlossen und inzwischen als Nr. 8 der Reihe "Studien und Materialien" der Tübinger Vereinigung für Volkskunde veröffentlicht wurde: Wunsch-Bilder? Frauen im nationalsozialistischen Unterhaltungsfilm. Tübingen 1992.

7 CAPRIOLEN: Uraufführung 10.8.1937. Regie: Gustaf Gründgens. Buch: Jochen Huth, Willy Forst. Musik: Peter Kreuder. Produktion: Deutsche Forst-Filmproduktion. Verleih: Terra-Filmkunst.

8 Bei der Tagung wurden die entprechenden Filmausschnitte gezeigt.

Interpretationen. Zu Beginn des Films hält der Journalist Jack Warren vor einem überwiegend weiblichen Publikum einen Vortrag über "Die interessante Frau", in dem er seine Ansichten als Frauenkenner ausführlich darlegt:

"Lassen Sie mich zusammenfassen. In diesem zauberhaften Kreis von Klugheit, Interessantheit und Schönheit scheint es mir eine Vermessenheit, zu glauben, daß die Frauen nur dazu da sind, um uns das Essen zu kochen oder - Verzeihung - die Strümpfe zu stopfen. [...] Aber das ist ja gerade das Interessante an Ihnen: Sie wollen höher hinaus, Sie fühlen sich unverstanden, und mit Recht. Sie sind uns über den Kopf gewachsen, wir können nicht mehr auf Sie hinabblicken, wir müssen zu Ihnen hinaufschauen und Sie bewundern. Und je weniger wir Sie verstehen, desto begehrenswerter erscheinen Sie uns. [...] Trotzdem, ich muß Ihnen sagen, Sie sind für mich das, was sie für alle Männer waren und immer bleiben werden: ein unlösbares Rätsel!"

Daraufhin wird er von den begeisterten Frauen aus dem Publikum so bedrängt, daß er flüchten muß. Wütend über so viel Aufdringlichkeit offenbart er hinter der Bühne seine Privatmeinung, die dem eben gehaltenen Vortrag diametral entgegensteht - er sucht nach einer uninteressanten Frau, nach einem "schwachen, hilfsbedürftigen Geschöpf", einer "zarten Blume". Diese meint er in Mabel Atkinson gefunden zu haben, die er in einem schwachen Moment beim Zahnarzt kennengelernt hat und deren Mut und Stärke er nicht wahrhaben will. Außergewöhnlich ist bei diesem Film, daß die Definitionsmacht des Mannes in Bezug auf das "Wesen einer richtigen Frau" nicht als solche akzeptiert wird, stellt sich doch seine Einschätzung von Frauen im Handlungsverlauf immer wieder als eine falsche heraus. Während das Problem "was ist eine interessante Frau" von mehreren Figuren in verschiedenen Konstellationen immer wieder aufs neue diskutiert wird, hält sich Mabel aus der Debatte heraus und beantwortet die Frage eher durch ihre konsequente Handlungsweise: Sie versucht, beide Seiten ihrer Persönlichkeit, die starke, rationale, "männliche" wie auch die emotionale, eher "weibliche", zu ihrem Recht kommen zu lassen und mit ihren Gefühlen in Einklang zu leben.

Weiterhin fällt an dieser Szene auf, daß Jack hier explizit als Objekt der Begierde dargestellt wird. Zahlreiche Großaufnahmen, Weichzeichner, der Hintergrund aus Blumen und Rüschen und besonders sein schwärmerisch verklärter Gesichtsausdruck ziehen die Blicke der Film-

291

Objekt der Begierde: Jack wird von Zuhörerinnen umschwärmt

zuschauerinnen an, bei einem männlichen Star ein eher ungewöhnlicher Vorgang, der auch innerhalb der Filmhandlung selbst kommentiert wird. Bereits während seines Vortrags werden uns die bewundernden Blicke der weiblichen Zuhörerschaft gezeigt, und als die Frauen am Ende der Veranstaltung nach vorne stürmen, gibt es sogar Übergriffe auf seinen Körper: Sowohl seine Jackettknöpfe als auch die Krawatte werden gestohlen. Dieser sehr unüblichen Zurschaustellung eines männlichen Helden, die im patriarchalen Kino als bedrohlich empfunden wird[9], muß im Film sofort auf zweifache Weise entgegengearbeitet werden. Erstens wird die ganze Szene durch zahlreiche parodistische Übertreibungen (man setzt ihm einen Lorbeerkranz auf) sowie durch Bild-Ton-Kontrastierungen mit einer komischen Wirkung versehen und dadurch entschärft. Die zweite Rücknahme erfolgt dadurch, daß sich Jack hinter der Tür gleich darauf lauthals über das Benehmen der Frauen be-

9 Vgl. Laura Mulvey: Visuelle Lust und narratives Kino; in: Gislind Nabakowski, Helke Sander und Peter Gorsen (Hg.): Frauen in der Kunst. Bd. 1. Frankfurt/M. 1980, S. 30-46.

schwert und seine Wut ungehindert ablassen kann: "Es ist zum Kotzen! [...] Diese hysterischen Ziegen öden mich an!"

Die zweite Szene gibt einen Einblick in die Beziehung des ungleichen Paares und kündigt den Hauptkonflikt an, der sich im Verlauf des Films immer weiter zuspitzt: die Frage nach der Berufstätigkeit einer verheirateten Frau. Nachdem schon die Trauung von zahlreichen Hindernissen und schlechten Vorboten begleitet war, wird auch am Hochzeitsabend, als die beiden "endlich allein" sind, die romantische Stimmung immer wieder gestört. Mabel zeigt Jack deutlich, daß er mit ihr als ernsthafter Partnerin zu rechnen hat und fordert selbstsicher von ihm dasselbe, was er von ihr erwartet: den Beruf aufzugeben. Durch Mabels Forderung, wenn sie nicht mehr fliegen darf, soll er nie wieder über Frauen schreiben, wird die Absurdität solcher Einschränkungen veranschaulicht. Indem sie den Spieß einfach umdreht und ihn mit denselben Worten wie er um das Versprechen bittet, spielt der Film hier mit einem ironischen Unterton mit diesem Problem. Ein weiterer Bruch erfolgt in der nächsten Szene, als sie das gemeinsame Schlafzimmer betreten und das Hochzeitsgeschenk ihrer Fliegerkollegen entdecken, das symbolträchtig über dem Ehebett hängt: ein Flugzeugmotor! Mabels

Mabels Leidenschaft: ihr neuer Flugzeugmotor über dem Ehebett

Begeisterung deutet darauf hin, daß sie sich wohl nicht auf Dauer vom Fliegen abhalten lassen wird, und schon die nächste Einstellung zeigt ihre Maschine wieder am Himmel.

In CAPRIOLEN schlagen die Geschlechterrollen tatsächlich Kapriolen, die Stereotypen werden durcheinandergewirbelt, ganz dezidiert in Frage gestellt. Jack wird ständig im Irrtum gezeigt mit seiner Einschätzung von Mabel, deren Stärke und Mut er nicht akzeptieren kann. Am Ende des Films bleibt offen, ob sie ihren Beruf für das Glück ihrer Ehe aufgeben muß.

Es kann also nicht davon ausgegangen werden, daß nationalsozialistische Vorstellungen von den Aufgaben oder vom Wesen einer Frau in diesem Film - oder in zahlreichen anderen Unterhaltungsfilmen - direkt umgesetzt wurden. Wie läßt sich diese Tatsache jedoch mit den oben erwähnten Absichten des Propagandaministers in Einklang bringen?

Der amerikanische Soziologe und Kulturkritiker Fredric Jameson bezieht sich in seinem Versuch, die Funktionsweisen von Massenkultur zu analysieren, auf den ideologiekritischen Ansatz der Frankfurter Schule und erweitert deren Beschreibungsmodelle erheblich. Seine Grundthese läßt sich am besten so zusammenfassen: kulturelle Produkte enthalten neben der ideologischen Funktion gleichzeitig immer auch positive Elemente, ein utopisches oder emanzipatorisches Potential:

"Hier ist daher die Hypothese aufzustellen, daß die Werke der Massenkultur nicht ideologisch sein können, ohne zugleich implizit oder explizit auch utopisch zu sein: sie können nicht manipulieren, wenn sie nicht einen echten Inhaltsrest - quasi als Bestechung der Phantasie - dem Publikum anbieten, das gerade manipuliert werden soll. Selbst das 'falsche Bewußtsein' eines so monströsen Phänomens wie des Nationalsozialismus wurde von kollektiven Phantasien utopischer Art genährt, in 'sozialistischem' wie auch nationalistischem Gewand."[10]

Feministische Filmwissenschaftlerinnen gehen aufgrund ihrer kritischen Auseinandersetzung vor allem mit dem klassischen Hollywoodfilm von denselben Grundannahmen aus: Unterhaltungsfilme enthalten wie alle

---

10 Fredric Jameson: Verdinglichung und Utopie in der Massenkultur; in: Christa Bürger, Peter Bürger und Jochen Schulte-Sasse (Hg.): Zur Dichotomisierung von hoher und niederer Literatur. Frankfurt/M. 1982, S. 108-141; hier S. 135.

Produkte der Massenkultur innere Widersprüche und können daher auf ihre RezipientInnen in einer höchst widersprüchlichen Art und Weise wirken. Sie scheinen nach außen zunächst lediglich eskapistisch zu wirken, knüpfen jedoch auch an psychische Bedürfnisstrukturen von Frauen an, die im patriarchalen System unbefriedigt bleiben und somit potentiell subversiv sind. Die Ideologie konstituiert sich erst durch den jeweiligen Umgang des Films mit diesem utopischen Potential. Bei der Analyse der Widersprüche in der Darstellung von Frauen in Unterhaltungsfilmen sollten damit sowohl die ideologischen Verzerrungen als auch die gesellschaftlichen Utopien detailliert aufgezeigt und einer kritischen Interpretation zugänglich gemacht werden.

Ein möglicher Teilaspekt der Filmanalyse kann sich beispielsweise der Frage widmen, ob die inhaltliche und die visuelle Darstellung einer Protagonistin Ähnliches aussagen oder unterschiedliche Eindrücke vermitteln. Solche Ambivalenzen oder Oppositionen können am Ende des Films aufgelöst werden und damit das herrschende System, die patriarchale Ordnung, zementieren. Die inneren Widersprüche eines Films können jedoch auch weitgehend ungelöst bleiben und sind damit für alternative Bedeutungszuweisungen offen, das heißt, sie können den ZuschauerInnen unter Umständen eine subversive Lesart ermöglichen. Manche Unterhaltungsfilme verdrängen nämlich diejenigen weiblichen Ängste und Wünsche, die den Status Quo des Patriarchats gefährden, nur höchst unzureichend, lassen Leerstellen offen und bieten sich so als Projektionsfläche für die eigenen Sehnsüchte und Phantasien an.

Der Film CAPRIOLEN thematisiert innerhalb einer witzig erzählten Liebesgeschichte die Entscheidung, die für viele Frauen bis heute eine unvermeidliche ist: die Qual der Wahl zwischen beruflichen Ambitionen und Glück im Privatleben. Durch verschiedene Mechanismen verdeutlicht der Film, wie schwierig und unangemessen diese Entscheidungssituation für Frauen sein kann. Mabels Beruf hat zwar nichts mit Geldverdienen zu tun, wird aber als eine sehr befriedigende Tätigkeit gekennzeichnet: Sie hat sich in einer Männerwelt durchgesetzt und bewährt, ja sogar Rekorde erzielt. Mabel wird als Frau mit zwei Seiten positiv charakterisiert, sie hat sowohl tiefe Gefühle zu Jack als auch den starken Wunsch zu fliegen. Dadurch wird diese Entweder-Oder-Situation als Problem aufgeworfen und in ihrer Grundsätzlichkeit kritisiert, weshalb man den Film durchaus als Kritik an den gesellschaftlichen Zwängen interpretieren könnte, die in den Jahren vor 1937 verstärkt von Frauen verlangten, ihre eigenen Interessen und Fähigkeiten zugunsten von Ehe und Familie aufzugeben. Eingeschränkt wird dieses kritische

Potential jedoch dadurch, daß wir am Ende des Films über Mabels weitere berufliche Zukunft im Unklaren gelassen werden.

Betrachtet man die Diskussion über das Wesen einer interessanten Frau, die im Film immer wieder gestellte Frage, ob unabhängig und selbstsicher, mutig und stark oder dem Mann ergeben, weiblich-hilflos und schwach, läßt sich eher eine Verbindung zur NS-Ideologie herstellen. Obwohl Frauen von den Nationalsozialisten in erster Linie als Gebärerinnen der Kinder, Gehilfinnen der Männer sowie als Bewahrerinnen der deutschen Familie betrachtet wurden, war der weibliche Idealtypus keine Rekonstruktion der zierlichen, schwächlichen Geschöpfe aus dem 19. Jahrhundert. Die "neue Frau" sollte gesund und stark, sportlich und kräftig, zäh und tapfer sein, sich also in gewisser Hinsicht durchaus an "männliche" Normen und Verhaltensweisen angleichen - allerdings nur insofern, wie weibliche Stärke nicht auf Autonomie und Selbständigkeit ausgerichtet war, sondern sich gewinnbringend in den Dienst des Staates stellen ließ. Damit erweist sich das in Bezug auf die Geschlechterrollen kritisch-subversive Potential des Films als ein ideologisch vereinnehmbarer Bestandteil. Der Protagonist Jack lernt im Film, was alle deutschen Männer lernen sollten: Die starken Seiten von Frauen ergänzen sich gut mit den schwachen, die traditionell als die einzigen "richtig" weiblichen angesehen wurden. Mut, Energie und - bedingt - Selbständigkeit sind mit Gefühl, Bescheidenheit und Liebenswertigkeit nicht unvereinbar, sondern als miteinander harmonisierbare Eigenschaften einer interessanten Frau durchaus zulässig und wünschenswert.

Abschließend läßt sich festhalten, daß die Geschlechtergegensätze in CAPRIOLEN nicht aufgelöst, sondern im Verlauf des Films lediglich problematisiert, aufgeweicht und gelockert werden. Sie können somit am Ende als feste Bestandteile in die neue (faschistische) Gesellschaftsordnung übertragen und dort zementiert werden. Der Film bietet den Zuschauerinnen hohe Gratifikationen auf drei Ebenen an: Erstens werden die angesprochenen frauenspezifischen Probleme als wichtige akzeptiert, zum Teil sogar konstruktiv gelöst. Zweitens wird die Protagonistin als attraktiv und engagiert, erfolgreich und gefühlvoll, kurz, als sehr außergewöhnlich präsentiert, wodurch sie uneingeschränkt zur Identifikation einlädt. Drittens wird durch die Wunscherfüllung im Happy-End eine bessere Welt möglicherweise als ein Ziel denkbar, bei dessen Erreichung Frauen die wichtige Funktion zukommt, als Vermittlerinnen zwischen den gesellschaftlichen Widersprüchen tätig zu sein.

Betrachtet man nationalsozialistische Unterhaltungsfilme aus dieser Perspektive, läßt sich das Vergnügen, das Frauen damals im Kino offensichtlich gehabt haben, weitaus besser erklären, als wenn von einer erfolgreichen Manipulation oder Verdummung der Zuschauerinnen ausgegangen wird. Über die Präsentation von ungewöhnlichen Frauen knüpfen zahlreiche Filme an spezifisch weibliche Wünsche, Ängste und Hoffnungen an. Die Filme bieten im Handlungsverlauf stellvertretende fiktionale Befriedigungen für die Bedürfnisse von Frauen an, die im zutiefst patriarchalischen System des Nationalsozialismus unbefriedigt bleiben (müssen) und somit potentiell subversiv sind. Gerade in der Art und Weise des Umgangs mit diesem utopischen Potential etabliert sich erst die ideologische Wirkung der Filme: Die meisten kritischen Aspekte der Erzählhandlung sowie die emanzipatorischen Züge der Protagonistinnen werden entweder zurückgenommen oder vereinnahmt.

Durch diese komplexen Mechanismen sind also ideologische Elemente und Bruchstücke in der ästhetischen Struktur der Unterhaltungsfilme verankert, gewünschte und erwünschte Bilder sollen im Kopf der Zuschauerin zur Deckung gebracht werden. Eine automatische oder gar zwangsläufige Wirkung im Sinne der nationalsozialistischen Weltanschauung ist damit jedoch keineswegs unterstellt oder nachgewiesen. Um nähere Angaben über die Rezeption der nationalsozialistischen Unterhaltungsfilme machen zu können, sind weiterführende zuschauerorientierte Studien notwendig, vor allem in Bezug auf emotionale Erlebnisse im Kino. Als Beitrag zum besseren Verständnis der Duldung und Zustimmung zum Nationalsozialismus wäre es wichtig, den damaligen Wunsch-Bildern von Frauen (und Männern) nicht nur in ihren filmischen Manifestationen, sondern auch aus ihrer eigenen Perspektive auf die Spur zu kommen.

MARLIES HAAS

Werbung als kulturelle Vermittlungsagentur

Geschlechterdarstellung im Anzeigenteil der "Bunten Illustrierten"

Kultur und Werbung

Der Versuch, Werbung als kulturelles Phänomen unserer Gesellschaft von einem ethnologischen Blickwinkel aus zu sehen, erfordert eine Standortbestimmung zum Begriff Kultur.

Der wissenschaftstheoretische Ausgangspunkt meiner Untersuchung ist die Definition von Kultur als Symbol- und Bedeutungssystem wie sie der amerikanische Kulturanthropologe und Ethnologe Marshall Sahlins entwickelt hat. Er geht davon aus, daß das spezifische und einzigartige Merkmal des Menschen seine Fähigkeit zur Sinngebung ist, daß er in der materiellen Welt selbst gesetzten Bedeutungen gemäß lebt, daß er sich nach den Regeln eines bestimmten Symbolsystems mit der Natur auseinandersetzt. Der praktischen Vernunft setzt er die Vernunft des Symbols, der Bedeutung gegenüber. Er vertritt die Position, daß

> "... die Bedeutung die spezifische Eigenschaft des ethnologischen Gegenstandes ist. Kulturen sind bedeutungsvolle Ordnungen von Personen und Dingen. Da diese Ordnungen systematische sind, können sie keine freien Erfindungen des Geistes sein. Die Aufgabe der Ethnologie muß es sein, das System zu entdecken".[1]

Neben dem Hinweis auf die eigentliche Aufgabe der Ethnologie schlägt er damit auch eine Brücke für den wissenschaftstheoretischen Zugang der Volkskunde zum Begriff Werbung: die Waren in unserer kapitalistischen Gesellschaft haben nicht nur einen Warenwert, sondern auch einen Symbolwert. Sahlins weiter: "In der bürgerlichen Gesellschaft ist die materielle Produktion Ort der symbolischen Produktion".[2] Das

---

1   Marshall Sahlins, Kultur und praktische Vernunft. Frankfurt/M. 1981, S. 7.
2   Sahlins: Kultur, S. 299.

heißt, die Nützlichkeit der Gegenstände liegt tatsächlich in ihrer Bedeutung. Der Konsum der Gegenstände ist ein Austausch von Bedeutungen, ist ein Kommunikationsvorgang, ein Diskurs. Die Aufgabe der Werbung ist es daher,

> "latente Korrespondenzen in der kulturellen Ordnung, deren Vereinigung in einem Produktsymbol geschäftlichen Erfolg verspricht, aufzuspüren".[3]

Kultur als Symbolsystem ist natürlich keine Neuentdeckung Marshall Sahlins', erinnert sei etwa an Ernst Cassirers "animal symbolicum", an Mühlmanns kulturanthropologischen Ansatz. Sie sehen Kultur ebenfalls als die Fähigkeit des Menschen, sich mit der Natur symbolisch auseinanderzusetzen.

Werbung als ein Teil der Gesellschaft, als die Vermittlung von bereits gesellschaftlich Vermitteltem einzuordnen - dies ist der theoretische Ansatz von Rolf Lindner, der sich gegen die oberflächliche Verwissenschaftlichung, gegen den theorielosen Zustand der Werbung wehrte. Die bisherigen Auseinandersetzungen mit Werbung faßt er zusammen zu zwei Kontroversen: Werbung und Konsumfreiheit einerseits, Manipulationsstrategien und Konsumterror andererseits; wobei dieser antagonistische Charakter letztendlich nur scheinbar eine Frage der Bewertung sei.

Seine These lautet zusammengefaßt, daß die Gesellschaftlichkeit von Werbung, daß die symbolische Bedeutung von Waren - vermittelt durch Werbung, die als unabhängige verwertende Kommunikation gleichgültig gegenüber den Inhalten ist - nur oder gerade dazu beiträgt, die Warenmetamorphose zu beschleunigen, die dem Konsumenten als Instrument der Selbstdarstellung und Identitätsfindung dient. Werbung manipuliert daher nicht, sondern ergreift lediglich ihre Chance - denn sie trifft auf den in Beziehungs- und Wahrnehmungsmustern, in seinen Bedürfnis- und Interessenstrukturen vorbereiteten Konsumenten und liefert ihm in der Warensymbolik lediglich die Handhabe, die es ihm ermöglicht, mit seinen Vorstrukturierungen umzugehen.

Konkret bedeutet dies, daß die Wirksamkeit der Werbung heute nicht mehr in der persuasiven Absicht liegt, sondern in der Bestätigung der Wünsche, Intentionen, Motivationen des Konsumenten. Angesprochen werden bestimmte Zielgruppen, die gekennzeichnet sind durch einen

---

3 Sahlins: Kultur, S. 305.

hohen Identifikationsgrad, berücksichtigt sind in ihren Bedürfnis- und Interessenlagen wie in ihren Sprachgewohnheiten und Symbolrepertoires. Produkte werden mit Gefühlen gekoppelt, emotionalisiert. Beliebte Appelladressen sind Sympathie, sexuelle Anziehungskraft, Erfolg, Fröhlichkeit, Frische, Männlichkeit, Weiblichkeit, Sozialprestige usw.. Typische Werbebotschaften sind

- die Polarisierung von Arbeit und Freizeit: Die heile, rosarote Freizeitwelt, die Stätte des individuellen Konsums gaukelt Ablenkung und Entspannung als Entschädigung für die Zwänge des Arbeitsalltags vor.
- Konsum und Lebensstil: Die Selbstdarstellung als ein Bestandteil eines Lebensstils reduziert sich in unserer Gesellschaft immer mehr auf einen Konsumstil.
- Zwischenmenschliche Beziehungen: Es sei mit Rolf Lindner die Frage gestellt, wie sehr zwischenmenschliche Beziehungen durch Waren vermittelt werden, wie sehr private Beziehungen, die von den Betroffenen als vom Tauschprinzip unberührt und selbstlos empfunden werden, dennoch von Waren als Ausdruck der gegenseitigen Zuneigung geprägt werden und welchen Anteil die Werbung daran hat.[4]

Geschlechterbilder

Diese allgemeinen Überlegungen möchte ich nun anhand einer Untersuchung der Geschlechterdarstellungen erläutern. Ausgegangen wird von der These der kulturellen Konstruktion von Zweigeschlechtlichkeit. Ein duales Muster, das nicht gleichwertig, sondern einseitig ist. Uns bekannte Kulturen sind fast ausschließlich patriarchalisch geprägt.

Die Geschlechtlichkeit ist das wichtigste Merkmal des Menschen - für Erving Goffman gibt es die Geschlechteridentität nicht, sie ist nur ein Porträt einer Geschlechterzugehörigkeit:

"Worin die menschliche Natur von Männer und Frauen in Wirklichkeit besteht, ist also ihre Fähigkeit, Abbilder von Männlichkeit und Weiblichkeit entwerfen und verstehen zu lernen, sowie die Bereitschaft, bei der Darstellung solcher Bilder nach einem Plan

---

4   Rolf Lindner, Das Gefühl von Freiheit und Abenteuer. Ideologie und Praxis der Werbung, Frankfurt/M. 1977.

zu verfahren, und diese Fähigkeit haben sie kraft ihrer Eigenschaft als Personen, nicht als Frauen oder Männer."[5]

So werden auch die Thesen, die Carol Hagemann-White für die Bildung der konstruierten Zweigeschlechtlichkeit aufstellt, verständlich: Zusammengefaßt meint sie,
- daß alle Erklärungen zu Geschlechtsunterschieden Vorabzuordnungen seien;
- daß die Existenz von zwei gleichrangigen Geschlechtern sich im Alltag widerlegt;
- daß die geschlechtliche Polarität auf Konstruktionen beruht, die evolutionär und anthropologisch nicht haltbar sind, die Zweigeschlechtlichkeit daher ein Mythos ist;
- daß patriarchalische Kulturen das Männliche als das Höherwertige definieren;
- daß das Matriarchat eine auf die Angst des Mannes vor dem Weiblichen begründete Mythenbildung ist;
- daß das Ende der konstruierten Zweigeschlechtlichkeit erst das Ende des Patriarchats bedingt;
- daß die enge Beziehung zwischen Wissen und Macht keine weibliche Wissenschaft gleichrangig zuläßt.[6]

An dieser Stelle zwei Gedanken zur Frau in der Wissenschaft: Das aktive Einsteigen der Frau in die patriarchalische Kultur bedeutet Infragestellung, ständige Spannung, vielleicht sogar Zerstörung. Nicht von ungefähr behandelt die traditionelle Volkskunde das Thema Frau als Subthema, in einem Atemzug mit Minderheitsforschung oder Nationalsozialismus.

Das eigentliche Problem ist jedoch die Thematisierung des Begriffes "Frau" selbst: "Es gibt keine Frauenfrage, schon in diesem Begriff steckt die ideelle Kasernierungsabsicht"[7] meint etwa Silvia Bovenschen.

5 Erving Goffman, Geschlecht und Werbung, Frankfurt/M. 1981, S. 37.
6 Carol Hagemann-White, Thesen zur kulturellen Konstruktion der Zweigeschlechtlichkeit; in: Barbara Schaeffer-Hegel/Brigitte Wartmann (Hrsg.), Mythos Frau: Projektionen und Inszenierungen im Partriarchat, Berlin 1984, S. 137ff.
7 Silvia Bovenschen, Die imaginierte Weiblichkeit. Exemplarische Untersuchungen zu kulturgeschichtlichen und literarischen Präsentationsformen des Weiblichen, Frankfurt/M. 1979, S. 19.

Mit einigen Überlegungen zu den Geschlechterrollen möchte ich die theoretischen Auseinandersetzungen abschließen und zur empirischen Analyse überleiten.

Das Inszenieren und Erfüllen von Rollen ist ein wesentlicher Bestandteil der Selbstdarstellung, wobei die Rolle als ein bestimmtes Handlungsmuster einer bestimmten Tätigkeit durch eine bestimmte Person gesehen werden kann. - Und die bedeutendste Rolle ist unsere Zweigeschlechtlichkeit.

Zwei historische Komponenten haben wesentlich zu dieser Rollenbildung beigetragen: die geschlechtsspezifische Arbeitsteilung und die Sozialisation. Näher sei hier nicht darauf eingegangen, auch nicht auf die konkreten Rollenmerkmale von Mann und Frau. Erstens sind sie sattsam bekannt und zweitens würde das Aufzählen dieser "Merkmale" nur wiederum die konstruierte Zweigeschlechtlichkeit zementieren. Eher sei noch auf den vielleicht unbequemen Blickwinkel hingewiesen, daß auch die Frauen sehr wohl ihren Anteil zur Fixierung des Patriarchats beitragen. Regine Reichwein formuliert dazu folgende Thesen:

- Frauen tendieren dazu, sich als Opfer zu sehen, die daraus resultierende Ohnmacht wird gerne mystisch in eine geheime Macht verwandelt.
- Positives Nachgeben wird oft mit negativem Zurückweichen verwechselt, eigene Wünsche und Bedürfnisse werden nicht freigesetzt.
- Die reale Andersartigkeit des Gegenübers wird nicht wahrgenommen.

Kurzum: Sehnsüchte und Wünsche werden mit illusionären Machtphantasien betäubt.[8]

(Hier eingeschoben sei ein Vorschlag für den Umgang mit den Differenzen zwischen den Geschlechtern: statt Feminisierung des Mannes, Maskulinisierung der Frau, Androgynie; statt der traditionellen Strategie des Verstehens, die in dieser Verstehenserwartung schon eine Partnerschaftsideologie beinhaltet, könnte die Verschiedenheit der Lebensbereiche von Mann und Frau zugelassen werden. Ruhig auf ein Stück Verstehen verzichten, dafür die Andersartigkeit, Spannung zulassen.)

---

8 Regine Reichwein, Die illusionäre Macht der Opfer. Bemerkungen zu den geheimen Sehnsüchten und Schrecken weiblicher Machtphantasien; in: Barbara Schaeffer-Hegel/Brigitte Wartmann (Hrsg.), Mythos Frau: Projektionen und Inszenierungen im Patriarchat, Berlin 1984, S. 364ff.

Empirische Analyse - Geschlechterdarstellung in der Werbung

Grundsätzlich gilt, daß Werbung mit männlichen und weiblichen Stereotypen arbeitet, daß dies nicht nur oft für die Frau, sondern auch für den Mann diskriminierend ist.

Aus Zeit- und Platzgründen werden für dieses Referat jedoch die Untersuchungsergebnisse zum Männerbild weggelassen. Ebenfalls hier vernachlässigen möchte ich das statistische Zahlenmaterial zur Situation von Frau und Mann in Österreich, zu den Medien (speziell Zeitungs- und Werbebranche in Deutschland/Österreich). Zur Materialauswahl sei soviel gesagt, daß der Untersuchungsgegenstand "Bunte Illustrierte", die "österreichischste" von den vier Großillustrierten in Österreich ist. Sie hat die größte Reichweite und Zielgruppe und ist in Graz seit ihrem Erscheinungsjahr 1949 bis heute archiviert.[9]

Quantitative Ergebnisse

Erfaßt wurden 2138 Anzeigen in 48 Heften, d.h. jeweils die Nr. 50 (das ist Anfang Dezember) von 1949-1987. Eine Auswahl der Tabellenergebnisse:

Positionen von Frau, Mann, Frau/Mann in den einzelnen Produktbereichen
([*] = Geschlechtsspezifische Darstellung insgesamt)

	[*]					
Genußmittel	208	F	58	3	FM führt überlegen
		M	60	2	F,M fast gleich
		FM	90	1	
Nahrungsmittel	32	F	18	1	
		M	5	3	F führt überlegen
		FM	9	2	

---

9 Anmerkung am Rande: die Fakten und Ergebnisse, die 1987 noch Gültigkeit gehabt haben, dürften sich, jetzt 1992, nach fünf Jahren, durchaus relativiert haben.

Genußmittel	* 208	F M FM	58 60 90	3 2 1	FM führt überlegen F,M fast gleich
Körperpflege	105	F M FM	64 18 23	1 3 2	F führt überlegen
Gesundheit	* 112	F M FM	52 34 26	1 2 3	F führt deutlich
Wohnen	64	F M FM	39 8 17	1 3 2	F führt überlegen
Mode	43	F M FM	23 14 6	1 2 3	F führt deutlich
U-Elektronik	44	F M FM	9 19 16	3 1 2	M führt knapp vor FM F weit hinten
Luxusartikel	23	F M FM	9 6 8	1 3 2	F führt knapp vor FM, M
Auto	14	F M FM	5 5 4	1 1 2	F + M + FM fast gleich
Gewerbe	66	F M FM	22 32 12	2 1 3	M führt deutlich vor F
Arbeit	3	F M FM	1 2	2 3 1	nicht nennenswert
Freizeit	27	F M FM	13 9 5	1 2 3	F führt deutlich vor M
Gesamt	741	F M FM	313 207 221	1 3 2	

Von den 2138 Anzeigen gibt es 741 mit Menschendarstellungen, davon entfallen 313 auf die Frau (F), 221 auf die Frau/Mann-Dastellung (F/M), 207 auf den Mann (M). Neben dem geschlechtsspezifischen Aspekt kristallisiert sich im quantitativen Untersuchungsteil die Gewichtung einzelner Produktbereiche als Schwerpunkt heraus: In fast allen Bereichen führt die Frau überlegen. Aufschlußreich sind die zwei Bereiche, in denen die Frau nicht führt:
- Unterhaltungs-Elektronik und Gewerbe: Die Frau rangiert deutlich hinten.
- Genußmittel: Hier finden wir sowohl die meisten Menschendarstellungen im Werbebild als auch die einzige Frau/Mann-Führung. Eine mögliche Folgerung wäre: zum Konsumgenuß gehört der/die Partner(in), die Zweierbeziehung?

Die Produktionsbereiche auf den ersten acht Rangpositionen jahrzehnteweise:

	1	2	3	4	5	6	7	8
1949-1959	Körperpflege	Luxusartikel	Mode	Gew./Inst.	Wohnen/Haushalt Genußmittel		Gesundheit	U-Elektronik
1960-1969	Genußmittel	Wohnen Haush.	Körperpflege Werbeblock		Gew./Inst.	U-Elektronik	Nahrgs.-mittel	Gesundheit
1970-1979	Genußmittel	Gesundheit	Wohnen	Werbeblock	Gew./Inst.	Körperpflege	Nahrgs.-mittel	Freizeit
1980-1987	Gesundheit	Genußmittel	Gew./Inst.	Werbeblock	Wohnen Haush.	Körperpflege	Nahrgs.-mittel	Freizeit

Deutlich spiegelt sich über die Jahrzehnte hinweg die gesellschafts- und wirtschaftspolitische Entwicklung wider: genügt in den bescheidenen Verhältnissen der Nachkriegsjahre ein sauberes äußeres Erscheinungsbild - 1. Position: Körperpflege -, so präsentieren sich die darauffolgenden Jahre des Wirtschaftswunders mit ersten Luxusinvestitionen besonders im Bereich Genußmittel. Die ausgehenden siebziger und achtziger Jahre liegen im neuen Trend gesundheitsbewußter Lebensgestaltung.

	1		2		3	
1949-1959	F	41	M	8	FM	13
1960-1969	F	75	M	65	FM	53
1970-1979	F	89	FM	68	M	78
1980-1987	F	108	FM	76	M	77

Die für die Medien einzigartige Dominanz der Frau im Bereich Werbung bestätigt sich: Sie führt überlegen alle Jahrzehnte. Ein bemerkenswerter Wechsel erfolgt um 1970 auf den Rangpositionen 2 und 3. Zusammengefaßt läßt sich sagen:
- die einmalige Vorherrschaft der Frau dürfte zurückgehen auf die Frauen als größere Konsumenten- und Käufergruppe;
- traditionelle Geschlechterrollen finden ihre Bestätigung in den entsprechenden Produktbereichen;
- die Positionen Genußmittel einerseits und Arbeit, Gewerbe andererseits zeigen die totale Konsumorientierung und die Polarisierung von Arbeit und Freizeit.

Qualitative Analyse

Einleitend sei verwiesen auf das Bewußtsein eines gewissen subjektiven Interpretationsansatzes, geprägt von der eigenen Sozialisation, von den eigenen Vorstellungen eines Geschlechtsbildes. Ich erwähne nicht die Angst des Forschers vor dem Feld, sondern die persönliche Betroffenheit der Forscherin im Feld.

Erving Goffman bezeichnet Reklamebilder als ein Stück simuliertes Leben, "als eine aufgeputzte strahlende Version der Realität".[10] Man kann sagen, daß ritualisierte Verhaltensweisen des täglichen Lebens in "hyperritualisierten" Reklamebildern aufgegriffen werden.

10 Goffman: Geschlecht, S. 89.

So steht die Frage im Raum, wie soziale Situationen als szenisches Material genützt werden, um visuelle Belege unserer menschlichen Natur zu gestalten.[11]

Neben Erving Goffman waren die Arbeiten von Marianne Wex und Christiane Schmerl der literarische Leitfaden für die einzelnen Analysekriterien. Von den umfangreichen Ergebnissen hier nun einige exemplarische Ausschnitte:

Körperhaltung

Marianne Wex:

> "Ich gehe davon aus, daß Frauen und Männer von klein auf lernen, sich unterschiedlich zu bewegen und daß diese 'weibliche' und 'männliche' Körpersprache mit allen anderen 'weiblichen' und männlichen' Rollenzuweisungen im Zusammenhang steht. Das heißt, daß auch die Körpersprache zur Kennzeichnung und Konditionierung zum 'schwachen' sowie (...) zum 'starken' Geschlecht und damit der Festigung der Rangordnung Mann/Frau dient."[12]

Konkret heißt das: breite Beinhaltung beim Mann, nach außen gestellte Füße, die Arme im Abstand zum Körper, ein größerer Anspruch auf Bewegungsraum; die Frau zeigt eng aneinandergehaltene Beine, gerade oder nach innen gestellte Füße, eng am Körper gehaltene Arme, oft in den Schoß gelegt, sie beansprucht wenig Raum, macht sich schmal, wirkt verharmlosend, verkleinernd.

Interaktion zwischen Frau und Mann

Durch die typische Rolleninszenierung werden die Unterschiede zwischen Frau und Mann besonders klar.

Neben der Größe (Frau und Mann sind entweder gleich, oder wenn jemand größer ist, dann ist dies der Mann), der Sichtbarkeit (besser sichtbar ist meist die Frau) und dem Alter (jünger ist eher die Frau, älter eher der Mann) sei auf die besitzergreifenden und untergeordneten Gesten im Sinne von Goffman aufmerksam gemacht. Besitzergreifende

---

11 Goffmann: Geschlecht, S. 119.
12 Marianne Wex, "Weibliche" und "männliche" Körpersprache als Folge patriarchalischer Machtverhältnisse. Hamburg 1980, S. 6.

Gesten gehen hauptsächlich vom Mann aus. Er hält die Hand der Frau, legt seine Arme um ihren Oberarm, ihre Schulter, ihre Taille: er hat sie voll im Griff.

Klassisches Stereotyp der Unterordnung, auch der Ehrbezeugung, ist die Verneigung. Sie wird zwar vom Mann ausgeübt als Höflichkeitsgeste der Frau gegenüber, trotzdem verliert er nicht an physischer Höhe und damit an sozialer Ranghöhe.

Niedrigere Positionen nehmen Personen niedrigerer Stellung ein, dies gilt insbesondere für Frauen und Kinder: sie sind eher im Bett, am Fußboden anzutreffen als der Mann. Eine gewisse Schutzlosigkeit wie auch sexuelle Verfügbarkeit werden damit zum Ausdruck gebracht.

Die Frau wird gerne als sozialer Besitz gesehen; besonders dann, wenn sie sich mit einem Vorhaben beschäftigt, das ihr Kompetenz und Autorität verleihen könnte - dann tritt der Mann wie ein Grenzwächter auf und bremst sie mit sicherem Griff.

Ein ähnliches Merkmal ist das zulässige Ausweichen. Es ist eher typisch für die Frau: sie scheint einer Situation öfters zu entrücken, gedanklich abwesend, orientierungs- und ziellos zu sein, auf Schutz- und Wohlverhalten der anderen angewiesen zu sein. Ihre typische Körpersprache: Gesicht mit Händen bedecken, Finger an den Mund legen, Kopf schräg halten, abwesender Blick bzw. unterschiedliche Blickbrennpunkte zwischen Mann und Frau.

Körperteile

Dieser Untersuchungsbereich wurde angeregt durch die Gedanken von Frigga Haug über die Sexualisierung von Körperteilen, sie fragt z.B.: "Warum wirken gespreizte Frauenbeine aufreizender und provokanter als gespreizte Männerbeine?"[13]

Der am häufigsten dargestellte Körperteil ist der Kopf. "Verkörpert" er doch die individuelle Persönlichkeit des Menschen, ist er das edelste und wichtigste Zeichen seiner selbst, seines Geistes, seines Intellekts; der restliche Körper ist nur notwendiges, funktionelles, instrumentelles Anhängsel.

An nächster Stelle folgen die Hände. Sie sind die wesentliche Brücke zwischen Mensch und Produkt. Frauenhände halten schützend, umfassen

---

13 Frigga Haug (Hrsg.), Frauenformen. Sexualisierung, Berlin 1983, S. 45.

respektvoll, liebkosen zärtlich und unterscheiden sich vom anpackenden festhaltenden Zugriff männlichen Stils.

Frauen-Typologien

Zentrum der Typologien sind die drei zentralen Lebensbereiche der Frau: Haushalt, Familie, Beruf. Wenn es um die Mehrfachbelastung der Frau geht, gibt man sich zwar vordergründig, aktuell und problemorientiert, doch letztendlich werden diese Probleme bagatellisiert, z.b. mit Vitaminpillen betäubt.

Hausfrau und Mutter
Auch in der klassischen Rolle als Hüterin von Heim und Kinderschar hat die Frau gepflegt und gestylt aufzutreten.

Berufstätige Frau
In einer tatsächlichen beruflichen Tätigkeit sieht man sie kaum. Nur die Ausstrahlung von Selbstbewußtsein, Intelligenz und Selbständigkeit läßt eine berufliche Assoziation zu. Und wird sie doch im Beruf gezeigt, dann bestenfalls in einem dem Manne gleichwertigen, eher jedoch in einem ihm untergeordneten Tätigkeitsbereich.

"Frischwärts"-Mädchen
Das ist der Typus der sportlich lässigen, jungen Frau, die Lebensfreude ungehemmt ausdrückt und damit vor allem ein bestimmtes Lebensgefühl vermittelt.

Luxusfrau
Sie wirkt damenhaft, anspruchsvoll, liebt das Exklusive, Kostbare, Echte, Elegante. So eine Frau trägt z.B. kein Parfum, sie "erlebt" es. Diskriminiert wird dieser Typus durch eine Reduktion auf die Funktion als kostbar ausstaffierte Zierde des Mannes.

Geheimnisvolle, erotische Frau
Kennzeichen ist eine gewisse Unnahbarkeit, die die Erobererlust des Mannes stimulieren soll. Sie wirkt anders, besonders, schafft Neugierde, z.B. mit dunklem, laszivem Blick, der mehr als nur Sektgenuß zu versprechen scheint.

Interessante, unkonventionelle Frau

Sie hebt sich von der Masse der gewöhnlichen Frauen ab, zeichnet sich durch Charme, Persönlichkeit und eigenen Lebensstil aus.

Romantisch unschuldige, mädchenhafte Frau

Eine Form der Unnahbarkeit in Verbindung mit Romantik, dieser Typ ist zerbrechlich, verspielt, träumerisch - der Beschützerinstinkt wird angesprochen.

Kokette, komische, naive, dümmliche Frau

Sie kommt eher selten vor, weil sie in ihrer klischeehaften Überzeichnung zu deutlich diskriminierend wäre.

Werbesprache - geschlechtsspezifische Inhalte

Folgende Analysenkriterien sind Christiane Schmerls Rezeptkatalog zur frauenfeindlichen Werbung entlehnt.[14]

1. Rezept: Frau = Sex

Eine beliebte Zutat, die die Frau auf einen sexuellen Gebrauchsgegenstand, auf ein Spielzeug des Mannes reduziert. "Die neue Lust am Fernsehen"[15] z.B. muß offenbar um aufreizend inszenierte Frauenkörper erweitert werden.

2. Rezept: Frau = Produkt, Produkt = Frau

Diese Gleichsetzung gerät oft zur Herabsetzung. Nur eine Frau bringt es fertig, sich in ein Produkt zu verlieben: "Verliebt in St. Raphael"[16] - und schmiegt sich an eine Aperitif-Flasche.

3. Rezept: Haushalt = Frau

Diese Gleichsetzung ist dann diskriminierend, wenn glorreiche Lügenmärchen verbreitet werden, wie Haushalt = Erfüllung, Hobby, Luxusbe-

---

14 Christiane Schmerl, Frauenfeindliche Werbung. Sexismus als heimlicher Lehrplan, Hamburg 1983.
15 Bunte Illustrierte, 1987, Nr. 50, S. 34.
16 Bunte Illustrierte, 1966, Nr. 50, S. 93.

schäftigung; wenn Eheglück und Liebe sich mit perfekter Kochkunst und blütenweißer Wäsche sichern lassen.

4. Rezept: Typisch "Frau"

Hierbei sind sogenannte typischere weibliche Merkmale, "Schwächen" gemeint, wie z.b. Geschwätzigkeit oder Naschsucht: "Ich trinke Jägermeister, damit ich besser aus dem Nähkästchen plaudern kann".[17]

5. Rezept: Männlicher Zynismus

Es geht um witzige Sprüche, Anspielungen, die letztendlich die patriarchale Sehweise weiter festigen.

Textbeispiel: "Wir wüßten ein Weihnachtsgeschenk für Ihre Frau, das nicht aus der Mode kommt und viel Ähnlichkeit mit einem Dukatenesel hat: Pfandbriefe".[18] Versteckte Botschaft: Frau hat nur Mode im Kopf und zieht dem armen Mann das Geld aus der Tasche, degradiert ihn zum Dukatenesel.

6. Rezept: Emanzipation

Sie ist nur interessant, wenn sie sich vermarkten läßt, oft in pervertierter Form, z.b.: "Freiheit beim Haaretrocknen - durch Lady Braun Trockenhaube".[19]

7. Rezept: Kosmetische Zwangsjacke

"Welche Frauen gelten als schön? Nur die, die jene Schönheit besitzen, auf die es vor allem ankommt, ein schönes geplegtes Gesicht - der Zauber eines reinen makellosen Teints, wie ihn Scherk Gesichtswasser so mühelos erzeugt."[20] - Dies bedarf wohl keines Kommentars!

Sehr dezent, mit Raffinesse arbeitet folgendes Beispiel, in dem es lapidar heißt: "Ab 1. Mai sind die Freibäder wieder geöffnet"[21] - in dicken Lettern, mit einem Becher Margarine in Großaufnahme daneben. Diese Formulierung lädt zum Nachdenken, Assoziieren ein ... am Ende dieser Gedankenkette steht dann unweigerlich die perfekte Bikinifigur.

---

17 Bunte Illustrierte, 1974, Nr. 50, S. 43.
18 Bunte Illustrierte, 1967, Nr. 50, S. 65.
19 Bunte Illustrierte, 1972, Nr. 50, S. 41.
20 Bunte Illustrierte, 1955, Nr. 50, S. 13.
21 Bunte Illustrierte, 1972, Nr. 50, S. 81.

Statt eines Schlußwortes

Werbung als Spiegel unserer Kultur!
Werbung als Spiegel unserer Kultur?
Ironie und Zynismus werden zuletzt spürbar - wegen der werbepsychologischen Falltüren, in die man ja doch immer wieder tappt. In die Falle scheinbarer Blauäugigkeit gehe ich abschließend Henri Lefebvre ...!!! - nicht ohne Amüsement. Er nimmt die Pose der Werbung ernst und entlarvt sie damit:

"Der Konsum ist eine ernste Angelegenheit. Die gesamte Gesellschaft ist in Ihrer Nähe, wohlwollend und heilbringend. Aufmerksam. Sie denkt an Sie, persönlich. Für Sie bereitet sie persönlich gehaltene Objekte vor, oder was noch besser ist, Objekte, die als Gebrauchsgegenstände für Ihre personalisierende Freiheit geliefert werden: dieser Sessel, diese Anbaumöbel, diese Bettücher, diese Weißwaren. Dieses, und nicht jenes. Man hat die Gesellschaft verkannt. Wer? Alle. Sie ist mütterlich, brüderlich. Die sichtbare Familie wird verdoppelt durch diese unsichtbare, bessere und vor allem viel wirkungsvollere Familie, nämlich die Konsumgesellschaft, die mit ihren Aufmerksamkeiten und ihrem schützenden Charme jeden von uns umgibt. Wie kann dabei ein Unwohlsein bestehen bleiben? Welche Undankbarkeit!"[22]

---

22 Henri Lefebvre, Das Alltagsleben in der modernen Welt. Frankfurt/M. 1972, S. 151.

CLAUDINE PACHNICKE

Gestaltungsspielräume - Geschlechterforschung und Präsentationsformen

Der Themenschwerpunkt Geschlechterforschung und Präsentationsformen führte als roter Faden durch das Tagungsprogramm. Als Eröff-
nungsveranstaltung boten wir dazu eine *Führung* durch das Museum für
Volkskultur im Schloß Waldenbuch an. Zwei der beteiligten Wissenschaftlerinnen, Heidi Staib und Gaby Mentges, und die verantwortliche
Innenarchitektin, Marina v. Jacobs, führten gemeinsam durch die Dauer-
ausstellung und erläuterten den Entstehungsprozeß der Präsentation. Mit
den *Projektberichten* wurden Arbeitsbeispiele aus den Praxisfeldern
Museum und Ausstellung vorgestellt. Die Informationstafeln der
Projektbörse sollten die Frage nach den Gestaltungsweisen und Präsentationsformen illustrieren.

In der *Podiumsdiskussion* am Ende der Tagung wurde ein Resümee
zum Verhältnis von Forschung und Präsentationsformen gezogen. Das
Tagungsthema "Gestaltungsspielräume" konnte hier - nach einer Reihe
von Referaten aus der Forschung zu geschlechtsspezifischen Präsentationsformen etwa in der Kleidungs- und Wohnkultur - wieder auf das
Praxisfeld Museum bezogen werden. Die Anknüpfung an diese Themen
war nicht zufällig: Auch Museen und Ausstellungen sind kulturell
geprägte Räume, in deren Gestaltung geschlechtsspezifische Unterschiede zu dokumentieren sind.

Der folgende Beitrag skizziert kurz den thematischen Rahmen der
Podiumsdiskussion, stellt die vier Teilnehmerinnen mit ihren persönlichen Statements zum Thema vor und faßt die Diskussionsergebnisse
zusammen.

Frauen und Museen

Die Darstellung der Kunst und Geschichte von Frauen in den Museen
entspricht nicht deren realem gesellschaftlichen Anteil. Eine repräsenta-
tive Studie bestätigt: "Künstlerinnen, Filmemacherinnen und Designerinnen sind in den achtziger Jahren mit ihren Werken und Arbeitsresultaten

mehr und mehr hervorgetreten. In Ausbildung und Wissenschaft, im Kunst- und Ausstellungsbetrieb, in der Wirtschaft, den Medien und der Politik wird ihnen aber allenthalben noch viel zuwenig Aufmerksamkeit und Förderung zuteil."[1] Dieses Gesamturteil belegt die Studie mit konkreten Daten. In den spektakulären und von der öffentlichen Hand mit hohen Summen geförderten Großausstellungen zeitgenössischer Kunst in den achtziger Jahren "variiert die Beteiligung von Künstlerinnen zwischen 2,2 % auf der Zeitgeist-Ausstellung 1982 in Berlin und 16 % auf der ... Ausstellung 'Von hier aus' in Düsseldorf 1984."[2] Diese mangelhafte Präsenz auf Ausstellungen spiegelt sich in den Bestandskatalogen der Häuser: "Im 1987 edierten Katalog der Staatsgalerie München taucht keine einzige Künstlerin auf, im Katalog des Kunstmuseums Bonn beträgt ihr Anteil immerhin 16,1 %."[3]

Mit der Präsenz der Geschichte von Frauen in den öffentlichen Museen verhält es sich kaum anders. In (kultur-)historischen Museen ist die Frauengeschichte völlig unterrepräsentiert. Die Erkenntnisse der Geschlechterforschung haben noch kaum Eingang in die Dauerausstellungen gefunden. Es sind in der Regel Projekte außerhalb der Institutionen, in denen diese Thematik aufgegriffen und einem - zumeist nur kleinen - Publikum vermittelt wird.

Im institutionellen Rahmen sind neben einigen Sonderausstellungen in Stadtmuseen vor allem die Präsentationen der seit den siebziger Jahren entstandenen Frauenmuseen zu nennen. Sie zeigen Frauengeschichte in Dauer- wie in Wechselausstellungen - allerdings an ausgegrenzten Schau-plätzen. Die Priorität sollte heute jedoch darauf liegen, für die Ergebnisse der Geschlechterforschung gerade in den etablierten Häusern einen Ausstellungsanteil einzufordern und nicht ausschließlich auf eine Abgrenzung zu setzen. Ein Anfang ist gemacht: Das Museum der Arbeit in Hamburg hat sich im Jahr 1989 - auf das Betreiben des Frauenarbeitskreises - mit der beispielhaften "Quotierung der Quadrat-

---

1 Renate Petzinger/Ingrid Koszinowski: Künstlerinnen, Filmemacherinnen, Designerinnen. Arbeits- und Wirkungsmöglichkeiten in den alten Bundesländern. Ergebnisse einer Studie. Reihe Bildung - Wissenschaft - Aktuell Nr. 3/92, herausgegeben vom Bundesminister für Bildung und Wissenschaft, S. 5.
2 Ebd., S. 26.
3 Ebd.

meter" zu einer Quote für Frauengeschichte in der Museumspräsentation bekannt.

Präsentationsformen in Museen und Ausstellungen

So wie das Verhältnis von Präsenz und Repräsentanz von Frauen in Museen nicht stimmt, verhält es sich auch mit den ausgestellten Objekten. Zwischen der Präsenz der Objekte und dem Bedeutungskontext, den sie in der Ausstellung repräsentieren sollen, ist zu unterscheiden.

In historischen Ausstellungen und Museen sieht sich das Publikum Präsentationseinheiten gegenüber, die häufig nicht erkennen lassen, wo das Objekt "endet" und Interpretation und Gestaltung beginnen. Der Prozeß von Reduzierung und Kontrastierung, von Leitmotivauswahl und Symbolzuordnung, von Arrangement- und Inszenierungskonstruktion usw., wie er bei der Ausstellungsarbeit abläuft, dient nur dazu, die kulturhistorischen Objekte "sprechen zu lassen". Und die gestalterische Sprache einer Ausstellung, ihre Präsentationsformen also, sind es, die das Publikumsverhalten und den Rezeptionsprozeß ganz wesentlich leiten.

In der universitären Ausbildung versucht gerade die Volkskunde dieser Verknüpfung von Forschung und Vermittlung in der musealen Praxis gerecht zu werden. So bietet beispielsweise das Ludwig-Uhland-Institut für Empirische Kulturwissenschaften an der Universität Tübingen regelmäßig Projektseminare an, in denen bestimmte Inhalte von den StudentInnen erforscht *und* in Ausstellungen vermittelt werden.

Der Entstehungsprozeß von Ausstellungen und Museumspräsentationen läuft jedoch vielfach so ab, als gäbe es einen Inhalt ohne Form. Die Designerin Iris Laubstein hat dies auch in der Zusammenarbeit mit studentischen Arbeitsgruppen in Tübingen erlebt: "Da wird qualvoll und lange an Inhalten gearbeitet, und dann ist ganz viel Material vorhanden, - aber nicht genug Raum, um das alles zu präsentieren. Erst dann kümmert man sich normalerweise um die 'Umsetzung'."[4] Manch einer Ausstellung ist es anzumerken, das Wissenschaft und Gestaltung auch während der Umsetzung getrennte Welten geblieben sind. Oftmals können sich DesignerInnen oder ArchitektInnen mit "ihrem Stil" präsen-

---

4 Dieses und alle folgenden Zitate wurden der Tonaufzeichnung der Podiumsdiskussion vom 11.12.1991 entnommen.

tieren, was jedoch der Präsentation der Objekte und der Verständlichkeit der Thematik nicht immer zum Vorteil gereicht.

Mit dem Bewußtseinswandel in den Museen, die mit Beginn der siebziger Jahre ihren öffentlichen Auftrag und die Museumspädagogik entdeckten, erhielt der Faktor "Präsentation" seine heutige Schlüsselfunktion im Ausstellungsbereich. Daß sich in Ausstellungen museales Objekt und Kontextherstellung eigentlich nicht decken, sondern nur möglicherweise in Teilen überschneiden, entlarven unter anderem die Moden der Präsentation, die in den letzten zwanzig Jahren aufeinander folgten. Die musealen Objekte wurden je nach Trend in verschiedene Kontexte und Gestaltungsweisen gesteckt. Dabei spielen Themenkarrieren auf Seiten der Wissenschaft genauso eine Rolle wie etwa Materialkarrieren im Design. Stromlinienförmig trat beispielsweise Ende der siebziger bis Mitte der achtziger Jahre eine Vermittlungsspezies inflationär auf: Die Rekonstruktion der Alltagswelt im "Wohnzimmer" (bürgerlich) und in der "Küche" (proletarisch). Heute wird die Alltagskultur als Primärkontext historischer Museumspräsentationen kritisch hinterfragt und den Rekonstruktionen ganzer Lebenswelten mit Skepsis begegnet.

Unter Ausblendung dieser Zeitgeisterscheinungen gilt im musealen Umgang mit Objekten der Kultur, was schon Gertrud Stein am Beispiel eines Objekts der Natur formulierte: "a rose is a rose is a rose ...". Die Aufgabe für WissenschaftlerInnen und GestalterInnen besteht darin, gemeinsam die Hintertür zu finden, die den Museen im Umgang mit den Objekten - jenseits der Moden? - noch bleibt.

Die Fragenkomplexe

Die Podiumsdiskussion wurde von der Kulturwissenschaftlerin *Karen Ellwanger*, Universität Osnabrück, vorbereitet und strukturiert.[5] Sie ließ die vier Frauen auf dem Podium Stellung nehmen zu deren persönlicher Arbeitsauffassung und Praxiserfahrung. Die Fragen kreisten um zwei Themenkomplexe:

---

5 Ich danke Karen Ellwanger für die Überlassung ihrer Aufzeichnungen vom Diskussionsverlauf.

1. Die Herangehensweise

Die Diskussionsteilnehmerinnen wurden nach ihrer Sicht des Verhältnisses von Wissenschaft und Gestaltung, von Inhalt und Präsentation in Museum und Ausstellung gefragt. Wie sehen sie die Umsetzung, die Vermittlung von Ergebnissen der (Geschlechter-) forschung? Welche Zugänge und Strategien haben sie entwickelt? Gibt es typisch weibliche Herangehensweisen?

2. Das Museum als Vermittlungsinstanz

Historische Museen und Ausstellungen thematisieren immer eine andere historische Realität als die, der sie selbst als öffentliche Institution angehören. Und damit wirken sie - nur scheinbar paradoxerweise - immer auch auf die gegenwärtige Realitätsebene zurück. Welche Möglichkeiten gestehen die befragten Frauen Ausstellungen und Museen als Orten sozialen Austauschs zu? Welche Alternativen haben sie erprobt und welche wünschen sie sich?

Das Podium

Bei der Zusammensetzung des Podiums haben wir auf eine paritätische Verteilung Wert gelegt. Mit der Architektin *Helga Schmidt-Thomsen* und der Designerin *Iris Laubstein* waren zwei Gestalterinnen und mit *Marianne Pitzen* vom FrauenMuseum in Bonn und *Elisabeth von Dücker* vom Museum der Arbeit in Hamburg zwei Fachfrauen aus dem Museumsbereich anwesend. Wir sind jedoch davon ausgegangen, daß sowohl die Gestalterinnen mit analytischem Blick als auch die Museumsfrauen mit gestalterischer Kompetenz ihr Metier betreiben. So hat gerade die Auswahl der Teilnehmerinnen die Untrennbarkeit von Inhalt und Gestalt widergespiegelt und die Ausstellungsarbeit als Grenzbereich zwischen Forschung und Präsentation definiert.

Von jeder der vier Frauen war bekannt, daß sie sich in einem aktuellen Projekt für die Erprobung neuer Präsentationsformen engagiert hatte. Jede hat sich deshalb mit einer kurzen Beschreibung dieses Projektes vorgestellt.

Helga Schmidt-Thomsen, Architektin/Berlin:

Das Projekt, für dessen Verwirklichung ich mich gemeinsam mit der Journalistin und Kunsthistorikerin Yvonne Leonard und einigen Mitstreiterinnen einsetze, ist das "Neue Universum", ein Werkstattmuseum für Kinder und Jugendliche in Berlin. Es handelt sich zwar um ein Projekt für Kinder und Jugendliche, enthält aber viele Aspekte, deren Umsetzung ich mir im Museum allgemein wünschen würde, - und unter diesem Blickwinkel stelle ich es hier vor.

Wir gehen davon aus, und Beispiele aus dem außereuropäischen Ausland, besonders aus Amerika, zeigen dies deutlich, daß Kinder und Jugendliche kulturelle Ansprüche, Bedürfnisse und Interessen haben, die andere Kulturangebote brauchen, als die bisher vorhandenen. Sie brauchen einen Ort, an dem sie experimentieren, forschen, erfinden und erkunden können, was sie interessiert, einen Ort, an dem sie mit ihren eigenen Kompetenzen anerkannt und nicht vermeintlich gutwilligen Regeln, Zwängen und Disziplinierungen unterworfen werden. Sie brauchen kulturelle Angebote, durch die sie die Freiheit von Phantasie und Neugierde kennenlernen und die Sprünge von Faktizität und Fiktivem ausleben können, - um dadurch jene Kultur zu entdecken, in der sie leben.

Dieses Museum für Kinder und Jugendliche soll ein Raum sein, an dem das Wissen über die spezifischen Weltaneignungsformen von Kindern und Jugendlichen zum Prinzip erhoben wird. Die Besucher sollen hier nicht leise und flüsternd durch die versammelten Bestände der Kulturgeschichte schreiten, sondern sie können - nach Lust und Laune, Zeit und Ausdauer - die Welt in ihre eigenen Hände nehmen. Es soll ein Museumslabor, ein Werkstattmuseum und eine Zukunftswerkstatt zugleich sein. Kinder und Jugendliche können dort lernen, wie man, von eigenen Interessen geleitet, aktiv die Welt entdecken kann und neue Zugänge zur eigenen und zu fremden Kulturen, zu Vergangenheit, Gegenwart und Zukunft finden kann.

Vor vier Jahren haben wir das "Neue Universum" als Projekt für die 1995 geplante Bundesgartenschau in Berlin vorgeschlagen. Das Gartenschaugelände und der alte Speditionsbau auf dem Moabiter Werder als Gebäude scheinen uns für das Museum besonders geeignet. Den Museen rund um den Tiergarten benachbart, könnte es zeigen, daß Kinder und Jugendliche in der Berliner Kulturlandschaft durchaus einen Platz einnehmen. Unser Entwurf bleibt exemplarisch an diesem Haus festgemacht, wenn auch die Berliner Entwicklung inzwischen zu völlig neuen

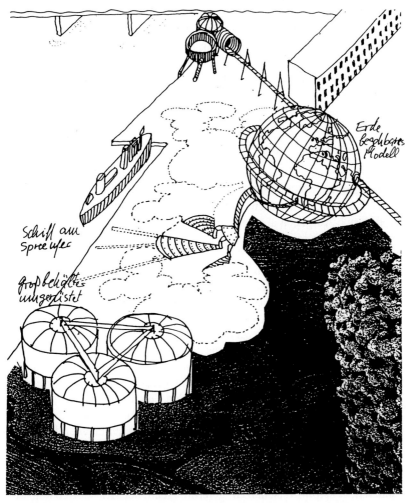

Handwritten labels in image: Erde begehbares Modell, Schiff am Spreeufer, Großbehälter unverlistet

"Neues Universum", Entwurf: Helga Schmidt-Thomsen

Überlegungen Anlaß gegeben hat und wir trotz angespannter kommunaler Finanzen nach einem neuen Ort Ausschau halten. Das Projekt findet die - vorerst nur ideelle - Unterstützung des Kultursenators, wenn es auch in seinem Hause Zweifel gibt, ob sich ein so stark soziokulturell ausgerichtetes Projekt überhaupt mit dem Begriff "Museum" verbinden darf! H.S.-T.

Iris Laubstein, Designerin/Nürnberg:

Die Frage nach weiblicher Ästhetik ist müßig. Was für mich spannend ist, sind die "Spezialitäten" von Frauen und die Chancen, die in ihrer Vorgehensweise liegen. In meiner Arbeit habe ich Erfahrungen sammeln können mit

1. Jungen Industrie-Designerinnen in der Ausbildung
2. Frauen im Ausstellungsbereich
3. Netzarbeit von Frauen

1. Wer mit Nachwuchsprogrammen in der Design-Förderung zu tun hat, kommt um ein Phänomen nicht herum - die Themenwahl der Studentinnen. Überdurchschnittlich viele angehenden Industrie-Desgnerinnen stellen sich Aufgaben aus den Bereichen "Helfen, Schützen und Bewahren" - Kinder, Kranke, Frauen, Umwelt. Offensichtlich geleitet von der sehr rationalen Frage nach dem Sinn und Zweck eines Produktes und von der Frage, wem es nützt. So motiviert, sind sie auch bereit, wenn es beispielsweise um Medizintechnik, Abfalltechnologie und Umweltprobleme geht, sich mit hochkomplexen Technologien auseinanderzusetzen und die immer noch vorhandenen Defizite gegenüber ihren männlichen Kollegen zu überwinden. Und die Qualifizierung in diesen Bereichen ist kein Rückzug, keine Beschränkung auf "typisch Weibliches". Es ist eine Chance, denn das hat "Zukunft". Entwickelt werden müssen allerdings noch Strategien, um diese Zukunftsentwürfe auch durchzusetzen. Daß Studentinnen bei der Vergabe von Stipendien und Preisen unterrepräsentiert sind, liegt nur zum Teil an der Zusammensetzung der Juries. Häufig geht die Zurücknahme der eigenen Person zu weit und die Einsicht in die Notwendigkeit professioneller Präsentationsformen fehlt.

2. Als Ausstellungsgestalterin habe ich die Arbeit mit Frauen aus anderen Disziplinen schätzen gelernt. Auch bei der Umsetzung von Inhalten in das Medium Ausstellung ist die Frage nach Sinn und Zweck eine wichtige Basis. Die Bereitschaft, in der Zusammenarbeit die eigenen Vorstellungen immer wieder neu zu definieren und die Fachkompetenz der beteiligten Professionen zu akzeptieren, ist Teamarbeit und macht die Entwicklung gemeinsamer Konzepte möglich.

3. Diese Fähigkeit zur interdisziplinären Akzeptanz hat sich auch bei der Bildung des Designerinnen-Forums gezeigt. Mit diesem Forum ist ein Netzwerk entstanden, das die Interessen von Frauen aus allen Design-Bereichen und auf europäischer Ebene wahrnehmen wird. Neben

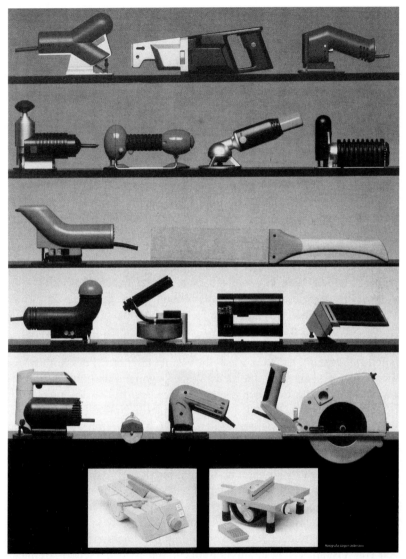

19 Entwürfe zum Thema "Sägen" eines dritten Semesters an der Universität Essen. Zwei Arbeiten stammen von Studentinnen. Es sind die Sägen in der 3. Reihe von oben, rechts: das einzige Handwerkszeug; in der 2. Reihe von unten, 2. von links: eine kleine medizinische Gipssäge.

dem Informationsaustausch wird es vor allem um die Diskussion der inhaltlichen Zielsetzungen des Berufs und die Entwicklung von Strategien zur Durchsetzung "weiblicher Sicht- und Vorgehensweise" gehen.

I.L.

Marianne Pitzen, FrauenMuseum Bonn:

Das FrauenMuseum in Bonn, auch als "Tanzplatz der Musen" bezeichnet, ist ein Museum von Frauen für Frauen. Es ist seit 10 Jahren ein Ort, an dem sich vor allem Künstlerinnen kritisch mit gesellschaftlichen Problemen auseinandersetzen. Das Haus beherbergt auf rund 1000 Quadratmetern Bibliothek und Archiv, Museum und Ausstellungsräume sowie neun Ateliers für Künstlerinnen.

In den zehn Jahren seines Bestehens hat das FrauenMuseum über 200 Ausstellungen veranstaltet, teilweise als Übernahmen oder selbst konzipiert und gestaltet. Mit Themen wie Ökologie, Erotik, Gewalt und Krieg versuchen wir Unterschiede der Geschlechtergeschichte sichtbar zu machen. Die historische Frauenforschung bemüht sich um einen "anderen Blick" auf Geschichte, sucht einen neuen Ansatz. Dieser andere Blick hat Folgen für eine Ausstellung zur Frauengeschichte einer Stadt. Unser Ausstellungsprojekt "Die Bonnerinnen - Szenarien aus Geschichte und zeitgenössischer Kunst" hat dies deutlich gezeigt.

Diese Ausstellung, aus Anlaß der 2000-Jahr-Feier der Stadt Bonn im Jahr 1989 gezeigt, hat ganz wesentlich zum Durchbruch des FrauenMuseums beigetragen. Wir sind neue Wege gegangen und haben Historikerinnen und Künstlerinnen gleichermaßen an der Ausstellungsarbeit beteiligt. Natürlich entstanden aus dieser interdisziplinären Arbeitskonstellation die verschiedensten Interessenkonflikte: Improvisation und Künstlerinnenanspruch prallten mit museumstypischer Arbeitsweise und Professionalität zusammen. Wesentlich für das Ergebnis war jedoch die Verknüpfung der Disziplinen in einem dialogischen Arbeitsprozeß. Die gegenseitige Anregung bei der Arbeit wiederholte sich auf der Seite der AusstellungsbesucherInnen: sie fanden beim Betrachten der Ausstellung über die Geschichte zur Kunst oder umgekehrt.

Der interdisziplinäre Ansatz verdeutlicht zugleich unsere Vorstellungen von Visualisierung in Ausstellungen: Wir wollen Pseudo-Architekturen mit genormten Stellwänden vermeiden, weil sie keine Inszenierungen schaffen, die "stimmen". Wir haben mit der Umsetzung von Ausstellungsthemen durch Künstlerinnen sehr gute Erfahrungen gemacht. Die Kunst wird dabei nicht die dekorierende Dienerin der Geschichte. Wir wollen ganz bewußt die Kunst in den Alltag, in unser Leben zu-

Zwei künstlerisch gestaltete Szenen aus der Ausstellung "Die Bonnerinnen", 1989.
Oben: Regina Roskoden: Frauenstraße. Unten: E.R. Nete: Der Appell.

zurückführen und das l'art pour l'art aufknacken. Das ist ein sehr andersartiger Ansatz, der der Freiheit der Kunst überhaupt keinen Abbruch tut. M.P.

Elisabeth von Dücker, Museum der Arbeit/Hamburg:

Das Museum der Arbeit ist kein Museum in Frauenhand. Dennoch hatte der seit 1983 tätige "Arbeitskreis Frauen" für Idee und Praxis des Museums die Kategorie Geschlecht eingefordert und mit der kleinen Ausstellung "Große Wäsche" Museumsgeschichte geschrieben. Der weiteren Entdeckung der vielfältigen, unbeachteten weiblichen Produktionsformen galt von da an das Interesse. Ich war mittlerweile zum Museum der Arbeit gewechselt und arbeitete mit an den Ideen für ein Frauen/Forschung/Kultur/Politik-Projekt, eine feministische Re-Vision der Hafengeschichte anläßlich des 800jährigen Hafenjubiläums im Jahr 1989.

Für gut zwanzig Frauen begann mit diesem Projekt eine Forschungsreise zu den weißen Flecken der Sozialgeschichte der eigenen Stadt, eine Suche nach den Spuren der ungesehenen, ungeachteten Arbeit von Frauen im und für den Hafen in den letzten hundert Jahren, ausgerüstet mit dem anderen Blick, der Umdefinition des herkömmlichen Begriffs von Hafenarbeit als ausschließlicher Männerdomäne. Die wichtigste Quelle waren die Frauen selbst, die früher und heute im Hafen arbeiteten und arbeiten. Ihrer Geschichte unübersehbar Platz verschafft haben wir auf den 1000 Quadratmetern einer Speichermauer am Fischmarkt. An diesem "prominenten" Standort im Hafen entstand eine Bildcollage als Ausstellung für jeden Tag, zum Nulltarif, nicht fernab hinter Museumsmauern, sondern dort, von wo wir dieses überfällige Kapitel Hamburger Sozialgeschichte "herausgeforscht" haben.

Das Projekt "Frauen-Wandbild" war ein Versuch weiblicher Platzbesetzung und ein Experiment in Sachen Museumsarbeit: Frauen aus verschiedenen Berufen, Bereichen und Generationen fanden sich als eine Art Frauengeschichtswerkstatt in einem Projekt zusammen, das die gesellschaftlich festgeschriebenen Trennungen von Forschung, Kunst und Politik aufzubrechen suchte. Ein Stück feministische Kulturarbeit also, die - im Sinne von Joseph Beuys - Forschung und Kunst nicht nur als wissenschaftlichen und ästhetischen, sondern auch als sozialen und politischen Prozeß begreift.

Die große Resonanz auf unser Projekt ermutigte den Frauenarbeitskreis, sich mit der Forderung nach der "Quotierung der Quadratmeter" in die Konzeptdiskussion einzumischen. Gemeint ist damit nicht die

Einweihungsfest des Frauenwandbildes im Hamburger Hafen am 29. Juli 1989.

Diktatur des Zollstocks, sondern die Ubiquität von Frauengeschichte, die Unabweisbarkeit von Geschlechtergeschichte und die Notwendigkeit einer feministischen Perspektive für Museumsphilosophie und -alltag. Der Utopie Leben einzuhauchen ist unser - weiblicher - Alltag.　　E.v.D.

Die Ergebnisse

Die im Verlauf der Veranstaltung geäußerten Vorstellungen, Vermutungen und Erfahrungen bieten eine Sammlung vielfältiger Aspekte. Sie sind im folgenden kurz zusammengefaßt und interpretiert.

1. Die Herangehensweise in den Projekten

Aus den Projektvorstellungen der Frauen lassen sich einige Aspekte des Zugangs und der Arbeitsweise herauslesen.

Unsichtbares sichtbar machen

In allen vier Projektberichten wird die Absicht deutlich, historische oder aktuelle gesellschaftliche Tatbestände, die übersehen werden oder dem Blick entrückt sind, ans Licht zu bringen:
- im Hafenwandbild und in der Ausstellung "Die Bonnerinnen" sind es die gesellschaftliche Lage und die Geschichte von Frauen
- im "Neuen Universum" sind es die Selbsterfahrungsbedürfnisse und das kulturelle Bewußtsein von Kindern und Jugendlichen
- für die Designerin Iris Laubstein sind es die nur scheinbar unspektakulären Produkte von Frauen im Design.

Ganzheitlicher Ansatz

Ein ganzheitlicher Planungsansatz spricht aus den Arbeiten von Marianne Pitzen, Elisabeth von Dücker und Helga Schmidt-Thomsen. Alle drei gehen davon aus, daß Thematik und räumliches Umfeld untrennbar zusammengehören. Helga Schmidt-Thomsen und Marianne Pitzen setzen sich ein für ein Haus - einen "Tanzplatz der Musen" von Frauen für Frauen, ein " Neues Universium" für Kinder und Jugendliche - das als eine Art Gesamtkunstwerk funktioniert. Der Ansatz der Arbeitsgruppe im Museum der Arbeit, vorgestellt von Elisabeth von Dücker, verfolgt ein vergleichbares Ziel: Die Einbettung des Wandbildes zur Hafen-Frauen-Geschichte in den Gesamtzusammenhang von Forschung, Kultur und Politik, der auch dadurch erreicht wurde, daß das Wandbild im Hafen selbst seinen Ort hat.

Interdisziplinäres Arbeiten

Weder die Museumsfrauen noch die Gestalterinnen scheuen die Zusammenarbeit mit anderen Disziplinen, sondern werten sie als befruchtenden

Impuls. Die Bildung eines Teams, in dem es sowohl (geschichts-) wissenschaftlich als auch künstlerisch kompetente Ausstellungsmacherinnen gab, versuchte Marianne Pitzen während der Arbeit an der Ausstellung "Die Bonnerinnen". Das Hafenwandbild in Hamburg wurde von Künstlerinnen und Frauen aus den verschiedensten Berufen und Generationen in einer Art Geschichtswerkstatt erarbeitet. Die Architektin Helga Schmidt-Thomsen arbeitet an der Umsetzung ihres Museumsprojektes mit einer Kunsthistorikerin zusammen.

Umsetzungsfaktor Kunst

Die beiden bereits realisierten Projekte - die Ausstellung über "Die Bonnerinnen" und das "Hafenwandbild" in Hamburg - entstanden in Zusammenarbeit mit Künstlerinnen statt mit GrafikerInnen, DesignerInnen und ArchitektInnen.

Dahinter verbergen sich vor allem zwei Vorstellungen. Zum einen schaffen "Pseudo-Architekturen", wie Raumbildung mit Stellwänden, laut Marianne Pitzen keine "Inszenierungen, die stimmen". Die Installationen stimmen eher, wenn Künstlerinnen sie bewußt, auf das Sujet zugeschnitten, einbringen. Zum anderen sollte in beiden Projekten die Trennung zwischen Forschung, Kunst und Politik aufgebrochen werden. Die Zielsetzung lautete: Durch die Verknüpfung wissenschaftlicher Themen mit künstlerischen Ausdrucksformen in den Alltag hineinwirken.

2. Frauen als Gestalterinnen - eine weibliche Herangehensweise?

Wie werden Gestaltungsaufgaben von Frauen angegangen? Diese Frage war vor allem an die beiden Gestalterinnen auf dem Podium gerichtet. Sie haben in ihrer Praxis Unterschiede in der Herangehensweise von Männern und Frauen beobachtet.

Die Frage nach Sinn und Zweck

Die Designerin Iris Laubstein hat festgestellt: "Es gibt eine weibliche Vorgehensweise, - die kann man auch im Industriedesign zeigen." Die Themenwahl von Studentinnen des Designs legt offen, daß sie sich bei der Produktgestaltung von der Frage leiten lassen: wem kann/soll es nützen? Überdurchschnittlich viele angehende Industrie-Designerinnen wenden sich dem Aufgabenbereich "Helfen-Schützen und Bewahren" zu und wählen Themen aus Produktgruppen wie Umwelt und Gesundheit. Weniger der Wunsch nach Selbstdarstellung, sondern die Zweckorien-

tiertheit bestimmt die Art der Gestaltung, die tendenziell eher un-
spektakulär erscheint.

Orientierung an den NutzerInnen

Die Architektin Helga Schmidt-Thomsen hat in ihrer Berufspraxis
beobachten können: "Die meisten männlichen Kollegen gehen nach der
Hierarchie an Gestaltungsaufgaben heran." Erst wird die städtebauliche
Dimension angegangen, dann die Form des Baukörpers und so weiter
die Stufenleiter hinunter bis zur Raumdisposition. Frauen hingegen
"versetzen sich hinein, spielen Bewohner, spielen Nutzer, identifizieren
sich mit dieser Sichtweise."

3. Wie drückt sich weibliche Herangehensweise in der musealen Präsentation aus?

Im Verlauf der Diskussion blieb es bei dem Versuch, Tendenzen zu
erkennen. Die Diskussionsleiterin drang immer wieder auf ein kritisches
Hinterfragen, ob die genannten Herangehensweisen nun wirklich weibliche Spezialitäten zu nennen seien. Für mehr als Vermutungen fehlt zu
dieser Frage noch die wissenschaftliche Grundlage.

Prozeßorientierung statt Verewigungsdrang

Die Diskussionsteilnehmerinnen auf dem Podium und aus dem Publikum plädierten für das Prinzip der Offenheit in der Gestaltung und
wandten sich gegen die Festschreibung von Präsentationseinheiten in
Museen. Da die Seh- und Interpretationsmuster sich schnell ändern,
sollte es vermieden werden, durch material- oder kostenmäßige Auf-
wendigkeit Ausstellungseinheiten mit Ewigkeitscharakter herzustellen.
Dem Wunsch des Auftraggebers nach langer Haltbarkeit und dem
Wunsch der DesignerInnen oder ArchitektInnen nach "Verewigung"
sollte zugunsten flexibler vielseitiger Einheiten, widersprochen werden.

Die beiden Museumsfrauen bekannten sich zur Methode der perma-
nenten Fortschreibung und Veränderung erarbeiteter Ausstellungseinheiten in Museen. Marianne Pitzen stellte im Resümee zum 1989 durchgeführten Ausstellungsprojekt "Die Bonnerinnen" fest: "Wir sind aber
mit dem ganzen Projekt keineswegs da, wo wir sein wollen. Wir sehen
das als Prozeß. Alles ist in Bewegung und verändert sich stets. Bewegung, Leben ist das eigentlich Konstante - und das wollen wir auch
durch das immer wieder Verändern zeigen".

Partizipation statt Anspruch auf Vollständigkeit

Die Architektin Helga Schmidt-Thomsen propagierte eine "Spielwiese" für jedes Museum. Einen Ort, der neue Sichtweisen zulässt, einen Ort, an dem das Publikum seine andere Sicht der Dinge finden und ausdrücken kann: "Ich habe verschiedene Sachen, die ich sammle, an bestimmten Tagen den Kindern gegeben, damit sie selbst Ausstellungen machen können. Sie haben sie nach ganz anderen Kriterien zusammengestellt und angeordnet. Ich habe die Sachen selbst ganz neu gesehen. Diese Möglichkeit könnte man öfter anbieten, Besucher mal selber Anmutung und Kontext machen lassen. Man ist ja sonst soweit und sagt, jeder sieht seine eigene Realität, jeder sieht seinen eigenen Film - jeder sieht seine eigene Ausstellung."

Die Museumsfrauen bestätigten diese Erfahrungen sowie den Wunsch, solche Formen der Partizipation des Publikums zu institutionalisieren. Elisabeth von Dücker regte an, in diesem Zusammenhang auch die Methoden der Evaluation gezielt nutzbar zu machen.

Fragestellungen statt Rekonstruktionen

Gegenüber den Moden der Präsentation äußerten sich die Frauen ablehnend. Marianne Pitzen: "Es gibt in den Museen unendlich viele Moden, die eine nach der anderen folgen ... Das eine Mal ist die Inszenierung gefragt, das nächste Mal wird das völlig vernichtet und etwas anderes ist dran. Das interessiert uns glaube ich hier nicht so sehr, sondern uns interessiert immer das direkte Arbeiten an den notwendigen Sachen."

Elisabeth von Dücker wandte sich gegen die Methode der Rekonstruktion ganzer Lebenswelten. Ihrer Meinung nach handelt es sich dabei um verfälschende Inszenierungen, die beim Publikum den Eindruck erwecken: so war es. Sie sucht Präsentationsformen, die dem entgegenwirken: "Ich hänge der Methode einer analytischen Inszenierung an, die nicht rekonstruiert, sondern mit Konstrukten arbeitet." Die Absicht besteht darin, mit "Brüchen" in der Präsentation Irritation hervorzurufen, anstatt mit formal geschlossener Präsentation fertige Interpretationen zu vermitteln.

Im Ansatz weisen diese Bemühungen um Brüche in der Präsentation in eine ähnliche Richtung wie die Zielsetzung von Helga Schmidt-Thomsen. Sie möchte mit der offenen Art der Gestaltung ihres Museums erreichen, daß Kinder und Jugendliche dort "die Sprünge von Faktizität und Fiktivem ausleben können, um damit jene Kultur zu entdecken, in der sie leben." Statt festgefügter Interpretationszusammenhänge und Faktenangebote sollen auch hier Fragestellungen zum Verstehen und Lernen führen.

Provisorien oder Professionalisierung?

Es stellte sich schließlich die Frage, welche Qualitäten muß eine Präsentation aufweisen, die den genannten Aspekten der Herangehensweise entspricht? In der Diskussion fiel wiederholt das Wort "Provisorium". Es war jedoch nicht als Gegenbegriff zu einer professionellen Präsentation zu werten. Vielmehr sollte damit der Charakter flexibler Ausstellungseinheiten beschrieben sein, die zum einen vielfältig verwendbar und veränderbar sind und zum anderen Partizipation seitens der BesucherInnen zulassen.

Die Designerin Iris Laubstein warnte vor den neueren Tendenzen auf dem Museumsmarkt, auf dem sich VolkskundlerInnen mit einem Totalservice - von der Ausstellungskonzeption bis zur Gestaltung - anbieten: "Das ist ein Trend, den ich nicht fördern kann. So sehe ich meine Aufgabe in Tübingen nicht. Für mich geht es nicht darum, Gebrauchsanweisungen 'wie bastele ich eine Ausstellung' zu geben, sondern darum, eine Profession vorzustellen, die Werkzeug für Leute einer anderen Profession zur Verfügung stellen kann, um interdisziplinär arbeiten zu können."

Eine Gestalterin aus dem Publikum verwies zudem auf die Funktion der GestalterInnen als Korrektiv für die WissenschaftlerInnen. Als "interessierte Laien" könnten sie beispielsweise Auskunft geben über die Verständlichkeit und die mengenmäßige Verträglichkeit von Text, die Wirkungsmöglichkeit von Symbolen usw.

Die Diskussionsleiterin Karen Ellwanger zog aus den Aspekten dieser Fragestellung das Fazit: "Die Leute, die hier auf dem Podium sitzen aus dem Museum und von der Gestaltung, sagen 'Professionalisierung ja'. Es muß heißen: vernetzen können, nicht basteln."

4. Das Museum als Ort der Vermittlung

Die Frauen verfolgen in den Museumsprojekten ganz bestimmte Ziele. Geleitet von der Nutzungsorientierung konzipieren sie Orte konkret für bestimmte Publikumsgruppen - für Frauen, für Kinder und Jugendliche - und wollen ihre Vermittlungsweise darauf abstimmen.

Ein Ort der Erfahrungen

Der allgemeine Tenor der Diskussionsteilnehmerinnen: Das Museum kann als Vermittlungsraum tauglich sein, wenn es sich als ein Raum aktiver Erfahrung präsentiert: Sind Eigenaktivität und Partizipation der BesucherInnen möglich, wird das Museum zum Labor, zur Werkstatt, zu einem Ort, der auch ein Stück Utopie beherbergen kann. Aber nicht nur Frauen- und Kindermuseen sollen solche sozialen Freiräume bilden, in denen Identitäten und Weltsichten ausgetestet werden können, sondern das Museum generell.

Raus aus dem Museum!

Die zwei Museumsfrauen und die Architektin befürworteten die Erweiterung der musealen Arbeitsfelder durch "Platzbesetzungen" außerhalb des Hauses. Im Gegensatz zu den Freiräumen, die spezielle Frauen- oder Kindermuseen innerhalb der Mauern bieten können, bedeutet ein Herausgehen aus dem Museum in öffentliche Räume auch das Einfordern einer Quote am Lebensraum Stadt.

Im Fall des Hafenwandbildes trägt die Wahl des Ortes zur Vermittlung dadurch bei, daß die Bewußtmachung am Ort des Geschehens und der Geschichte stattfinden kann. Dadurch sind, so Elisabeth von Dücker, Aha-Effekte möglich, die sonst im Museum eventuell nicht stattfinden würden. Das dezentrale Arbeiten kann zudem auf die Attraktivität des Museums zurückwirken, weil seine kulturellen Angebote im wahrsten Sinne des Wortes zugänglicher werden.

Das Arbeiten an Orten außerhalb des Museums wurde auch für die Anregung der Kreativität positiv bewertet. Die Diskussionsteilnehmerinnen waren sich einig darin, daß neue Orte auch eine Herausforderung für die Gestaltung in sich bergen und zur Entwicklung neuer Präsentationsideen beitragen können.

Die Diskussion geht weiter

Diese Diskussion konnte nur der erste Versuch einer Standortbestimmung sein. Die Resonanz von Podium und Publikum signalisierte großes Interesse an einer Weiterführung der Diskussion über die Tagung hinaus. Der nächste Schritt könnte eine Arbeitstagung sein, die sich ausschließlich den Präsentationsformen in Museum und Ausstellung widmet. Bei dieser Gelegenheit sollte auch eine weitergehende Organisation der an Präsentationsfragen interessierten Frauen aus dem Museums- und Ausstellungsbereich erwogen werden.

Der Verlauf des Gesprächs hat gezeigt, daß alle vier Frauen an inhaltlichen Zielsetzungen *und* Gestaltungsfragen arbeiten. Die Grenzen sind fließend: es gibt nicht die Gestalterinnen auf der einen und die Wissenschaftlerinnen auf der anderen Seite. Für die Realisierung der Leitgedanken dieser Podiumsdiskussion könnte daher die Installierung eines Forums von Museumsfrauen, das sich interdisziplinär versteht und Designerinnen, Architektinnen und Frauen anderer Berufsgruppen miteinbezieht, sehr hilfreich sein.

Autorinnen-Profile

UTE BECHDOLF M.A., 1960, wissenschaftliche Angestellte am Ludwig-Uhland-Institut der Universität Tübingen. Arbeitsschwerpunkte in der Frauenforschung, Populärkultur und Medienwissenschaft, zur Zeit Promotion über die geschlechtsspezifische Rezeption von Musikvideos.

BEATE BINDER M.A., 1960, wissenschaftliche Mitarbeiterin im Fachbereich Design der Hochschule der Künste Berlin. Studium der Empirischen Kulturwissenschaft und Neueren Geschichte in Tübingen. Arbeiten zur Historischen Frauenforschung und Technikgeschichte, zur Zeit Promotion über die Metaphorik des Fortschritts am Beispiel der Elektrifizierung.

ELISABETH BÜTFERING M.A., 1947, Historikerin und Journalistin, lebt in Frankfurt a.m.. Landespolitische Pressearbeit. Forschungen, Aktivitäten und Publikationen u.a. zu Frauenstadtgeschichte, Heimat und Fremde, feministischer (Kultur-)Politik. Redaktionsmitglied beim Frankfurter Frauenblatt, Mitherausgeberin des FrauenStadtbuchs Frankfurt.

DOROTHEE DENNERT, 1943, Museumspädagogin. Studium der Pädagogik in Bonn und Berlin, 1977 bis 1991 als Museumspädagogin am Landesmuseum in Koblenz, seit 1992 am Haus der Geschichte der Bundesrepublik Deutschland in Bonn.

ELISABETH VON DÜCKER, 1946, Dr. phil., wissenschaftliche Mitarbeiterin am Museum der Arbeit, Hamburg. Studium der Kunstgeschichte und Volkskunde, Arbeit am Altonaer Museum, "freizeitberuflich" tätig seit Gründung der Geschichtswerkstatt Ottensen (1980), "mehrfachberuflich" tätig seit Geburt der Tochter Laura (1986). Arbeitsschwerpunkte: Forschungs- und Ausstellungsprojekte zu Alltags-, Regional- und Frauen- bzw. Geschlechtergeschichte. Interesse am Entwickeln kooperativer, interdisziplinärer und partizipativer Projekte und deren ästhetischer Visualisierungs- und Umsetzungsformen.

KAREN ELLWANGER M.A., 1953, Studium der Empirischen Kulturwissenschaft/ Volkskunde, Rhetorik und Soziologie in Tübingen. Forscht und lehrt seit 1982 im Bereich real getragen Bekleidung im 20. Jahrhundert, Filmkostüm, Modetheorie, seit 1987 an der Hochschule der Künste Berlin. Zur Zeit Vertretungsprofessur Textiles Gestalten am Fachbereich Kultur- und Geowissenschaften der Universität Osnabrück.

BETTINA GÜNTER M.A., 1964, wissenschaftliche Mitarbeiterin im Fachbereich Design an der Hochschule der Künste Berlin. Studium der Volkskunde, Soziologie und Germanistik in Göttingen. Mitarbeit bei Ausstellungsprojekten, Arbeiten zur Alltagskultur proletarischer Frauen in der Weimarer Republik und zum Wandel der Wohnkultur in den 1950er Jahren.

MARLIES HAAS, 1960, Unterrichtstätigkeit am Gymnasium, Studium in Deutsch, Kunsterziehung und -geschichte, Volkskunde. Arbeitsschwerpunkte in der Frauenforschung und Kulturanthropologie.

HELGA HAGER, 1951, Wissenschaftliche Volontärin am Württembergischen Landesmuseum Stuttgart. Studium der Empirischen Kulturwissenschaft, Religionswissenschaft und Ethnologie in Tübingen; Forschungsschwerpunkte: Mentalitätsgeschichte, Familienforschung.

INGRID HEIMANN, 1934, Professorin für Designtheorie an der Hochschule der Künste Berlin, Fachbereich Design. Studien zur Kunstpädagogik, Kunstgeschichte, Mathematik und Informationstheorie. Der Schwerpunkt in Lehre und Forschung liegt in der Entwicklung gestaltanalytischer Definitionsvorgehen mit dem Ziel, Objektgestaltung eigenständig nachrichtenfähig zu machen. Ein wichtiger Gegenstand ist die Bekleidung, die in dieser Hinsicht äußerst theoriebedürftig ist und den Vorzug hat, Kurzzeitveränderungen zu zeigen und Geschlechtersituationen eindeutig getrennt darzustellen.

BETTINA HEINRICH, 1960, Diplom Pädagogin, Studium der Eziehungswissenschaften in Tübingen, 1982/1983 Arbeit in S. Paulo/Brasilien, bis 1992 Mitarbeit in der Forschungsgruppe Kulturgeschichte und Sachgut (FOKUS) in Dußlingen; arbeitet seit 1992 als wissenschaftliche Mitarbeiterin bei dem Informations-, Beratungs- und Fortbildungsdienst für die Kulturverwaltungen in den neuen Ländern/Stiftung für kulturelle Weiterbildung und Kulturberatung, Berlin.

SABINE KIENITZ M.A., 1958, Ausbildung als Zeitungsredakteurin, Studium der Empirischen Kulturwissenschaft und Germanistik in Tübingen. Schwerpunkte und Veröffentlichungen in der Sozial-, Kultur- und Frauengeschichte des 19. Jahrhunderts. Zur Zeit Promotion über Prostitution, Sexualität und Geschlechterbeziehungen zu Beginn des 19. Jahrhunderts.

EDIT E. KIRSCH-AUWÄRTER, 1946, Dr. phil., Studium der Soziologie, Linguistik und Sozialpsychologie in Buenos Aires und Frankfurt a.M., wissenschaftliche Mitarbeiterin am Max-Planck-Institut für Sozialwissenschaften in München, jetzt am Soziologischen Seminar in Tübingen; Frauenbeauftragte der Fakultät für Sozial- und Verhaltenswissenschaften. Forschungen und Veröffentlichungen zur kommunikativen und sozialen Entwicklung von Kindern, Forschung und Lehre über Feminismus und soziologische Theorie, Frauen und Wissenschaftssystem.

HANNELORE KOCH, 1967, Studium der Allgemeinen Religionswissenschaft, Ethnologie und Volkskunde (Projektgruppe Göttingen).

CHRISTEL KÖHLE-HEZINGER, 1945, Dr. phil., Studium der empirischen Kulturwissenschaft/Volkskunde, Germanistik und Landesgeschichte in Tübingen, Bonn und Zürich. Tätigkeiten für Freilichtmuseen, Ausstellungs- und Forschungsprojekte, Lehraufträge in Stuttgart und Tübingen. Seit 1988 am Ludwig-Uhland-Institut der Universität Tübingen zuständig für Orts- und Regionalforschung. Schwerpunkte und Publikationen zur Kulturgeschichte des 18. und 19. Jahrhunderts (Alltags-, Regional-, Frauen-, Religionsgeschichte, Industriekultur), Studien zum ländlichen Raum, zu einzelnen Gemeinden.

GUDRUN M. KÖNIG M.A., 1956, Studium der Empirischen Kulturwissenschaft und Soziologie in Tübingen, arbeitet derzeit an einer Dissertation zur Geschichte des Spaziergangs. Wissenschaftliches Volontariat am Württembergischen Landesmuseum Stuttgart, Mitarbeit an Ausstellungsprojekten, Lehraufträge Tübingen und Pforzheim.

Schwerpunkte und Veröffentlichungen zur Frauen- und Kulturgeschichte des 18. und 19. Jahrhunderts.

IRIS LAUBSTEIN, 1954, Diplom Designerin, lehrt Industrial Design an der Hochschule der Künste Berlin; Geschäftsführerin des DESIGNFORUM NÜRNBERG. Tätigkeiten als freiberufliche Ausstellungsgestalterin und als Referentin beim Design Center Stuttgart.

CAROLA LIPP, 1951, Prof. Dr. phil., Professorin für Volkskunde in Göttingen, Studium der Germanistik und Empirischen Kulturwissenschaft in Tübingen, Forschungen und Publikationen zu verschiedenen Themen und Methodik der Geschlechterforschung, historischer Kultur- und Gemeindeforschung (Projektgruppe Göttingen).

GABY MENTGES, 1952, Dr. phil., wissenschaftliche Angestellte des Württembergischen Landesmuseums, Abteilung Volkskunde. Studium der Europäischen Ethnologie in Marburg, Lehrtätigkeit an der Universität Kiel, Arbeitsschwerpunkte: Kindheitsforschung, Kleidungsforschung, industrielle Alltagskultur des 20. Jahrhunderts.

BERIT VON MIRBACH, 1960, Studium der Volkskunde, Soziologie und Germanistik in Göttingen und Hamburg (Projektgruppe Göttingen).

REGINA MÖRTH, 1966, Mag. phil., Studium der Volkskunde und Geschichte in Graz. Schwerpunkte in der Frauenforschung und Ausstellungsgestaltung.

MARINA MORITZ, 1954, Dr. phil., Studium der Ethnographie und Geschichte in Berlin. Ehemals wissenschaftliche Mitarbeiterin im Wissenschaftsbereich Kulturgeschichte/Volkskunde am Institut für Deutsche Geschichte der Akademie der Wissenschaften (der DDR). Seit 1992 Fördervertrag im Wissenschaftler-Integrationsprogramm. Forschungstätigkeit vor allem zur Sozial- und Mentalitätsgeschichte des 18. und 19. Jahrhunderts.

DAGMAR NEULAND, 1953, Dr. phil., wissenschaftliche Mitarbeiterin des Museums für Volkskunde an den Staatlichen Museen zu Berlin. Studium der Ethnographie und Geschichte in Berlin. Forschungen und Veröffentlichungen zur Alltags- und Sachkultur zwischen 1850 und 1945.

CLAUDINE PACHNICKE M.A, 1955, seit 1982 als freie Kulturwissenschaftlerin und Ausstellungsmacherin in Stuttgart tätig. Studium der Empirischen Kulturwissenschaft und Politik und Geschichte in Stuttgart und Tübingen. Forschungsarbeiten und Ausstellungen zur Stadtgeschichte Stuttgarts, württembergischen Landesgeschichte, Kommunikation und Medien, Mobilität und Verkehr, Körperkultur, Naturkultur.

SIGRID PHILIPPS M.A., 1951, freie Kulturwissenschaftlerin in der Forschungsgruppe Kulturgeschichte und Sachgut (FOKUS) in Dußlingen. Studium der Empirischen Kulturwissenschaft, Politik- und Sozialwissenschaften in Stuttgart, Nürnberg und Tübingen. Studien, Ausstellungen und Veröffentlichungen zur regionalen Alltagskultur im 18. und 19. Jahrhundert, zur Museumsplanung und -didaktik, zum EDV-Einsatz im Museum.

MARIANNE PITZEN, 1948, Gründerin und Leiterin des FrauenMuseums Bonn, Gründerin und Mitgründerin der Programmgalerie "Circulus" (heute Gesellschaft für Kunst und Gestaltung), "frau + futura", "frauen formen ihre stadt"; zahlreiche Ausstellungen, Projekte und Vorträge zu Museumsfragen und Frauenthemen.

SUSANNE REGENER, 1957, Dr.phil, Hochschulassistentin am Institut für Volkskunde der Universität Hamburg; Studium der Volkskunde und Sozialwissenschaften in Kiel und Hamburg; arbeitet z. Zt. an einem Projekt über Fotografien aus Polizeiwesen und Psychiatrie.

SABINE RUMPEL M.A., 1958, freie Kulturwissenschaftlerin in der Forschungsgruppe Kulturgeschichte und Sachgut (FOKUS) in Dußlingen. Gelernte Bauzeichnerin, Studium der Empirischen Kulturwissenschaft und Sportwissenschaft in Tübingen. Forschungs- und Ausstellungsarbeit zu Frauen- und Alltagskultur, Haus- und Landschaftsgeschichte.

BARBARA SCHLUNK-WÖHLER, 1965, Studium der Volkskunde, Germanistik und Pädagogik (Projektgruppe Göttingen).

HELGA SCHMIDT-THOMSEN, Dipl.Ing., freischaffende Architektin, Schwerpunkte: Bauten und Projekte für Kinder und Jugendliche, Vorstandsmitglied des Deutschen Werkbundes Berlin, Mitinitiatorin von "Neues Universum - Museum für Kinder und Jugendliche in Berlin".

CHRISTINE SPIEGEL, 1959, Dr., Mitarbeiterin am Projekt Kunsthaus Bregenz. Studium der Ur- und Frühgeschichte und Volkskunde in Innsbruck, danach tätig als Museumspädagogin am Vorarlberger Landesmuseum, für verschiedene Ausstellungsprojekte und ab 1988 als Projektleiterin der Vorarlberger Landesausstellung.

HEIDI STAIB M.A, 1958, wissenschaftliche Angestellte am Württembergischen Landesmuseum, Abteilung Volkskunde. Studium der Empirischen Kulturwissenschaft, Pädagogik und Politikwissenschaft in Tübingen. Arbeitsschwerpunkte: Frauenforschung, Kinderkultur, populäre Druckgrafik, Fotografie.

MARION TACK, 1965, Studium der Volkskunde und Pädagogik (Projektgruppe Göttingen).

SABINE TROSSE M.A., 1964, Studium der Empirischen Kulturwissenschaft/Volkskunde und Pädagogik in Marburg, Münster und Tübingen. Freiberufliche Tätigkeit im Museums- und Ausstellungsbereich, Lehrauftrag in Stuttgart. Forschungen, Publikationen und Ausstellungen zur Bekleidungsforschung. Zur Zeit Promotion über Zeitillustrationen in der Bekleidung des 20. Jahrhunderts.

ERIKA WACKERBARTH, 1968, Studium der Volkskunde und Ethnologie (Projektgruppe Göttingen).

Abbildungsnachweise

S. 59, 61: Amt der Vorarlberger Landesregierung - Landespressestelle, Bregenz; S. 140: Museum für Kunst- und Kulturgeschichte der Stadt Dortmund; S. 141: Landesbildstelle Berlin; S. 142: Staatsbibliothek preußischer Kulturbesitz, Berlin; S. 177-202 Collagen der Autorin; S. 218, 219: Gruner+Jahr, Hamburg; S. 277, 278: Stadtarchiv Stuttgart; S. 292, 293: Stiftung Deutsche Kinemathek, Berlin; S. 321: Jürgen Jeibmann, Essen, veröffentlicht in: Form, Heft 128, S. 18/19; S. 323: Franz Fischer, Bonn; S. 325: Staatliche Landesbildstelle Hamburg.
Alle anderen Abbildungsrechte liegen bei den jeweiligen Autorinnen.